ZAISBERGER/SCHLEGEL – BURGEN UND SCHLÖSSER
FLACHGAU UND TENNENGAU
(SALZBURG 2)

D1729474

Burgen und Schlösser in Salzburg

Flachgau und Tennengau

Friederike Zaisberger
Walter Schlegel

Birken-Reihe/Wien

Umschlaggestaltung: Brigitte Schwaiger, Wien
Umschlagbild: Schloß Anif
Grafiken: Herbert Jaud

© 1992 by
Verlag Niederösterreichisches Pressehaus, St. Pölten–Wien

Gesamtherstellung:
Niederösterreichisches Pressehaus Druck- und Verlagsgesellschaft mbH,
A-3100 St. Pölten, Gutenbergstraße 12

ISBN 3 85326 957 5

VORBEMERKUNG

Die Bearbeitung des Landes „vor dem Gebirge" in den heutigen politischen Bezirken Salzburg-Umgebung (= Flachgau) und Hallein (= Tennengau) für den 2. Band des Salzburger Burgenbuches hat zwölf Jahre in Anspruch genommen. Ursache für diese lange Vorbereitungszeit war nicht nur die berufliche Überlastung der beiden Autoren, sondern vor allem der vollständige Mangel von verläßlichen Vorarbeiten für die mittelalterlichen Herrschaftsverhältnisse in unserem Raum. Bei nahezu allen sicher identifizierbaren Objekten mußte die urkundliche Überlieferung von Anfang an überprüft werden, um eingebürgerte Fehlinterpretationen, wie z. B. bei St. Jakob am Thurn, in Hinkunft vermeiden zu helfen. Dazu kam, daß in den letzten zehn Jahren durch die ausgedehnte Bautätigkeit immer mehr mittelalterliche Objekt neu gefunden wurden bzw. rasch wieder verschwanden. Nicht bei allen war eine sichere Namenszuweisung möglich. Nützlich war deshalb auch die Zusammenarbeit mit den Chronisten, die in ihren Heimatbüchern oftmals erste Hinweise auf solche Objekte boten. Einerseits sind nämlich viele urkundliche Nennungen von Burgen, Türmen und Ansitzen bekannt, deren Lokalisierung im Gelände kaum möglich war, andererseits sind zahlreiche Burgstellen aufgefunden worden, die anhand von schriftlichen Belegen nicht zu identifizieren waren. Auch war zu bedenken, daß keineswegs alle Nennungen von Familien nach Orten das Vorhandensein eines Turmes, einer Burg, eines Ansitzes erforderlich machten. Es konnte auch ein Gutshof namengebend sein, an dem zumeist eine Seitenlinie eines adeligen Geschlechtes, manchmal auch deren Dienstmannen oder Burgpfleger vorübergehend Aufenthalt nahmen. Ebenso ist der Ausdruck „Gesaezze" vorsichtig zu prüfen, weil er in Salzburg sowohl für „Ansitz" wie auch für „Gaststätte" in Verwendung steht.

Im Gegensatz zum 1. Band („Inner Gebirg" = Pongau, Pinzgau, Lungau) wurden im vorliegenden Band nicht die Objekte zwischen den Autoren aufgeteilt, sondern eine Fachzuweisung vorgenommen: den historischen Überblick für alle Objekte lieferte Landesarchivdirektor Dr. Friederike Zaisberger, die Lage- und Baubeschreibung stammt von Landeskonservator Dipl.-Ing. Walter Schlegel. Quellen- und Literaturhinweise sowie das Abbildungsmaterial stellten beide Autoren zur Verfügung. Neu hinzugekommen ist das Register, weil dadurch eine wichtige Einstieghilfe in die adelige Besitzgeschichte Salzburgs aufbereitet wurde. Die Texterfassung nahm Frau Kontrollor Jacqueline Schiff vor. Die Drucklegung übernahm das Niederösterreichische Pressehaus in Nachfolge des Birkenverlages von Herrn Josef Toman in bewährter Weise. Die Zeichnungen stammen von Herrn Herbert Jaud. Die Erhebungen im Grundbuch für die Besitzgeschichte der letzten 100 Jahre wurden für alle damals bekannten Objekte bereits 1978 durchgeführt. Veränderungen seither wurden nur in wichtigen Ausnahmefällen nachgetragen. Zur Identifikation wurden die Mappenblätter mit Grund- und Bauparzellenprotokollen des Franziszäischen Katasters von 1830 verwendet. Deshalb sind alle diesbezüglichen Angaben die alten Grund- und Bauparzellennummern, nicht die modernen Grundstücksnummern. Dem aktuellen Stand entsprechen aber Katastralgemeinde und Einlagezahl. Bei bestehenden Objekten wurde die zumeist unveränderte Konskriptionsnummer (= Häusernumerierung) aus dem Kataster von 1830 angeführt, die nur in größeren Gemeinden, z. B. Hallein, mit den derzeitigen Straßennamen und Hausnummern ergänzt wurden. Die oftmals sehr fehlerhaften Angaben in der Neuausgabe des Dehio-Salzburg (Verlag Anton Schroll, Wien 1986) sind z. T. darauf zurückzuführen, daß die Bearbeiter unser Rohkonzept benützten, eine eigene endgültige Überprüfung aber nicht vornahmen (z. B.

men (z. B. Thalgau, Spaur-Schlößl). Auch wir selbst mußten unsere Manuskripte im Laufe der zwölf Jahre mehrmals überarbeiten. Der Text für den Tennengau, der bereits vor sechs Jahren dem Verlag übergeben, und aus dem Beiträge über Burgen in den Heimatbüchern Anif, Hallein, Golling und Oberalm vorabgedruckt worden waren, mußte völlig neu gestaltet werden.

Betrachtet wurden Burgen, Türme, Ansitze, Befestigungsanlagen aller Art, Burgställe und solche Kirchen, bei denen auf Grund ihrer Lage oder ihrer Patrozinien die Annahme wahrscheinlich war, daß es sich um ehemalige Burgkapellen handelt. Das Ergebnis der Burgenforschung für die heutigen politischen Bezirke Salzburg-Umgebung und Hallein ist eine Neubewertung der Entstehung des Landes Salzburg im 13. und 14. Jh.

EINLEITUNG

Auf dem Boden antiker Kastelle entstanden im Mittelalter zumeist städtische Siedlungen oder Marktorte wie Laufen, Salzburg, Hallein, Kuchl, Thalgau. Ob es sich bei der 824 genannten Steinmauer in Weng am Wallersee um eine Mauer aus römischer Zeit handelt, ist nicht erforscht. Fluchtburgen der Völkerwanderungszeit und aus dem Ungarnsturm des 10. Jh. sind im Oichtental und im Bereich der Vorlandseen gefunden worden. Dann setzte im 11. Jh. die Befestigung des Raumes durch Beauftragte des Königs ein. Die Burghut übernahmen deren Ministeriale. Erst mit der confoederatio cum principibus ecclesiasticis 1220 und dem statutum in favorem principum 1231 erhielten geistliche und weltliche Fürsten die Möglichkeit, eine von der zentralen Königsgewalt losgelöste Befestigungspolitik zu betreiben und in der Folge eigene Landesherrschaften aufzubauen.

Das Gebiet des heutigen salzburgischen flachen Landes gehörte mit dem Herzogtum Bayern bis 1138 zum Einflußbereich der Welfen. Infolge der Auseinandersetzungen zwischen ihnen und den aus der Familie der Sieghardinger, den Grafen im Salzburggau, hervorgegangenen Staufern, die von diesem Jahr an mehr als 100 Jahre die Könige stellten, belehnte Kg. Konrad III. 1139 seinen Stiefbruder Markgraf Leopold IV. von Österreich mit dem Herzogtum Bayern. Die Babenberger wurden so Lehensherren u. a. des Adels zwischen dem Inn und den Salzkammergutseen. Die bisherigen Darstellungen der Entstehung des Landes Salzburg haben die Veränderung nicht berücksichtigt, die durch das „privilegium minus" von 1156 und die Erhebung der Ostmark zum Herzogtum Österreich ausgelöst wurden. Obwohl Leopolds Bruder Heinrich II. Jasomirgott, der ihm nachfolgte, 1156 das Herzogtum Bayern an K. Friedrich Barbarossa zurückgeben mußte, der daraufhin den Welfen Heinrich den Löwen belehnte, blieben die Babenberger an dem Gebiet im O des Herzogtums Bayern und im W ihrer Herzogtümer Österreich (seit 1156) und Steiermark (seit 1180 Herzogtum, seit 1192 bei Österreich) interessiert. Da nach dem Sturz des Löwen 1180 die Wittelsbacher Bayern erhalten hatten, ergaben sich völlig neue Herrschaftsstrukturen.

Beide Seiten versuchten, sich gegenseitig, vor allem aber auch dem Erzbischof von Salzburg, Ministeriale wegzunehmen, sei es durch Fehden, Heiraten oder durch Ausübung der Gerichts- und Vogteirechte. Die Folge war, daß der neue Herzog von Österreich nicht nur wegen seiner Vogteirechte über die Salzburger Kirche Lehenshoheit über den bisher vom Bayern-Herzog abhängigen Adel in unserem Raum beanspruchte. Er versuchte, die Grenze seines Herzogtumes nach W zu verschieben, was ihm anfänglich vor allem durch Heiraten von Adeligen aus dem Einflußgebiet der Herzoge von Bayern mit Frauen aus steirischer, österreichischer und Kärntner Ministerialität — zumeist vermittelt durch Geistliche aus seinem Herrschaftsbereich, wie z. B. dem Abt von Admont – glückte: Ortenburg – Kalsperg – Wildon – Moosham – Saurau – Goldegg gehören zusammen ebenso wie Plain – Hardegg – Stefling – Kalham – Steinkirchen – Tann – Törring, aber auch Hohenstein – Walchen – Radegg. Unterstützt wurde er in diesem Vorhaben auch dadurch, daß 1164 mit Konrad v. Babenberg ein Mitglied seines Hauses Erzbischof von Salzburg wurde. Da dieser aber im Schisma Partei für Papst Alexander III. nahm, wurde er von seinem Neffen Friedrich Barbarossa nicht mit den Regalien belehnt. Der Erzbischof konnte also die weltliche Herrschaft nicht legitim antreten. Nach der Verhängung der Reichsacht über das Erzstift am Hoftag in Laufen am 29. III. 1166 zog der Kaiser sämtliche Lehen, aber auch die Eigengüter ein und übergab sie seinen Gefolgsleuten.

Seit dem Einsetzen der offiziellen Geschichtsschreibung im Fürsterzbistum Salzburg des 17. Jh. ist es bis heute üblich, die Position der Erzbischöfe in dem Gebiet, das wir heute als Land Salzburg zu bezeichnen gewöhnt sind, vor 1200 völlig überzubewerten. Militärische und Gerichtshoheit vor dieser Zeit übten die vom König beauftragten Grafen (Sieghardinger, Ortenburger, Plainer, Frontenhausen, Falkensteiner) bzw. die Vögte über das Kirchengut (Herzöge von Bayern, Österreich, Steier, Kärnten) aus. Deshalb konnten vor 1220 Burgen und Befestigungsanlagen ausschließlich von Grafen und deren Dienstmannschaft erbaut und besetzt werden. Der Unterschied zwischen Vasall (= Lehensnehmer) und Ministeriale (= Dienstmann) muß beachtet werden. Vor dieser Zeit ist keine eb. Burg nachweisbar. Eine Ausnahme bildet nur die Festung Hohensalzburg, deren Vorgängerbau auf dem Nonnberg bereits um 700 als antikes Kastell aus bayerischem Herzogsbesitz an die Salzburger Kirche geschenkt wurde. Durch die Gründung des Frauenklosters Nonnberg erfuhr die Burg allerdings sofort eine Widmungsänderung.

Die Abspaltung des Herzogtumes Österreich 1156 und des Herzogtumes Steier 1180 zur Verkleinerung der Macht der Herzöge von Bayern läßt die Tendenz erkennen, auch den Einfluß des Metropoliten der bayerischen Kirchenprovinz zu verringern. In dieser Zeit bestand der Adel aus bayerischen und österreichischen, Kärntner und nach 1180 steirischen Gefolgsleuten. Nur durch die Wahl des böhmischen Königssohnes Adalbert zum Erzbischof rettete das Salzburger Domkapitel die Dienstmannschaft für den hl. Rupert. Etwa gleichzeitig mit Adalberts 2. Regierungsantritt 1183 setzte allgemein ein bewußter Kampf zur Ausschaltung der Vögte über Kirchengut ein, der in Salzburg vom Niedergang des edelfreien Adels begleitet wurde. Erst als nach 1220 die Kirchenfürsten für sich und ihre Dienstmannschaft die Erlaubnis zum Burgenbau erhielten, setzte die systematische Erwerbung der alten Grafenburgen ein, mit denen ja die Hochgerichtsrechte für das Landgericht verbunden waren (Grafengaden, Plain, Haunsperg, Wartenfels, Georgenberg). Die bayerischen und österreichischen Vasallen wurden durch Fehden, Zwangsverkauf und Aussterbenlassen in die salzburgische Abhängigkeit gezwungen. Der Vorgang nahm das ganze 13. Jh. in Anspruch und fand mit der Verlautbarung der Salzburger Land(friedens)ordnung 1328 einen 1. Abschluß.

Die Herrschaften Gastein, Mattsee und Goldegg konnten aber erst 1297 bzw. 1398 erworben werden, wodurch etwa das heutige Bundesland entstanden ist.

Die bis heute weitgehend unveränderte Gerichtseinteilung wurde zwischen 1272–1334 gebildet. Da die Burgen der Dienstmannen der alten Grafenfamilien bzw. dann des Erzbischofs häufig an Gerichtsgrenzen stehen, können mit ihrer Hilfe oft alte Herrschaftsbereiche rekonstruiert werden.

Das flache Land vor dem Gebirge entstand aus drei großen Einflußgebieten, den beiden Grafschaften der Sieghardinger mit ihren Nachfolgern, den Plainern im Salzburggau und den Ortenburgern vom bayerischen Inntal bis zum Abersee. Diese übten die Vogtei/Gerichtsrechte über das dazwischenliegende Kirchengut der Bistümer Passau (Mattsee) und Regensburg (Mondsee) aus. Die Landwerdung von Salzburg hing davon ab, ob die Erzbischöfe die Gerichtshoheit der Grafen abschütteln konnten. Seit der confoederatio cum principibus ecclesiaticis (Vereinbarung des Deutschen Königs mit den geistlichen Fürsten) 1220 war dies möglich. In der Folge verzichteten die Könige schrittweise auf ihre Gerichtshoheit über salzburgisches Gebiet. Die in ihrem Namen handelnden Grafen wie die Plainer oder Lebenauer oder Puchheimer verloren ihre Rechte mit dem Erlöschen ihrer Familien. Ihre nachrückenden Erben wie die Kalsperger, Haunsperger, Kalhamer und Tanner wurden auf Grund von Schulden oder mit brutalen Fehden, zumeist ohne wirklichen Rechtstitel, in die sbg. Ministerialität gezwungen. Hilferufe an ihre ehemaligen Herren, die Herzöge von Bayern und Österreich, blieben, mit Ausnahme des späten Goldegger Bauernaufstandes von 1462, wirkungslos. Der Erzbischof zog die Burgen der nunmehr zu Ministerialen Geworde-

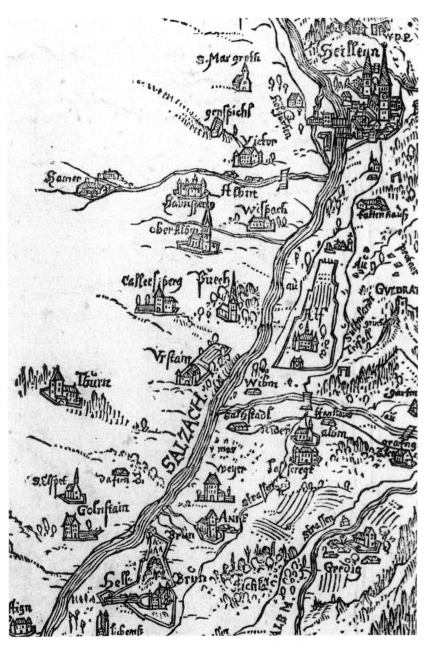

Darstellung von Burgen und Schlössern im Salzachtal, Plan von Berchtesgaden, Johann Faistenauer 1628. (Foto SLA)

9

nen ein, besetzte diejenigen, mit denen Gerichtsrechte verbunden waren (z. B. Plain, Altentann, St. Pankraz/Schlößl) mit „beamteten" Burgpflegern und ließ die anderen verfallen (z. B. Kalham, Guetrat). Die Ansitze, von denen nur wenige mit alten Hofmarksrechten ausgestattet waren, wie St. Georgen, Prenzingerau und St. Jakob, waren für die Ausbildung der Landeshoheit ohne Bedeutung. Mit ihnen war die niedere Gerichtsbarkeit über Haus und Grundbesitz verbunden, im Gegensatz zu den jüngeren Hofmarken (z. B. Koppl, Sieghartstein, Ursprung), bei denen nur Vergehen im Haus bis zur Dachtraufe geahndet werden durften.

Der erste Höhepunkt dieser Auseinandersetzung um das Gebiet zwischen Tiroler Ache/Inn und den Seen des sbg. flachen Landes (das Verwaltungsgebiet der einstigen Römerstadt Iuvavum) wurde kurz nach 1200 erreicht.

1211 verzichtete Hzg. Friedrich v. Österreich auf seine Lehensansprüche über die Burgen Haunsperg (St. Georgen a. d. Salzach) und Vager (heute Bayern), sowie auf die Entschädigung wegen der Lehen des Chuno v. Werfen. Im Gegenzug verzichtete EB. Eberhard II. auf sein Präsentationsrecht über steirische Kirchen. Hzg. Heinrich v. Bayern erklärte am 20. VII. 1275 im Vertrag von Erharting, daß die Plainburg, die nach dem Aussterben der Plainer ihm heimgefallen war, außerhalb seines Herrschaftsgebietes lag und trat sie deshalb dem Erzbischof von Salzburg ab, der sie nicht mehr ausgab, sondern mit „beamteten" Burgpflegern besetzte. In diesem Vertrag gestattete der Bayernherzog dem Herren und Erzbischof von Salzburg, daß er auf kirchlichem Lehengut Befestigungsanlagen errichten durfte, allerdings nicht zum Nachteil von Bayern und behielt sich gleiches Recht zum Bau von Verteidigungsanlagen für sein Eigengut vor.

Die Nachfolger der Sieghardinger nicht nur in der Grafschaft um Reichenhall, sondern auch in der Grafschaft im oberen (Kuchltal) und unteren Salzburggau waren die Grafen von Plain. Die Leitnamen dieser Familie waren Liutold, Liupold und Heinrich, was an eine Verwandtschaft mit den Babenbergern denken läßt. Während sie noch 1167 als Parteigänger K. Friedrich Barbarossas in Vollziehung der Reichsacht gegen EB. Konrad II. v. Babenberg die Stadt Salzburg niederbrannten, worauf das Erzstift direkt vom Reich verwaltet wurde, begann ihr langsamer Abstieg in Salzburg mit der Regierung von EB. Konrad III. v. Wittelsbach. Schließlich traten die Bayernherzoge 1228 die Lehenshoheit über die Grafschaften im Pinzgau an EB. Eberhard II. ab, wodurch die Plainer, die auch Grafen im Saalachtal waren, völlig in die Abhängigkeit von Salzburg gerieten. Obwohl nach dem Aussterben der 1. Linie der Plainer 1249 die 2. Linie, die sich Grafen von Hardegg nannten, von einer Wittelsbacherin abstammte, konnten die rechtmäßigen Forderungen gegen Salzburg nicht durchgesetzt werden. Graf Albert v. Görz-Tirol mußte 1292 im Namen seiner Schwiegermutter Offmey v. Hardegg und seiner gleichnamigen Gattin die Plainburg, die zuvor von den beiden Frauen an den Lehensherren, den König (Rudolf I.) zurückgegeben worden war, mit allen Rechten an den Erzbischof verkaufen. Damit gehörten die Plainer Grafschaften vom Paß Lueg bis Tetelham (bei Waging, heute Bayern), also das ganze flache Land an beiden Ufern der Salzach, zum Herrschaftsbereich des Erzbischofs von Salzburg. Am 6. II. 1295 bestätigte Gf. Albert v. Görz und Tirol, daß er von EB. Konrad IV. 300 Mark Aglaier „um das Haus zu Plaien" erhalten hatte.

Die Rechte, die zur Zeit, als die Sieghardinger noch Grafen im Salzburggau waren, mit ihrer Burg Grafengaden verbunden gewesen zu sein scheinen, dürften in d. M. d. 14. Jh. auf die eb. Burg Glanegg übertragen worden sein. Mit dem zur Burg gehörigen Wald war schon 1122 das neu gegründete Kloster Berchtesgaden ausgestattet worden. Bezüglich der Burg Golling müßten noch Überlegungen angestellt werden, ob sie wirklich erst um 1240 als „Landesburg" erbaut wurde, da es sonst nicht verständlich ist, daß die Erzbischöfe mehr als 100 Jahre (bis 1438) benötigten, um die Rechte der

Kuchler an der Burg Golling und dem Landgericht Kuchltal ablösen zu können. Das Landgericht Kuchltal aus dem Einflußbereich der Grafen von Plain (Burg auf dem Georgenberg, Dienstmannen in Kuchl und Vigaun) war mit der Burg Hohenwerfen verbunden, weshalb auch die Entstehung dieser Burg überprüft werden muß. Sie kann 1077 keinesfalls schon von den Erzbischöfen erbaut worden sein, wie die gängige Meinung ist, da dies vor 1220 ohne Erlaubnis des Königs nicht möglich war. Die erste Nennung der Burg ist von 1139 überliefert, dem Jahr der Belehnung der Babenberger mit dem Herzogtum Bayern. Zu denken gibt, daß 1211 Hzg. Friedrich v. Österreich auf eine Entschädigung für seine Lehenshoheit über die Güter des Burggrafen von Hohenwerfen, Chuno v. Werfen = Guetrat verzichtete, einer Familie, die noch am E. d. 13. Jh. dem Herzog von Österreich Gefolgschaft leistete. Überlegenswert ist auch, daß die gesamte Engstelle des Paß Lueg zur Grafschaft im Kuchltal, also zum Plainer Einflußgebiet (bis heute Golling), gehörte und nur die Mautstation um 1200 in Werfen eingerichtet wurde. Die Nachfolge der Grafen von Plain in der oberen Grafschaft „Kuchltal" traten die Herren von Werfen an, die sich seit 1209 nach ihrer Burg Guetrat auf dem Höhenrücken zwischen Salzachtal und Berchtesgaden nannten. Sie bewachten, vielleicht schon als Burggrafen der Plainer in Grafengaden mit einer Burg in Gartenau den Austritt der Königseeache (= Alm) aus dem Berchtesgadener Land. Sie wurden noch von den Plainern mit der Gerichtshoheit in Grafengaden und mit der Grafschaft im Kuchltal belehnt. Sie waren u. a. Lehensnehmer der Herzöge von Österreich. Ihre Verbindung zu den Tannern kann derzeit nur vermutet werden, weil der Kuchler Zehent an das Amt Tann abzuliefern war, um die wehrhaften Objekte am Hintersee und Fuschlsee zu unterhalten. Vor dem Paß Lueg scheint eine Verteidigungslinie vom Salzachtal (Kuchl/Golling) aufwärts der Taugl über den Genner einerseits Richtung Abersee, andererseits Hintersee, Fuschlsee, Thalgau aufgebaut gewesen zu sein. Jedenfalls fällt auf, daß s. dieser Linie keine mittelalterlichen Befestigungsanlagen gefunden werden konnten. Auch wurde das Lammertal bis 1805 dem Pongau zugezählt. Der Abstieg der Guetrater in die eb. Ministerialität erfolgte gleichzeitig mit dem Sturz der Kahlhamer 1299. 1304 starben die Guetrater aus. Ihre zahlreichen Burgen und der gesamte Grundbesitz vor und inner Gebirge fiel an den Erzbischof.

Auf der Verbindung von Hallein durch das Wiestal in Richtung Hof war der Herr Gottschalk (v. Neuhaus/Haunsperg?) die zentrale Gestalt, dessen Güter rund um Thalgau, in der Ebenau, die Höfe in Elsenwang und Unzing sowie der Burgstall beim Oberreitlehen in d. M. d. 14. Jh. bereits ins eb. Hofurbar übernommen worden waren. Im Konkurrenzkampf zwischen den Salinen Reichenhall und Hallein bzw. Berchtesgaden soll Hzg. Heinrich XIII. v. Niederbayern 1262 oberhalb von Hallein eine Befestigungsanlage errichtet haben, die von den Wispecken, obwohl z. T. Dienstmannen des Erzbischofes, gegen den Erzbischof von Salzburg verteidigt wurde. Sie konnten sich im Gegensatz zu den übrigen Adeligen behaupten und folgten schließlich sogar den Tannern in Vertretung des Herzogs von Bayern als Erbkämmerer im Erzstift nach. In der Kalhamer Fehde stand Heinrich v. Wiespach, der mit Gertrud v. Unzing verheiratet war und 1285 als Richter in Neuhaus (?) belegt ist, auf der Seite des siegreichen Erzbischofs.

Mit der Erwerbung des Gerichtes Haunsberg erreichten die Erzbischöfe von Salzburg im N ö. der Salzach die heutige Landesgrenze. Vor 1211 mußten ihnen die Haunsperger, wohl eine Seitenlinie der Grafen von Ortenburg, ihre obere Burg Haunsperg (St. Pankraz/Schlößl), mit der die Hochgerichtsrechte verbunden waren, übergeben. Den Burgpfleger bzw. den Richter durften die Haunsperger aber noch mindestens bis 1229 selbst einsetzen. Die untere Burg Haunsperg (St. Georgen an der Salzach) kauften die Erzbischöfe 1211, nachdem Hzg. Friedrich v. Österreich seine Lehenshoheit über die Burg aufgegeben hatte. Wenig später (zwischen 1229 — 1272) stifteten Ulrich und Mechtild v. Haunsperg ihr Eigengut zur Ausstattung der bisherigen Burgkapelle St. Georg für eine Pfarrkirche. 1297 verzichteten schließlich noch die Herzöge von Bayern auf ihre bisherigen Vogteirechte über St. Georgen. Da 1229 die Grafen von Lebenau ausstarben, fiel daraufhin auch diese am linken Salzachufer n. von Laufen gelegene und mit Hochgerichtsrechten ausgestattete Burg an die Erzbischöfe. Seit etwa 1260 waren die Tanner mit Lebenau belehnt. Die ganze 2. H. d. 13. Jh. war dann mit Auseinandersetzungen der Erzbischöfe gegen die dem Herzog von Österreich folgenden Vasallen ausgefüllt. Dazu gehörten neben den Goldeggern mit ihren Seitenlinien, den Kalspergern und Mooshamern, und Felbern „inner Gebirg", im flachen Lande auch die Guetrater, Tanner, Thurn und die jüngeren Haunsperger.

Zu den einflußreichen Familien zählten auch die Bergheimer. 1250 bürgte Marquart v. Bergheim für den Erwählten Philipp im Kampf gegen die Plainer, vielleicht weil Rüdiger v. Bergheim 1247 im Gefolge von Hzg. Bernhard v. Kärnten gestanden ist. 1260 begannen aber auch für sie die Schwierigkeiten mit den Erzbischöfen. 1269 bürgten sie nämlich für die Kalhamer, mußten in der Folge 1279 Urfehde schwören, ihre Gerichtsrechte über die Güter des Domkapitels 1281 an Konrad v. Kalsperg und Gottfried v. Lengfelden und 1295 das Gericht und die Herrschaft Bergheim, schließlich 1336 das Landgericht Anthering an den Erzbischof verkaufen, nachdem dieser bereits 1307 die Morgengabe bei der Heirat der Adelein v. Bergheim mit Ulrich v. Haunsperg bezahlt hatte.

Die Radegger waren mit den Bergheimern verwandt bzw. identisch. Um d. M. d. 13. Jh. standen sie auf Seite des Erwählten Philipp (1250) gegen die Plainer Grafen und in der Folge gegen die Törring. Noch 1326 dienten sie dem Erzbischof als Burggrafen auf der Burg zu Salzburg. Ruger v. Radegg war Vizedom, also sogar Stellvertreter des Erzbischofs. Auch ihr Untergang ist aber im Zusammenhang mit der Kalhamer Fehde zu sehen. 1270 mußten sie ihre Burg an Ulrich v. Wispach und Chunrad v. Kuchl verpfänden bzw. 1273 und 1334 ganz an den Erzbischof verkaufen. Nach ihrem Aussterben 1344 wurde aus den Gerichtsschrannen Kalham, Eugendorf, Hallwang und Heuberg sowie Bergheim das Pfleggericht Radegg gebildet, das 1508 zur Burg Neuhaus ob Gnigl verlegt wurde.

Die Kalhamer scheinen ursprünglich edelfrei gewesen zu sein, weil Pilgrim 1147 mit einem ritterlichen Eigenmann auftrat und ihnen 1288 noch Hedwig, Gattin des Gottfried v. Pabenschwant, gehörte. Im Streit zwischen EB. Eberhard II. und Hzg. Leopold VI. v. Österreich wurde 1219 ein Kalhamer zum Schiedsrichter bestellt. In Vertretung des Herzogs von Kärnten übten sie am Hof des Erzbischofs das Truchsessenamt aus. Von 1269 an planten die Erzbischöfe den Sturz der Kalhamer, der sie 1299 endgültig in die Ministerialität und 1333 zum Verkauf von Burg und Gericht Kalham an den Erzbischof zwang.

907 wurde die Trumer Seenplatte um Mattsee von den Bayernherzögen an das Bistum Passau geschenkt. Spätestens nach dem Ungarnsturm des 10. Jh. dürfte der Schloßberg in Mattsee im Auftrag des Königs vom Bayernherzog befestigt worden sein. Die Burghut war den edelfreien Haunspergern übertragen, die das Gebiet anschließend an beide Flanken des Haunsberges beherrschten. Mit ihnen verwandt oder identisch waren die Herren von Schleedorf ebenso wie die Tanner. Als 1252 Gf. Heinrich v. Ortenburg die Vogteien über Mondsee, Gastein u. a. vergab, war Eckart v. Schleedorf in seinem Gefolge, der wohl zur Familie der Tanner zählt. Nach dem Aussterben der Haunsperger versuchte Alram v. Uttendorf als herzoglich-bayerischer Vogt des Klosters Mattsee, Burg und Herrschaft zu gewinnen. In Folge der veränderten Vogteiverhältnisse auch hier mußte Alram v. Uttendorf die Burg Mattsee am Ende von den

Bischöfen von Passau zu Lehen nehmen. 1305 wurde das Kloster aus dem Herrschaftsbereich der Burg Mattsee gelöst. Kirchlich blieb Mattsee bis 1808 beim Bistum Passau. Die Herrschaft Mattsee hingegen wurde von 1357 an zuerst an das Erzbistum Salzburg verpfändet, schließlich 1398/1509 dorthin verkauft. Burgpfleger und Richter wurden von da an von den Erzbischöfen von Salzburg eingesetzt. Die Hohe Gerichtsbarkeit behielt der Herzog von Bayern vorerst, 1414 verpfändete er sie erstmals auf jeweils zwölf Jahre an Salzburg, was zu jahrhundertelangen Streitereien und Prozessen bis 1779 mit Bayern und schließlich durch die Erwerbung des Innviertels mit Österreich führte. Erst der endgültige Anschluß Salzburgs an Österreich 1816 beendete diesen Streit um Hoheitsrechte.

Besonders schwierig sind die Herrschaftsverhältnisse in den ö. Landesteilen zu erarbeiten. Derzeit kann nur vermutet werden, daß das um 785 an das Kloster Mondsee geschenkte Gut „in loco qui dicitur Tan in pago Salzpurcgauuia" mit der späteren Herrschaft Tann identisch sein könnte. Von den Tannern wurden Vogtei-/Gerichtsrechte in den Schrannen Köstendorf, Henndorf und Seekirchen ausgeübt. Sie waren in Vertretung der Herzoge von Bayern Erbkämmerer des Erzstiftes. Den Kampf um ihre Unterwerfung nahm EB. Friedrich II. v. Walchen um 1282 auf. In Folge des langjährigen „Tanner Krieges", der 1358 ausbrach und mit wenigen Unterbrechungen bis zu ihrem Aussterben 1396 andauerte, übernahm EB. Pilgrim nach einem Vergleich mit dem Bayernherzog Friedrich die gesamte Herrschaft Tann. Sie umfaßte Güter vom Haunsberg bis zum Schober bei St. Gilgen. Das „Grundbuchs"-Amt Tann wurde bis zum E. d. 16. Jh. vom Gericht Wartenfels aus verwaltet. 1482 kaufte EB. Johann III. Güter von den Herren von Puchheim und fügte sie dem Amt Tann an. Die Hohe Gerichtsbarkeit über die Besitzungen im Amt Tann stand dem jeweiligen zuständigen neuen Pfleggericht zu, also Alt- und Lichtentann, Wartenfels, später Hüttenstein, Neuhaus und Mattsee.

Auf Grund der Erbgänge nach den Tannern kann festgestellt werden, daß die Herren von Steinkirchen bzw. Kalham Seitenlinien der Tanner waren. Auch ist sehr wahrscheinlich, daß die Herren von Törring mit ihnen verwandt oder gar identisch sind, die ihnen auch als Erbkämmerer des Erzstiftes nachfolgten.

Als Erben der Tanner über die Törring erhielten deren „Befreundte", die Uiberacker, die Festung Sieghartstein und wurden zum Dank für die Teilnahme an der Schlacht von Mühldorf 1322 im Deutschen Thronstreit auf Salzburger Seite mit den ehemals Tanner Burgen Alt- und Lichtentann belehnt, die sie bis zum Ende des alten Erzstiftes als eb. Pfleger verwalteten, wobei sie Altentann in der Familie vererben konnten.

Alle Vorarbeiten für eine fundierte Geschichte der späteren Hofmark Koppl der Bischöfe von Chiemsee fehlen. Derzeit kann nur ausgesagt werden, daß es ein Gericht „hinter dem Nockstein" gegeben hat. Der ursprünglich wohl mit der Burg auf dem Poschenstein verbundene Blutbann wurde nach 1405 von den Erzbischöfen unterbunden. Zuerst war die Stadthauptmannschaft (!), von 1610 an das Gericht Neuhaus für Verbrechen in der Herrschaft Koppl zuständig. Wir wissen nicht, wann und wie die Bischöfe von Chiemsee in ihren Besitz gekommen sind. Es wäre allerdings auf Grund der früheren kirchlichen Zugehörigkeit von Koppl zu Seekirchen möglich, daß nach der Rückgabe des Mensalgutes von Seekirchen an den Erzbischof sich die Bischöfe von Chiemsee Koppl behalten haben. Guggenthal gehörte jedenfalls bis 1933 zu Neuhaus (– Gnigl). Das Gut ist 1272 bei der Belehnung des Herren (dominus) Gottschalk v. Neuhaus für seine Gattin Elisabeth „sub Nochstain" erstmals erwähnt. Die wirtschaftliche Bedeutung der Obergnigl (Gericht Radegg-Neuhaus) kann u. a. auch daran abgelesen werden, daß es dort 1331 bereits eine Glashütte und eine Brauerei gab, die von Untertanen des Bischofs von Chiemsee betrieben wurden. Aus dieser Zeit stammt auch die erste sichere Nennung von Koppl mit Hartneid (1307), Petrus,

Nycolaus und Heinricus in (dem) Chopel (1331). Die Herren von Nockstein gibt es allerdings wenigstens seit 1180. Die Vogtei über Eugendorf, Koppl und Plainfeld übten Konrad v. Steinkirchen bzw. die Tanner aus.

Ein völliger Einzelfall ist die Lehenshoheit des Erzherzogtumes Österreich ob der Enns über Schloß und Herrschaft Pfongau, die bis zur Allodifizierung (= Eigentumsübertragung) im 19. Jh. andauerte. Die im Raum Villach seit dem 13. Jh. nachweisbaren Pfongauer führten zwei Adlerflügel (Plainer Flug!) im Wappen. Es ist aber nicht erforscht, ob die Kärntner und Salzburger Pfongauer verwandt bzw. identisch sind und wie es zur österreichischen Lehenshoheit über die Burg Pfongau gekommen ist. Vielleicht ist hier ein Rest aus der Zeit zwischen 1156 und der M. d. 13. Jh. übriggeblieben, als der neu ernannte Herzog von Österreich alle seine Titel aus der Zeit als Herzog von Bayern (1139–1156) zurücklegen mußte.

Im Streit um das Mondseeland, das 831–1286 dem Bistum Regensburg, 1286–1506 Salzburg gehörte und von 1506–1565 an Salzburg verpfändet war, entstand um 1250 wohl die Burg „Huet-Stein" als sbg. Grenzwacht. Die Hochgerichtsrechte im Aberseeland behielt sich jedoch noch 1291 der bayrische Pfalzgraf Rapoto v. Ortenburg vor. Die sbg. Untertanen unterstanden dann von 1326 bis zur M. d. 16. Jh. dem Pfleggericht Wartenfels, worauf um 1565 erstmals das untere Schloß Hüttenstein als Amtssitz für den Pfleger errichtet wurde.

Um 1259 baute Konrad v. Steinkirchen, der vielleicht ein Tanner war, mit Konrad v. Kalham die Burg Wartenfels. Aus dem Erbe seiner Plainer Gattin (Stöfling) scheinen Hochgerichtsrechte über den Raum Thalgau an der Burg Wartenfels haften geblieben zu sein. Jedenfalls mußte die Burg als Folge der unter einem Vorwand von den Erzbischöfen angezettelten Kalhamer Fehde 1301 an die Erzbischöfe verkauft werden. Die Familie, deren großer Einfluß zwischen 12. und 17. Jh. ungenügend erforscht ist, ist die Familie von Thurn. Die Inhaber des Burggrafenamtes und der Brückenmaut in Salzburg werden mit St. Jakob am Thurn in Verbindung gebracht, ihr Ursprung ist aber fraglich, da „von Thurn", „de turri", „della torre" häufig vorkommen. Der Salzburger Zweig war jedenfalls mit den Radeggern/Bergheimern verwandt. Wie die meisten Salzburger Adeligen folgten auch die Thurn zu E. d. 13. Jh. dem Herzog von Österreich und Steiermark. Den letzteren vertraten sie von 1300 an im Amt des Erbschenken am Hof des Erzbischofes von Salzburg. Seit 1403 verlagerten sie ihr Haupteinflußgebiet zur Burg Neubeuern am Inn, behielten aber bis zum Beg. d. 17. Jh. ihr Erbbegräbnis in der St. Jakobs-Kapelle an der O-Seite des alten Salzburger Domes, die von Burggraf Liutwin 1146 gestiftet worden war.

1403 manifestierte der zu neuem Selbstbewußtsein gelangte Salzburger Adel im Igelbund seinen Wunsch nach einer Beteiligung an der Regierung des Erzstiftes. Die „Landschaft", Versammlung der Inhaber der Erbämter, Prälaten, Ritter und Bürger, übernahmen im neugebildeten Land Salzburg die Aufgaben der Landesverteidigung und die Steuerhoheit. Nach den Kriegen und Aufständen des 15. bis 17. Jh. und der veränderten Kriegstechnik der Neuzeit wurde die Erhaltung der Burgen zunehmend in Frage gestellt. Die militärische Bedeutung nahm rasch ab, die Richter wollten „moderne" Gerichtshäuser in den Zentralorten, die verfallenden Burgen wurden zumeist dem Forstpersonal überlassen.

Nach der Aufteilung der Erhaltungskosten 1685 mußte die für militärische Belange zuständige Landschaft folgende Objekt übernehmen: Burg Liechtenberg und Pässe im Gericht Saalfelden, Ytter und Kropfsberg (heute Tirol), Neuhaus, Mattsee, Hüttenstein, Glanegg, Plain, Raschenberg (heute Bayern), Paß Lueg, Festung Werfen, Paß Mandling, die mit Soldaten besetzten Pässe im Lungau, Pässe in der Pfleg Lofer, Rüsthaus in Thalgau und Neumarkt mit Schanze. Je zur Hälfte von Landschaft und Hofkammer (Finanzverwaltung des Landesfürsten) wurden das Schloß Tittmoning (weil es als eb. Residenz mit Getreidekasten und Maierei diente), die Burg Stauffenegg (beide heute in Bayern), Mittersill, Golling und Schloß Moosham erhalten.

Zu den Aufgaben ausschließlich der Hofkammer zählten Goldegg, Taxenbach, Kaprun und die Pfleggebäude, die aus Burgen hervorgegangen sind wie Hallein und Laufen, samt den Schlössern Lebenau (heute Bayern) und Haunsperg. Die Hofkammer war außerdem für die als Pfleggerichtshäuser errichteten Bauten zuständig wie Thalgau, St. Gilgen, Waging (heute Bayern), Werfen, Abtenau, Radstadt, Lofer und St. Johann (wo zwei Drittel der Kosten von der Gerichtsgemeinde bezahlt wurden), sowie für die Landgerichtshäuser in Großarl, Gastein und Rauris. In der 1. H. d. 18. Jh. wurden als „abgegangen" die Burgen Tetlham (heute Bayern) und Alt- und Lichtentann, mit Ausnahme der Getreidekästen, qualifiziert (alle Angaben aus SLA, Hs. 108, HR Generale 33, Regg. XVIII/8, 39). Bis 1805 ergaben sich folgende Veränderungen: Lichtenberg wurde 1769, Ytter 1790 an die Hofkammer abgetreten. Mattsee wurde 1794 zum ausschließlichen Pfleggerichtssitz ohne Verteidigungscharakter. Moosham wurde 1793 verkauft, Glanegg 1804 an Kurfürst Ehzg. Ferdinand abgegeben. Hüttenstein und Raschenberg waren eingegangen. Die Abtragung der Rüsthäuser in Neumarkt und Thalgau wurde angeordnet (Laa XIV/56). Mautstellen boten ständig Anlaß zu Auseinandersetzungen mit Bayern, ob dies nun 1285 in Straßwalchen oder 1337 bzw. 1382 am Walserberg der Fall war, oder z. B. 1713 ein Wachthäusl an der Bergeröd im Mattseer Gericht im Zuge des Spanischen Erbfolgekrieges von der bayerischen Herrschaft in Mauerkirchen (Innviertel) niedergerissen wurde (HR Mattsee 223).

Zuletzt wurden in den Napoleonischen Kriegen der Jahre 1796–1809 die Burgen nochmals für militärische Zwecke benützt. In der bayerischen Zeit (1810–1816) wurden die meisten Objekte versteigert und damit einer Benützung als Steinbruch zugeführt. Nur wenige Anlagen wurden durch die einsetzende Romantik (Anif, Glanegg, Hüttenstein) bis in unsere Zeit gerettet.

Friederike Zaisberger

1. Anif
   a) Schloß
   b) Lasseregg
2. Anthering
3. Bergheim
   a) Lengfelden
   b) Pfarrhof
   c) Radeck
4. Elixhausen
   Ursprung
5. Elsbethen
   Goldenstein
6. Eugendorf
   a) Kalham
   b) Kirchberg
   c) Mühlberg
   d) Unzing
7. Göming
   Wallburg
8. Grödig
   a) Glanegg
   b) Paß Glanegg
   c) Paß am
      Hangenden Stein
   d) Grafengaden
9. Großgmain
   a) Blockhaus
   b) Plainburg
   c) Fliehburg
      Randersberg
10. Hallwang
    a) Dietraming
    b) Burgstall an der
       Fischach
    c) Söllheim
11. Henndorf
    a) Altentann
    b) Kapsberg
    c) Lichtentann
    d) Blockhaus
       Zifanken
12. Hintersee
    Jagdschlößl
13. Hof
    a) Fuschl
    b) Fliehburg
    c) Oberreitlehen
14. Koppl
    a) Guggenthal
    b) Poschenstein
15. Köstendorf
    Turm in Weng
16. Lamprechtshausen
    Nopping
17. Mattsee
    a) Burg
    b) Pfleggericht
    c) Zellhof
    d) Fliehburg
18. Neumarkt am
    Wallersee
    a) Bezirksgericht
    b) Pfongau

c) Schanze und
   Torhaus
d) Sieghartstein
19. Nußdorf am
    Haunsberg
    a) Erdwall am
       Haunsberg
    b) Lauterbach
    c) Burg
       Haunsperg
    d) Weitwörth
20. Oberndorf an
    der Salzach
    Viereckschanze
21. Obertrum
    Ansitz
    Prenzingerau
22. Plainfeld
    Pabenschwandt
23. St. Georgen an
    der Salzach
    Burg
24. St. Gilgen
    a) Bezirksgericht
    b) Franzosen-
       schanze
    c) Ruine
       Hüttenstein
    d) Schloß
       Hüttenstein
25. Schleedorf
    Burgstall Tannberg
26. Seekirchen
    a) Turm zu
       Fischtaging
    b) Seeburg
    c) Waldprechting
    d) Zaisberg
    e) Villa Sylvester
27. Straßwalchen
    a) Sitz zu
       Irrsdorf
    b) Pfleghaus
    c) Schanze
    d) Paß
       Straßwalchen
28. Strobl
    Amtshaus
29. Thalgau
    a) Bezirksgericht
    b) Sitz am Pach
    c) Rüsthaus
    d) Spaur-Schlößl
    e) Wartenfels
    f) Turm im
       Weiher
30. Wals-Siezenheim
    a) Gois
    b) Kleßheim
    c) Viehhausen
    d) Paß am
       Walserberg
    e) Schanzen

16

O B E R

Ö S T E R R E I C H

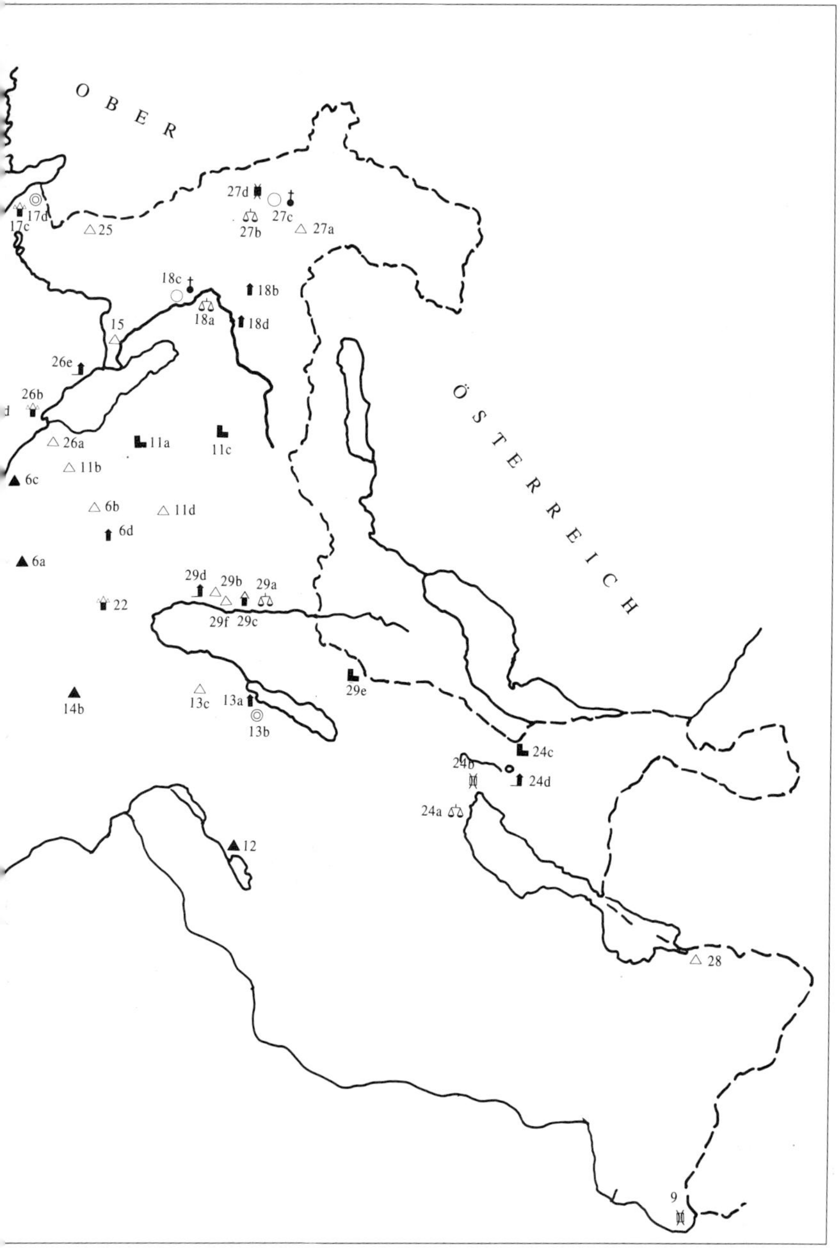

17d
17c
△25

27d
27b ♂♀ 27c
27c △ 27a

18c
18a ♂♀
18b
18d

15
△

26e
26b
d

△26a
△11b
6c

11a
11c

6b △11d
6d

6a

22

29d 29b 29a
29f 29c ♂♀

14b
13c △ 13a
13b

29e

24c
24b
24a ♂♀ 24d

12

28 △

9

1. Abtenau
   a) Bezirksgericht
   b) Klausegg
2. Adnet
   Schloßbauer
3. Annaberg
   Paß Hinterberg
4. Golling
   a) Burg
   b) Paß Lueg
   c) St. Nikolaus in Torren
   d) Straßhof
   e) Wacht an der Lammerbrücke
5. Hallein
   a) Benediktschlößl (ohne Sigle)
   b) Chorregentenschlößl (ohne Sigle)
   c) Egglauer-Schlößl (ohne Sigle)
   d) Stadtbefestigung
   e) Annahof
   f) Grübl-Schlößl (ohne Sigle)
   g) Leitner-Schlößl (ohne Sigle)
   h) Pointnerhof (ohne Sigle)
   i) Kletzlhof
   j) Thürndl
   k) Blockhäuser am Dürrnberg
   l) Fuchs- und Reckturm
   m) Gartenau
   n) Guetrat
   o) Rif
   p) Wiespach
6. Kuchl
   a) Georgenberg
   b) Pfarrhof
7. Oberalm
   a) Haunsperg
   b) Kalsperg
   c) Kastenhof
   d) Winkl
8. Puch
   a) Puchstein
   b) Turm in St. Jakob
   c) Urstein
9. Rußbach
   Paß Gschütt
10. Scheffau
    a) Blockhaus
    b) Paß Karlsteig
11. Vigaun
    a) Burg
    b) Ruine im Brandwald

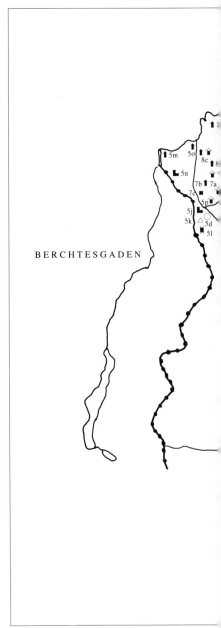

BERCHTESGADEN

TENNENGAU

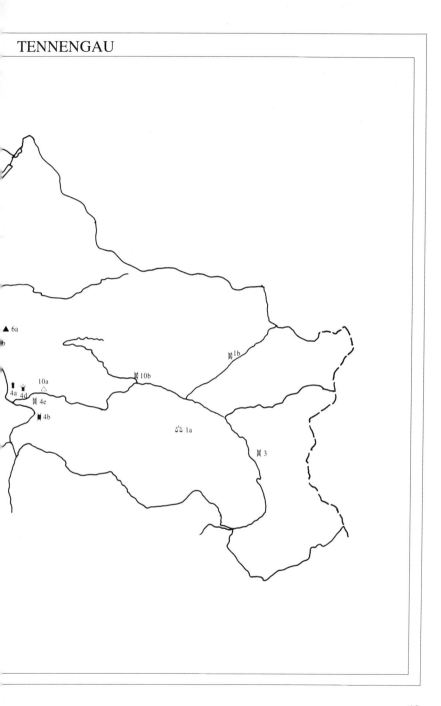

WORTABKÜRZUNGEN

A.	=	Anfang		joch.	=	jochig (2joch.)
a.	=	aus, am		Jz.	=	Jahr(es)zahl
achs.	=	achsig		K(n)., ksl.	=	Kaiser(in), kaiserlich
ahd.	=	althochdeutsch		Kard.	=	Kardinal
Arch.	=	Archiv		Kg(n)., kgl.	=	König(in), königlich
arm.	=	armig (2arm.)		KG	=	Katastralgemeinde
bar.	=	barock		k.k.	=	kaiser-königlich
Beg., beg.	=	Beginn,		Kr.	=	Krone
		beginnende(n)		lat.	=	lateinisch
Bf., bfl.	=	Bischof, bischöflich		ldfl.	=	landesfürstlich(e)
BH	=	Bezirkshauptmannschaft		M.	=	Mitte
bzw.	=	beziehungsweise		MA., ma.	=	Mittelalter,
ca.	=	cirka				mittelalterlich
d.	=	das, der, dem		Mgf(n).	=	Markgraf (-gräfin)
d. Ä.	=	der Ältere		mhd.	=	mittelhochdeutsch
d. h.	=	das heißt		mj.	=	minderjährig(e)
d. J.	=	der Jüngere		N, n	=	Norden, nördlich
dt.	=	deutsch		Nr.	=	Nummer
E.	=	Ende		O, ö	=	Osten, östlich
ebda.	=	ebenda		öS	=	Österr. Schilling
EB. ebfl.	=	Erzbischof,		Pf.	=	Pfennig(e)
		erzbischöflich		Pfd.	=	Pfund
eck.	=	eckig (5eck.)		quadr.	=	quadratisch(e)
ehem.	=	ehemalige(n)		rechteck.	=	rechteckig(e)
Ehzg(n).	=	Erzherzog(in)		rom.	=	romanisch
EZ	=	Einlagezahl		röm.	=	römisch
fl.	=	Gulden		S, s	=	süden, südlich
flüg.	=	flügelig(er)		Sch.	=	Schilling
Frh., frhl.	=	Freiherr, freiherrlich		s.:	=	siehe
GB	=	Gerichtsbezirk		seit.	=	seitig (4seit.)
geb.	=	geborene		sog.	=	sogenannte(r)
Gde.	=	Gemeinde		u. a.	=	unter andere(n)m
gesch.	=	geschoßig (4gesch..)		urk.	=	urkundlich
Gf(n)., gfl.	=	Graf (Gräfin), gräflich		V.	=	Viertel
got.	=	gotisch		v.	=	von
H.	=	Hälfte		vgl.	=	vergleiche
ha.	=	Hektar		v. u. z.	=	von und zu
Hl., hl.	=	Heilige(r), heilig(e)		W, w	=	Westen, westlich
Hs.	=	Handschrift		weibl.	=	weiblich(e)n
Hzg(n)., hzgl.	=	Herzog(in), herzoglich		Wr.	=	Wiener
Jh.	=	Jahrhundert		z. T.	=	zum Teil

Bezirkshauptmannschaft Salzburg-Umgebung

A N I F (GB. Salzburg, alt: Glanegg)

1. SCHLOSS ANIF, Anif Nr. 24

Südöstlich des Ortskernes von Anif mit der Pfarrkirche liegt nahe der Salzachtal-Bundesstraße nach Hallein inmitten eines ausgedehnten Parkgeländes das Wasserschloß Anif, von einem künstlich angelegten, kleinen See umgeben.

Im Gebiet von Anif bestand seit dem 14. Jh. ein eb. Urbaramt, welches „zu Anif", aber auch „am obern Weyer" genannt und mit dem Amt zu Gutrat im Jahr 1505 in den Bereich des Pfleggerichtes Glanegg eingegliedert wurde. Die Folge waren ständige Jurisdiktionsstreitigkeiten. Die von EB. Pilgrim am 1. VIII. (Pfinztag vor St. Oswald) 1387 erlassene Ordnung wurde 1556 erneuert. Danach sollte der Landrichter in Glanegg Totschlag, Diebstahl und Notzucht und die Bauern anderer Grundherren richten, der Urbaramtmann in Anif hingegen die Untertanen des Erzbischofs sowie über Weib, Kinder und Gut eines vom Landrichter Verurteilten. 1636 wurde der Sitz des Pflegrichters von Glanegg nach Hellbrunn verlegt.

Die frühesten sicheren Nachrichten über das Schloß reichen in das 16. Jh. zurück. Der erste nachweisbare Besitzer ist ein hoher eb. Beamter, der Kanzler Dr. Niclas Ribeisen, der das Haus 1530 zu Leibgeding erhielt. Ihm folgt Anna Lienpacher, die das

Schloß Anif, Ansicht von Norden (Foto BDA)

21

„Gut zu Anif" 1533 zu Lehen übernahm, bevor es 1535 im Erbwege an Achaz Köllerer (Kölderer) zu Wispach (siehe auch: Hallein, Schloß Wiespach) fiel. Dieser gibt das Gut um 1560 an den reichen Gewerken Christoph Perner v. Rettenwörth weiter, dem der Neubau eines Schlosses inmitten des schon früher bestandenen „obern Weyers" zugeschrieben wird. Christoph Perner, den wir heute auf Grund seiner Schurfrechte, Bergbau- und Schmelzhüttenbetriebe als Großindustriellen bezeichnen würden, ist auch mit der Errichtung der Schlösser Rettenwörth bei Saalfelden (s. d.) und Schloß Rif, Gemeinde Hallein (s. d.) in Verbindung zu bringen. Er war es, dem es – wenn auch nur auf begrenzte Dauer – gelang, im Jahr 1561 begonnene Arbeiten zur Ermöglichung einer Schiffspassage durch den Paß Lueg zum Erfolg zu führen.

Nach den Erben des Christoph Perner wurde am 8. VI. 1592 Ferdinand Frh. v. Kuen-Belasi belehnt: „Schloß Anif sambt dem Weyer, negst darbey den zween Päch in der Au daselbst unnd des Vischen (von neuem zugegeben und verliehen) auf der Salzach so weit die Anifer Aue bis an die Albm pruggen, mer das Mayrhaus zu Anif, sambt dem Stadtl unnd Gründten, genannt das Ober-, Mitter- und Thuergartten-Feld, sowie die Jagd auf Rotwild, Fuchs und Hasen in der Anifer Au bis zu Almbrücke."

Das Schloß wurde dann 1606 an die Brüder Ernfried und Hans Kaspar v. Kuenburg verkauft. Von 1643 an gehörte es Sophie v. Pauernfeind, die mit dem letzten männlichen Sproß der Familie Perner, Johann Ägyd Perner v. Rettenwörth und Lampoting († 1663) verheiratet war. Als Witwe verkaufte Sophie 1673 den Besitz an Preisgott Gf. Kuefstein, dieser gab ihn im Jahr 1689 an EB. Johann Ernst v. Thun weiter. Eine Phase der Instandsetzung begann. Dann überließ der Erzbischof Schloß Anif 1693 den Bischöfen von Chiemsee gegen die Verpflichtung, vierteljährlich in der Schloßkapelle für den jeweiligen Fürsterzbischof eine Messe lesen zu lassen, zu Lehen. Als das Bistum Chiemsee im Jahr 1807 säkularisiert wurde, pachtete der letzte Chiemseer Bischof, Sigmund Christoph Gf. Zeil, das Schloß und durfte es schließlich 1811 „aus ganz besonderer Rücksicht" käuflich erwerben. Aus dem Nachlaß des Bischofs kaufte den Besitz 1815 der pensionierte Brauereiverwalter von Kaltenhausen, Ulrich Payr.

Im Jahre 1837 ging das Schloß samt allem Zugehör an Alois Gf. Arco-Stepperg, den Bruder des berühmten „Adlerjägers", über, der nach eigenen Vorstellungen und Entwürfen, welche stark von seinen Reisen durch Frankreich und vor allem England beeinflußt waren, in den Jahren 1838 bis 1848 eine durchgreifende Umgestaltung unter der Bauführung des bayrischen Architekten Heinrich Schönauer durchführen ließ. Nach seinem Tod kam das Schloß 1893 durch die Ehe der einzigen Tochter, Sophie v. Arco-Stepperg mit Ernst v. Moy, an die Familie der Grafen v. Moy de Sons, in deren Besitz sich Schloß, Park und Nebengebäude heute noch befinden. Seit 1950 verwaltet Dr. Johannes Gf. v. Moy, zuerst für seine Tante, seit 1957 allein das romantische Wasserschloß. Hier entband im Schreibzimmer am 12. XI. 1918 Kg. Ludwig III. v. Bayern seine Beamten und Offiziere von ihrem Diensteid. Da das Schloß bewohnt wird, ist es nicht zu besichtigen.

Nahe dem ö. Ufer steht in dem etwa 4 Hektar großen Weiher Schloß Anif, durch eine dreijochige Brücke mit dem Ufer verbunden.

Der Bestand vor der grundlegenden Umgestaltung in den Jahren 1838–1848 stammte aus der Zeit des EB. Johann Ernst von 1689, der das Schloß hatte „erneuern" lassen. Als Hauptbau bestand der über rechteckigem Grundriß errichtete Wohnbau im O der Anlage, zwei Fensterachsen breit und sieben lang. Dieser Bau war viergeschoßig und wurde von einem abgewalmten Satteldach bekrönt. An der S-Front schloß sich gegen W ein zweigeschoßiger Flügeltrakt an, der mit der Kapelle an der SW-Ecke abschloß. Die Kapelle mit einem kleinen Erker gegen S war durch die hochgezogene Giebelwand im N mit überhöhter Glockenaufhängung charakterisiert. Von der Kapelle gegen N zog sich eine Verbindungswand – Hofmauer – mit schlanken Wandöffnungen zu einem türmchenartigen Eckbau an der NW-Ecke der Anlage, von wo eine Brüstungsmauer im N an den hohen Wohntrakt anschloß.

Von spätmittelalterlicher Bausubstanz existiert als sichtbares Relikt nur noch eine Türumrahmung im Erdgeschoß des alten Wohntraktes, ein mehrfach gekehltes, mit umlaufenden Rundstäben geschmücktes Rechteckportal mit Steingewände.

Die durchgreifenden Maßnahmen der Jahre 1838 bis 1848 brachten eine Umwandlung der bisher eher schlicht wirkenden Anlage in ein weitestgehend einheitliches, neogotisches Bauwerk, den frühesten und zugleich reinsten Bau der Romantik im Lande Salzburg.

Der ö. Hauptbau wurde in seinen Fassaden mit neogotischen Details überzogen: So wurde von Bildhauer Entres um 1848 eine neue, zinnenbekrönte Portaleinfassung als Umrahmung für ein spitzbogiges Portal geschaffen, die mächtigen, geschnitzten Holzflügel tragen das Allianzwappen Arco-Pallavicini. Oberhalb der etwas vorspringenden Portalarchitektur umschließt ein Dreiecksgiebel mit flankierenden Fialen einen marmornen Doppeladler, dessen Brust wieder das Wappen Arco ziert. Die Fenster des Hauptbaues weisen Spitzbogen-, Flachbogen- sowie Rechtecksformen auf, letztere in der Mitte nochmals rechteckig überhöht, dazu existiert im 3. Obergeschoß eine Reihe von Biforenfenstern in gotischer Form. Die Fenster vor allem des 2. Obergeschoßes sind durch ebenfalls überhöhte Verdachungsgesimse eingerahmt. Die beiden Längsseiten tragen in der Traufenzone eine zart durchbrochene Zinnenarchitektur. Die s. Schmalfront ist durch drei vorgesetzte Strebepfeiler gegliedert, die unter dem Giebelfeld durch Spitzbogen miteinander verbunden sind; darüber wie an der N-Seite ein reich gestaltetes, gotisierendes Giebelfeld, dessen Zierat weit über das Satteldach emporragt. An der n. Schmalseite wurde eine zweigeschoßige Altane mit gekoppelten Spitzbogenfenstern und Zinnenbalustrade angesetzt. Über dem spitzbogigen Doppelportal als Terrassenzugang sind wieder die Wappen Arco-Pallavicini mit Krone angebracht. Vor die O- und S-Front des Hauptbaues wurde ein schmaler, von Zinnen bewehrter Mauer umgebener Vorgarten gelegt, in den die Schloßbrücke einmündet, in der Nahtstelle flankiert von zwei Sandsteinfiguren von Bildhauer Entres, etwa 1848, darstellend Kg. Rudolf v. Habsburg und Hzg. Heinrich den Löwen. Der s. Flügelbau wurde bei der Umgestaltung von 1848 um ein Geschoß erhöht, das Äußere wurde bis auf Vereinfachungen in der Dachzone ähnlich dem Hauptbau ausgeführt. An der Innenhoffassade ist eine marmorne Wappen- und Inschrifttafel angebracht: Unter dem Wappenstein von EB. Johann Ernst v. Thun verweist eine von Früchten und Akanthusblättern gerahmte Inschrifttafel auf die Übergabe des Schlosses an die Chiemseer Bischöfe im Jahr 1693. Die Ecke des Hofes zwischen O-Bau und S-Flügel wird durch ein bequemes Stiegenhaus mit gekoppelten gotisierenden Fenstern und Zinnenbekrönung eingenommen. Die w. anschließende Kapelle, früher ein Raum über zwei Geschoße und mit Satteldach überdeckt, wurde durch einen bis zu seinem Umgang insgesamt fünfgeschoßigen Turm überbaut. Seine S-Front erhielt dabei einen schlanken, polygonalen Mittelerker mit jeweils hohen Kielbogenfenstern zwischen angedeuteten Strebepfeilern, im Erdgeschoß die Kapellenapsis beherbergend. Den oberen Abschluß des Turmes bildet eine über Dreipaßbogenfries sitzende, in Bogenformen aufgelöste Balustrade, an jeder Ecke durch ein auf abgetreppten Kragsteinen vorgebautes Türmchen mit Pyramidendach betont; In der Terrassenmitte sitzt ein etwa quadratischer Aufbau mit steilem Dach. Der Zutritt zur Kapelle im Erdgeschoß des Turmes erfolgt vom Hof aus durch ein Marmorportal mit Kleeblattbogen, außen rechteckig mit Überhöhung verstäbt und eingerahmt.

Die N-Seite des Hofes wird begrenzt durch einen erst gegen E. d. 19. Jh. auf drei Geschoße erhöhten Anbau an das Hauptobjekt mit einer gotischen Säulenhalle, deren

Kreuzrippengewölbe von hohen, zierlichen, achteckigen Marmorsäulchen getragen wird, sowie an der nw. Ecke den Baukörper des sog. „Bildersaales" aufweist, der gegen die angrenzenden Wasserflächen jeweils ein fünffach gekoppeltes Maßwerkfenster besitzt und von der Säulenhalle durch ein reich profiliertes Spitzbogenportal begangen werden kann. Die flache Eindeckung dieses Baues wird von Zinnen eingerahmt, auf den Außenecken sitzt je ein schlankes, achteckiges Türmchen, ähnlich jenen des Turmes.

Der w. Hofabschluß wird aus einer um zwei Stufen erhöhten Terrasse gebildet, die von einer zinnenbekrönten Mauer zwischen Ecktürmchen und mittlerem Halbrundturm gegen W abgeschlossen wird. Im Mittelturm führt eine Treppe in den unter der Terrasse liegenden Bootshafen hinunter. Am Übergang zum etwas tieferen Hof kam ein Brunnen zur Aufstellung, achteckig mit ebensolcher Mittelsäule, bekrönt durch einen sitzenden Putto mit Delphin im Arm, eine Arbeit aus Carrara-Marmor von etwa 1840.

Das Hauptwerk der Bildhauerkunst im Schloß Anif befindet sich ebenfalls im Hof: In der für den Durchblick zum See offenen n. Säulenhalle sitzt zwischen den schlanken Marmorsäulen wie in Melancholie versunken die lebensgroße Figur der Nymphe mit Lyra, von dem Münchner Bildhauer Ludwig v. Schwanthaler in der Zeit zwischen 1841 und 1846 über Auftrag von Gf. Alois v. Arco-Stepperg für das Schloß Anif geschaffen. Diese Plastik, ebenfalls aus Carrara-Marmor gearbeitet, war ursprünglich in einem eigenen „Nymphensaal", heute Bildersaal-Pavillon, aufgestellt, wurde jedoch 1906 aus diesem Saal unter die unmittelbar benachbarten Arkaden versetzt.

Im Inneren des Schlosses haben nur wenige Details der früheren Ausstattung die durchgreifende Umwandlung im Sinne der Spätromantik überlebt. Einige Kassettendecken und ein Ofen aus dem E. 17. Jh. blieben im n. Teil des Hauptbaues erhalten, doch griff auch hier das 19. Jh. ein: Im Ecksaal des 2. Obergeschoßes wurde in das Mittelfeld der Kassettendecke ein Ölbild mit der Darstellung „Galathea im von Delphinen gezogenen Muschelkahn" von F. Clessmann, bez. 1844, eingesetzt.

Die über zwei Geschoße reichende Einfahrtshalle zeigt eine durch geschnitzte Holzbögen unterstützte Kassettendecke, darunter ist in die Wand eine große marmorne Inschrifttafel mit den Daten des Umbaues und der Ausgestaltung unter Alois Gf. Arco-Stepperg, 1838–1848, eingelassen. Die Kapelle im Turm, zugänglich vom Hof aus, besitzt ein Rippengewölbe mit 3 Jochen, getragen von in Rundstäben aufgelösten Halbsäulen, die qualitätvolle Ausstattung des Raumes stammt einheitlich aus den Jahren um 1850.

Besonderes Augenmerk war der Ausstattung der Räume im 2. Obergeschoß zugewendet worden. Zeigt der Gang im S-Trakt bereits Darstellungen ritterlicher Paare als Wandmalerei von Maler Grünwedel, bez. 1846, so steigert sich die Qualität der Ausstattung in künstlerischer und handwerklicher Technik in der Bibliothek, über Speisesaal und „gelben Salon". Reliefartig behauene Marmorgewände der Türen leiten in einen Raum über, der nahezu mit sakraler Weihe ausgefüllt scheint. Alle Details, so z. B. die Holzdecke mit Eckzierat in der Gewölbeform der englischen Gotik, bemalte Glasfenster, reich geschnitztes Mobiliar, filigran gearbeitete Baldachine, Beleuchtungskörper, Fußbodengestaltung, etc., etc., fügen sich neben ihrem Wert als hochqualitatives Einzelstück zu einer beeindruckenden Einheit der Gesamtwirkung zusammen, die noch ergänzt wird durch die künstlerische Durchbildung auch der technischen oder Gebrauchsgegenstände im Schloß. Kein Kastenschloß der Türen, kein Schlüssel gleicht in seinem neugotischen Zierat einem anderen, als Vereinheitlichung wirkt – beinahe selbstverständlich auch angebracht auf Porzellan und Geschirr, Federhaltern, etc. – das im gesamten Schloß immer wiederkehrende „A" des Grafen Arco. Die romantische Idee und der Gesamteindruck des Schlosses wären undenkbar ohne die Naturkulisse ringsum, mit Weiher, Seerosen, Trauerweiden und anderen alten Bäumen in dem um 1840 nach englischem Vorbild angelegten Naturpark. So wie die trauernde Nymphe ohne den Durchblick durch die Säulenhalle auf Weiher und Baumgruppen ästhetisch verkümmern würde, so wenig ist der Schloßbau ohne sein Spiegelbild im Wasser des Weihers vorstellbar.

Schloß Anif besitzt weder in Salzburg noch im gesamten österreichischen Gebiet ein auch nur annähernd gleichwertiges Gegenstück; es stellt einen absoluten Höhepunkt in Architektur und Kunst umgesetzten romantischen Gedankengutes dar, dessen vorbildliche Erhaltung und Pflege durch den Eigentümer nicht genug bedankt werden kann.

(KG. Anif, EZ 6, Bp. 28.
SLA, HK Glanegg 1530/B, 1556/C, 1592/L, 1609/B, 1723/3/B, 1727/4/B, 1745/1/B; HK-Hofrat Glanegg 1625–1645; U 1397 alte EZ 102; K. u. R. I 1, O 14; LA 4 fol. 90; LA 114; Hübner 1, 298; Wänzler in: Sbg. Int. Bl. 1808 p. 575–580; Winklhofer 132; Pillwein 350; Dürlinger 91; ÖKT XI, 19; Johannes Moy, Geschichte des Schlosses Anif, phil. Diss 1938; ders.: Schloß Anif und die Neugotik, in: ÖZKD. 1954, 8. Jg., Heft 3/4, 71; ders.: König Ludwig III. v. Bayern u. Schloß Anif, in: MGSLK 124, 1984, 467–475; Mark Girouard, Schloß Anif, Sbg., Austria, in: Country Life, 11. 4. 1963; Nymphe, in: Katalog „Schwanthaler", Reichersberg 1974, Nr. 461–472; F. Zaisberger, Die Strobl-Werkstatt in der Steingasse. Ein Beitrag zur Geschichte der Sbg. Hafnerkunst, in: Alte u. moderne Kunst 22, 1977, H. 150, 19–22; Fuhrmann 1980, T. 12–14; Josef Brettenthaler, Anif, 1982, 93–106; F. Zaisberger-Walter Schlegel, in: 1200 Jahre Anif-Niederalm 1988, 77–82; Dehio 15–16; Wend v. Kalnein, Schloß Anif, Salzburg 1988; Ansichten/Pläne im SMCA: 189/25, 972/49, 1557–1567/49, 3986/49, 7300/49, 7301/49, 7684/49, 9642/49, 9786/49)

2. SCHLOSS LASSEREGG, Niederalm Nr. 1

Östlich hinter der Filialkirche von Niederalm steht in einem z. T. durch Neubauten bereits reduzierten Parkgelände das Schloß Lasseregg.
Die erste urkundliche Erwähnung des Gutes Niederalm findet sich als eb. Lehen im Jahr 1418 im Besitz des Hans Reuter (Rewter), der das Gut in diesem Jahr an Ulrich Strasser verkaufte. Das Gut wird in den Urkunden als „ain hof genant Kirchhof zu Niederalben" bezeichnet. Bis um 1500 blieb der Hof im Besitz der Strasser, jener bedeutenden Sbg. Gewerkenfamilie, die vor allem Güter im Tennengau und Pongau innehatte. 1513 besitzt Ruprecht Lasser als erster seiner Familie das Gut Kirchhof. Der Hof muß kurz vorher in Lasserschen Besitz übergegangen sein. Als Beweis dafür kann die eine der beiden gewölbetragenden Säulen im ö. Teil des Erdgeschoßes angeführt werden, die mit dem Wappen der Lasser und der Jahreszahl 1511 geziert ist. Offiziell verlieh K. Maximilian I. dem Rueprecht Lasser erst am 25. II. 1514 ein Wappen. Jedenfalls wurde der Hof in dieser Zeit in einen Sitz oder ein Schloß umgebaut. 1538 erhob K. Ferdinand I. Ruprecht Lasser in den Ritterstand mit dem Prädikat „von Lasseregg" („Schloß oder Sitz zu Alm, wegen der Lasser heißt es Lasseregg"). Trotzdem wurde das Bauwerk im Lehenbrief des Jahres 1540 nochmals als Kirchhofgut bezeichnet. Ruprecht Lasser war Bürger von Salzburg, wo er ein reiches Handelshaus führte und u. a. 1525 Bürgermeister war. Seine beiden Söhne, Christoph und Wolfgang, führten das Geschäftshaus des Vaters weiter, Christoph Lasser starb 1555 als reicher Mann in Augsburg. Wolfgang Lasser war 1554–58 Bürgermeister von Salzburg. Er machte Lasseregg zum Senioratssitz der Familie. Die Söhne des Wolfgang, Thomas und Matthäus, wurden zu kaiserlichen Fischmeistern am Attersee ernannt – schon Wolfgang Lasser hatte 1561 das Jagdrecht in Burgau erhalten. Mattäus und Thomas wurden 1587 belehnt. Matthäus kaufte dazu noch das Gut Unterach. Damit deutet sich die Verlagerung der Familieninteressen in das Gebiet um den s. Attersee

Schloß Lasseregg von Norden (Foto F.Z.)

bereits an. Christoph Lasser, ein Sohn des Thomas, geb. 1570 in Salzburg, studierte an deutschen Universitäten und in Padua, bevor er 1592 in die Sbg. Landschaft aufgenommen wurde. Er wurde 1614 gemeinsam mit Ferdinand belehnt. Er erwarb 1605 von Hans v. Freising den Adelssitz Marzoll, nahe der bayerisch-salzburgischen Grenze und wurde 1625 Landmann von Ober- und Niederbayern. Er war u. a. Gewerke am Rörerbichl bei Kitzbühel. Er ist der Ahnherr des sbg. Familienzweiges. Sein Sohn Hans Ehrenreich folgte 1625 und wurde 1637 wiederum kaiserlicher Fischmeister am Attersee und kaiserlicher Rat, er erwarb 1643 den Freiherrenstand und starb 1658 in Marzoll. Sein Sohn Johann Georg, sbg. Kämmerer und Landschaftsverordneter, hatte u. a. die Söhne Franz Ehrenreich und Georg Gottlieb. Franz Ehrenreich wurde Pfleger von Stauffeneck und starb 1698 als Pfleger von Abtenau. Georg Gottlieb Frh. Lasser v. Lasseregg, geb. 1661, sbg. Kämmerer, Hofkriegsrat und Oberstwaldmeister, verkaufte Lasseregg 1699, nach dem Tod seines Bruders, an seinen Schwager Hilfgott Gf. Kuefstein, verheiratet mit Maria Clara Lasser. Dieser bat den Erzbischof im Jahr 1706 um 300 fl. für Dachdeckungsarbeiten in Lasseregg, weil „bei Mannsgedenken an dem Rittersitz Lasseregg gar nichts repariert oder unterhalten worden, dass das völlige Tach sambt dem ganzen Tachstuel dermaßen verfault ist, … das Schlössl, welches in solchem Stand billicher eine verfallene Masure zu nennen ist". Der Erzbischof bewilligte ihm Baumaterial im Werte von 600 fl. Nach dem Tod Hilfgotts versuchte die Witwe, Lasseregg an Franz Ignaz v. Wollern zu verkaufen, dieser lehnte jedoch ab. Maria Clara bleibt im Besitz von Lasseregg noch bis 1728. 1729 kaufte Ernst Gottlieb Lasser, der Sohn des Georg Gottlieb, den Ansitz zurück. Er war 1722 aus dem St. Ruperti-Ritterorden ausgetreten und hatte sich verehelicht. Mit seinem Sohn Leopold Frh. v. Lasser starb der Mannesstamm der Familie im Jahr 1798 aus, die Besitzungen kamen an die Schwester Leopolds. Maria Anna Josefa war mit Karl August v. Lassberg, Fürstenbergischer Regierungspräsident in Donaueschingen verheiratet. Über die älteste Tochter Josefine, die ihren Vetter Friedrich Frh. v. Lassberg heiratete, blieb der Sitz in dieser Familie. Ihrer beider Sohn, Leopold, ebenfalls ein früherer Ruperti-Ordensritter und Teilnehmer an den Freiheitskriegen gegen

Napoleon starb 1835 im Schloß Anif. Lasseregg ging an eine Tochter der Maria Anna v. Lassberg, Franziska Baronin Deuering aus Kempten im Allgäu, verh. Baumgartner, über. Nach dem Tode ihres Sohnes Rudolf, der Lasseregg 1852 übernommen hatte, verkauften die Kinder seiner Schwester Anna Maria, verehel. Gfn. Bothmer, das Ritterlehen „Sitz und Hof Lasseregg" 1878 an Johann Dengler. 1892 kauften die 6 Geschwister von Landwürst aus Oldenburg, Magdeburg und Berlin das Gut. 1910 folgten Moriz und Louise Lucas. 1926 erwarb Elenore Wallner Lasseregg. Seit 1950 steht Erwin Wallner im Besitz und ist als Privatwohnsitz nicht zu besichtigen. Lasseregg zeigt einen einfachen, rechteckigen Grundriß, an den gegen N eine Freitreppenanlage, gegen W eine moderne, barockisierende Terrasse angegliedert ist. Im massiven Sockelgeschoß, betont durch vier bis ins 1. Obergeschoß reichende Eckpfeiler mit schrägem Anzug, befindet sich von S her das Eingangsportal mit Sprenggiebel über gequaderter Bogeneinfassung. Die Fenster der beiden Hauptgeschoße besitzen halbkreisförmig eingerahmte Bekrönungen mit gefächerten Palmettenmotiven, wohl erst mit der übrigen Fassadengestaltung E. 19. Jh. entstanden. Das breitgelagerte Walmdach wird in der Achse des s. Portales durch einen gemauerten Mittelgiebel aufgelockert. Der bereits unbewohnbar gewesene Ansitz wurde 1839 grundlegend restauriert. Auf der Berchtesgaden-Karte des Hans Faistenauer aus dem Jahr 1628 hat Lasseregg noch das Aussehen eines typischen Salzburger Ansitzes mit einem fast quadratischen Stock und einem viereckigen und zwei runden Ecktürmen. Im Bereich der n. Freitreppe befinden sich zwei Inschrift- und Wappentafeln: Eine Marmortafel mit dem Wappen der Lasser mit den angeheirateten Familien Scheuchenstuel, Wopfer, Praun und Alt, datiert mit 1546, sowie wahrscheinlich der obere Teil eines Marmorepitaphs mit dem Allianzwappen Lasser-Scheuchenstuel unter Giebelarchitektur, datiert mit 1515. Eine weitere Datierung mit Wappen als Bauinschrift hat sich, wie oben schon erwähnt, an einer der beiden gedrungenen Marmorsäulen, die das Gewölbe des ö. Raumes im Erdgeschoß tragen, erhalten; auch hier das Wappen der Lasser, datiert mit 1511. Reste einer früheren Umfassungsmauer mit einer Schießscharte – eher eine Besitzabgrenzung denn eine Befestigung – sind im Grenzbereich zwischen Park und Friedhof zu sehen, die heute als Teil der Friedhofmauer dienen.

(KG. Anif, EZ 21 [alt 98], Bp. 92, 93.
SLA, HK Glanegg 1530/E, 1564/B, 1577/H, 1639/E, 1701/1/C, 1706/N, 1716/M, 1732/4/B, 1759/5/E; Geh. A. XXV L 5, 1526; LA 4 fol. 101, 123 [1556–1631]; K. u. R. C.1.37; Adel. Hyp.buch I [= U 1490] Nr. CXL p. 202; JB SMCA 1853, 78; Hübner I, 298; Pillwein 358; ÖKT XI, 438; Neue Sbg. Ztg. 1851 Nr. 186; MGSLK 77 [1937] 135 [Lasser] und 139–140 [Lassberg]; Josef Brettenthaler, Anif, 1982, 114; F. Zaisberger-W. Schlegel, in: 1200 Jahre Anif-Niederalm, 1988, 77–82; Dehio 275; Reindel-Schedl 1989, 470, 507)

A N T H E R I N G (GB. Oberndorf, alt: Laufen)

TURM (abgekommen)

Seit 1090 sind die St. Petrischen Ministerialen von Anthering urkundlich nachweisbar. Um 1122/47 übergab Hartwich, nunmehr Ministeriale des Domkapitels, diesem Stift sein Gut zu Anthering. Zu E. d. 12. Jh. verschwindet die Familie unter diesem Namen aus den Quellen. Das Landgericht Anthering wurde von den Herren von Bergheim (s. d.) 1336 an den Erzbischof verkauft.
(Lage nicht feststellbar.
SUB I, S. 593 Nr. 15; John B. Freed, Die Dienstmannschaft von St. Peter, in: FS. St. Peter zu Sbg. 582–1982, 70–71; Heinz Dopsch, Die Herren von Bergheim und das Landgericht Anthering, in: Heimat Anthering, 1990, 59 ff.)

B E R G H E I M (GB. Salzburg, alt: Neuhaus)

1. LENGFELDEN (abgekommen)

Am Fischachübergang an der alten Straße von Salzburg über Radegg (s. d.) nach Mattsee (s. d.) bzw. an der Abzweigung am Weg nach Bergheim n. des Maria Plainer Hügels ist im Bereich der alten Papierfabrik oder beim Kloster Maria Sorg ein Burgturm anzusetzen. 1250 ist jedenfalls Wernher v. Längenfeld Vermittler in einem Streit zwischen dem Domkapitel und Rüdiger v. Bergheim. Ob das Prädikat „Längenfeld" mit Lengfelden bei Bergheim und/oder mit Lengenfeld/Vigaun gleichzusetzen ist, kann derzeit nur angedeutet werden. Ein Zusammenhang zwischen Wernher v. Längenfeld und der Burg in St. Jakob am Thurn besteht jedenfalls nicht. 1277 ist Ulrich Lengfelder genannt. Am 19. VII. 1281 verleiht Liebhart v. Bergheim (s. d.) seine Vogteirechte über Güter des Domkapitels an Konrad v. Kalsperg (s. d.) und Gottfried v. Lengfelden.

(Martin, Reg. I Nr. 105, 787, 1007; Pillwein 366; Reindel-Schedl 1989, 215)

2. PFARRHOF, Bergheim Nr. 13

Auf einem Felssporn am westlichsten Ausläufer des Plainer Hügels erhebt sich, weithin sichtbar, die St.-Georg-Pfarrkirche mit dem stattlichen Pfarrhof. Wann die in der Notitia Arnonis genannte Kirche vom Dorf Fischach nach Bergheim verlegt wurde, ist nicht bekannt. Bei der neuen Kirche dürfte es sich aber um die ehemalige Burgkapelle (St.-Georg-Patrozinium!) der Herren von Bergheim gehandelt haben.

Das Ministerialengeschlecht der Herren von Zaisberg-Radegg-Itzling-Fischach-Bergheim nannte sich nach seinem jeweiligen Ansitz an der Fischach zwischen dem Wallersee und der Einmündung in die Salzach. Das „Gesaezze" zu Bergheim ist während des 13. Jh. urkundlich belegt. Am 31. X. 1243 vertauschte Rüdiger v. Bergheim Güter an das Domkapitel. Sein erhaltenes Siegel zeigt im Schild einen mit drei Rädern belegten Schrägbalken (= Radegg!). 1247 bezeugt er die Schenkung der Güter im Lungau an das Domkapitel durch Hzg. Bernhard v. Kärnten. 1250 ist Marquart v. Bergheim Zeuge und Bürge für den Erwählten Philipp in seiner Auseinandersetzung mit den Grafen von Plain. Dann gerieten die Bergheimer auf der Seite der Kalhamer in Konflikt zum Erzbischof. 1269 bürgten sie für Kuno und Konrad v. Kalham (s. d.). Schon 1260 hatten Liebhard, Heinrich und Ulrich v. Bergheim ihre Maierhöfe in Bergheim und „Sigharingen" verpfänden müssen. 1279 mußte Heinrich versprechen, sich acht Jahre lang wegen der Gefangenschaft nach der Kalhamer Fehde nicht zu rächen und 500 Pfund Kaution zu erlegen. 1282 mußte Liebhard die Vogtei über die Güter des Domkapitels in Bergheim und Anthering an den Erzbischof verkaufen. Am 21. XI. 1285 belehnte schließlich EB. Rudolf Heinrichs Frau Perhta mit dessen Hochstiftslehen, u. a. mit dem Hof in Bergheim, d. i. Haus und Hofstatt „gesaez" genannt. Nach neuerlichen Kämpfen mußte Heinrich, der gegen Revers aus der Gefangenschaft entlassen worden war, am 13. VI. 1295 „sein Gesaezze" zu Bergheim samt Gericht, Fischweide u. a. an EB. Konrad IV. verkaufen. Auch Perhta mußte ihre Morgengabe, unter dem Siegel der Stadt Wels (!), an den Erzbischof abtreten. 1323 stifteten Marquard und Friedrich v. Bergheim im Salzburger Dom den Erentrudisaltar als Sühne für einen Totschlag. Im selben Jahr starb Anna v. Bergheim als Äbtissin am Nonnberg. 1336 verkauften Marquard und Friedrich v. Bergheim auch ihr Landgericht Anthering an den Erzbischof. In St. Peter wurden 1364, 1421 und 1514 noch „Perchaimer" begraben. 1497 nannte sich der Sbg. Erbmarschall Wolfgang v. Nußdorf „zu Perckhaym".

Weder anläßlich der Kirchenrestaurierung (1979/80) noch der Pfarrhof-Fassadenin-

28

standsetzung (1990/91) konnten ältere Mauerbestände an den Bauten oder im angrenzenden Gelände festgestellt werden.

(KG. Bergheim EZ 4; alte GH: Freieigen.
SUB 3, 1022; Martin, Reg. I, 33, 94, 346, 575, 1056, 1198; II, 264, 271; III, 1006; Martin, AB I Nr. 98; Bibl. St. Peter, Hs. Ebner 8, 93–96; Winklhofer 135; Pillwein 6, 365 f.; Dürlinger 206; Heinrich Wallmann, Das Sbg. Ministerialengeschlecht von Bergheim, Fischach und Itzling, in: MGSLK 9, 1869, 294–300; Dehio 38 f.; Heinz Dopsch, Die Herren von Bergheim, in: Heimat Anthering, 1990, 59; F. V. Zillner, Sbg. Geschlechterstudien: Itzling–Fischach–Bergheim–Radeck, in: MGSLK 19, 1879, 1–64; Reindel-Schedl 1989, Bergheim passim; Fritz Lošek, Notitia Arnonis und Breves Notitiae, in: MGSLK 130, 1990, 90)

3. SCHLOSS RADECK, Radecker Weg Nr. 3

Am östlichsten, leicht abgesetzten Ausläufer des Plainberges mit der Wallfahrtskirche Maria Plain, heute n. des nahen Autobahnknotens Salzburg-Nord, stehen die Reste der ehemals bedeutenden Burg der Herren von Radeck; derzeit z. T. als unscheinbares Wohnhaus mit Erweiterungsbau genutzt, nur die Kapelle weist noch auf das frühere Schloß hin.

Die Herren von Radeck, urkundlich nachweisbar seit dem A. d. 13. Jh., waren eines der wichtigsten Sbg. Ministerialengeschlechter im 13./14. Jh. Ihre Bedeutung mögen nur wenige Beispiele illustrieren: Rüdiger v. Radeck, Sbg. Domherr, wurde 1215 der erste Bischof des neugegründeten Bistums von Chiemsee, 1230 bis 1250 war er dann Bischof von Passau; 1250 leistete anläßlich einer Gebietsverleihung an die Grafen von Plain ein Gerhoh v. Radeck den Eid anstelle des Erzbischofs; Ruger und Konrad v. Radeck schworen 1326 dem Erzbischof als Burggrafen auf der Burg zu Salzburg auf: sie haben mit 20 Helmen zu dienen; der Vicedom von Salzburg, Ruger v. Radeck, wurde im Streit zwischen dem Erzbischof und den Herren von Törring zum Schiedsrichter ernannt. Die Radecker, ursprünglich wahrscheinlich eine Seitenlinie der Herren von Seekirchen-Zaisberg (s. d.), waren mit bedeutenden Sbg. Familien ihrer Zeit verwandt, so z. B. mit den Herren von Bergheim, Itzling, Kalham, Haunsperg, Walchen, Starhemberg, Hohenfeld, etc.

Am 21. IV. 1270 verpfändeten Ulrich und Heinrich v. Radeck ihre Burg dem Ulrich v. Wispach und Chunrad v. Kuchl samt ihren „Komplizen". Schon am 29. IX. 1273 mußte – der Grund ist nicht überliefert – Heinrich v. Radeck an EB. Friedrich die Hälfte seiner Burg Radeck und einen halben Bauernhof verkaufen. Im Jahr 1334 folgte dann der Rest: Die Brüder Rüdiger und Heinrich v. Radeck verkauften schließlich an EB. Friedrich III. ihren Burganteil samt Zugehör sowie das Landgericht Hallwang, die Vogteien über Elixhausen, Pebering, Glas und Vigaun, alles eb. Lehen. Zusammen mit dem Gericht Bergheim wurde aus diesen Gebieten das Pfleggericht Radeck mit dem Sitz auf der Burg Radeck gebildet. Noch heute erinnert ein kleiner Hügel s. des Burghügels, im Volksmund „Galgenbichl" genannt, an die Vollziehung der Gerichtsbarkeit in Radeck. 1386 nennt sich Conrad Prenner nach Radeck. Von den eb. Pflegern sind uns einige Namen überliefert: Um 1420 Gilg Haider, um 1445 Friedrich Pelchinger, 1453 Martin Reutter. Im Jahr 1464 erhalten Hans Prätzl (Prazl), damals Bürgermeister zu Salzburg, und sein Sohn Hans das Pfleggericht. Nach dem Tod des Sohnes im Jahr 1508 wurde der Sitz des Pfleggerichtes unter Beibehaltung des Namens „Radeck" nach Schloß Neuhaus oberhalb von Gnigl (Stadt Salzburg) verlegt. Der Grabstein von Hans d. Ä. († 23. V. 1465), seiner Frau Barbara Grym († 2. I. 1476) und Hans d. J. († 6. IV. 1508) ist in der Margarethenkapelle im St. Petersfriedhof an der NW-Ecke innen erhalten. Dem Sohn Hans (III.) Prätzel gelang es, zu seinem Besitz Söllheim auch die Burg Radeck käuflich zu erwerben. Er ließ den Bau

*Schloß Radeck, Detail aus dem
Kapellenbau, Allianzwappen
Rehlingen-Teufel von etwa 1670
(Foto BDA)*

verschönern und wohnlich einrichten; von ihm dürfte auch der Neubau der heute noch erhaltenen Kapelle neben dem Burgtor stammen. Sie wurde durch B. Bertold Pürstinger v. Chiemsee am 20. VI. 1516 geweiht. Aus dieser Zeit stammte ein Glasfenster, das die Inschrift trug: „Hans Bratzel zu Radeck, Margret Perillin sein Hausfrau 1514." Im Museum CA. ist heute nur noch eine Photoplatte davon erhalten.

Als nächster Besitzer scheint der Passauer Domherr Erasmus Hohenfelder auf, der verwandtschaftliche Beziehungen zu den Radeckern nachweisen konnte: A. d. 14. Jh. hatte eine Katharina v. Radeck Georg Hohenfelder v. Aistersheim geheiratet. Der Domherr ließ seine Verwandte Margaretha, Tochter des Sigmund Hohenfelder und Witwe nach Balthasar Saurer auf Lebenszeit auf Radeck wohnen. Ihr wurde beim Herannahen der Aufständischen im Bauernkrieg 1525 angeboten, zu ihrem Schutz die Burg mit Soldaten zu besetzen; sie lehnte ab. Am 18. VIII. aber erschien eine Gruppe Sbg. Bürger unter Anführung des Virgil Hippinger und zündete die Burg nach vollständiger Plünderung an allen vier Ecken an. Bittbriefe um Entschädigung an die Sbg. Landschaft wegen des von Hippinger verschuldeten totalen Schadens erbrachten als Ausgleich zumindest eine Geldsumme.

Der nächste Besitzer ist Dr. Paul Rettinger aus Nördlingen. Er war Leibarzt von Herzog Ernst v. Bayern, 1540–1554 Administrator von Salzburg. Nach seinem Tod erbten 1565 seine Söhne Paul und Martin Herkules Rettinger die Sitze Radeck und Wiespach, die Tochter Benigna erhielt 2.000 fl. und alles bewegliche Gut in Radeck. Dies belegt, daß Radeck nach den Bauernkriegen wieder instandgesetzt und ausgestattet worden war.

1569 wurde Martin Herkules Rettinger, inzwischen B. von Lavant, Alleinbesitzer, er verkaufte allerdings sehr bald an den aus Augsburg stammenden Hieronymus Meitting, Stadtrichter zu Salzburg und Inhaber des Antheringer Gerichtes. Dieser nahm die weitere Wiederherstellung des Schlosses in Angriff; ein früher vorhandenes Glasfenster in der Kapelle trug die Inschrift: „Hieronymus Meitting zu Radeck, Anna Rehlingerin, sein Hausfrau, 1577." Er dürfte sich finanziell mit dem Wiederaufbau übernommen haben, er geriet in Schulden und verkaufte schließlich Radeck dem Bruder

seiner inzwischen verstorbenen ersten Frau, Friedrich v. Rehlingen, Herr auf Goldenstein.
Radeck blieb in Rehlingschem Familienbesitz. Bei der Güterteilung 1669 erhielt es Johann Paris Frh. v. Rehlingen. Er begann 1670 einen weitgehenden Umbau, z. T. auch Neubau des Schlosses. Im Aufgang zur Kapelle hat sich das Allianzwappen des Johann Paris und seiner Frau Maria Susanna, geb. Teufelin, mit großteils übermalter Inschrift als Fresko erhalten. „Has leges dum curarunt renovant Johannes Paris L. B. A. Rehlingen, Radegg, Rannten et Thurneg, Maria Susanna Reh. nata Teufelin." Ein ebenfalls dort an der Wand befindlicher Text, leider sehr schlecht erhalten, umfaßt Richtlinien zur Behandlung und zum Benehmen von Gästen, so z. B. den Besuch der Kapelle beim Eintreffen oder Scheiden, die Menge und Güte von Speisen und Trank, die Art der Unterhaltungen, etc. Im Jahr 1685 scheint auch das Vermögen des Johann Paris dahingeschwunden zu sein, denn er verkaufte Radeck an Franz Anton Gf. v. Königsegg, sbg. und augsburgischer Domherr und Hofkammerpräsident zu Salzburg. Die Gläubiger Rehlingens bedrängten den Domherren mit ihren Forderungen noch lange. Er und sein Neffe, Johann Georg v. Königsegg, führten den Ausbau des Schlosses weiter, von ihnen hat sich das einzige Steinwappen auf Radeck erhalten; ehemals am Burgtor hängend, heute an der W-Fassade des Wohnhauses angebracht. Auch die Kapelle wurde dem Zeitgeschmack entsprechend erneuert, wie dies eine mit 1690 datierte Inschrift auf der bemalten Emporenbrüstung bestätigt. Im Jahr 1709 vererbte Johann Georg v. Königsegg seiner Schwester Anna Eleonora, verwitwete Reichsgräfin Fugger, den gesamten Besitz, die ihn 1713 an die Kirche von Maria Plain verkaufte, welche zur Dotation der Sbg. Benediktiner-Universität gehörte.
Im Jahr 1808, also noch vor Aufhebung der Universität durch die bayerische Regierung, wurde das Schloß samt dazugehörigen Bauernhöfen, dem sog. Schloßmeier-, dem Strobl-, Reit- und Sechtenberggut verkauft. Das Schloß hatte laut Bericht folgenden Bauzustand: „Das Hauptgebäude habe das Aussehen eines seiner Vermoderung zueilenden alten Ritterschlosses, mit einer kleinen Turmwarte versehen." Nach zahllosen Besitzern der Einzelteile, Schloß, Schloßgarten, Bauernhöfe, und nach raschem Besitzerwechsel vereinigten der Landwirt Felix Fuchs und seine Frau Agnes, geb. Huber, am 7. VIII. 1854 Schloß und Schloßmeiergut wieder zur früher bestandenen Einheit, die sich in dieser Form und in derselben Familie Fuchs bis heute erhalten hat.
Von der Burganlage, welche einst die gesamte Hügelkuppe bedeckte, steht heute außer der Kapelle nur noch ein bescheidener zweigeschoßiger Wohnbau mit Walmdach; oberhalb der Haustüre befindet sich das schon erwähnte Wappen der Königsegg. 1972 wurde dieser Bau für Wohnzwecke in seiner Länge gegen N mehr als verdoppelt, die Fassade in Angleichung an den älteren Bestand hergestellt; das Objekt ist jedenfalls nicht mehr als Teil der Burg erkennbar.
Am besten ist die Kapelle, dem hl. Johannes dem Täufer geweiht, erhalten; sie hat die etappenweisen Abbrüche der Burganlage zur Gewinnung von Baumaterial in der 1. H. d. 19. Jh. überstanden, sie wurde sogar vom Besitzer Felix Fuchs im Jahr 1857 instandgesetzt. Unmittelbar links innerhalb des nur noch in einem Ansatz erkennbaren Schloßtores liegt der Zugang zum gewendelten Stiegenhaus, durch welches man an den oben erwähnten Wappenfresken Rehlingen-Teufel vorbei zum Kapellenraum gelangt; diese vorgelagerte Wendeltreppe wird durch ein zierliches Glockentürmchen bekrönt. Der Raum zeigt eine barocke Tonne mit Stichkappen, daran einen gotischen Chorabschluß mit Rippengewölbe, innen einen Altar von etwa 1650/60 mit dem Bild der Hl. Familie, darüber auf dem Rahmen die Schüssel mit dem Haupte des Johannes; als Begleitfiguren sind die hll. Rupert und Virgil erhalten. Das Hauptgewölbe fällt zeitlich mit dem Einbau der Westempore, dat. mit 1690, zusammen. Die Kapelle wur-

de letztmalig im Jahr 1949 in ihrer Gesamtheit restauriert; vor wenigen Jahren erfolgte eine Dachneudeckung und Fassadenfärbelung.

(KG. Bergheim EZ 24, Plain, Ko. Nr. 16. Die Ko. Nr. 15 bezeichnet den Schloßmaierhof. HHStA Wien OUrk. 29. 9. 1273. Kaufvertrag [auch Martin, Reg. I Nr. 658]; Martin Reg. I, 870, 898 [= älteste deutschsprachige Urk. eines Sbg. EB.], III 933; SUB IV 80, 347, 417, 342; St. Peter, Archiv: OUrk. 27. XII. 1386; SLA, HK Neuhaus 1685 lit. D, Hieronymus-Kataster Neuhaus fol. 130; U 146 [1604] f. 130: Bauerngut Radegg; Universitätsarchiv: Maria Plain; Hübner, Stadt I/557; Wänzler, Histor. Nachrichten … in Sbg. Int. Bl. 1808 11. Juni; Pillwein 370 f.; G. Pichler, Geschichte der ehem. Herrschaft Radeck, A.f.ö.G. 8, 1852, [Neudruck 1965], 137–153; JB. SMCA 1853, 84; Dürlinger 15; ÖKT XI, 445; Zaisberger, in: Sbg. Vbl. Gästeztg. 81–84/1971; Fuhrmann 1980, Abb. 13; Dehio 39–40; Anton Seigmann, Heimatbuch Hallwang, 1989, 77; Reindel-Schedl 1989, 383; Ansichten/Pläne im SMCA: 301/49, 3134/49, 3224/49, 5690/49, 7713/49, 9794/49, 10330/49, 10532/49, 10571/ 49, 10612/49, 10767/49)

E L I X H A U S E N (GB. Salzburg, alt: Neuhaus)

SCHLOSS URSPRUNG, Ursprung 1

Nordwestlich von Elixhausen liegt in einer sanften Geländemulde eine Gebäudegruppe, dominiert von den Baulichkeiten der Schul- und Internatsbauten der Höheren Bundeslehranstalt für alpenländische Landwirtschaft, die seit 1965 dort errichtet wurden. Inmitten dieser Gruppe steht unscheinbar das kleine barocke Schloß Ursprung. Das historische Bauensemble wurde 1977 noch wesentlich durch den Abbruch des alten Brauereigebäudes (Ursprung Nr. 2) samt Nebengebäuden zugunsten eines weiteren Wohnblockes und von Autoabstellplätzen reduziert.

Das Gut Ursprung wird erstmals im Jahr 1122 erwähnt, als das Spital des Stiftes St. Peter in Salzburg, im Kai gelegen, von EB. Konrad I. eine Hube „iuxta locum qui vocatur URSPRINCH" erhielt. Dieser Besitz wurde zu Erbrecht vergeben. Nach durchgeführter Teilung hatte die bäuerliche und später bürgerliche Familie Ursprunger den einen Teil bis in die M. d. 17. Jh. inne. Ein Florian Ursprunger, Bürger und Gastgeb zu Salzburg (Linzergasse 4) stiftete 1620 in Bergheim einen Grabstein, von wo wir auch das Wappen der Ursprunger kennen: In geteiltem Schild oben ein Mühlrad, unten ein Dreiberg, aus dem eine Quelle entspringt. Der andere Teil des Gutes kam an adelige Besitzer; Mitglieder der Familie Dachsberg, Haunsperg und Mortaigne führten das Prädikat „von Ursprung".

Hans Ulrich Mellenberger verkaufte als Nachfolger der Ursprunger am 13. X. 1670 nach relativ kurzer Besitzdauer das bäuerliche Gut an den geheimen Rat Augustin Friedrich v. Hegi, der bei EB. Max Gandolf v. Kuenburg in hoher Gunst stand. Er baute den bisher bäuerlichen Hof 1671 zu einem adeligen Herrensitz um und reichte nach Vollendung der Baumaßnahmen um die Erhebung seines Gutes zum adeligen „Sitz" ein. Der ihm wohlgesinnte Erzbischof verhalf Hegi zur Befreiung von der Grundherrschaft des Klosters St. Peter – eine wesentliche Voraussetzung für die Anerkennung als „Ansitz" war ja das freie Eigen –, andererseits verlieh er ihm 1675 die hohe und niedere Jagd, die Brauereigerechtigkeit, das Schankrecht und, sehr wichtig, auch die Hofmarksfreiheit, womit die niedere Gerichtsbarkeit verbunden war.

Dieser neue Ansitz existierte – wenn auch teilweise erweitert und durch spätere Anbauten in seiner Charakteristik verunklärt – bis zum Jahr 1977 im Brauereigebäude Ursprung Nr. 2 nahe der Mattseer Landesstraße. Da trotz Platzbedarfes für die benachbarte Schule keine neue Funktion für das Objekt gefunden werden konnte, wurde es 1977 abgebrochen. Zur Erinnerung sei hier eine kurze Charakteristik des

Schloß Ursprung, Südfassade des Neubaues von 1707 (Foto BDA)

Baues festgehalten: Ursprünglich 3 Geschoße mit 5 Fensterachsen der Hauptfront gegen S, in der Mittelachse ein angebautes, im Grundriß quadratisches Türmchen mit geschweiftem Zeltdach; das Türmchen, loggienartig im Erdgeschoß auf 2 freistehenden Säulen gelagert, beherbergte einst eine Rüstkammer und die kleine Hauskapelle.

Hegi erlangte am 13. II. 1682 vom Erzbischof und Domkapitel die Erlaubnis, ein neues Bräuhaus aufzubauen sowie, daß er sein gebrautes Bier sowohl in die Stadt bringen, wie auch an zwei oder drei Wirte in der Umgebung, auch außerhalb seiner Hofmark, liefern dürfe. Im Sommer dieses Jahres 1682 war der Bau, ein beidseitiger Anbau an das Schlößchen sowie eine hofartige Erweiterung im N, vollendet. Eine Marmortafel, heute beim Aufgang zur Schuldirektion angebracht, erinnert an dieses Ereignis: „Dieses Brauhaus hat Baron August Friedrich v. Hegi auf aignen Costen gebauet und in 5 Monaten verfertigt anno 1682 28. August."

Im Jahr 1685 fiel Hegi bei EB. Max Gandolf in Ungnade und wurde all seiner Ämter enthoben. Nach einem schon länger dauernden Streit um das Umgeld auf sein Bier wurde ihm nun der Ausschank seines Bieres bei seiner Brauerei untersagt. Gleichzeitig ließen die Wirte der Umgebung ihrem Unmut über diese adelige Konkurrenz freien Lauf und eine Flut von Beschwerden wurde gegen Hegi eingebracht, so z. B. wegen „Beherbergung, Kegelstatt, Freikegeln und Freitanzen", außerdem habe er ständig einen Spielmann engagiert.

Baron v. Hegi starb am 23. VI. 1686. Als Alleinerbin versuchte seine Witwe Maria Katharina, geb. v. Nitschwitz, die Brauerei alleine weiterzuführen, sie geriet aber mehr und mehr in Schwierigkeiten. Im Jahr 1692 heiratete sie den wesentlich jüngeren Johann Friedrich v. Rehlingen, der sofort einen erfahrenen Braumeister und Pächter einstellte. 1694 starb schließlich Maria Katharina und Baron v. Rehlingen heiratete 1696 Eva Margaretha Gienger v. Grienbichl.

Die Urkunden berichten parallel zum neuen Ansitz und Bräuhaus von Ursprung nur sehr sporadisch und wenig über den adeligen Teil des Gutes, der nun wieder zum Gesamtbesitz gehörte. Fest steht, daß dieser „alte Stock" auf der heutigen Grundparzelle Nr. 112 im Jahr 1699 mit einem Schaden von etwa 3.800 fl. abbrannte. Vom geschätzten Schaden her kann dies kein Totalschaden gewesen sein, der Wiederaufbau dürfte vielmehr einer gründlichen Reparatur mit gleichzeitiger Anpassung an den herrschenden Zeitgeschmack mit einer durchgreifenden Barockisierung gleichzusetzen sein. Die Familie des Barons v. Rehlingen bewohnte mit seinen 8 aus seiner zweiten Ehe stammenden Kindern während der Bauarbeiten den „neuen Stock" beim Bräuhaus. 1707 wurde der Umbau in die heutige Gestalt abgeschlossen, wie uns eine Marmortafel oberhalb des Schloßeinganges mit dem Allianzwappen Rehlingen-Gienger und der lateinischen Inschrift berichtet: „Diesen Edelsitz, zu Ende des vorigen Jahrhunderts durch Brand zerstört, errichtete wieder Johann Friedrich Baron v. Rehlingen im Jahre des Heiles 1707."

Sein Sohn Johann Josef übernahm 1725 den gesamten Besitz und begründete mit Bewilligung des Erzbischofs vom 20. XII. 1767 den Rehlingschen Fideikommiß Ursprung. Der Versuch, damit in seinem Alter die Unveräußerlichkeit des Rehlingschen Besitzes zu garantieren, wurde nach seinem Tod 1773 einer harten Probe unterzogen. Erbstreitigkeiten brachen aus und erreichten eine solche Heftigkeit, daß nach deren Beilegung sogar eine Kapelle gestiftet wurde, die sog. „Drei-Brüder-Kapelle" an der Straße von Elixhausen nach Ursprung, auf der letzten Anhöhe vor dem Schloß.

Die Brauerei und der ehemalige Ansitz – die adelige Familie wohnte seit der Fertigstellung des Schlosses 1707 nur noch dort – wurde weiterhin verpachtet, dies mit wechselndem Erfolg. So wird von Johann Wallner, dem „Bstand-Bräu" seit 1761 berichtet, daß das gebraute Bier nicht sehr gut war, ja daß Gäste nach dem Bierkonsum sogar erkrankten; dies bei einem jährlichen Bierausstoß von 1.980 Eimern Bier aus 60 Suden zu je ca. 33 Eimer.

Im Jahr 1808 starb die sbg. Linie der Freiherren v. Rehlingen aus und der Besitz ging an die bayerischen Verwandten Rehlingen-Hainhofen über. Während der Napoleonischen Wirren wurde die Steuerfreiheit aufgehoben, die bayerische Regierung verweigerte dazu 1811 die Belehnung, 1813 wurde auch noch die Hofmarksgerechtigkeit aufgehoben; jedenfalls war 1816 nach dem endgültigen Anschluß Salzburgs an Österreich die Gutsherrschaft Ursprung so weit heruntergekommen, daß auf die Möglichkeit der Wiedererwerbung verzichtet wurde. Nach und nach wurden Einzelobjekte abverkauft, so z. B. 1820 das Fischerhaus (Ursprung 20) und das Verwalterhaus (Ursprung 3), schließlich kaufte am 23. III. 1827 Sigmund Hofmann, ein Sohn des Papierfabrikanten zu Lengfelden, den verbliebenen Besitz Ursprung, nachdem er schon seit 1815 Brauerei und Meierei Ursprung gepachtet hatte. Ab 1820 wurden die halb verfallenen und schief stehenden Trakte anschließend an den Ansitz mit dem Türmchen neu erbaut, wobei die alten Keller des 17. Jh. wiederverwendet wurden. Der Ansitz wurde in die Fassadengestaltung der neuen Anbauten mitintegriert, eine einheitliche Biedermeierfassade mit Rautenformen in Parapett- und Sturzflächen sowie im 1. Obergeschoß mit zarten, ausgebauchten Fensterkörben, entstand; oberhalb der Durchfahrt in den Innenhof stand auf kleiner Tafel die Jahreszahl 1820. Sigmund Hofmann wurde 1852 von seinem Sohn Franz Seraph abgelöst, dieser wiederum 1878 von Franz Hofmann, verheiratet mit Anna Mooshammer, Wirtstochter von Maria Plain. Im Jahr 1873 wurde der Gastbetrieb in das neuerbaute Gasthaus parallel zur Landstraße (heute Gasthaus Ursprung) verlegt, der erste Stock des Brauereigebäudes wurde damit für Wohnzwecke frei.

Während eines Schneesturmes und zu einem Zeitpunkt, an dem das Bild des hl. Florian gerade zur Restaurierung von der Fassade abgenommen war, brach am 29. I. 1901 im Brauereigebäude ein Brand aus, der 5 Waggon Gerste, 4 Waggon Malz und 14 Ballen Hopfen sowie sämtliches Inventar vernichtete, einzig das Bierlager in den historischen Kellern konnte gerettet werden. Der Schaden betrug etwa 160.000 Kronen. Während des Wiederaufbaues konnte das Bier in Seekirchen gebraut werden, wie eine Erinnerungstafel berichtet. Im Jahr 1913 erwarb diesen mit über 100 Hektar ausgewiesenen Grundbesitz der Brauer von Obertrum, Josef Sigl, um 348.000 Kronen, der damit eine lästige Konkurrenz aufkaufen konnte, den Brauereibetrieb auch sofort einstellte und das bisherige Brauereigebäude zu landwirtschaftlichen Zwecken umfunktionierte; das Sudhaus wurde zum Stall, die Gär- und Trockenböden zur Tenne, u. a. m.

Das alte Schloß Ursprung, zuletzt als Brauereigebäude verwendet, 1977 abgebrochen
(Foto F.Z.)

Von 1930 an war Paul Krenwallner Besitzer des gesamten Gutes, er führte hier einen landwirtschaftlichen Musterbetrieb, das ehemalige Hauptschloß diente als Wohngebäude. 1962 kaufte die Republik Österreich Schloß, altes Brauereigebäude und Landwirtschaft, seit 1965 wurden zwischen – bis dahin völlig freistehendem – Schloß und Brauereigebäude nahe der Straße moderne Schul- und Internatsgebäude errichtet und bereits 1967 der Schulbetrieb aufgenommen.

Wie oben schon erwähnt, wurde über Betreiben der Schulleitung schließlich 1977 das Brauereigebäude mit dem integrierten Ansitz des Barons v. Hegi als Mitteltrakt abgebrochen. Es stand anstelle des heutigen großen Parkplatzes n. des Gasthofes und reichte hinüber bis zum nächstgelegenen Professoren-Wohnhaus. Das verbliebene Schloß mit seiner Baugestalt von 1707 weist ein niedriges Sockelgeschoß mit zwei Hauptgeschoßen auf. Eine doppelläufige Freitreppe über mittlerer Konglomeratnische führt zum Haupteingang, bekrönt vom Allianzwappen Rehlingen-Gienger samt Inschrift und Stuckumrahmung. Das über 4 x 7 Fensterachsen erbaute Schloß besitzt ein Walmdach, das oberhalb des Einganges einen geschweiften Mittelgiebel mit Dreieckaufsatz aufweist. An der SW-Ecke ist als Fresko an W- und S-Fassade je eine barocke Sonnenuhr zu sehen. Die gesamten Fassaden wurden in den Jahren 1963/64 und wieder 1975 restauriert.

Im Inneren existieren von der einstigen Pracht noch einige Details, deren Erhaltung durch die derzeitige Nutzung als Wohnobjekt ziemlich erschwert scheint: Im NO-Eckraum des 2. Obergeschoßes hat sich ein Raum mit bemerkenswerter Rokoko-Tapete erhalten, die 1969 restauriert wurde; 1971 wurde die dazugehörige Deckenmalerei in diesem Raum ebenfalls restauriert und instandgesetzt. Weitere Stuckdecken aus der Zeit von 1707 sowie einige alte Öfen zeugen noch vom früheren Prunk, so sind auch mehrere intarsierte Fußböden, 1982 instandgesetzt, festzuhalten.

(KG. Elixhausen, EZ 23, Bp. 112.
SUB I 157; SLA, HK Neuhaus 1671 G, 1675 A, 1680 D, 1683 E, 1687/2 B, 1713 E, 1715 O; U 1490 fol. 68; Hübner 164, 167; Pillwein 371 f.; Dürlinger 21; A. BDA 1963–1983; ÖKT XI, 468; Zaisberger, in: Sbg. VBl. Gästeztg. 28. 5., 11. 6., 25. 6. 1975; Fuhrmann 1980, Abb. 15; F. Zaisberger, Zur Geschichte von Elixhausen, in: Mitt. d. Sbg. Bildungswerkes – Zweigstelle Elixhausen 1, 1982, 20–25; Dehio 80–81; Ansichten/Pläne im SMCA: 232/42, 2758/49, 2763/49, 5128/49, 9905/49)

E L S B E T H E N (GB. Salzburg, alt: Glanegg)

SCHLOSS GOLDENSTEIN, Goldensteinstraße Nr. 2

Das Gebiet von Elsbethen war schon in prähistorischer Zeit besiedelt („Zigeunerloch"), in römischer Zeit stand hier ein großer Gutshof (Lage zwischen Ortskern und n. Hügel); Elsbethen wird 1271 in Urkunden „Campanif" genannt.

Nordwestlich der Pfarrkirche steht auf einem schmalen, erhöhten Felsrücken über den ehem. w. anschließenden Salzachauen, die gesamte Gegend dominierend, Schloß Goldenstein.

Der erste Bau einer wehrhaften Anlage dürfte auf Michael v. Haunsperg, † 1404, der auch mit dem Bau des Schlosses Haunsperg in Oberalm (s. d.) in Verbindung gebracht wird, zurückgehen. Sein Sohn Hans v. Haunsperg, Pfleger von Hüttenstein, nannte sich jedenfalls schon „zu Goldenstein". Seine Tochter Praxedis heiratete Ulrich v. Fladnitz, der 1449 bis 1461 als Schloßherr erwähnt wird. Im Jahr 1491 erwarb Johann Knoll, Bürgermeister von Salzburg und Spitalspfleger, den Besitz von Bernhard v. Scherffenberg. Knolls Sohn Georg verkaufte ihn 1534 weiter an Dr. Niklas Ribeisen v. Neuchieming, eb. Rat und Kanzler. Nach seinem Tod im Jahr 1547 ging Goldenstein an seinen Stiefsohn Christoph v. Pflügl über, der steirischer Rat und eb. Pfleger zu Gmünd (heute Kärnten) war. Durch Verschuldung ging der Besitz 1580 an Ludwig Alt, dessen Tochter Katharina das Schloß als Heiratsgut in die Ehe mit Friedrich v. Rehlingen, Pfleger von Wartenfels, einbrachte. Das Objekt wurde für den Zeitgeschmack umgebaut und erhielt den n., niedrigeren Anbau mit den beiden schlanken Ecktürmchen, ganz im Stile der spätgot. Ansitze. Die Schloßkapelle bekam

1608 die Meßlizenz. Der Sohn der beiden, Friedrich v. Rehlingen, sbg. Landmann und Hofrat, besaß wie sein Vater auch Schloß Radeck (s. d.). In der nächsten Generation übernahm 1649 Karl Heinrich v. Rehlingen Goldenstein und verkaufte im Jahr 1661 an Johann Kurz „von Goldenstein", doch 1694 bis 1710 besaß es wieder Raimund v. Rehlingen, der 1710 den gesamten Besitz, Schloß samt dazugehörigen Gütern, an das Stift St. Peter verkaufte. Das Schloß wurde adaptiert und reich ausgestattet. Es diente teilweise als Sommersitz für die Äbte, vor allem aber als

Schloß Goldenstein von Osten, Aufnahme etwa 1955 (Foto Landesbildstelle Sbg.)

Erholungsstätte für die Konventualen. Das Stift St. Peter stellte das Objekt seit 1878 der Kongregation der Augustiner Chorfrauen „De Notre Dame" zur Verfügung, die darin einen Schulbetrieb eröffnete. Zu den prominentesten Schülerinnen zählte um 1950 die spätere Filmschauspielerin Romy Schneider.
Die beiden Seitenflügel zur Erweiterung der Schule wurden 1882 von Baumeister Valentin Ceconi dazugebaut, wodurch der auch schon vorher bestandene Hofraum durch Gebäude nahezu geschlossen wurde. 1897 ging das Schloß in das Eigentum der Augustiner Chorfrauen über. Im Jahr 1908 wurde an der NO-Ecke ein neues Schulhaus angefügt. Der s. Kapellenbau von 1926/27 schloß das Geviert des Hofes schließlich zur Gänze ein. Im Hof befinden sich zwei ehem. Ziehbrunnen, der eine davon mit dem Sbg. Stadtwappen und der Jahreszahl 1598.
Der alte Schloßbau im N der Anlage mit seiner dominierenden Baugestalt besitzt über annähernd quadratischem Grundriß fünf Geschoße, bekrönt von einem steilen, abge-

walmten Satteldach, an dessen s. Firstkante ein Dachreiter sitzt. Der Grundriß wird von einem breiten, bis zum 3. Obergeschoß gewölbten Mittelflur charakterisiert. Das Erdgeschoß ist zur Gänze gewölbt, hier befand sich anstelle des heutigen Refektoriums die alte Kapelle. Das 2. und vor allem das 3. Obergeschoß ist durch vorherrschende Ausstattung aus der Zeit um 1600 gekennzeichnet, so z. B. getäfelte Decken, eine prunkvolle Türe, Kassettendecken, Marmorböden, Wandkästchen etc. Im 4. und 5. Obergeschoß war einst der große Speicherraum oder Schüttboden untergebracht, bis hier für den Internatsbetrieb in einem zusätzlichen 6. Geschoß Räume eingefügt wurden.

Im nur dreigeschoßigen Anbau gegen N mit den beiden Ecktürmchen ist ebenfalls noch Ausstattung des frühen 17. Jh. erhalten. Die beiden zweigeschoßigen Flügelbauten weisen Stilmerkmale des späten 19. Jh. auf, durch den ö. Flügel führt die hohe, gewölbte Einfahrt. Die frühere Umfassungsmauer der Anlage mit bescheidenem Tor im NO ist nur noch in Teilen erhalten. In barocker Zeit existierte – dem Schloßhof gegen S, um eine Terrasse tiefer liegend, vorgelagert – ein künstlerisch gestalteter Garten mit zentralem Springbrunnen.

(KG. Elsbethen, EZ 1.
St. Peter, Archiv: OUrk. 8. VIII. 1491; HHStA Wien OUrk. 1524 [Georg Knoll zu Goldenstein]; Skizze in SLA, HK Glanegg 1669/G; Lageplan von Wolf Hagenauer 1792, in St. Peter, Archiv HsA 320/99; OUrk. 23. 6. 1548; Geh. A. XXV/R 10/1: 30. 7. 1580; JB SMCA 1853, 72; Pillwein 388; Bibl. St. Peter, Hs. Ebner 6, 100–105 mit Lageplan, Grundriß, Schloßkapelle; Pläne in Hs. A 307/69, 309/49, 50; ÖKT XI, 52; MGSLK 100 [1960] 713; Geschichte des Schlosses Goldenstein, hrsg. im Selbstverlag der Augustiner Chorfrauen zu Goldenstein, o. Jg. [1958]; Olga Thun, Schloß Goldenstein, in: „Gästezeitung" des Sbg. VBl. Nr. 4 vom 13. 11. 1968; Fuhrmann 1980, Abb. 7; Dehio 83–84; Adolf Hahnl, Die Landsitze der Äbte von St. Peter, in: St. Peter in Salzburg, Katalog zur 3. Landesausstellung 1982, 57 f. mit Abb. der Ansicht von Joseph Siegmund von 1711 in der Stiftsbibl. und Kat. Nr. 133; Ansichten/Pläne im SMCA: 5091/49, 9586/49, 10661/49, 34/64, 147/64)

E U G E N D O R F   (GB. Salzburg, alt: Neuhaus)

1. BURG KALHAM

Auf dem Höhenrücken s. der Autobahn Salzburg–Wien liegt etwas ö. des Bauerngutes Hofkalham Reitberg Nr. 14, inmitten eines Waldes, eine ovale Geländekuppe, etwa 30 x 45 m Durchmesser, deren O-Seite durch einen steilen Geländeabfall gegen den hier etwa 25 m tiefer vorbeiführenden Bach im sog. Burgstallgraben geschützt ist. Gegen W ist ein breiter Wehrgraben, gegen N zusätzlich dazu noch ein Wall vorgelagert. Mit Wällen und Gräben dürfte die ursprüngliche Ausdehnung der Burganlage etwa die Größe von 110 x 180 m erreicht haben. Bei einer archäologischen Untersuchung der Anlage im Jahr 1973 wurden Ringmauerteile mit Mauerstärke von 1,2 m festgestellt, ohne Rodung des Burghügels und weitere Grabungen war der detaillierte Grundriß bisher allerdings nicht feststellbar. Beiderseits der Mauerreste türmen sich Schuttmassen, im Inneren mit reichhaltigem Brandschutt vermengt.

Die Herren von Kalham, ein bedeutendes Sbg. Ministerialengeschlecht, saßen ursprünglich auf der Burg Altenkalham, die auf einer kleinen Erhebung auf dem selben Höhenrücken, doch weiter im W oberhalb des Weilers Hofkalham, stand. Die ersten Nachrichten aus dem Jahr 1123 berichten von einem Brüderpaar Tagino und Wichpoto. Wichpoto hatte 6 Söhne, wovon besonders Pernger eine angesehene Stellung erreichte. Ein Pilgrim v. Kalham tritt 1147 immerhin mit einem ritterlichen Eigenmann auf. Im 13. Jh. erhielten die Kalhamer die Gerichte Eugendorf und

Kalham vom Erzbischof zu Lehen; Konrad v. Kalham wurde in einem Streitfall zwischen EB. Eberhard II. und Hzg. Leopold VI., von Österreich 1219 zum Schiedsrichter bestellt, er war zeitweise auch mit dem Amt des eb. Truchsessen betraut. EB. Ulrich verlieh einem weiteren Konrad v. Kalham im Jahr 1259 mehrere Lehen im Gebiet von Thalgau-Egg, die dessen zukünftigem Schwiegervater Konrad v. Steinkirchen (s. Kirchberg) zugefallen waren, und erlaubte ihm gleichzeitig, in diesem Bereich eine Burg zu bauen. Der Kalhamer erbaute auf Grund dieser Erlaubnis die Burg Wartenfels (s. d.). Konrad und sein Verwandter (Cousin[?]) Ulrich v. Kalham zählten damals zu den bedeutendsten Dienstmannen Salzburgs.

Die nächste Generation der Kalhamer, die Brüder Kuno, Konrad und Heinrich, wagten etwa um 1260 – wohl angeregt durch die nur schleifenden Zügel der beiden eher schwachagierenden EB. Ulrich und Wladislaus – eine neue Burg, eben Hofkalham, zu errichten, ohne dazu vom Erzbischof die Erlaubnis eingeholt zu haben. Daraufhin wurden die Brüder Kuno und Konrad auf ihrer neuen Burg zu Raubrittern erklärt. Man ging gegen sie vor. 1269 berichtet eine Urkunde, daß beide gefangen seien, sich aber ihre Freunde, darunter der Sbg. Dompropst Friedrich v. Walchen und mehrere angesehene Ministerialen, für die beiden verbürgten. Der Zwist konnte scheinbar beigelegt werden, die Kalhamer bemühten sich neuerdings um mehr Einfluß und Macht. So erwarben sie – nach Ansicht des Erzbischofs widerrechtlich – die Burg Lichtenberg über Saalfelden.

Die darauf folgenden Kämpfe sind Ausdruck der geänderten Machtverhältnisse nach dem langsamen Rückzug Bayerns aus dem allmählich entstehenden Land Salzburg. Nach einigen Überfällen der Kalhamer und ihrer Knechte versuchte der neue EB., Friedrich II. v. Walchen, durch Ermahnung und Schlichtungsversuche die Ordnung wiederherzustellen, doch erfolglos. Daraufhin belagerte der Erzbischof Ende Juli 1275 die Burg Kalham, eroberte sie und machte sie dem Erdboden gleich. Kuno und Konrad verloren all ihre Güter, Rechte und Würden, die sie vom Erzbischof zu Lehen trugen; seit zwei Jahren waren sie wegen anderer Verbrechen bereits exkommuniziert, über ihre Güter war das Interdikt, über ihre Helfer der Kirchenbann ausgesprochen worden. Die Kalhamer Brüder wurden zwar nicht an Leib und Leben bestraft, es begann aber ein deutlicher Abstieg der Familie. Heinrich geriet 1291 wieder in Konflikt mit dem Erzbischof, der ihn daraufhin bis 1296 gefangen hielt. Mit dieser Gefangenschaft scheint auch Heinrich v. Kalham soweit gebrochen worden zu sein, daß er schließlich 1299 dem Erzbischof seinen gesamten Besitz, darunter den öden Burgstall Kalham sowie das Gericht Kalham aufgab. Im Jahr 1333 verkaufte schließlich ein Konrad v. Kalham dem Erzbischof seinen Burgstall und das Gericht zu Kalham. Dies ist zugleich die letzte Nennung eines Kalhamers im sbg. Gebiet. Es wäre möglich, daß ein Zweig der Familie in OÖ. weiterbestand.

Von der Burg Kalham, die ziemlich genau datiert um 1260 erbaut und Ende Juli 1275 zerstört wurde, ist heute nur noch der mächtige Burghügel mit seinen zusätzlichen Wallanlagen zu sehen; nur vereinzelt liegen die archäologisch erforschten Mauerzüge noch offen vor uns. Im Gelände sind jedoch die verwachsenen Grundzüge der Anlage zu erkennen. Neben Tierknochenfunden wurden vor allem ein gotischer Schlüssel (!) und ein Armbrustbolzen ausgegraben. Im Grundbuch 1786–1834 heißt der Burghügel das „Holtz Burgstahl genannt" beim Gut Bankham, Reitberg Nr. 15.

(Hofkalham, Reitberg Nr. 14, KG Neuhofen EZ 32. GH. Bürgerspital Sbg., dann Freieigen, war das Wirtschaftsgebäude zur Burg. Der Hügel (Gp. 2023) gehört dem Bankhammerbauern, Reitberg Nr. 15.

U 812 fol. 336; SUB IV, 124, 148, 209; Martin, Reg. I 33, 94, 324, 575, 658, 739, 740, 741, 1329; Reg. II 306, 340, 432; Reg. III 547, 863; Heinz Dopsch, Zur Geschichte der Burg Kalham, in: MGSLK 112/113, 1972/73, 265; Ferdinand Eberherr, Bericht über die Ausgrabung einer Wehranlage in Eugendorf-Hofkalham im Frühjahr 1973, in: MGSLK 112/113, 1972/73, 277–285; Pillwein 373; SN 19. 8. 1987 Beilage Eugendorf, 3; Andreas Radauer, Die Kalhamer, in: Eugendorfer Heimatbuch 1987, 27–30; ders., Haus- und Hofchronik Eugendorf 1986, 219; Reindel-Schedl 1989, Kalhamer passim; Zaisberger, Burgen, Ansitze, Befestigungsanlagen, in: Heimatbuch Saalfelden, im Druck; Dehio 93)

2. KIRCHBERG

Südlich der B 1 steht auf einer kleinen Anhöhe weithin sichtbar die Georgskirche von Kirchberg mit dem ehemaligen Mesnerhaus. In der Burg Kirchberg setzte Konrad v. Steinkirchen am 13. III. 1255 das Heiratsgut für seine Tochter fest, die Konrad v. Kalham heiraten wollte. Die Anlage in Kirchberg scheint eine der namengebenden Burgen der Herren von Steinkirchen (OÖ) zu sein, die dann die Burg Wartenfels (s. d.) bauten. Am 24. V. 1254 verpfändete Konrad v. Steinkirchen die Vogtei Seekirchen an Abt Richker v. St. Peter. Dann war er am 30. VII. 1275 vor der belagerten Burg Kalham (s. d.) Zeuge einer Sühnestiftung des Ulrich v. Kalham.

Ein Nachweis der langen Siedlungstradition auf dem Kirchberg ist die Steinplatte (46 x 145 cm) mit dem Bild einer Dame in keltisch/norisch-römischer Tracht außen an der SO-Wand des Chores. Das ehemalige Mesnergütl Oberkirchberg gehörte dem Kollegiatstift Seekirchen und wurde 1970 durch einen Neubau ersetzt. Über eventuelle Bodenfunde beim Bau wurde nichts bekannt. Die Georgskirche gehört sich selbst.

(Oberkirchberggut, KG. Kirchberg EZ 13, Ko. Nr. 5.
SUB IV Nr. 33; Martin, Reg. I Nr. 207, 740; Bibl. St. Peter, Hs. Ebner 10, 265 f.; Pillwein 373; Dürlinger 41; Heger, Salzburg in röm. Zeit, in: JB. des SMCA 19, 1973, Sbg. 1974, 109 f.; SN 19. 8. 1987 Beilage Eugendorf; Dehio 90–91; Andreas Radauer, Die Kirchberger, in: Eugendorfer Heimatbuch 1987, 33; ders., Haus- und Hofchronik Eugendorf, 1986, 142)

3. BURGSTALL MÜHLBERG, Eugendorf Nr. 40

Auf einem markanten Geländesporn im Fischachtal oberhalb von Fischach und Straße zwischen Seekirchen und Eugendorf erhebt sich in romantischer Freilage eine spätgotische Filialkirche mit einem mächtigen Gutshof daneben, dem ehemaligen alten Pfarrhof von Seekirchen. Gegen O steht die alte Stallscheune und daneben der Neubau des schon seit langem bäuerlichen Anwesens. Über Mühlberg verlief die Gerichtsgrenze zwischen den Pflegen Alt- und Lichtentann und Neuhaus. Um 1180 ist Volmar v. Mühlberg Zeuge einer Gutsübergabe von Hartwig v. Seekirchen an das Kloster Raitenhaslach. Das Mühlberggut mit Hammerschmiede (KG. Eugendorf EZ 102) gehörte bis zur Grundentlastung dem Kollegiatstift Seekirchen. 1785 wurde der Hof Mühlberg aus der Verlassenschaft des Franz v. Aman versteigert. Eine Begehung der Bergkuppe läßt bescheidene Spuren einer verwachsenen Umfassungsmauer entlang der Geländekante erkennen, an deren S-Seite die Längsfront der Filialkirche Mühlberg zum hl. Leonhard steht. Das Vorhandensein einer mittelalterlichen Befestigungsanlage wird in der Filialkirche durch ein ziemlich nachgedunkeltes, barockes Ölbild von 1770 mit dem hl. Leonhard erhärtet, auf dessen Hintergrund der Hof Mühlberg abgebildet ist und wo vom Kirchturm gegen W ein kurzes Stück (Ring-[?])Mauer und dann ein schlanker, hoher Turm dargestellt ist.

(Mühlberghof, Dorf Nr. 39, 40.
SUB IV Nr. 402; SLA, HR Neuhaus 5, 14 1/2; Winklhofer 137; Pillwein 373; Dürlinger 42; Dehio 91; Andreas Radauer, Die Ritter von Mühlberg, in: Eugendorfer Heimatbuch 1987, 32–33; ders., Haus- und Hofchronik Eugendorf 1986, 66–68)

Mühlberg im Jahr 1770; hier ist noch der Turm westlich der Kirche abgebildet. Darstellung auf einem Ölbild in der Filialkirche (Foto BDA)

4. UNZING

Die Kirche zum hl. Jakob in Unzing entspricht in Bauart und Lage ganz der Georgskirche in Kirchberg (s. d.).
Gottschalk v. Unzing u. a. entschieden um 1250 einen Streit zwischen dem Domkapitel und Rüdiger v. Bergheim (s. d.). Seine Tochter Gertrud heiratete vor 1272 Heinrich v. Wiespach (s. d.). 1285 ist er dann Richter im Pfleggericht Neuhaus und Zeuge anläßlich der Verpfändung von Anteilen der Burg Kalham (s. d.). Das Gut Wenigunzing (KG. Neuhofen EZ 57, Schaming Nr. 20) auf halbem Weg zwischen Kirchberg und Unzing gehörte bis zur Grundentlastung 1848 zur Burg Neuhaus (Gnigl).
(SUB IV Nr. 124; Martin, Reg. I Nr. 105, 207, 1329, 1367, 1395; Pillwein 373; Dürlinger 42; Dehio 92; Helga Reindel-Schedl, Die Herren von Wispach, in: MGSLK 122, 1982, 263 f.; Andreas Radauer, Die Ritter von Unzing, in: Eugendorfer Heimatbuch, 1987, 31–32; ders., Haus- und Hofchronik Eugendorf, 1986, 239; Reindel-Schedl 1989, 382)

G Ö M I N G (GB. Oberndorf, alt: Laufen)

WALLBURG AM WACHTBERG

Der letzte n. Ausläufer des Wachtberges gegen das Oichtental weist parallel zur Oichten und dem gegenüberliegenden Rücken des Haunsberges ein halbovales Plateau auf, das gegen das Tal an beinahe gradliniger Kante steil abfällt, gegen N ein kleines, etwas tiefer sitzendes Vorplateau aufweist und in seiner Gesamtanlage vom n. Ende des Rückens über die lange, teils flacher werdende W-Seite bis zur s. Geländekante durch zwei umfassende Gräben eingerahmt wird, denen heute vor allem im s. Bereich noch gut erkennbar ein Wall vorgelagert ist. Diese heute dicht bewaldete, halbovale Flieh- oder Wallburganlage erreicht die Ausmaße von rund 100 x 35 m. Laut Martin Hell dürften Wall und Gräben aus dem 10. Jh. stammen, doch wurden auf dem Plateau auch Scherben aus dem Neolithikum und der Hallstattzeit aufgelesen. Eine archäologische Untersuchung dieses reinen Erdwerkes steht noch aus. Ob die im 12. Jh. genannten Herren von Göming, Ministerialen der Grafen von Burghausen, über einen Burgturm verfügten, ist nicht belegbar. Karl v. Göming ist jedenfalls 1247 Zeuge in einem Streit zwischen dem Kloster St. Peter und der Edlen Frau des Liutold v. Wildon. Ein Göminger wurde 1319 vor der Schlacht von Mühldorf zum Ritter geschlagen. Nach mündlicher Überlieferung waren bis zur Grundzusammenlegung um 1960 im sog. Burgfeld östl. von Kirchgöming noch Mauerreste sichtbar. (Martin, Reg. I Nr. 4, 223, 1367; Bibl. St. Peter, Hs. Ebner 9, 154; Marie Andree-Eysn, Der Doppelwall auf dem Wachtberg im Salzburgischen [mit Grundriß und Schnitten], in: Mitt. d. anthropolog. Gesellschaft in Wien, 35. Bd. = 3. F. 5. Bd. 1905, 42 f.; Martin Hell, Vorgeschichtliches um den Haunsberg, Nr. 3: Die Wallburg am Wachtberg bei Oberndorf, in: Das Salzfaß, 6. Jg., 3. F., Laufen 1927, 51; ders., Wachtberg, Gemeinde Göming, in: Fundber. Österreichs, 1/1930–34, 73; Pankraz Felber, Schönes Göming – alte Heimat, 1989, 36–37, 39–40; Reindel-Schedl 1989, 48, 388 f.; frdl. Mitteilung von Rupert u. Pankraz Felber.)

G R Ö D I G (GB. Salzburg, alt: Glanegg)

1. SCHLOSS GLANEGG, Glanegg Nr. 1

Westlich des Ortsteiles Glanegg steht, mit diesem durch eine Allee, die alte Straße nach Fürstenbrunn, verbunden, auf einem markanten, bewaldeten Hügel am s. Rande des Untersberger Moores Schloß Glanegg. Eine erste Befestigung dürfte hier schon um 1300 entstanden sein, um Salzschmuggel von Berchtesgaden und nach Bayern besser unterbinden zu können.

Der Name der Burg steht in Zusammenhang mit dem in der Nähe vorbeifließenden Glanbach und hat nichts mit der Kärntner Familie der Glanegger zu tun. Um das Jahr 1350 übersiedelte der Landrichter zu Alm (Ober-/Niederalm) hierher nach Glanegg, worauf dieses Amt mit dem des Burggrafen von Glanegg verbunden war. Unter EB. Leonhard v. Keutschach (1495–1519) wurde die vom Verfall bedrohte Anlage instandgesetzt und erhielt wohl den heute noch weitgehend erhaltenen Charakter der bewohnten Turmburg, wie wir ihn auch von Schloß Fuschl (s. d.) oder Schloß Goldenstein (s. d.) kennen. Die Burg diente seit d. M. d. 14. Jh. als Sitz des Pfleggerichtes. Zur Verwaltung gehörten die Urbarämter Auf der Gmain, Anif, Grödig, Niederalm, Taxach, Guetratsberg, In der Au, Glas, Elsbethen, Wiestal, Thurnberg, Puch und Oberalm, sowie Fager, das vom Pfleggericht Neuhaus, und das Hofurbaramt Glan zu Glanegg übertragen wurden. Das Pfleggericht Glanegg erstreckte sich also zu beiden Seiten der Salzach vom Untersberg bis zum Gaisberg. Für die Herrschaftsgeschichte ist interessant, daß Vogteirechte in Morzg, Anif,

Grödig, Niederalm und St. Leonhard von Glanegg (mit den Ämtern Anif und Guetrat) ausgeübt wurden, dazu kam noch das Gericht Wartenfels (= Thalgau) mit solchen in Morzg, Anif und Grödig, Plain in Au, Wals, „Atmang" Bichl, Haus, Berg und Steinhögl sowie Neuhaus in Glas und Fager. Zu den Einkünften der Pfleg gab das Kloster Nonnberg zu Weihnachten 24 Pfennig in Geld, 2 Viertel Wein (= 3,14 l), 8 Roggenbrote, 4 Käse und 1/4 von einer Sau; vom Salzamt in Schellenberg wurden 7 Fuder Salz geliefert, von den Untertanen beiderseits der Salzach 1 Fuder Stroh. Beim jährlichen Landtaiding in den Schrannen wurden 2 Gulden 1 Schilling 5 Pfennig an Brückengeld (für die Salzachüberquerung) kassiert. Der Gedanke möge erlaubt sein, daß die Rechte der Burg Grafengaden hierher übertragen wurden.

Schloß Glanegg, Längsschnitt von 1804 (Foto SLA)

1529 wurde das Turmdach erneuert. 1557 erklärte sich der Pfleger bereit, nach einem Brand im Maierhof, wieder auf die Burg zu ziehen, wenn verschiedene Reparaturen durchgeführt, die obere Stube neu getäfelt und ein Regenwasserbassin angelegt würden. 1571 wurden alle Zimmer durchgelüftet und 1574 machte hier Hzg. (Wilhelm V.) v. Cleve Station. 1575 wurde der Weiher ausgeräumt und 1577 der Weg instandgesetzt. Seit 1609 wohnte der Pfleger allerdings in der Stadt. Im Jahr 1612 wird das Schloß folgend beschrieben: „Das Schloß Glanegg, darinen vor Jahrn ain Pfleger gehaust, ist derzeit unbewohnt, das gemaurte Richterhaus herunder des

Schloß hat dißmal ain Hauspfleger oder Mayr innen. Bey gemeltem Richterhaus ist noch ain clains gemaurts Heusl, sambt zwayen Stadlen und etlich Stallungen, von Holz erpauth." EB. Markus Sittikus ließ das Schloß instandsetzen, so daß es „gleichsamb von newem erpaut" wurde; dieser Wortlaut ist in Übereinstimmung mit der vorhandenen Bausubstanz als durchgreifende Sanierung zu verstehen. EB. Paris - Lodron verstärkte die gesamte Anlage. Der Sitz des Pfleggerichtes wurde 1636 nach Hellbrunn übertragen. Im gleichen Jahr wurde das Blockhaus gebaut, das mit der Toranlage im heutigen Maierhof erhalten geblieben ist, und die Paßsperre vom Schloßberg bis zum Hang des Untersberges (s. Paß Glanegg) errichtet. 1709 wurden die Galerie und der Bierkeller repariert, 1710 in der Mauer zwischen Hasen- und Fasangarten ein Tor ausgebrochen.

1715 stürzte ein über die Befestigungsmauer in Richtung Schellenberg hinausgebautes Rondell ab. 1741 war die Umfassungsmauer neuerlich schadhaft. Wegen des österr. Erbfolgekrieges wurde das Gestrüpp um die Burg und entlang der Talsperre entfernt, unbrauchbare Musketen wurden ausgetauscht und eine Feuerlöschspritze angeschafft.

1762 besuchte EB. Sigismund v. Schrattenbach (1753–1771) Glanegg und hat dort „über Mittag zu speisen sich gnädigist gewürdiget". Er befahl eigenhändig, die Burg gründlich zu sanieren. Der Domdechant sollte das Unternehmen finanzieren und erhielt das nötige Geld dafür um 4% Zinsen von der Landschaft geliehen.

Von 1763 bis 1787 pachtete der Domdechant (1772–1787 Bischof von Chiemsee) Ferdinand Christoph v. Zeil die Burg mit der zugehörigen Jagd am Untersberg von der Landschaft um jährlich 16 Gulden. Dann übernahm EB. Hieronymus das Jagdschloß, löste die Einrichtung ab und ließ sich von der Landschaft die Baulichkeiten sanieren. Nach der Säkularisation bot die Landschaft die Burg Kurfürst Ferdinand, Großherzog von Toscana, 1804 zum Kauf an. Für den Kaufvertrag wurden ein Inventar angelegt und Baupläne, die erhalten geblieben sind, angefertigt. Am 28. III. wurde der Vertrag unterfertigt und am 11. V. 1804 das Objekt übergeben. Damals wies das Hauptgebäude im N-Teil einen über 19 Stufen erreichbaren, gewölbten Keller auf. Die drei Geschoße darüber wurden durch einen Mittelflur getrennt und waren nur über eine Wendeltreppe erreichbar. Ebenerdig waren eine Selchküche und eine Holzlage eingerichtet. Im 1. Stock wohnte der Jäger in einer großen Stube mit einem Schlafkabinett, Knechtkammer, Küche und Klo. Ein zweites befand sich im Vorhaus, auf dessen gegenüberliegender Seite nochmals eine Wohneinheit mit Zimmer, Kammer, Küche und Speis lag. Im 2. Stock befanden sich die beiden Fürstenzimmer, zwei Kabinette, eine Garderobe und eine Toilette. An drei mächtigen und einem kleinen Kaminschlauch hingen die Selchküche und in jedem Stockwerk je zwei Kachelöfen. Das Walmdach war ebenso hoch wie das aufgehende Mauerwerk. Den Plansatz mit Grundrissen, Aufriß, Querschnitt und Werksatz fertigte der Geometer Franz v. Paula Brandner am 9. V. 1804 an.

Unter der Burg standen das der Hofkammer gehörige Glanegger Maierhaus und der Viehstall der Hofmaierei Glanegg. Über die hintere Stiege des Maierhauses gelangte man in den kleinen Zwinger, in dem ein Stall für eine Kuh und Hunde des Schloßaufsehers stand. Von Reparaturarbeiten an den Nebengebäuden zeugen die Wappensteine von EB. Johann Jakob v. Kuen-Belasi 1571, Max Gandolf v. Kuenburg 1669 und Leopold Anton v. Firmian 1729.

1812 kaufte es unter bayerischer Regierung der Arzt Dr. Franz de Paula Storch. Er erbaute die Kapelle am Fuße des Hügels, unmittelbar außerhalb des ö. Tores zum Meierhof, die 1840 geweiht wurde. Das Kreuz wurde 1828 in Mariazell gegossen. Die Einrichtung der alten Kapelle wurde lange im Dachboden des „Gasthauses Glanegg", dem alten Gerichtshaus, aufbewahrt. Seine Witwe Babette geb. Riehr verkaufte den Besitz 1849 an Alois Graf v. Arco-Stepperg (s. auch Schloß Anif), schon nach kurzer Zeit verkaufte dieser 1852 das Schloß wiederum weiter an die Familie Perwein, Postmeister in Hüttau. In kurzen Abständen folgten 1860 Anton v. Lanser, 1863 Eduard Geipel, 1867 Anton und Theres Berger sowie Franz und Francisca Knesek v. Bartosch, 1868 Friederike Krell v. Ventschow und 1872 Karl und Henriette Klusemann. Pächter war damals Adolf Frh. v. Berlichingen. 1896 kam der Besitz an die Familie der Frh. v. Mayr-Melnhof, die ihn auch heute noch innehat.

In den Jahren 1920–1923 wurden Zubauten rings um das Schloß errichtet, womit ein vergrößerter Hofbereich entstand. Das Hauptschloß mit seinen vier Geschoßen weist einen rechteckigen Grundriß mit Querflur auf, dem an der w. Eingangsfront eine auf zwei Pfeilern ruhende Altane über vier Geschoße vorgeblendet ist; hier ist oberhalb einer marmornen Türumrahmung das Wappen von EB. Markus Sittikus angebracht. Der Bau trug bis zum Ausbau des Dachgeschoßes ein Walmdach, seit 1920 besitzt er ein Satteldach mit jeweils abgewalmtem First. Das Innere weist in den unteren Geschoßen schwere spätgotische Gewölbe mit Stichkappen, z. T. auch auf Mittelsäule gelagert, auf. Eine Wendeltreppe im n. Hausteil verbindet die einzelnen Geschoße. 1866 wurden zehn Ölbilder, darunter Portraits der EB. Max Gandolf, Sigismund und Hieronymus, ein Lautenspieler und Sängerin u. a. dem SMCA übergeben. Das Schloß wird bewohnt und ist nicht zu besichtigen.

(KG. Glanegg, EZ 49, Maierhof = Hs. Nr. 2.
SLA, K. u. R. H 1, 2, 6, 7; C.1.113 [um 1700]; HK Glanegg 1556/B, 1557/H, 1804/3 b–1806/6 a; U 46 [1612] 4; Laa XIV, 38 mit Plansatz; Geh. Hofkanzlei XXVI/6, 7 c, 8 s, y, dd; HK-Hofrat Glanegg 1625–45; HK-Causa Domini 1529/A, 1571/A, 1574/2/F, 1575/C, 1709/3/F, 1710/6/E, 1804/9/1; Bibl. St. Peter, Hs. Ebner 8, 236–240 mit Grundriß der Schloßkapelle; Hübner 1, 514; Wänzler, in: Sbg. Int. Bl. 1808 p. 337, 751 u. 1809 p. 657; JB SMCA 1853, 71; Dürlinger 91; ÖKT XI, 78; Olga Thun, Schloß Glanegg bei Salzburg, in: „Gästezeitung" des Sbg. Vbl. Nr. 6 vom 11. 12. 1968; Dehio 129; Walter Aumayr, Glanegg, in: Grödig 1968, 25–27; ders., Glanegg, in: Grödig 1990, 92–97; Ansichten/Pläne im SMCA: 544/41, 5452/49, 7757/49)

2. PASS GLANEGG

Von der SW-Ecke des Maierhofes, der unterhalb des Burghügels von Glanegg liegt, zieht gegen S eine im Gelände sich noch abzeichnende Wall-Grabenanlage bis zum Fuße des Untersberges. Sie hatte vom Schloß bis zum Untersberg eine Länge von 681,5 m, vom unteren Blockhaus an immer noch 495 m, sie war 4,35 m hoch und durchschnittlich 1,45 m stark. Nach einer im Hofkammerprotokoll vom 17. IV. 1804 geäußerten Bemerkung hielt man „die Verfall ganz überlassene Wöhrmauer nach der am allhiesigen Rietenburg-Plokhaus in Stein eingehauten Schrift als ein Uiberrest des alten Iuvavii", also für eine Mauer aus römischer Zeit. Sie wurde aber im Laufe des 30jährigen Krieges unter EB. Paris Lodron 1636 als Straßensperre gegen Reichenhall/Bayern errichtet. Da der Pfleger damals nach Hellbrunn übersiedelte, wurde ein Teil des Maierhofes mit einem Torhaus und darüber aufgesetztem Blockhaus zu einer Paßanlage über dem 1677 ausgebauten Salzweg zur Weißbachbrücke umgestaltet. Durch das dreigeschoßige Torhaus mit Blockhaus entstand ein geschlossener, sicherer Innenhof. Ebenerdig hauste ein Füsilier, obenauf hatte sich ein Feldwebel mit Familie eingerichtet. Im bergseitig gelegenen Blockhaus auf der Mauer bildete 1 Gemeiner die ganze Besatzung. 1700 wollte die Landschaft „das alte zimblich ruinirte Blokh-Häusl bey Glanegg" erstmals verkaufen, was aber bei Ausbruch des Spanischen Erbfolgekrieges unterblieb. 1741 war die Mauer auf weite Strecken eingestürzt. Der Maurermeister Tobias Kendler zeichnete den Mauerverlauf mit den beiden Block-

Historischer Plan der Paßanlage von Glanegg von 1741 (Foto SLA)

häusern, dem Mauthaus und dem Maierschaftsstall in der ganzen Länge bis zum Untersberg. Der landschaftliche Bauverwalter Johann Wilhelm Sembler ordnete die Reparatur an, was aber von EB. Leopold Anton 1744 eigenhändig rückgängig gemacht wurde, weil die Mauer in Kriegszeiten die Hauptstadt nicht schützen könne. Trotzdem wurden nach dem Tod des Erzbischofs wieder Reparaturen durchgeführt: 1745 wurden die Palisaden erneuert, 1753 wurde das Mauthaus generalsaniert und neu eingerichtet: 2 Lehnstühle, Kachelofen, 4 Schlösser, Laterne, Leuchter, Ölampel, Schild u. a. 1767 begann man mit Ausbesserungen der Mauer. 1773 war das Dach des Mauthauses neuerlich kaputt. Von nun an weigerte sich die Landschaft aber, für die Reparaturkosten des Mauthauses aufzukommen. Die Soldaten hätten nur kameralistische Aufgaben zu erfüllen. Von 1784 an wurde das Mauthaus deshalb nur mehr als „die Wohnung des am Paß Glanegg commandirt stehenden Soldaten" bezeichnet. Die Erhaltung mußte die Hofkammer übernehmen. Für die Maierschaftshäuser und den Stadel war das Hofkastenamt zuständig. Nur für die Burg zahlte weiterhin die Landschaft. Nach Reparaturen 1787, 1789, 1791 und 1793 wurde der Paß Glanegg 1805 aufgehoben, die Mauer zum Abbruch freigegeben und die neue Grenzmaut beim Wirtshaus am Walserberg (s. d.) eingerichtet.

Das Torhaus hat seither 200 Jahre ebenso überdauert wie das etwa 20 m oberhalb der nahezu ebenen Talsohle stehende – wenn auch ruinöse – zweigeschoßige turmartige Blockhaus, das auf der Sperrmauer aufgesetzt worden war. Es besitzt ein N-S gerichtetes Satteldach. Im Erdgeschoß hat der Turm eine breite, sich nach innen stark verjüngende Schießluke. Vom Blockhaus weg führt die Mauer, noch immer 2,5 m hoch, in Resten bis zum Felsansatz am Untersberg. Eine Bleistiftzeichnung und eine Gouache von 1704 sowie die Bauaufnahme von M. Hattinger von 1897 im SMCA dokumentieren den jeweiligen Bauzustand.

(KG. Glanegg, EZ 49, Blockhaus: Hs. Nr. 4, Bp. 4.
SLA, Laa XIV/38 mit Mauerplan 1741, XIV/56; HK Glanegg 1677/2/M, 1767/3/A, 1787/6/7/A, 1789/2/C, 1791/10/F, 1793/8/J, 1806/7 d; Regg. XVIII/39; K. u. R. C.1.113 [um 1700]; Bibl. St. Peter, Hs. Ebner 7/249–253 mit 3 Plänen der Gesamtanlage; Hübner I, 515, II/1, 302; Dehio 130; August Prinzinger d. Ä., Die Gnigler Schanze und Salzburgs Befestigung,

in: MGSLK 15, 1875, 16–18; Nach Hübner I, Einl. XI. lautete die von EB. Johann Ernst Thun 1707 am Blockhaus beim Weingarten-Schlößl [heute Villa Berta] angebrachte Inschrift auf einer Marmortafel: „Veteris Iuuauiae rudera et memoriam in vicino muro, qui ex indiciis olim usque ad pedem Vndersperg pertigisse creditur, restaurauit Ioannes Ernestus e comit. de Thun, Archiep. et Princ. Salisb. Anno MDCCVII." Schon Hübner lehnte aber einen Zusammenhang mit den Römern ab, obwohl in Grödig und Fürstenbrunn zahlreiche Funde aus römischer Zeit bekannt geworden sind; Ansichten/Pläne im SMCA: 3990/49, 7614/49, 7759/49, 990/49, 147/64; Plan der Gesamtanlage, in: OÖLA, Karten u. Pläne XIX/53)

3. PASS AM HANGENDEN STEIN

Knapp oberhalb der früher engeren Straßenkurve im Bereich der österr. Grenzstelle „Hangender Stein" waren auf einem kleinen Plateau ö. unter dem Kienbergkopf niedrige Mauerzüge im Gelände erkennbar: Ein gegen W, bergseitig, offenes Geviert mit den Innenmaßen von 6,4 m an der Schmalseite war durch ein 70 cm starkes Mauerwerk umgeben. Von der NO-Ecke dieser Anlage führte eine ebenfalls 70 cm starke Mauer gegen NO.

Diese Anlage kann aufgrund der Mauerstärken keine „Schanzanlage", wie sie in der Literatur immer wieder auftaucht, gewesen sein. Es hat sich dabei um ein auf gemauerten Fundamenten errichtetes Blockhaus als Wachthaus im Grenzbereich gehandelt.

Heute ist die Situation durch den Straßenbau zu Beginn der 50er Jahre sowie infolge der Veränderungen durch Hausneubauten (Tankstelle, Gasthaus, etc.) kaum mehr rekonstruierbar, die wenigen Reste sind spurlos verschwunden. Aussehen und Anlage

Paß am Hangenden Stein, historische Ansicht um 1800 (Foto SLA)

des Paß Hangenden Stein sind auf zahlreichen Grenzkarten des 16.–19. Jh. überliefert.

Nach der Gründung des Klosters Berchtesgaden zu Beg. d. 12. Jh. entstand ein langjähriger Grenzstreit zwischen der Fürstpropstei Berchtesgaden und dem Fürsterzbistum Salzburg (s. Gartenau, Grafengaden, Guetrat, Schanzen am Walserberg), der erst durch das Urteil des Reichshofrates 1628 beendet wurde. Mit dem allmählichen Entstehen von Landesgrenzen bis zum 16. Jh. war eine Grenzbefestigung am Austritt der Königseeache aus dem Berchtesgadener Land und an der Abzweigung des für die Stadt Salzburg lebenswichtigen Almkanales auch für Salzburg notwendig. Bis dahin konnte Salzburg den auf Berchtesgadener Territorium liegenden Turm zu Schellenberg, der 1258 erstmals nachweisbar ist, benützen, da er zwischen 1306 und 1556 an Salzburg verpfändet und mit einer sbg. Besatzung versehen war. Die Toranlage Richtung „Gravengaden" beim heutigen Torerbauer am Weißbach lag nach Salzburger Ansicht bereits außerhalb Berchtesgadens („portam exteriorem"). Die Pröpste von Berchtesgaden wollten aber ihre tatsächliche Landesgrenze am Weißbach kennzeichnen. Daran erinnert die schöne Tafel aus rotem Adneter Marmor. Sie zeigt eine Kreuzigungsgruppe und das Wappen des Fürstpropstei Berchtesgaden und des damaligen Fürstpropstes Gregor Rainer (1508–1522). Die Inschrift „Pax intrantibus et inhabitantibus" wünscht allen Freunden und Einheimischen in Berchtesgaden Frieden. Die Tafel ist auf historischen Plänen mehrfach als Grenzstein dokumentiert.

Als EB. Wolf Dietrich 1610 die Salzausfuhr aus Berchtesgaden über Salzburger Territorium verbieten wollte, wurde der Paß befestigt und mit 200 Mann besetzt (vgl. Großgmain, Blockhaus). Berchtesgaden sicherte das Land mit Hilfe der Pässe Engert, Hallthurn, Schwarzenbach, Laros und Thurn. Im Zuge der staatlichen Zusammengehörigkeit von Salzburg und Berchtesgaden 1803–1805, 1806–1809 und 1810–1816 wurden 1805 die sbg. Pässe Glanegg, Schwarzenbach, Stauffenegg und Hallthurn aufgehoben. Die beiden letzteren Anlagen können hier nicht besprochen werden, da sie heute nicht mehr zu Salzburg gehören.

1810 wurde der Paß Hangenden Stein zu einer reinen Wegmaut umfunktioniert. Nach dem Anschluß Salzburgs an Österreich 1816 wurde das Mautpersonal im Rausch-Haus zwischen Berchtesgadenerstraße und Almkanal untergebracht. 1843 wurde das Neue Zollamtsgebäude errichtet, das erst vor wenigen Jahren durch ein neues Grenzabfertigungsgebäude ersetzt wurde. Mit der Grenzregulierung 1823 wurde eine zweite Tafel aus weißem Untersberger Marmor aufgestellt. Sie zeigt den hl. Leopold, den österr. Doppeladler und das Wappen des Landes Niederösterreich, kombiniert mit dem babenbergischen Bindenschild, als Symbol für den Herrschaftsanspruch des Hauses Österreich. Die Tafel ist ein Bilddokument für die Degradierung Salzburgs zum 5. Kreis des Erzherzogtumes Österreich ob der Enns in den Jahren 1816–1850.

Eine reizende Zeichnung im SMCA aus d. 1. H. 19. Jh. zeigt das Mauthaus mit Kapelle und Nebengebäuden, den Stiegenaufgang zum ehem. Blockhaus, an dessen Stelle ein Grenzstein stand, die Wehranlage zum Trennen von Königseeache und Almkanal, sowie am linken Ufer an der Felswand den Stein „Pax intrantibus", am rechten Ufer den K. B. Grenzstein LXXXIII von 1818 sowie den österr. Grenzstein von rückwärts. Auf dem spätgotischen Rotmarmorstein konnte P. Anselm Ebner um 1900 noch „1517" lesen. Über dem österr. Stein mit dem hl. Leopold las er „Opus regum corda subditorum Divo Leopoldo rectificati finis gratia devotio". Ebner sah auch noch die rotmarmorne Brunnensäule mit 2 kleinen Reliefwappenschilden und Infel sowie eine naive Malerei der Flucht nach Ägypten.

Der Almkanal wurde in diesem Bereich wegen des hohen Landesinteresses zwischen 1699 und 1801 von der Landschaft erhalten. Die Trinkwasserversorgung des Passes war ein Problem, da der auf Berchtesgadener Territorium liegende rotmarmorne

Brunnen mit einer Marmorbrunnensäule häufig boshaft verstopft wurde. 1730 wurde deshalb eine Verlegung geplant. Zur Verhütung des Salzschmuggels waren 1777 1 Feldwebel und 2 Gemeine stationiert.

(Altes Zollamtshaus St. Leonhard, alte Ko. Nr. 9, KG. Grödig EZ 2; „Neues" Zollamtsgebäude Grödig, Ko. Nr. 25, KG. Grödig EZ 10.
Laa XIV/38; HK-Laa 1791/D; Kreis-Ing. F I E = Fasz. 383; K. u. R. C.2.37, C.2.109; HR Glanegg 4 [1648, 15. Jh.]; HK Glanegg 1529/B [1536], 1555/B, 1674/A mit Plänen des Wachthauses, 1712/2/J + 6/C, 1713/2/H, 1719/5/F, 1732/4/E, 1737/3/A + 4/M, 1765/2/A, 1778/4/A; Hübner 302; Bibl. St. Peter, Hs. Ebner 6/50–52; Ulrich Ziegltrum, Der Schellenberger Turm, in: Bergheimat, 33. Jg., 5. 9. 1964; Fritz Koller, Wegtafeln an der sbg.-bayer. Grenze von Hangenden Stein, in: Neues aus dem Salzburger Landesarchiv 8, 1990, 25 f.; Ansichten/Pläne im SMCA: 89/43, 1233/49, 3852/49, 9901/49; Plan des Zollamtes 1842, in: OÖLA, Karten u. Pläne XIX/45)

4. BURGSTELLE ST. LEONHARD, BURG GRAFENGADEN (?), St. Leonhard Nr. 2

Kirche, Friedhof und Mesnerhaus von St. Leonhard stehen auf einem gegen W und S von der sonst ebenen Talsohle markant abgehobenen, hakenförmigen Felsrücken, der gegen W und S durchschnittlich etwa 5 bis 6 m steil abfällt.
Bei Umbau- und Erweiterungsarbeiten am Mesnerhaus wurde im Jahr 1967 im Bereich zwischen Hauseingang und Garageneinfahrt von O her eine 2,30 m breite Fundamentmauer, in O-W-Richtung verlaufend, angeschnitten. Diese in sorgfältiger Schichtenmauerung aus Bruchsteinen errichtete Wand könnte Teil einer Befestigung sein, die möglicherweise als Burganlage den Zugang nach Berchtesgaden mit seinem reichen Salzvorkommen absicherte. Es könnte sich lt. Meinung des damaligen Landesarchäologen Hofrat Dipl.-Ing. Martin Hell um den – allerdings allgemein an ganz anderen Orten vermuteten – Standort der Burg Grafengaden der Sieghardinger Grafen bzw. deren Besitznachfolgern über Irmgard v. Rott, die Grafen von Sulzbach, den Stiftern von Berchtesgaden, handeln (vgl. Hallein, Guetrat). In d. M. d. 16. Jh. war die Identität von Grafengaden und St. Leonhard bei der Bevölkerung noch lebendig, wie der Streit um den „Golsperg" zeigt. „... zwischen Grauengaden vnd Nideralbm ligt ain Puchl genant der Gols."
Eine Klärung könnte erst eine umfassende archäologische Untersuchung dieses Geländebereiches um das heutige Mesnerhaus bringen.

(KG. Grödig, EZ 104, Bp. „Mesnerhaus" = St. Leonhard Ko. Nr. 7; Lokalaugenschein und mündlicher Hinweis durch + Landesarchäologen Hofrat Dr. Martin Hell.
SUB IV, 137, 165; SLA, HK Glanegg 1553/D; Anton Hagenauer, St. Leonhard – das alte Gravengaden, in: Grödig 1968, 23 f.; Josef Brettenthaler, Gravengaden, in: Grödig 1990, 97–99; Fuhrmann 1980, Abb. 8; F. Zaisberger, Berchtesgadener Besitz im heutigen Land Sbg., in: Das Berchtesgadener Land im Wandel der Zeit, Erg.bd. I, 1982, 60–63; Reindel-Schedl 1989, 227, 247; Ansichten/Pläne im SMCA: 9579/49, 9580/49; Heinz Dopsch, in: Walter Brugger–Peter Kramml, Geschichte von Berchtesgaden I, 1991, 269 f.)

G R O S S G M A I N (GB. Salzburg, alt: Staufenegg)

1. BLOCKHAUS (abgekommen)

Als 1610 EB. Wolf Dietrich verbot, Salz aus Berchtesgaden, so wie bisher, auf dem Weg über sbg. Territorium, von Schellenberg kommend über Grödig, am n. Fuße des Untersberges entlang über Glanegg-Fürstenbrunn-Veitlbruch-(Groß-)Gmain nach Bayern auszuführen, wurden sowohl am Hangenden Stein bei St. Leonhard wie auch auf der Gmain Sperren errichtet und mit einer Besatzung belegt. Hauptmann Tobias

Auer rückte mit 300 Mann nach Großgmain und ließ Schanzen auswerfen. Für die Mannschaft wurde in „Gmain" ein Blockhaus erbaut. Diese Sperre als empfindliche Beeinträchtigung des bayerischen Handels und der Wirtschaft wurde vom 1. IV. bis 1. XI. 1611 aufrechterhalten. Der Bayernherzog war gezwungen, einen anderen Weg von Berchtesgaden nach Reichenhall auszubauen und vor allem befahrbar zu machen; dies geschah, wie die Chroniken berichten, „in Eil", etwa 600 Mann arbeiteten an der Straße, die bereits nach sechs Wochen befahrbar war und den Weg über die Schwarzbach-Wacht von Berchtesgaden nach Schneizlreuth eröffnete. EB. Wolf Dietrich besetzte daraufhin Berchtesgaden, womit der sog. „Passauer Krieg" gegen Bayern begann, der 1612 schließlich das Ende der Regentschaft Wolf Dietrichs herbeiführte. 1771 beanstandete die Landschaft, daß das Pfleggericht Staufenegg die Sicherung der sbg. Landeshoheit im Grenzstreifen gegen Berchtesgaden verschlafen hat. Zur Verhinderung des von „Churbajern exercirten Geleites", des Schmuggels und zur Sicherung des Almauftriebes, befahl EB. Hieronymus am 19. VIII. 1772 den Bau eines Wachthauses für 2–3 Mann Besatzung. Der Bau nach Plänen des landschaftlichen Bauverwalters Johann Max Hartensteiner auf einer Anhöhe bei den beiden Fahrstraßen aus Berchtesgaden nach Reichenhall war am 27. VII. 1773 fertig. Im Jahr darauf wurde dem Schwarzbachbauern Joseph Grässl das nötige Grundstück in Geld abgelöst. Die Landes- bzw. Staatsgrenze in diesem Bereich wurde 1818 und 1851 zu Gunsten Bayerns nach O zurückgenommen. 1828 plante Baumeister Laschenzky ein hölzernes Mauthaus beim „Fuxstein". Dann wurde aber 1830 das „Kramer-Vötterl-Haus" adaptiert. Nach der Straßenverlegung blieb nur der Übergang an der Weißbachbrücke von Salzburg nach Bayern an derselben Stelle.

(SLA, Laa XIV/56; Regg. XVIII/39; Kreis-Ing. Fasz. 375; Johann Stainhauser, Das Leben, Regierung und Wandel EB. Wolf Dietrichs, in: MGSLK 13/1873, 21 f. Nr. 230; Wilfried Keplinger, Eine unveröffentlichte Chronik über die Regierung EB. Wolf Dietrichs, in: MGSLK 95/1955, 67 f. fol. 203 bis 204'; F. Zaisberger, Stadt u. Land Sbg. im Leben von König Ludwig I. von Bayern, in: ZBLG 49 (1986), 524–530. (Standort des alten Blockhauses dzt. nicht exakt bestimmbar, das heutige Mauthaus: KG. Großgmain EZ 2, Ko. Nr. 97))

2. RUINE PLAINBURG

Auf einem nach allen Seiten steil abfallenden, heute bewaldeten Hügel n. der Ortschaft Großgmain stehen die weithin sichtbaren Reste der einst bedeutenden Burg der Grafen von Plain. Wegen ihrer Lage an dem alten Verkehrsweg, auf welchem bis A. d. 17. Jh. das Salz von Berchtesgaden auf dem Landweg nach Bayern ausgeführt wurde, wird sie volkstümlich noch immer als „Salzbüchsl" bezeichnet.

Die Burg war namengebend für ein bairisches Adelsgeschlecht, das ursprünglich die Leitnamen Wilhelm, Liutold und Liutpold führte. Graf Werigand, ein Verwandter der hl. Hemma v. Gurk und damit wohl auch jenes Anzo, dem weite Teile des oö. und stmk. Salzkammergutes gehörten, wird erstmals am 29. IX. 1108 in einer in Preßburg ausgestellten Urkunde Kaiser Heinrich V. für Bamberg als Zeuge genannt („W. comes de Playen"). Er starb Ende 1130. Seine Söhne hießen Liutold und Liutpold. Graf Liutold und seine Gattin Uta v. Peilstein stiften vor 1164 „in castro Plain" über den Reliquien des hl. Blasius (= Burgkapelle) einen Weingarten in Krems an das Kloster Admont. Im Jahr 1144 hatte Papst Lucius II. bereits dem Stift St. Zeno in Reichenhall, zu welcher Pfarre die Burg damals zählte, die Burgkapelle in „castro Plaien" bestätigt. Um 1140 wird jedenfalls ein Hof Reut „iuxta Plagien castrum" erwähnt.

Die Plainer besaßen im 12. Jh. nicht nur die Grafschaft Plain rund um Reichenhall, sondern auch die Grafschaft im Kuchltal, die Burg Grafengaden (s. d.) in der Grafschaft im Salzburggau, sowie die Grafschaft im Mitterpinzgau mit der Burg Lichten-

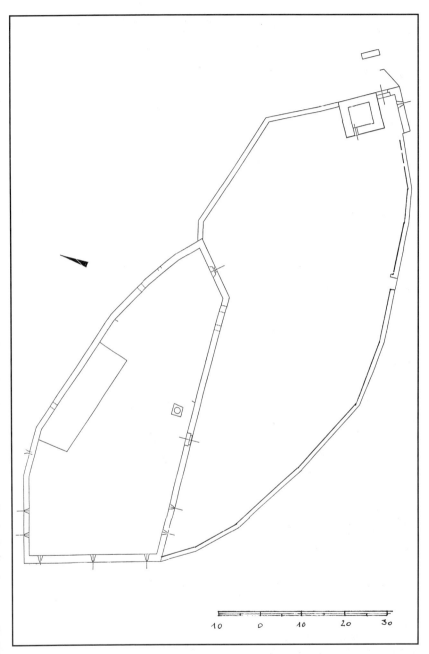

Grundriß der Ruine Plain (Planaufnahme BDA, 1968)

berg (s. d.). Sie bestifteten 1123/29 das Kloster Höglwörth als Erbbegräbnis und waren Vögte der Klöster Frauenchiemsee, Michaelbeuern und zeitweise von St. Peter. Bis zur Aufhebung des Klosters Höglwörth 1817 wurde jährlich am Freitag vor dem Thomastag (= 21. XII.) ein Seelenamt zum Andenken an die Plainer Grafen gelesen. Daran schloß sich ein Volksfest, zu dem die grunduntertanen Bauern aus Schneizlreuth Käse und Getreide liefern mußten.

Die Söhne des Liutold, Liupold und Heinrich, erlangten für Salzburg traurige Berühmtheit: In der Nacht vom 4. auf den 5. IV. 1167 brannten sie als Parteigänger von K. Friedrich I. Barbarossa und in dessen Auftrag die Stadt Salzburg nieder. Auf diese Weise wurde EB. Konrad II. bestraft, der im Streit zwischen Kaiser und Papst auf der Seite von Papst Alexander III. stand und bisher die Regalien vom Kaiser nicht erhalten hatte, d. h. nicht mit der weltlichen Herrschaft belehnt worden war. Ob K. Friedrich Barbarossa im Februar 1170 die Plainburg besuchte, ist nicht nachweisbar. Am 22. II. stellte er in Salzburg eine Urkunde für St. Zeno in Reichenhall aus, in der die Plainer nicht genannt sind. In den folgenden, zumeist in Kärnten ausgestellten, Urkunden des Kaisers in diesem Jahr sind Liupold und Heinrich v. Plain aber im Gefolge. Nach der Aussöhnung zwischen Kaiser und Papst im Jahr 1177 mußten die Plainer Grafen dann kräftige Buße zum Wiederaufbau der Stadt leisten.

Im Jahr 1249 starb Liutpold IV. v. Plain und Hardegg kinderlos. Der Erwählte Philipp zog die Grafschaften Plain und Pinzgau ein. Die übrigen Güter erbte die von Heinrich I. v. Plain und Agnes v. Wittelsbach abstammende zweite Linie, die sich nur noch Grafen von Hardegg nannte. Eufemia v. Hardegg heiratete 1275 Albert Gf. v. Görz-Tirol, in welchem Jahr die Salzburger Ansprüche auf die Grafschaften der Plainer durch den 2. Vertrag von Erharting gegen Bayern verwirklicht werden konnten. Dabei ist die Feststellung des Bayernherzogs wichtig, daß die Plainburg außerhalb der Grenzen Bayerns „extra limites nostros" lag, also eine erste Territorialgrenze belegt ist. Aber erst am 1. V. 1292 verzichtete Gf. Albert im Namen seiner Schwiegermutter, seiner Frau und seines Sohnes endgültig „ouf die herschaft und den burch ze Plaien …", wofür er 1295 300 Mark Aglaier (= Pfennige aus Aquileija) „um das Haus zu Plaien" ausbezahlt erhielt. Das Andenken an Otto und Konrad v. Hardegg, die in der Schlacht Kg. Ottokars v. Böhmen gegen die Ungarn an der March gefallen sind, wird in St. Bartholomä am Königsee bis heute bewahrt.

Im Jahr 1339 war nachweislich ein Kaiser auf der Plainburg: K. Ludwig IV. hielt sich kurzfristig „ze Playn auf der vest bei Saltzburch" auf; wir sind darüber aus einem Kompromißbrief des Hzg. Albrecht v. Österreich in seinem Streit gegen Kg. Johann v. Böhmen, ausgestellt auf der Plainburg am 11. V., unterrichtet. Ministerialen der Grafen von Plain waren die Stauffenegger, die ihre Burg am O-Abfall des Hochstaufens bauten. 1314 verzichtete Heinrich v. Stauffenegg auf das Gut Hochburg unter „Playen".

Seit dem Lehenheimfall verwendeten die Salzburger Erzbischöfe die Burg als Verwaltungssitz des Pfleggerichtes Plain und setzten Burggrafen oder Pfleger dort ein. Von 1398 an sind wir über die Reihenfolge der Pfleger relativ gut unterrichtet. EB. Wolf Dietrich vereinigte 1594 die Pfleggerichte Plain und Stauffenegg und verlegte den Sitz des Pflegers nach Stauffenegg. 1598 wurde Christoph Geizkofler, sbg. Kammerrat, Münz- und Zahlmeister, mit der Burg Plain belehnt, allerdings nicht mehr als Pfleger.

Mit der Zusammenlegung der beiden Pfleggerichte und damit der Verlegung des Gerichtssitzes nach Stauffenegg verlor die Burg Plain ihre bisherige Funktion und Aufgabe. Zwar wurde die Burg in Kriegszeiten jeweils mit einer verstärkten Besatzung belegt, so wie dies 1611, vor allem aber 1621 unter EB. Paris Lodron geschah, der neben den Pässen im Gebirge und den landesfürstlichen Burgen auch die Plainburg verstärkte, der Burg war aber ihre eigentliche Bedeutung genommen. Dies drückte sich leider auch in einer Vernachlässigung der Instandhaltung aus, es wurde zwar vielfach ausgebessert oder geflickt, eine durchgreifende Sanierung oder gar Anpassung an die Erfordernisse der Kriegstechnik im 17./18. Jh. unterblieb. Nur EB. Max Gandolf v. Kuenburg hat sich der Burg vermehrt angenommen wie seine Wappentafel mit Inschrift oberhalb des inneren Burgtores bezeugt: „Munimentum hoc tractu temporis consumptum habilitati restituit. Max. Gand. ex Comiti. de Kuenburg ar. Sal. S. S. ap. l. Ao. MDCLXXIV." Damit scheint die innere Hauptburg 1674 wenigstens wieder bewohnbar gewesen zu sein. Im Jahr 1685 wurden alle Burgen und Schlösser genau überprüft und spezifiziert, um die Erhaltungspflicht zwischen Hofkammer (= Finanzverwaltung) und Landschaft (= Landesverteidigung) aufzuteilen. Die Plainburg wurde wegen ihrer rein militärischen Aufgaben von der Landschaft übernommen. Während des österreichischen Erbfolgekrieges (1741–1748) schleppten bayerische Truppen, die die schwache Besatzung der Burg ohne

Plainburg, Teilansicht der inneren Ringmauer mit dem Burgtor von innen;
Zustand vor den Absicherungsaufnahmen 1969 (Foto BDA)

Mühe überwältigten, die wenigen vorhandenen Geschütze samt Munition davon. Im Jahr 1796 wurde schließlich der letzte Bewohner der Burg, ein Invalide, abgezogen und die Burg dem Verfall überlassen. Nach der Säkularisation des Erzstiftes 1803 erfolgte der Verkauf der Burgruine, den Preis bestimmte ausschließlich der Holzbestand auf dem Burghügel. 1809 wurde die letzte Glocke aus dem frei- und bereits schiefstehenden Glockenturm im Hof der Burg vor den anrückenden Franzosen in Sicherheit gebracht und nach Grödig in die dortige Pfarrkirche transportiert.
Eine Zusammenfassung der Baugeschichte beginnt mit dem Bau der Burg unter Werigand v. Plain zu A. d. 12. Jh.; die Burg muß schon damals etwa die heutige Ausdehnung und Unterteilung in äußere und innere Burg aufgewiesen haben, einerseits weil vom Gelände her die innere Burg allein zu wenig an natürlichem Schutz besessen hätte, andererseits weil auch die äußere Ringmauer mit der Torturmanlage eindeutig romanisches Schichtenmauerwerk wie die anderen Teile der Burg aufweist. Wie die Burg in vorgotischer Zeit ausgesehen hat, ist nicht mehr zu rekonstruieren, da abgesehen vom inneren Mauerring, der bis in eine Höhe von durchschnittlich 8–9 m erhalten ist, nur ein verstürzter, im Vergleich zum übrigen Hof etwa 3–5 m erhöhter Bereich andeutet, wo das Wohngebäude, der Palas der Burg einst gestanden ist. Aus der Zeit EB. Leonhards v. Keutschach, als zahlreiche Burgen Salzburgs wesentlich ausgebaut und verstärkt wurden, ist bekannt, daß das Aussehen der Plainburg durch die Überdachung der Wehrgänge und die Aufstellung der Dächer in gotische Formen

etwa dem Charakter der heute noch intakten Burg Stauffenegg (heute Gemeinde Piding, Oberbayern; am O-Fuße des Staufens gelegen) entsprach. Erst neuere Forschungen von Franz Pagitz haben eine Reihe von Urkunden zutage gebracht, die näheren Aufschluß über Bauschäden, Reparaturen und Baumaßnahmen für die Zeit von 1470 bis 1800 bringen: Zwischen 1470 und 1479 hatte der Pfleger Martin Nußdorfer die Burg „nachdem etwas pawfellig gewesen" teils gebaut und gebessert. 1492 erließ der Erzbischof die Regelung, daß größere Umbauten der Erzbischof zu zahlen, der Pfleger aber für Ausbesserungen an Dächern, Öfen, Böden und ähnlichem aufzukommen habe. Von 1510 an ist von einem Darlehen in der gewaltigen Höhe von 100 Dukaten und 200 Rheinischen Gulden, die der jeweilige Pfleger dem Erzbischof vorzustrecken, d. h. seinem Amtsvorgänger im Pflegeramte abzulösen hatte, nicht mehr die Rede, dafür erhielten die Pfleger von nun an Burg, Pfleg und Gericht zum Teil auf lebenslänglich verliehen. Aus dem Jahr 1576/77 existiert eine exakte Beschreibung und Vorschreibung, was an baulichen Maßnahmen zu geschehen habe: Das alte Dach samt Dachstuhl ist zusammen mit den alten Böden und Holzteilen abzutragen, das neue Dach aber um 3 Schuh höher als im Modell mit fester Überzimmerung anzufertigen; dies betraf, wie aus den Rechnungen von 1578 hervorgeht, den alten Palas, „aufm gepew des alten stockhs". Weiters wurde das Dachwasser der Burg in eine Zisterne geleitet, im Dach ein Aufzug eingerichtet, Gewölbe repariert, eine neue Brunnstube im Schloß gebaut, Steingewände für Fenster und Türen neuangefertigt, dabei ist speziell das Fenster der Kapelle, aus 7 Teilen bestehend, erwähnt; Fenstergitter und Beschläge werden erneuert, Türen angefertigt und beschlagen, Öfen z. T. neu gesetzt, fürs Fenstereinglasen waren mehr als 6.500 Butzenscheiben notwendig.

Ganz wesentlich aber erscheint, daß befohlen wurde, auf den (großen) Stock, der mit den Maßen 106 Schuh lang und 33 breit (30,74 x 9,57 m) angegeben ist, laut Modell zwei Türmchen aufzusetzen, die ebenso wie der gesamte Stock mit Überzimmerung und Dachwerk zu versehen sind. Wenn wir uns dazu Vergleichsbeispiele aus dieser Zeit ins Gedächtnis rufen, so kann es sich bei dieser vorgeschriebenen „Überzimmerung" nur um das Aufsetzen des damals üblichen Wehrgangschirmes in Holzblockbauweise mit den klappbaren Teilen und Läden handeln und nicht so sehr um das Aufstocken um ein Zimmer, das hieße um ein Geschoß, wie dies vielfach interpretiert wurde. Auch Handwerkernamen sind uns in den erhaltenen Rechnungen überliefert: Sebastian Möracker, Zimmermeister, und Peter Schalmoser, Bürger und Steinmetz zu Salzburg; Georg Haltensinn, Hofschlosser, Carl Pamber, Hofhafner, und Philipp Weinmair, Bürger und Glaser zu Salzburg. Insgesamt wurden für diese Baumaßnahmen im Laufe von zwei Jahren an die 245 Schaff Kalk auf die Burg gebracht. Schon im Jahr 1591 wurde allerdings bei der Übergabe an den neuen Pfleger Hieronymus Meitting zu Radegg wieder festgehalten, daß „Schloß und hauß Plain dermassen beschaffen, das es seiner ungelegenheit nit zuebewonnen" sei; Meitting solle aber nach Verlegung von Pfleg und Pfleggericht 1594 einen Wächter auf dem Schloß halten und diesen entsprechend überwachen.

Dem nächsten Inhaber, dem sbg. Münz- und Zahlmeister Christoph Geizkofler, trug EB. Wolf Dietrich im Jahr 1598 auf, er solle „alle unumgänglichen Notwendigkeiten bessern, aber sonst ohne seine Zustimmung nichts bauen". Im Stockurbar aus dem Jahr 1609 ist zu lesen, Schloß Plain „ist in lannger Zeit nit bewohnt oder undterhalten worden, sonndern sein die Gwelber, Tachung und Zimer daselbs alle eingefallen". Diese Aussage verwundert insoferne, als Dückher in seiner Chronik berichtet, daß EB. Paris Lodron im Jahr 1621 die Plainburg „nicht allein an Geschütz, Gewehr zu Fuß und zu Pferd, auch Verproviantierung reichlich" versehen habe. Das hieße, daß Paris Lodron seine Mannschaft samt Ausrüstung in eine unbewohnbare Ruine verlegt hätte; dies ist kaum vorstellbar, wenn man an die Baumaßnahmen Paris Lodrons zur Verstärkung und Befestigung der sbg. Wehranlagen denkt. Daraus muß also gefolgert werden, daß Paris Lodron sehr wohl auch die Burg instandsetzen ließ; es erscheint verwunderlich, daß kein Wappen Paris Lodrons auf der Plainburg erhalten blieb.

Das einzige Wappen auf der Plainburg stammt von EB. Max Gandolf v. Kuenburg, datiert mit 1674, oberhalb des inneren Burgtores, welches uns mit seiner Inschrift von Instandsetzungsmaßnahmen zumindest der inneren Burg berichtet. Nach dieser teilweisen Sanierung auf Kosten des Erzbischofs scheint sich bei der im Jahre 1685 erfolgten genauen Spezifikation aller Schlösser und Wehranlagen die Landschaft nicht dagegen gewehrt zu haben, die Plainburg zur weiteren Erhaltung alleine auf Kosten der Landschaft zu übernehmen.

1719 berichtete aber Hauptmann Jakob de Berti schon wieder über dringend durchzuführende Reparaturen. Aus der Zeit des österreichischen Erbfolgekrieges hat sich von 1744 ein Bericht des Hofkriegsrates Johann Wilhelm v. Attems an die Landschaft erhalten: Die auf Plain stehende Mannschaft unter dem Kommando des Schloß- und Landobristen Grafen von Kuenburg führte Beschwerde darüber, daß der hölzerne Glockenturm innerhalb des inneren Burgtores bei jedem Läuten der Glocken hin und her schwanke sowie, daß das Schloßdach auf eine Länge von 40 Klaftern völlig verfault und mit Moos bedeckt sei. Es wurde dringend um Behebung der Schäden gebeten. Der Baumeister Johann Wilhelm Sembler fertigte einen Riß des Glockenturmes an, der erhalten geblieben ist. 1809 benötigte die Gemeinde Grödig eine neue Glocke nach dem Kirchenbrand. Um beim Glockengießer Oberascher ein neues Geläut bestellen zu können, baten sie um die zersprungene Glocke der Augustinerkirche in Tittmoning, die alte Grödiger Glocke und um die „Wetterläutglocke" der Plainburg. Obwohl der Landschaftsbaumeister Staiger den historischen Wert der Glocke erkannte und sich für eine Übertragung auf die Festung aussprach, genehmigte die k.k. Landesregierung (!) am 13. IV. 1809 die Abgabe nach Grödig.

1758 erfolgte wiederum eine Bauamtsresolution über Schäden am Torturm, an der Brücke, an Dächern, etc., sie liefert uns aber gleichzeitig einige Details für das damalige Aussehen der Burg: Im O gelangte man über eine 60 Schuh lange und 16 Schuh breite, auf zwei 6 Schuh hohen Steinpfeilern ruhende Brücke zum Zwinger. Innerhalb des 1. Tores stand rechts ein 3 Stock hoher, alter Turm ohne Schießscharten, der als unversperrtes Heulager diente. Hinter dem 2. Tor im S stand beim 14,5 m tiefen Ziehbrunnen ein kleines Wachthäusel, links davon ein Backofen, das Pulverlager, vorne an der n. Verteidigungsmauer war ein Häusel mit vier Stuben und etlichen Kammern angebaut. Das ganze Schloß bestand aus 4 Hauptmauern und 5 über Eck aufgesetzten Blockhäusern, 2 davon schauten nach O. Die Mauern nach O und W waren mit Wehrgängen verstärkt, die mit einem Lärchen-Schardach gedeckte S-Mauer war 200 Schuh lang. Im gleichen Jahr beschäftigte sich auch das Sbg. Domkapitel mit der Plainburg und lehnte die damals schon diskutierte Schleifung der Burg in 4 Punkten ab: Wegen der Nachbarschaft von Bayern und Berchtesgaden; im Krisenfalle („große jalousie") könnte man nicht wieder eine neue Burg errichten; wegen Geringfügigkeit der Absicherungskosten; eine Schleifung der Burg sei derzeit nicht ratsam.

Das Jahr 1783 brachte Beratungen und Überlegungen, die Burg sei nur noch mit einem Mann besetzt, ein Invalide, der in einem noch nicht so verfallenen Gebäude im Hof wohne. Hofrat und Hofkriegsrat einigten sich 1784 darauf, den Verkauf der Burg Plain im „Salzburger Intelligenzblatt" auszuschreiben. 1796 zog der Invalide endgültig aus. 1805 wurde das in der Burg eingelagerte Pulver nach Hohenwerfen gebracht, um es vor den anrückenden Franzosen in Sicherheit zu bringen. Am 28. VIII. 1813 erhielt Kronprinz Ludwig v. Bayern, rückdatiert wegen des bevorstehenden Endes der bayerischen Herrschaft in Salzburg, Großgmainer Bauern mit dem „Schloß Plain, das Voit- oder Veitlhäusl und die königl. Domänenwaldungen am Untersberg" von seinem Vater aus Staatsbesitz geschenkt. Sein Erbe war 1868 Prinz Leopold v. Bayern (= Prinzregent Luitpold), der den Besitz 1870 Friedrich Frh. v. Löwenstern (s. Oberalm, Haunsperg) verkaufte. Zwei Jahre später wurden Karl und Henriette Klusemann Eigentümer der Plainburg. 1896 ging die Plainburg mit Glanegg (s. d.) an Fritz Frh. Mayr v. Melnhof und 1952 an Dipl.-Ing. Friedrich Mayr-Melnhof über.

Von der mächtigen Burg der Grafen von Plain, von der F. Kulstrunk um 1900 den Bauzustand in Plänen festhielt, sind heute noch folgende Bauteile erhalten und zu besichtigen: Der Torbereich in der äußeren Ringmauer wurde 1982/83 baulich abgesichert, so wurde z. B. die im Jahr 1910 ausgebrochene NO-Ecke des Turmes wieder geschlossen, das Burgtor rekonstruiert, die Fundamente der Mauern gesichert und wo notwendig untermauert, die ehemalige Zugbrücke als stabile Holzbrücke wiederhergestellt. Zwischen Torturm und ö. Außenwand des Torbaues, also in der Tordurchfahrt, wurde in die alten Gewölbeansätze ein Betongewölbe eingebaut, in welchem sämtliche Schließen und Verankerungen der absturzgefährdeten Teile versteckt werden konnten. Die äußere Ringmauer, die an der N- und O-Seite der inneren Burganlage einen großen Hofbereich umschloß, ist nur noch von außen und nur in wenigen Bereichen aufragend sichtbar, sie ähnelt heute eher einer hinterfüllten Stützmauer.

Der innere Burgbereich ist eingefaßt von einer im Durchschnitt etwa 8 bis 10 m hohen Ringmauer in Schichtenmauerwerk, in deren ö. Längswand ein spitzbogiges Steingewände als Burgtor sitzt, das darüber ein Steinwappen des EB. Max Gandolf v. Kuenburg von 1674 schmückt. Der Palas der Burg befand sich in jenem, im Gelände deutlich erhöhten, n. Teil, der zum äußeren Hof hin auch ein spätgotisches, z. T. vermauertes Kapellenfenster aufweist. Entlang der mächtigen w. Ringmauer standen einst Nebengebäude und Stallungen; davon sind nur noch bescheidene Mauerreste und Balkenlöcher in der Ringmauer erhalten. Die innere Ringmauer wurde in den Jahren 1968 bis 1970 baulich abgesichert und damit vor dem unmittelbaren Verfall gerettet. Gleich innerhalb des inneren Burgtores befindet sich rechts die Zisterne, deren gemauerte Rundung durch ein Gitter abgedeckt wurde. Dieser Brunnen, heute nur noch wenige Meter tief, soll durch den gesamten Burgberg hinunter gegraben worden sein. Exaktere Angaben über den ehemaligen Grundriß der Burgobjekte innerhalb der inneren Ringmauer sind erst nach einer umfangreichen archäologischen Untersuchung möglich, eine 1968 durchgeführte Probegrabung hat aber bereits eine steinzeitliche Besiedelung des Burghügels nachgewiesen.

An der SW-Ecke der Ringmauer befindet sich eine vielbesuchte Aussichtsplattform, von der aus man am NO-Fuß des Staufens auch die Burg Stauffenegg sehen kann; eine Burganlage, welcher die Plainburg, wenn auch viel größer, sehr ähnlich gewesen sein muß.

(KG. Großgmain, EZ 73, Gp. 342.
MGH. Dipl. X/3 [1985] Nr. 562–564; SUB I, 354; IV, 84, 167; HHStA Urk. vom 1. 5. 1250, 30. 3. 1398, 3. 5. 1470, 20. 1. 1491, 16. 2. 1491, 14. 2. 1510, 28. 4. 1516; Martin Reg. I 55, 70, 94, 212, 333 c, 735, II 133, 239, 1159, III 1141; Mon. Boica 3, 350; SLA, U 173 [1609], fol. 81–85; Geh. A. XXVI/68 [Bestallungsbuch] 1582, 1591, 1598; DK-Prot. 1758, 970; HK Glanegg 1577 lit. J; Laa XIV/3 u. 56; Bibl. St. Peter, Hs. Ebner 7/260 mit Grundriß; Dückher 285; Hübner 1, 134; Koch-Sternfeld, Berchtesgaden II 38; Sbg. Int. Bl. 1809, p. 15, 671; Amts- u. Intbl. 1835, p. 1552; JB SMCA 1853, 83; ÖKT XI 152; Carl Gf. Ledochowski, Die Grafen von Plain, Sbg. Familiengeschichte, in: MGSLK 67 [1927] 1 ff.; Herbert Klein, Die Stauffenecker [Burggrafen von Plain], ebda 18–19; Sieghardt, Südost-

bayerische Burgen u. Schlösser, 257; Johann Sallaberger, in: Sbg. VBl. Gästeztg. 43, 44 aus 1970; Dopsch–Spatzenegger I/1 286; Arch. Zl. 300 aus 1972; Fuhrmann 1980, Abb. 10; HiSt II 341; Dehio 135; Reindel-Schedl 1989, Plain passim; Norbert Weiss, Austria und Bindenschild. Mit einem Exkurs über die Grafen von Plain als Übermittler, in: „Adler" 15. [XXIX] Bd., 1989, 1–10, 42–50, 81–92; Ausgestorben: die Grafen von Plain, in: s'weiß-blaue Fenster 1990, 108–110; Josef Riegler, Der Besitz der Grafen von Plain im Stiefingtal, in: ZS. hist. Verein f. Stmk. 82, 1991, 33–53; Ansichten/Pläne im SMCA: 3849–3856/49, 5052/49, 7774/49, 7911/49, 9839/49, 9901/49, 241/60)

3. FLIEHBURG AUF DEM RANDERSBERG

Auf dem sog. „Randersberg", nw. gegenüber der Plainburg befindet sich am s. Ende des Bergrückens (Höhenkote 608 m) eine Fliehburg, die mit einem Halsgraben gegen den N-S-verlaufenden Rücken abgetrennt ist. Das im Gelände deutlich abgehobene Geviert, ein abgerundetes Rechteck, erreicht die Ausmaße von etwa 15 x 60 m. Durch vereinzelte Kleinfunde (Scherben) kann die Anlage in das 9./10. Jh. datiert werden.

Hinweis Dr. med. Helmut Gotz

(M. Hell, Fluchtburg bei Großgmain, in: Sbg. VBl. 276, 27./28. 11. 1954; Fluchtburg aus dem hohen Mittelalter, in: Demokr. VBl. 276, 27. 11. 1954; Die Fliehburg in Großgmain, in: SVZ 277, 27./28. 11. 1954; Die Fliehburg am Randersberg, in: Reichenhaller Tagblatt 105, 5. 7. 1957)

HALLWANG (GB. Salzburg, alt: Neuhaus)

1. DIETRAMING, Zilling Hs. Nr. 10 in Döbring

Anstelle des Gutes „Tittmoning oder Fuchsengut zu Diebering" stand im Hochmittelalter die Stammburg der Herren von Dietraming. Bekannte Mitglieder dieser sbg. Ministerialenfamilie sind Wezil I. (ca. 1025–1041), Wezil II. und Kunigunde (ca. 1074–1088), deren Söhne Adalbero und Wezil III. Adalbero war i. d. 1. H. 12. Jh. Truchsess und Burggraf von Hohenwerfen, Wezil III. eb. Richter in Hallwang. Adalberos Sohn Durinch war vor 1166 ebenfalls Burggraf von Werfen, Wezils III. Söhne Wichart und Perktold verschwinden nach 1165 aus den urkundlichen Quellen. Die dem hl. Michael geweihte ehemalige Burgkapelle wurde 1787 wegen Baufälligkeit abgetragen.

(KG Hallwang EZ 45.
F. V. Zillner, Sbg. Geschlechterstudien 3: Die Werfener Burggrafen, in: MGSLK 21 [1881] 25–37; Winklhofer 137; Pillwein 383; Dürlinger 23, 34; Bibl. St. Peter, Hs. Ebner 8/133, 145 f. mit Aufriß der Michaelskirche; Anton Seigmann, Heimatbuch Hallwang 1989, 97–98; John B. Freed, The Formation of the Salzburg Ministerialage in the 10th and 11th centuries: an example of upward social mobility in the early middle ages, in: Viator 9, 1978)

2. BURGSTALL AN DER FISCHACH

Am äußersten Geländesporn zwischen Prossinger Bach und Fischach, vom Berggasthof Kittl, Elixhausen 69, über einen Wiesenweg genau nach O in den Wald, liegt eine etwa ovale, in der Längsrichtung O-W rund 60 m lange Fliehburg (Burgstall), die vom übrigen Bergrücken durch einen niedrigen Wall mit vorgelagertem, künstlich angelegtem Graben, heute noch teils 1 bis 2 m tief, ca. 5 m breit, deutlich abgetrennt ist. Die N- und O-Seite fällt steil gegen das Tal ab, zeigt aber am Rande des Plateaus eine schmale, ca. 2 m breite Abstufung; An der S-Seite liegt eine künstlich wirkende Terrasse etwa 10 Höhenmeter tiefer vorgelagert. Das Gelände ist heute dicht bewaldet. Der Prossinger Bach trennt in diesem Bereich die Gemeinden Seekirchen

(KG. Marschallen), Elixhausen und Hallwang bzw. die alten Pfleggerichte Alt- und Lichtentann und Neuhaus. Vor der Tiefenbachschlucht war hier ein Übergang über die Fischach in Richtung Seekirchen/Dingerting möglich. Ob die Ministerialen „Fischacher" hier oder im Dorf Fischach bei Bergheim anzusiedeln sind, muß dzt. offen bleiben.

Hinweis Landesarchäologe Dr. F. Moosleitner

(Reindel-Schedl 1989, 113, 503 f.)

3. SCHLOSS SÖLLHEIM, Berg Nr. 1–3

Unmittelbar an der dort verlaufenden Stadtgrenze liegt am ö. Rand der breiten Talsenke zwischen Esch-Mayrwies und der Trasse der Westautobahn, ö. unterhalb des „Söllheim-Viaduktes" der Autobahn, der Ortsteil Söllheim mit Schloß, Kapelle und den früher dazugehörigen Nebenobjekten.

Söllheim kam mit den Besitzungen der Tanner (s. Altentann) zu E. d. 14. Jh. an das Erzstift und wurde im Tanner Amt bei der Pfleg Wartenfels verwaltet. Am 23. II. 1455 verkaufte Friedrich Gauchsperger Hans I. Prätzl den Sitz „zu Selhaim". Ihm folgte Hans II. als Pfleger von Radegg 1465. 1494 ist er mit seinen Miterben auf der Landtafel als Besitzer von Söllheim vermerkt. Um 1510 besaß Hans III. Prätzel den Ansitz und erwarb die Burg Radegg (s. d.). Am 3. I. 1539 belehnte Kard. Matthäus Lang den Richter der Dompropstei Jakob Strasser mit dem Sitz von Söllheim, der ihn von Matheus und Sambson Prätzl, den Söhnen von Hans Prätzl und seiner letzten Ehefrau Anna Lauffenholtzerin, gekauft hatte. Am 25. VI. 1576 gaben die Kuratoren der Mattheus Strasserischen Güter Söllheim dem Erzbischof zur Tilgung der Amtsausstände des Pfleggerichtes Golling zurück. Als am 29. X. 1650 der Salzburger Fleischhauer Matthias Reizamer Söllheim um 800 fl. kaufte, verlangte die Hofkammer die Rückführung des Gutes ins Hofurbar, weil es ja eigentlich aus dem Tanner Amt ausgeschieden worden sei. Der Sitz war baufällig und die Landwirtschaft an Ruep Neubauer verpachtet. 1657 kaufte Reitsamer noch einen Weiher dazu. Seine Witwe Eva Reitsamer, geb. Stiegler, verkaufte 1684 an Johann Kaufmann, der nach einer Legende ein Vermögen in Venedig erworben hatte. Er ließ den Ansitz in seine heutige Gestalt ausbauen (1689–1702). Gleichzeitig errichtete er die Antonius-Kapelle. 1694 wurde er mit dem Prädikat von Söllheim in den Adelsstand erhoben. Seine einzige Tochter Anna Maria, aus der Ehe mit Maria Tunzler, verwitwete Mayr, heiratete 1696 Johann Christoph Pauernfeind v. Eys. 1710 richtete Johann Kaufmann, nachdem er Söllheim freigekauft hatte, zugunsten seiner Enkel das Fideikommiss Söllheim ein, das der Enkel Johann Christoph Cajetan Pauernfeind v. Eys als Majoratsherr übernahm. Ihm folgte sein Sohn Johann Franz Christof Ignaz, der 1782 in Söllheim starb. Dieser hatte das Majorat schon 1778 an seinen jüngeren Bruder Johann Franz Anton übergeben, der aber in Hall in Tirol lebte. Bei seinem Tod 1791 wurde der noch mj. Sohn Johann Burkhart Majoratsherr. Er kämpfte im österreichischen Heer, aus dem er 1811 ausschied, und überließ Söllheim seiner Schwester Maria Anna. 1812 wurde das Fideikommiss von der bayerischen Regierung aufgehoben.

Das freieigene „Schloß Söllheim mit Mayer- und Messnerhaus" kaufte am 18. V. 1832 Franz Schwarzacher, am 10. VIII. 1839 Georg Weikl durch Konkursversteigerung, am 20. VII. 1843 Marie Gfn. Thun-Hohenstein, geb. Freifrau von Mladota und am 27. I. 1879 Ernst Gf. Thun-Hohenstein. Ihm folgten am 15. X. 1904 durch Übergabe Rudolf und Mathilde v. Thun-Hohenstein. Am 8. IX. 1941 erhält Mathilde den Alleinbesitz. Nach ihr erbt am 26. X. 1964 Dr. Karl Ledochowski-Thun, der langjährige Landesamtsdirektor-Stv. in der Salzburger Landesregierung und hervorragende Kenner der Heraldik. Er übergab Söllheim am 16. XII. 1968 an Eleonore Gruhmann-Bernau.

Der breitrechteckige Grundriß des Schlosses, überbaut mit einem Sockelgeschoß und zwei Vollgeschoßen ist durch ein Mansarddach abgeschlossen. Das Sockelgeschoß mit seinen vergitterten quadratischen Fenstern weist an der O- und W-Fassade je ein Portal mit einfacher Marmorumrahmung auf, im Inneren durch den gewölbten Mittelflur verbunden. Die Fassadengliederung durch horizontale, geschoßtrennende Faschen sowie die Umrahmungen der Fenster bestehen nur aus flachen Putzauftragungen: Die Fenster des 1. Obergeschoßes zeigen einfache Faschen mit Ohren und Schlußstein, die im 2. Obergeschoß weisen zusätzlich eine Bekrönung durch breitgezogene Voluten mit einem kurzen mittleren Gesimsestück auf. An der Rück- und an den Seitenfassaden ist ein Teil der Fenster als Blindfenster ausgebildet, um die Symmetrie der Fassade zu wahren. Im Inneren ist neben einfacheren Stuckspiegeln an den Decken auf eine Stuckdecke im westlichen Teil des ersten Obergeschoßes hinzuweisen, sie stammt aus derselben Hand wie der Stuck in der Antoniuskapelle. Im w. Teil des Schlosses stecken noch Bauteile des spätmittelalterlichen Vorgängerbaues.

Gegen S ist ein Rest der ehem. Parkanlage erhalten, hier steht am Rande des Kiesvorplatzes eine mächtige Marmortafel samt dem etwa 1 m hohen Marmorwappen des EB. Johann Ernst Thun mit der abgekürzten Inschrift: „Pro patriae salute et urbis munimine Jannes Ernest. archieps. et p(rince)ps Salisb. s(anctae) s(edis) ap(ostolicae) leg(atus) ex com(itibus) de Thun etc. f(ieri) f(ecit) a(nno) MDCCIV." Wappen und Tafel mit der auf die Stadt und ihren Schutz bezogenen Inschrift stammen von dem 1704 erbauten äußersten Linzertor, dem sog. Ravellintor, und wurden nach dessen Abbruch im Jahr 1894 hierher verbracht.

Gegen N ist in der Breite des Schlosses ein Gartenbereich durch eine Mauer umgeben, ehemals mit Glashaus und Nebengebäuden ausgestattet.

Seitlich des Schlosses, verbunden durch eine weite Wiesenfläche steht dominierend die Kapelle von Söllheim, die heutige Filialkirche zum hl. Antonius v. Padua, in den Jahren 1685/86 durch Gaspare Zugalli (Zuschreibung) über ovalem Grundriß, mit ovaler Kuppel mit Dachreiter (Laterne), erbaut. Das Marmorportal des Einganges, datiert mit 1686, wird von der Wappenkartusche des Bauherrn, Hans Kaufmann, bekrönt. Die Kapelle besitzt eine in dieser Einheitlichkeit seltene und hochqualitative Innenausstattung aus ihrer Erbauungszeit. Dem Portal vis à vis steht eine marmorne Statue des hl. Johannes von Nepomuk, 1727 von Josef Anton Pfaffinger geschaffen. Den Sockel ziert eine Bauinschrift, bezogen auf den Schloßbesitzer Johann Christoph Pauernfeind v. Eys, datiert mit 1727.

Westlich der Antoniuskirche steht das zweigeschoßige ehem. Mesnerhaus, Berg Nr. 24, mit Walmdach, das ursprünglich einen Firstgraben besaß. Über der Hauptfassade – mit ausmittig angeordnetem Eingangsportal mit Oberlichte – sitzt zentral ein Dachreiter als Uhrtürmchen, darauf eine hölzerne Wappentafel, wieder mit dem Wappen des Hans Kaufmann, bezeichnet mit 1686 und 1964. Die Fassade darunter ziert eine (erneuerte) Sonnenuhr. Zum Mesnerhaus, heute als Restaurant in Verwendung, gehörte auch das bergseits gelegene Wirtschaftsgebäude, ein unansehnlicher Bau, der aber im rechten Hausteil durch große, vermauerte Rundbogenöffnungen, ehemals offene Arkaden (?), auffällt.

Dem Schloßbau n. zugeordnet steht die ehem. Meierei, Berg Nr. 25, eine mächtige Einhof-Anlage mit gemauertem Wohnteil, steinumrahmtem Rechtecksportal und Schopfdach.

Die beiden Seitenfronten sind je durch ovale Wandmalereifelder, im N „Anbetung der Hirten", im S „Anbetung der Könige", geschmückt. Westlich dieses heute als Wohnhaus dienenden Baues steht eine kleine Scheune mit zwei großen Korbbogentoren, der ehem. Wagen- und Kutschenremise zum Schloß; im Giebelfeld waren Taubenschläge untergebracht.

(KG. Hallwang EZ 107.

SLA, U 1443 fol. 52; OUrk. 3. 1. 1539, 25. 6. 1576; HK Neuhaus 1628–30/E, 1649/50/K + L, 1657/58/C, 1689/J + R, 1694/P + W, 1694/2/H, 1696/1/B, 1702/A, 1710/2/N, 1731/C, 1747/C; LB 14 fol. 9 zum 15. 2. 1541; Geh. A. XXV/K 5 [mit Inventar von 1711]; Laa I/19/E; Regg. LV/1/2; Hübner 1796, 168 und 1792, 564; Pillwein 384 f.; Bibl. St. Peter, Hs. Ebner 8/134; ÖKT XI, 460; Dehio 161; Karl Ledochowski, Pauernfeind v. Eyß, in: MGSLK 69, 1929, 72–77; ders., Kaufmann v. Söllheim, in: MGSLK 77, 1937, 131–133; Fuhrmann 1980, Abb. 14; Anton Seigmann, Heimatbuch Hallwang, 1989, 69 f., 103 f.; Ansichten/Pläne im SMCA: 3270/49, 5292/49, 5402/49, 5457/49, 5468/49, 9786/49, 9905/49, 255/59)

H E N N D O R F   (GB. Neumarkt, alt: Alt- und Lichtentann)

1. RUINE ALTENTANN

Inmitten des heutigen Golfclubs Altentann stand eine der mächtigsten Wasserburgen Salzburgs. Ein vollgefüllter Wassergraben (Gp. 27) umgibt eine 16 m im Durchmesser breite, elliptische Insel (Gp. 26), mit einem äußeren Umfang von 280 m. Ein Steg, der mit zwei gemauerten Pfeilern auf dem Damm abschließt, stellt die Verbindung zum Festland her. Die Bauern von Unterhenndorf und Seekirchen waren seit 1589 vertraglich zur Erhaltung der Schloßbrücke verpflichtet. Nördlich davon befand sich auf Gp. 18 ein weiterer Weiher. Burg und Ökonomie waren insgesamt von vier Weihern umgeben, die von den Seekirchner Bauern erhalten werden mußten.

Das 785–788 an das Kloster Mondsee geschenkte Gut „in loco qui dicitur Tan in pago Salzpurcgauuia" könnte mit dem späteren Amt Tann der Erzbischöfe von Salzburg identisch sein. Die Bedeutung des Schenkgebers Adalunc kann daran gemessen werden, daß er seinen mit Gold beschlagenen Sattel und seinen Panzer als sichtbaren Beweis für seine Schenkung mitübergab. Das Amt Tann wurde nach dem Ende der Tanner noch während des 16. Jh. von der Pflege Wartenfels mitverwaltet und umfaßte Güter in den Gerichten Neuhaus, Alt- und Lichtentann, Hüttenstein und Wartenfels. Geht man davon aus, daß die Tanner und ihre Seitenlinien Steinkirchen (s. Kirchberg) und Kalhamer (s. Hofkalham und Wartenfels) mit den Frauenbergern bzw. Herren von Toerring verwandt oder identisch sind und sie im 12. Jh. in enger Verbindung zu den hochfreien Haunsbergern stehen, wird der Bau von zwei so großen Burganlagen wie Altentann und Lichtentann im Zentrum ihres Machtbereiches verständlich.

Seit 1100 sind Ministeriale von Tann nachweisbar, die als Lehen dann das Landgericht Tann mit den Schrannen Köstendorf, Henndorf und Seekirchen innehatten. Zur Burg Altentann selbst gehörten Güter von der Anhöhe des Haunsberges (s. Obertrum, Nußdorf) bis zum Schober (s. St. Gilgen, Strobl). Die Tanner waren in Vertretung des Herzogs von Bayern bis zu ihrem Untergang Erbkämmerer des Erzbistums Salzburg.

Die Burg wird bei einem Grundstückstausch mit dem Kloster St. Peter 1243 erstmals genannt „iuxta castrum meum Tanne". Am 13. IX. 1326 schließen die Brüder Niclas und Eckart v. Tann Gütergemeinschaft u. a. um ihr „Tann unser hous mit dem Gericht datz Höndorf …", die 3 Maierhöfe und die Gründe „daz zu der Purg gehört …". Wenig später, 1358, begann der sog. „Tanner Krieg", dessen eigentliche Ursache darin lag, daß der einflußreiche Salzburger Adel die geänderten Machtverhältnisse, nämlich den Übergang der Lehenshoheit von den Herzögen von Bayern auf den Erzbischof und den Verlust der Vogteirechte (= Gerichtshoheit), nicht zur Kenntnis nehmen wollte. Trotz scheinbarer Friedensschlüsse kam es zu keinem Ende der Kämpfe bis die Tanner 1396 ausstarben, die Kalhamer waren schon 1333 aus Salzburg weggezogen, die Kuchler gingen um 1400 außer Landes u. a. m.

Nach einem Vergleich am 6. VIII. 1391 zwischen Hzg. Friedrich v. Bayern, Konrad, Hertnid sowie Eberhard den Kuchlern und EB. Pilgrim fiel die Burg Altentann mit „Gericht, Vogtai, Vischwaid, Gejaid, Mannschaft und all ander Nuzz und Gilt" an den Erzbischof. EB. Pilgrim mußte versprechen, beim Tanner Erbbegräbnis in Seekirchen ein ewiges Licht zu stiften und Chunrad dem Kuchler zu Friedburg Ersatz für „daz paw vnd chosst, die ich cze Altentan getan …" im Wert von 100 Pfund Wiener

Gut Altentann im Kataster von 1830 (Foto SLA)

Pfennig zu zahlen. 1418 wurde Wolfhart Uiberacker und sein Sohn auf Lebenszeit mit Feste und Burghut Altentann belehnt, so wie sie vorher Nikola Pürnpeckh innehatte. 1429 folgten Virgil Uiberacker und seine Söhne Ernst und Wolfhart. Von 1444 bzw. 1462 an bis 1693/1803 waren dann die Uiberacker (s. Sighartstein) erbliche Inhaber des Pfleggerichtes Altentann.

Baudaten zur Burg sind seit dem 16. Jh. erhalten. Für das Gebäude war die Hofkammer zuständig, das Dach mußten die Überacker erhalten. 1559 beauftragte die Gemeinde Unterhenndorf den Maurer Veit Saltzlechner an der Müll und 1560 die (Gerichts-)Gemeinde der Pfleg Altentann Peter Schalmoser, Maurer zu Salzburg, und Ruep Khanperger, Maurer zu Seekirchen, mit der Errichtung der Ringmauer um die Burg. Nach Reparaturen 1575–93 lautet die Beschreibung 1609: „Schloss Altenthann wierdet durch einen Pfleger daselbst bewohnt, darinen ain hocherpauter Thurn vnnd Capellen bey St. Johanns genannt, darauf vier Thraidt-Khästen, aussen an den Thurn Reuerendo zween Ross- vnnd ain Khüestall sambt ainem Thorhaus vnnd zwayen Kheichen, alles mit ainer Rinckh-Mauer umbfanngen, welche die Altenthannerischen Unndterthanen, wann hieran Paufälligkhaiten erscheinen, wider aufzurichten vnd mit Tach zu unndterhalten schuldig sein. Vmb gemelts Schloss ligen vier Weyer, deren ainer das Schloß vmbrindt, darüber ain Pruggen an das Thorhaus gehet, welche Pruggen die Vndterthannen in Seekhürcher Pfarr zumachen vnnd die VndterHendorfer das Holz darzue ze geben, auch an die Statt zwfieren schuldig sein. Gleichfals muessen bemelte Seekhürchnerischen Vnndterthannen obberierte Weyer (da dieselben … oder sonst schadthafft wurden) desgleichen auch den Pach, von der Hofmüll bis zw Endt der Hofwisen, wann solcher mit Stain vnd Sandt peschidt wierdet, außräumen vnnd beederseits des Pachs die Stauden abhackhen vnd hinweckh bringen. Zunechst ausser der Pruggen steet ain Padt- vnd Sechthaus, darbey ligt der Weyer-Thamb, welcher über Somer dem Vich eingemädt vnnd mit dem selben geezt wierdet. Das Mayrhaus sambt ainem Vichstall alda, negst ausser des Schloß gelegen, ist bey ainer Gaden hoch gemauert, das ander bis an das Tach mit Laden verschlagen, zwnechst darbey ain Zehennt- vnd Paustadl, Item ain langer Roß- Schaff- vnnd Schweinstall, hindter dem Schloß ain Pfelzgartten, auch etliche Pawäckher, darauf Khraut, Rueben vnd Arbesen erzigelt, das Gras aber dem Vich vber Somer eingemädt wierdet, zwischen bemeltes Pfelzgarttens vnd des Thambs ain aingefangenes Gärtl, so man zw ainer Plaich- vnnd Trickherstatt braucht.

Die Hoff- vnd Ehemüll alda, hat zween Lauffer sambt zwayen Zimern, ain Pachofen vnnd Vichställel, alles von Holz erzimert … Die Wisen beim Voglthenn."

Die finanzielle Basis für die Erhaltung der Pfleg lieferten die Hoftaferne zu Unter-Henndorf, das dortige „Ehepadl" und die Hoftaferne zu Seekirchen. Die Einkünfte der angeblich 1156 geweihten Burgkapelle St. Johannes, die von drei Thalgauer Gütern kamen, wurden nach dem Ende der Burg 1764 an die Schloßkapellen Golling (s. d.) und Hellbrunn übertragen.

Zur Landesverteidigung mußten die Güter Hipping, Ruetzing und Kapsberg (s. d.) je ein „raißig Pferd" und einen geharnischten Mann zur Burg Altentann stellen. Der mächtige, hohe Turm auf der Insel mußte 1667 repariert werden, da er ganz zerklüftet war. Nach dem Brand befahl der Hofkriegsrat 1681 die Sanierung des Turmes, was nach Ansicht des Hofbaumeisters Michael Spingruber mit „3/4mallig" starken Eisen-schließen durch Zusammenfangen an allen vier Seiten geschehen konnte. Auch mußten neue Zwischenböden und der Dachstuhl eingezogen werden.

1672 war das Archiv in den ebenerdigen Gewölben untergebracht worden, weshalb die Registratur den Brand unversehrt überstand.

Am Abend des 9. IV. 1680 brach zwischen 21 und 22 Uhr im Bräuhaus beim Schloß ein Brand aus, der bei starkem Sturm sämtliche Gebäude erfaßte und alle Holz-aufbauten vernichtete. Der Braumeister verschwand spurlos. In Abwesenheit des Pflegers Wolf Abraham v. Überacker konnten nur seine Frau und die Kinder gerettet werden. Die Amtskasse, 41 Kühe und 4 Pferde verbrannten. Der Hofbaumeister Michael Spingruber nahm am 10. I. 1681 die Schadensaufnahme vor. Schloß, Turm und Stallungen waren mit Laden abgedeckt worden. Die Stube und eine gewölbte Kammer über eine Stiege waren erhalten. Alle übrigen Zimmer im 1. und 2. Stock samt dem Dachstuhl waren vernichtet, die Gewölbe jedoch waren intakt, es mußten nur die Tür- und Fensterstöcke erneuert werden. Bei den zwei Roßställen im Schloß-zwinger konnte das Mauerwerk ausgebessert und die Holzaufbauten neugemacht werden. Im Stock daneben, dem Torhaus, waren die Keuchen und die Stallung von den „Altentanner Untertanen" wiederaufzubauen. Der Pfleger mußte zuerst dafür sorgen, daß die Schloßbrücke gebaut wurde, damit das bereits gefällte Holz, das eigentlich für den Bau des neuen Kollegiatstiftes Seekirchen (1679) vorgesehen war, herantransportiert werden konnte. Zum Ausbessern des Mauerwerkes wurden Steine vom Bräuhaus verwendet, das nun im Dorf Henndorf neugebaut wurde. Das Maier-haus neben der Brauerei außerhalb des Schlosses war ein Stock hoch gemauert. Die Holzaufbauten waren beim Brand unversehrt geblieben.

Das Schloß Altentann wurde weiterhin als Getreidespeicher mitverwendet, weshalb die für militärische Belange zuständige Landschaft der Hofkammer 1698 mitteilte, daß sie die Kosten für Dachreparaturen nur zur Hälfte übernehmen wolle. 1708 wurde das Dach auf dem W-Trakt außen 85 Schuh (= 19 m) und im Innenhof 55 Schuh (= 15,95 m) lang und 30 Schuh (= 8,70 m) breit, 1728 auf dem N-Trakt außen 60 Schuh (= 17,4 m), innen 45 Schuh (= 13,05 m) lang und 30 Schuh breit generalsaniert. Die Gewölbe in zwei Stockwerken des N-Traktes waren damals noch gut erhalten.

1701 waren die drei übereinander aus Ziegeln gemauerten Gänge (Arkaden[?]) so baufällig, daß sie abgerissen werden sollten, was aber nicht geschah. 1709 wurde unerlaubt ein „Handwaschstein" aus dem Schloß verkauft. Stephan Pächler hingegen durfte sich Bausteine holen. 1711 wurde über den Obstgarten verfügt. 1761 kaufte der

Henndorfer Schmied Ruep Fenninger 10 Klafter Steine „von dem abgebrannten Schloß". 1762 wurden jedoch wieder Reparaturen durchgeführt. Zwischen 1770 und 1778 wurden behauene Steine von den verfallenen Schlössern Alt- und Lichtentann zum Brückenbau im Pfleggericht verwendet (Felzerbrücke in Henndorf).

Hübner sah 1796 nur mehr sehr wenige Trümmer auf einem von Fischteichen umgebenen Hügel. Die umliegenden Gebäude wie der Stall von 1628, der Zehentstadel von 1676, der Maierstadel von 1683 und die Gründe wurden von der Hofmaierei Salzburg genutzt.

P. A. Ebner sah am Ende des 19. Jh. auf der Insel einen Naturpark mit einem kleinen hölzernen Häuschen, einer Keramik-Mutter-Gottes-Statue und einen auf einem Delphin reitenden Torso, welcher Zustand bis zur Errichtung des Golfplatzes Altentann 1988 erhalten blieb. Besitzer seit der Säkularisation war die Brauerei Henndorf mit der Familie Moser, 1933 Familie Wehrle, 1989 Margo-Golfanlagen-GesmbH.

(KG. Hof EZ 38, Gp. 26: Insel, 27: Weiher, Bp. 1, 3 = Ko. Nr. 29, 32 = Ökonomie, Ko. Nr. 30–34 Wirtschaftsbauten, Sägewerk (alte Mühle).
Das älteste Traditionsbuch d. Klosters Mondsee, in: Forsch. z. Gesch. OÖ 16, 1989, Nr. 63; St. Peter, Archiv: OUrk. Nr. 81 zu 1243 (die Datierung zu 1244 in SUB III Nr. 1004 ist falsch); SUB III Nr. 1004; SUB IV, 321, 337, 342, 356, 370; SUB I 385 Nr. 254; Martin, Reg. 1, 94; OÖ. UB. 11, 1941, Nr. 39; SLA, Laa XIV/51; Kop.buch IV, 159, 161; Cat. der Verträg 1584–90 fol. 115; U 28, 1609, fol. 3–10; Hs. 17 (Schlachtner), 2357; HK Alt- u. Lichtentann 1520–41/F, 1575–89/AB, 1628/A, 1652/D, 1667/H, 1672/J, 1676/K, 1681/A, 1683/D, 1699/H, 1701/O, 1706/B, 1708/K, 1709/A, 1710/H, 1711/D, K, 1715/E, 1716/J, O, 1727/N, 1728/C, K, 1731/H, 1760/J, 1761/B, 1762/M, 1778/C; Geh. A. XXV/U 1/29; Bibl. St. Peter, Hs. Ebner 11, 462; Hübner 174–177, 197–198; Winklhofer 198 f.; Pillwein 256, 258; Dürlinger 352; ÖKT X, 33 f.; Jakob Vogl, Neumarkter Heimatbuch 1930, 27–32; Franz Martin, Ueberacker, in: MGSLK 72, 1932, 50–64; Hi. St. II, 222; Dehio 165; Reindel-Schedl 1989, 430, Tann passim. Vgl. Lichtentann, Neumarkt)

2. KAPSBERG (abgekommen)

Über diesen abgekommenen Ansitz informiert eine Urkunde vom 18. VII. 1444, in der Friedrich Öder den Bau einer Mühle bei seinem „Sitz zu CHAPFSPERG" in Altentanner Gericht und Höndorfer Pfarr bestätigt. 1479 wurde Georg Öder von Kapfsperg mit seinen Vettern Oswald und Hans, den Söhnen von Hans und Caspar Öder, mit Zehenten belehnt. Am 11. VI. 1489 übergab Oswald Öder an Wilhelm Trauner, im Jahr darauf erhielt Jacob Langpotner das Gut. Um 1300 hatte Abt Rupert von St. Peter dem Heinrich v. Hallwang „unsern hoffe ze Chaphsperch" in Gegenwart von Ekhart v. Tann und Gerhoh v. Radegg verliehen. Der Besitzer des Gutes mußte einen geharnischten Mann und ein gerüstetes Pferd zur Burg Altentann stellen. Am 25. I. 1312 bestätigte Ekke v. Tann sein Baumannsrecht auf dem Hof.

(KG. Henndorf, Mitterfenning Nr. 5 = Kapsberg oder eher Enzing Nr. 6 = Sagmeister.
St. Peter, Archiv: OUrk. 1297–1313, 25. I. 1312, 11. VI. 1489, 28. XII. 1490; SUB IV, 189 zu 1297–1313 und Notizenblatt 1853, 245 Nr. LXXXIV; Martin, AB 1 Nr. 448; SLA, U 28, 1609, fol. 10; LB 6 fol. 67)

3. BURGRUINE LICHTENTANN

Am NW-Rand des Henndorfer Waldes stehen auf einem durch den sog. Schloßgraben abgetrennten Geländesporn in 738 m Seehöhe die wenigen Reste der einst wichtigen Burganlage von Lichtentann. Von dem freistehenden Wohnhaus Berg Nr. 28 führt der Weg steil hinauf (Alpenvereinsmarkierung in Richtung Heimkehrerkreuz – Große Plaike, etc.) und nach etwa 10 bis 15 Gehminuten erreicht man die heute von dichtem Wald umgebene Ruine.

Die Burg Lichtentann wird am 22. VI. 1282 erstmals urkundlich erwähnt. Wie in den Fehden gegen die Kalhamer (s. d.), ging EB. Friedrich II. v. Walchen am Ende des Interregnums auch gegen die Tanner vor. So mußten Eckart v. Tann und sein gleichnamiger Sohn sich dem Erzbischof und seinen dem Römischen Reiche (!) treuen Nachfolgern unterwerfen. Als Sicherstellung übergaben sie ihm ihre obere Burg Lichtentann vom 25. VII. 1282 an auf fünf Jahre. Dann sollte sie ihnen wieder gehören. Diesmal wurde kein Schadenersatz gefordert. Wenn aber neuerlich ein Krieg ausbrechen sollte, muß alles der Salzburger Kirche übergeben werden. 1314 versprach Eckhard VII. v. Tann dem Erzbischof, den weiteren Ausbau der Burg einzustellen. 1331 kam es zu einer Besitzteilung. Niklas v. Tann erhielt mit Lichtentann Köstendorf und die n. Hälfte der Schranne Henndorf. Eckhard IX. bekam Altentann mit Seekirchen und der s. Hälfte der Schranne Henndorf. Als Niklas v. Tann 1348 kinderlos starb, zog EB. Ortolf v. Weißeneck den Besitz widerrechtlich ein. Eckhard XII. ging darauf zu Hzg. Stephan v. Niederbayern. Der 1358 ausbrechende Tanner Krieg wurde durch einen Schiedsspruch 1362 beendet. Die Feste Lichtentann verblieb dem Erzbischof, der sie verfallen ließ. Die Nachrichten über die großartige Burg sind spärlich. 1446 wurde Hans v. Lampoting für den Verluste der Pflege Liechtentann mit Veste und Pflege Haunsperg (s. d.) entschädigt. 1451 wird sie so beschrieben: „als ettwas abgangg vnd ein geprechen ist an ainem ort der hawsmauer des … gsloss ze Liechtentann gein Schelm = pergwertz (Bauerngut Schellenberg), das dann sein gnad ab seiner genaden werichleut, die dabey gewesen vnd solhs besicht haben, vernomen hat, darumb dann zubesorgen ist, derselb mein genediger Herr … möchten daran einn merckleichen grossen Schaden enpfhahen vnd die selb mawr mochte nach lenngs nach derselben seitten vmb vnd vmb hin aus fallen, als dann vormals auch beschehen ist, solt das nicht vnnderstanden werden …“.

Gegen die Zusage an den Vater Virgil Viberacker, Verweser der Hauptmannschaft zu Salzburg, daß der Sohn Ernst lebenslang Pfleger auf Liechtentann bleibe, übernahmen die Uiberacker die Renovierungskosten „annem den gemelten prechen an der Mawer zewennden, auch ettwaz annder gleichmässig paw mit dach, ärckeren, mit gemäwr zw der wer in dy mawr tzw tzerichten vnd das haws zuuerwerffen vnd vmb dy Tor zubewaren zetun … es wurde darauf grosse ausgab, arbait vnd vil müe vnd vnrue geen …“. Sollte ein Erzbischof die Veste besuchen wollen, konnte er dies nur auf eigene Kosten und Verpflegung tun, im Kriegsfall mußten der Pfleger und seine Mannschaft vom Erzbischof verköstigt und besoldet werden. „… das obgemelt paw an dem Ort der hawsmawer, die ärcker mit gemewr in die mawr zw der wer czeseczen, dy Törr zubewaren, das haws zuuerweffen vnd mit dach zeuersorgen tun vnd pawen auf vnser selbs kostum vnd gelt als oben begriffen ist, so wir des ain aller ersten bekomen mugen, sunder auf den nachsten Summer anczefalen vnd das nüczleich vnd guet machen lassen … Ich sol auch nach demselben paw, auch die gemelt vessten mit tegleichem paw vnd zwsehen bewaren vnd innhalten …“ 1596 wurde das Maierhaus unter der Burg gebaut. 1719 wurde das Jägerhaus „undterm Schloßberg Liechtenthann“ renoviert und 1773 neugebaut.

1609 lautete die Beschreibung: „Schloß Liechtenthann vnnd dessen Zuegehörung. Dises Schloss Liechtenthann ist an Zimern vnd Gmächen allerdings eingangen vnnd allain der Ausser Hof mit ainer Rinckhmauer umbfangen, darinnen jetzo ettliche Pflannzpetl vnnd sonst anderst khain Wohnung alda verhannden. Hindterm Schloß steet ain aufgesezztes Holzheyßl, darbei ain Vichstall …“

Zur Burg mußten auch damals noch sechs Bauern ein gerüstetes Pferd und einen geharnischten Mann stellen. Hübner schreibt 1796, daß die Ruine des Schlosses Lichtentann auf einem Hügel im großen Henndorfer Wald steht. Damals waren „die noch übrigen Mauertrümmer mit Bäumen bewachsen“.

C xlviij

[Faksimile einer mittelalterlichen Handschrift in gotischer Kursive, schwer lesbar]

Beschreibung der Burg Lichtentann vom 16. 2. 1451 Orig. HHStA (Foto SLA)

EB. Bernhard v. Rohr verlieh schließlich 1468 Wolfhart Uiberacker und den Söhnen des verstorbenen Ernst Uiberacker die freie Pflege Lichtentann als Absentpflege, d. h. sie mußten nicht selbst als Pfleger agieren, sondern konnten Vertreter einsetzen. Während Altentann aber als erbliche Pflege den Uiberackern zufiel, mußte die Pflege Lichtentann jedesmal neu verliehen werden. 1607 wurde sie mit Altentann vereinigt. 1809 gingen beide Burgen mit dem zugehörigen Grundbesitz an den Henndorfer Bräuer Kaspar Moser über. Im Franziszäischen Kataster von 1830 ist auf der Gp. 3100 der KG. Henndorf ö. vom Jägerhaus aufgehendes Mauerwerk eingezeichnet. Im SMCA gibt es eine reizende Ansicht von Sebastian Stief.
P. Anselm Ebner überliefert eine maßstabgetreue Skizze des Grundrisses zu E. d. 19. Jh. Der Zugang von N führte zu einer ein Stock hohen Mauer, die unten ca. 0,95 m stark war. In halber Höhe waren die Auflagen des Überbodens deutlich erkennbar. In SO-Richtung aufwärts gelangte man zu den Ruinen der Hauptburg mit zwei Stock hohem, etwa 1,45 m starken Mauern auf der N- und O-Seite. Auf der W-Seite ist die Mauer nur so hoch, daß sie die Terrasse stützt. Im O war eine tiefe Grube. Im S fällt das Gelände besonders steil in einen Wallgraben ab, hinter dem nochmals Wälle und Gräben als Vorwerke folgen. Das Tor der Hauptburg ist rundbogig. Von der Burgkapelle gibt es keine Reste mehr.
1916 kaufte den Henndorfer Wald mit der Burgruine Friedrich Baron Mayr-Melnhof, dessen Familie sie heute noch besitzt.
Die Spuren im Gelände lassen die einst mächtige Ausdehnung der Höhenburg erkennen, die der Plainburg vergleichbar erscheint: Eine im Grundriß etwa rechteckige Anlage, deren Torbau am steilen n. Plateaurand steht, durch den man einen

breiten Vorhof betritt, der gegen S durch die einzige erhaltene hohe Mauer abgetrennt wird. Es ist dies die n. Außenwand der inneren Burg, die durch ein relativ bescheidenes, kleines Tor in der etwa 8 m hohen Wand im w. Bereich betreten wird. Ob dieser Bereich bis zur s., im verwachsenen Gelände erkennbaren Außenmauer durch ein kompaktes Gebäude erfüllt war – Balkenlöcher in der N-Wand könnten darauf hinweisen –, oder ob hier ein zweiter, kleiner, innerer Burgbereich mit Hof bestand, ist ohne archäologische Untersuchung nicht eindeutig zu klären.

Im Zuge der Absicherungsmaßnahmen in den Jahren 1985–87 wurde vor allem die hohe Schildmauer mit der gegen S weisenden Ecke im O gefestigt und, wo notwendig, neu verfugt. Zugleich wurde durch Abgraben des gröbsten Schuttes so mancher Mauerzug wieder sichtbar gemacht. Vom Torbau im N stand nur die höchst absturzgefährdete n. Längswand, ein Teil der äußeren Ringmauer bis zum w. Knick, wo sich das Burgtor befunden hatte. Eine statische Aussteifung und Verhängung dieses Mauerteiles wurde in der rekonstruierten „Torwand" gegen S erreicht, eine Maßnahme, die durch das Auffinden der rechten, s. Torschwelle mit Gewändeansatz und Radabweiser in situ gerechtfertigt erschien.

(KG. Henndorf EZ 358, alt 158, Gp. 3100. Martin, Reg. I, 1051; Notizenbl. 1853 Nr. CLXV, zum 16. 2. 1451 aus: HHStA. Wien, Kammerbuch V = Hs. W 194/5 fol. 295 Nr. 180; U 28 (1609), fol. 27–32; HK Alt- u. Lichtentann 1596/C, 1719/C, 1784/C; Hübner 174–177, 197 f.; Winklhofer 198 f.; Pillwein 256, 258; Dürlinger 352; JB. SMCA 1853, 79; Bibl. St. Peter, Hs. Ebner 1, 452, 462 a f.; ÖKT X, 102; Jakob Vogl, Neumarkter Heimatbuch 1930, 27–32; Franz Martin, Ueberacker, in: MGSLK 72, 1932, 50–64; Hi. St. II, 353; Dehio 164 f.; Reindel-Schedl 1989, 511. Vgl. Altentann, Neumarkt; Ansichten/Pläne im SMCA: 5702/49, 9901/49; Plan der Holzhütte beim Forsthaus, in: OÖLA, Karten u. Pläne XIX/54)

4. BLOCKHAUS ZIFANKEN (abgekommen)

Während des 30jährigen Krieges wurde am Zifanken unter dem Kommando eines Leutnants 1626 ein Blockhaus errichtet, das oberhalb des Fuchshofes die Straße von Henndorf nach Thalgau bewachen sollte.

(KG. Hof, Zifanken. – SMCA, Archiv I/129)

H I N T E R S E E (GB. Thalgau, alt: Wartenfels)

JAGDSCHLÖSSL

Am Ausfluß des Hintersees stand das „Herrenhaus am Hintersee". Der Amann des Tanner Amtes bei der Pfleg Wartenfels erhielt den Kuchler Zehent mit der Auflage, bei jedem Aufenthalt eines Erzbischofs zur Jagd in Fuschl und Hintersee das „Bettgewand" herzuleihen (s. Altentann, Wartenfels, Fuschl, Kuchl). In dieser Verfügung scheinen sich alte Herrschaftsverhältnisse zu spiegeln: Heinrich v. Guetrat (s. d.) hat als Inhaber der Grafschaft im Kuchltal in der Nachfolge der Grafen von Plain am 5. II. 1299 „... den Waertzsee" mit der Veste Guetrat und dem Burgstall Löwenstein im Lungau (s. d.) von der Salzburger Kirche zu Lehen erhalten. Der Waertzsee ist mit dem Hintersee gleichzusetzen. Das Herrenhaus muß spätestens im 15. Jh. entstanden sein, weil es im Bauernkrieg 1525/26 niedergebrannt wurde. Es lag ja an einem alten Übergang über den Genner von Thalgau oder St. Gilgen nach Abtenau. Am 11. II. 1528 mußten die Gerichtsleute des LG. Wartenfels versprechen, „das Herrenhaus im Hynndersee" wiederaufzubauen und stellten dem Kardinal Matthäus Lang dafür Bürgen. 1556 deckte der Zimmermeister Lienhart Strubl „Herrenhaus, Cassten vnd Kuchl" neu ein.

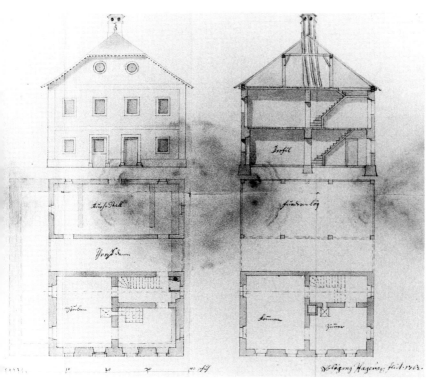

Hintersee, Jagdschlößl, Bauplan von Wolfgang Hagenauer 1762 (Foto SLA)

1608 lautet die Beschreibung: „Ain Behausung im Hindersee, darinen zween Wild-hütter beherbergt werden, darbey auch ain Kuchl, Cassten vnnd Roßstall." Daneben stand das Hoffischerhaus.

Am 14. XI. 1617 erstattete der Pflegsverwalter von Wartenfels David Widmannstötter Bericht an die Hofbaumeisterei, daß das Dach beim hochfürstlichen Herrenhaus bau-fällig und innen verfault sei, wie EB. Marx Sittich 1616 selbst gesehen habe. Das Hauptdach müsse deshalb im Frühjahr 1618 umgedeckt werden. Beim Fischerhaus sei ein ausreichender Vorrat an Schindeln vorhanden. Am 21. I. 1618 wurde der Kostenvoranschlag für das an allen vier Seiten innen 36 Klafter (= ca. 61 m²) breite, genagelte Schardach in Höhe von 27 fl. vorgelegt.

Nachdem der Wild- und Fischhüter 1657 ausgezogen war, stand das Haus leer. 1659 wurde das Dach repariert, Fenster und Öfen waren aber zerbrochen. „Wiewohl von alter Form und Manier", konnte das Herrenhaus 1669 aber noch für Jagden verwendet werden. 1691 wurden im Herrenhaus Mauersprünge geschlossen, ein neuer Fußboden gelegt, fünf Fensterbalken angebracht und der Backofen erneuert. Hofzimmermeister Hanns Rohardt richtete in der danebenstehenden „Herrenkuchel" 1694 eine Wohnung für den Jäger und die Jägerknechte ein. Zum Kuhstall kam 1699 noch ein Roß- und Hundestall. 1705 wurde das Schloßdach u. a. repariert. 1724 durfte der pensionierte Jäger ins Herrenhaus einziehen. Ein grüner Kachelofen wurde „in dem fast paufelligen Schloss im Hintersee" aufgesetzt. 1727 wurde im Hundstall ein Haarbad (= Flachsdörre) eingerichtet. 1737 werden Reparaturen erbeten, weil „zue Zeiten und fast alljährlich von Hof aus auf die Hannenfalz (= Hahnpfalz) ainige Herrn Cavaliers zu komen pflegen." 1741 mußten die Gewölbe im Erdgeschoß und Vorhaus abgebrochen werden. Während der Arbeiten wurden die brandgeschwärzten Mauern aus der Bauernkriegszeit gefunden. Hofmaurermeister Tobias Kendler und Hofzimmermeister Matthias Kern planten den Abbruch bis zum Erdgeschoß und den Wiederaufbau mit Konglomerat.

Hofbaumeister Wolfgang Hagenauer schlug 1762 Pfleger Gottfried Ludwig v. Moll den Totalabbruch des Altbestandes vor. Die Hauptmauern waren damals im 1. Stock noch 2,4 m hoch und 0,87 m stark. Aus den guten behauenen Steinen sollte das neue Haus für den Jäger gebaut werden.

Gleichzeitig mit dem Abbruch aller Nebengebäude 1762 wurde nach dem Plan von Wolfgang Hagenauer ein zwei Geschoße hohes Haus mit 18 Fenstern, einem Treschtenn und Kuhstall, sowie mit zwei Ochsenaugen unter dem Dach errichtet. Eine Bleistiftzeichnung im SMCA zeigt das Herrenhaus mit Nebengebäuden sowie das Fischerhaus. Hübner beschrieb es 1796 als „eine ehrliche, nicht prächtige oder kostbare Wohnung" für den Jäger im alten Schloß (!).

Im Haupthaus der heutigen Forstverwaltung Hintersee der ÖBF sind Fundament und Mauern des alten Hauses noch sichtbar. Im Mauerwerk ist eine Stiege erhalten. Nach dem Anschluß Salzburgs an Österreich 1816 ging das von der Hofkammer verwaltete Gebäude an das k. k. Aerar über und ist seit 1925 Besitz der Österr. Bundesforste. 1930 wurde das Hagenauer-Haus am See bei der Absenkung gesprengt, dann aber auf den alten Fundamenten wieder aufgebaut. 1932 rutschte das sog. alte Försterhaus auf Gp. 622 aus dem 19. Jh. bei der Seeabsenkung ab.

(KG. Vordersee, Ko. Nr. 9, 10, Bp. 55 = Revierförster, 56 = Eiskeller, 57 = Elevenburg, 54 = Hundsstall, 52 = Eselgarten.)

SUB IV, 208, 231; SLA, OUrk. 11. 2. 1528; U 192 a, 1608, fol. 3; HK Wartenfels 1557–58/ D, 1614/E, 1659/A, 1598–1801; Alte Bauakten Lit. F ad II Nr. 9; Pfleg Wartenfels/Gebäu-Sachen VII/1, 2; K. u. R. G 96; Bibl. St. Peter, Hs. Ebner 10, 367; Hübner 238; M. Waenzler, in: Amts- und Intelligenzblatt zur Sbg. Ztg. Nr. 63, 6. 8. 1838, Sp. 1523 f.; Pillwein 392; ÖKT X, 223 ff.; Dehio 166; Ansichten/Pläne im SMCA: 7778/49)

H O F (GB. Thalgau, alt: Wartenfels)

SCHLOSS FUSCHL

Am SW-Ufer des Fuschlsees ragt ein etwa 20 m hoher, markanter Geländesporn in den See, bekrönt durch das weithin sichtbare Schloß Fuschl. Die Besitzverhältnisse der Zeit um 1500 sind ähnlich denen des Herrenhauses am Hintersee. Der Amann des Tanner Amtes bei der Burg Wartenfels erhielt den Kuchler Zehent mit der Auflage, dafür dem Erzbischof bei seinen Jagdaufenthalten im Schloß Fuschl „das Bettgewand zu leihen". 1553–57 wurde das Jagdschloß generalsaniert. Da EB. Wolf Dietrich 1591 zur Jagd angesagt war, wurde der Zimmermeister von Hohensalzburg Gilg Moßleitner zu einem Lokalaugenschein angefordert. Das Wasser wurde ins Herrenhaus geleitet, 2 Hundeställe und die Schafhütte repariert. Allein für Botenkosten (Anforderung der Bettwäsche in Altentann) und Reinigungslohn vor der Ankunft des Erzbischofs 1593 wurden 35 fl. 4 ß 11 d (heute etwa öS 70.000,–) aufgewendet.

Im Stockurbar von 1608 lautet die Beschreibung „mer ain Behausung am Fuschlsee sambt ainer Kuchl, Padt vnnd zwayen Roßställen, darinnen niemandt als ain Gämer (= Aufseher) wohnent. Idem bei ermeltem Fuschlsee ain Häusl, darinen derzeit ain Vischer wohnent". Um die Gämerstelle beim Herrenhaus bewarb sich 1605 Hans Grüenwald. Es gehörte die „Mundtkuchl", 2 Marställe (= Pferdestall), Hundsstall, ein

*Schloß Fuschl mit den
für diesen einfachen
Bautypus charakteri-
stischen Erkern
(Foto BDA)*

*Plan von Schloß Fuschl
von 1748 (Foto SLA)*

„Gwelbl bei dem Pastetenofen" und das „Herrenpad" dazu. Am 17. X. 1614 legte Hofbaumeister Santino Solari ein eigenhändiges Gutachten über die Dachsanierung im Ausmaß von Länge mal Breite von 168 Klafter 47 Schuh vor. 1617 wurden Brunnenrohre verlegt, 1644 im Schloß und beim Fischerhaus der Fischkalter repariert, 1663 wurde das Schloßdach im Ausmaß von ca. 170 Klafter neueingedeckt (= 290 m^2). Hofbaumeister Johann Paul Wasner befahl, die 1638 verlegten Tannenscharschindel auf dem „viereggeten" Dach umzulegen und mit weiteren 40.000 Scharnägeln zu befestigen. Erneuert wurde der obere „Poden nechst an … Fürstenzimmer", der „obere Riemblingpoden wo die Caualier-Zimer sein", zwei hölzerne Säulen, die den Durchzug des oberen Fürstenstockes tragen. Außerdem wurde für die Tramreparatur bei der tragenden Mauer eine zusätzliche neue Säule („Haubtmann") aufgestellt.

Am 25. II. 1669 wurde das Schloß oder Herrenhaus als „wohl unterhalten und verwahrt" beurteilt. Bewohnt wurde es nur vom Erzbischof und seinem Hofstaat „bei Lustgejaiden und Fischen". Der Jäger wohnte in der Herrenkuchl.

1680 befahl der hf. Baukommissär Michael Spingruber, daß das Rohrdach des Schlößls jedes Jahr besichtigt und alle 3 Jahre umgedeckt und beschwert werden müsse. Roßstall, Kuhstall, Backofen und der alte Stall mußten neue Holzaufbauten erhalten. Am 9. VII. 1694 beschädigte ein Blitz das Schloß schwer, ohne allerdings zu zünden.

1704 wurde das Herrenhaus als Wohnung für den Jäger adaptiert. In der Stuben und Kammer wurden zwei Holzverschläge eingebaut und Fensterbalken angebracht. Am 13. X. 1707 befahl EB. Johann Ernst Thun persönlich die Brunnenreparatur beim „hochfürstl. Lustschloß …". 1710 brannte der Kamin. 1722 wurde die Küche im Schloß ausgebaut, 1728 wurde ein Rohrbrunnen neugebaut. Anläßlich der Rauchfangreparatur 1748 verfertigte der Thalgauer Maurermeister Johann Pichler Ansicht und Querschnitt des Turmes. Im Erdgeschoß sind nur das rundbogige Haustor, darüber in 3 Stockwerken je 3 Fenster zu sehen. Innen befand sich in Hausmitte im Erdgeschoß die Rauchküche, darüber im 1. Stock eine weitere, gewölbte Küche (die Jägerküche), im 2. und 3. Stock je ein offener Kamin. In diesen Stockwerken gab es noch je eine Kielbogentüre aus der Spätgotik. 1762 wurden alle Fenster verglast. 1796 beschrieb Hübner das turmartige Gebäude auf einer Erdzunge des Fuschler Sees als drei Geschoße hoch, wovon damals nur das 2. Geschoß vom Jäger am Fuschler See bewohnt wurde, als „in einer romantisch schönen Gegend erbaut".

Nach dem Anschluß Salzburgs an Österreich wurde Schloß Fuschl 1833 zur Versteigerung ausgeschrieben, konnte dann aber nur bis 1851 verpachtet werden. Damals waren im 1. Stock 2 heizbare Zimmer, Küche, Vorhaus und Speisekammer. Im 2. Stock 1 heizbares Zimmer, 3 Kammern und im 3. Stock 2 unbewohnbare Zimmer. Am 5. IV. 1864 kaufte es Michael Fink (vgl. Rif). Ihm folgten am 11. IV. 1873 die Tochter Amalie und ihr Mann Michael Erl, kgl.-bayer. Ober-Auditeur, durch Einantwortung, sowie am 3. X. 1894 Alfred v. Erl. Das Ehepaar Fritz und Babette Steinbacher aus München kaufte Fuschl am 19. XII. 1910. Ihnen folgten am 29. IV. 1918 Eduard und Martin Mayer, Postwirt in Hof. Sie verkauften am 13. VI. 1929 an Gustav Edler v. Remiz und seine Gattin Hedwig. Durch Gestapo-Verfügung wurde 1939 das Land Österreich (!) bzw. der Reichsgau Salzburg Eigentümer. Noch im gleichen Jahr wurde die „Stiftung Haus Fuschl" gegründet, die den Besitz an Reichsaußenminister Joachim v. Ribbentrop verpachtete. 1945 wurde ein US-Soldatenheim eingerichtet. Am 20. II. 1947 (11. I. 1949) erfolgte die erstmalige Rückstellung an Frau Hedwig v. Remiz und Miterben. Harriet Gfn. Walderdorff führte als Pächterin ab 1954 ein Schloßhotel. Nach rund zehn Jahren problematischer Eigentumsverhältnisse kaufte am 5. III. 1959 Carl Adolf Vogl Schloß Fuschl und führte im Jagdhof einen

Restaurantbetrieb, in Verbindung mit einem Pfeifenmuseum. Am 8. VI. 1977 ersteigerte die Max-Grundig-Stiftung, Nürnberg-Fürth, den Gesamtbesitz. Der über nahezu quadratischem Grundriß errichtete viergeschoßige Bau zählt zum Typus der gerade in Salzburg vielfach anzutreffenden, im 15./16. Jh. in dieser Form entstandenen Turmburgen, wie wir ihn von anderen Beispielen, etwa in Grödig, Schloß Glanegg (s. d.) oder Elsbethen, Schloß Goldenstein (s. d.), oder anderswo, kennen.

Grundsätzlich ist für Schloß Fuschl festzuhalten, daß der historische Baubestand durch historisierende Umbauten und „Verbesserungen" – dies vor allem im Inneren – wesentlich überlagert wurde, wie dies besonders in den Jahren 1864/65 unter der Ägide der neu eingekauften Besitzer, der Familie v. Erl aus München, geschah (s. Rif).

Der durch ein steiles Walmdach bekrönte Turmbau mit den Abmessungen von etwa 8 mal 8,5 m ist äußerlich schmucklos ausgebildet, nur im 2. Obergeschoß ist an drei Seiten mit Ausnahme der N-Fassade je ein flacher, auf mehrfach abgestuften Konsolsteinen – 1864 reich profiliert erneuert – aufruhender Rechteckserker angebracht. Der Eingang in den Turm lag wohl an derselben Stelle wie das heutige, nachempfundene Konglomeratportal mit seinen seitlichen Pilastern, der schrägen Trichterform, dem zusammenfassenden Gesimse mit den Steinkugeln über den Pilastern und dem mittleren Giebelaufsatz mit einem Allianzwappen. Es steht in keinem Zusammenhang zu Fuschl. Falls es ein historisches Wappen und keine moderne Neuschöpfung sein sollte, kann es nur von der Familie Fink-Erl i. d. 2. H. 19. Jh. aus Rif hierher verbracht worden sein. Möglicherweise erinnert es daran, daß der sbg. Hofrat Karl Wilhelm Jacob Meurer (Tor/Stern) um 1720 seinen gesamten Besitz Maria Josefa v. Eyß, geb. Altengutrat (3 Rauten), vererbt hat.

Der Hauptzugang in das heutige Nobel-Schloßhotel führt über die Hotelreception im n. Anbau, der wie die anderen Nebenobjekte größtenteils erst in diesem Jh. entstanden ist. Gegen den See hin wurden an den alten Schloßbau mehrere Terrassen, teils überdeckt oder als Wintergarten geschlossen, angefügt.

Im Inneren hat sich keine überragende künstlerische Substanz aus dem alten Jagdschloß der Erzbischöfe erhalten, lediglich etliche Bilder können dem Altbestand zugeordnet werden. Die reiche Ausstattung an Kunstinventar, die heute vorhanden ist, geht auf Zukäufe der verschiedenen Besitzer seit 1864 zurück. Das Kellergeschoß weist noch die schweren Gewölbe des 16. Jh. auf; die Erdgeschoßhalle, heute Hotelbar, ist aus der Umbauphase 1864/65 in gotisierender Form mit gedrehter Rotmarmorsäule und engmaschigem Gratstuck erhalten. Das enge, steile Stiegenhaus ist bis in das 3. Obergeschoß gewölbt, auch dieser Bauteil ist erst nachträglich eingefügt; im 1. Obergeschoß existiert noch eine Holzbalkendecke und zwei Stuckspiegel an den Decken, auch sind gut gearbeitete Türumrahmungen aus der Zeit um 1600 erwähnenswert. Das Schloß steht als Luxushotel und -restaurant in Verwendung, Besichtigungen sind nicht möglich.

(KG. Hof, EZ 117, Bp. 59, Vorderelsenwang Nr. 20.
SLA, HK Wartenfels 1555–56/A, 1590–91/J, 1593/A, 1598–99/K, 1600–2/M, 1614/E, 1620/G, 1649/B, 1650/F, 1661/M, 1671/B, 1682/2/C, 1683/J, 1692/E, 1694/B, 1699/D, 1704/G, 1707/H, 1724/2/O, 1726/P, 1728/3/C, 1741/2/L, 1752/C, 1758/H, 1771/K, 1781/5/A, 1598–1801; U 192 a, 1608, fol. 3; Alte Bauakten F. II. 7.; Pfleg Wartenfels, VII, Gebäusachen, 1. Bd. 1605–1762; Hübner 1796, 238; St. Peter, Bibl. Hs. Ebner 10, 358 f.; JB. SMCA 1853, 70; ÖKT X, 213; Margit Bachler-Rix, in: Sbg. Vbl. Gästezeitung Nr. 17, 14./15. Mai 1969; Dehio 169 f.; Leopold Ziller, Fuschl am See, 2. Aufl. 1981, 20–23; Chronik Hof bei Sbg., Heimatbuch 1990, 141–147; Abb. bei F. Fuhrmann, Das Land, Abb. 35; Ansichten/Pläne im SMCA: 1848/49, 2840/49)

2. FLIEHBURG OBERHALB SCHLOSS FUSCHL

Unmittelbar w. oberhalb des Schlosses Fuschl, hinter dem mit einem Steig erreichbaren Aussichtspunkt auf Schloß und See, liegt auf einem kleinen Geländesporn mit den geschätzten Ausmaßen von 10 mal 20 Metern eine Fliehburg, die gegen den höheren, bewaldeten Rücken zwischen Schloß Fuschl und Restaurant „Jagdhof Fuschl" durch zwei parallele, heute im Mittel etwa 2 m tiefe Gräben mit Wall, beides in Viertelkreisform, abgegrenzt ist. Zeitlich wohl wie die anderen Flieh- oder Fluchtburgen dieser Art in das 9./10. Jh. zu setzen.

Hinweis Archäologin Mag. Eva Feldinger

3. BURGSTALL OBERREITLEHEN

In den ältesten Urbaren der Erzbischöfe von Salzburg zwischen 1348–1566 ist der „Burgstal circa Obernreitlehen", „Purchstal circa Rewtlehen", „Purkstal circa Oberrewtlehen" genannt. Die Besitzer hießen in diesem Zeitraum Jacob Geschurr, Sohn Martinus Gschürr, Sohn Georgius Gschurr, Joachim Vannawer unter Berücksichtigung seiner Miterben, Johannes, Sohn des Joachim und schließlich seine Schwester Anna Vannawer.

Die Gschürr zu Fisching und Fridolfing waren Lehensleute der Herren von Törring. Der Edelmann Jakob Gschürr war 1403 am Igelbund beteiligt. Seine Enkel hießen Georg und Jakob. Mit Georg Gschürr starb die Familie aus. Ein Conrad Vannawer verkaufte dem Erzstift die „Veste Altenhaws", mit deren Burghut am 5. IX. 1446 Hans Stadawer betraut wurde.

Die nähere Umgebung des Reitlehens ist zwar geprägt durch mehrere Hügelkuppen, doch konnte auf diesen keinerlei Hinweis auf eine ehem. Wehranlage erkannt werden. Als Standort für den Burgstall kommt, auch in Hinblick auf die urk. Nennungen mit „circa Reitlehen", wohl am ehesten der unmittelbare Bereich des heutigen Bauernhofes selbst in Frage, der auf einer – möglicherweise später etwas abgetragenen oder eingeebneten – allseits abfallenden Kuppe steht.

(KG. Hof, Vorderelsenwang alt Nr. 9: Reitlehen, Nr. 10: Zuhaus zum Reitlehen, GH: HU. SLA, U 3 (1348–1450) fol. 9 Nr. 196, U 4 (1400–1500) fol. 9 Nr. 196, U 9 a (1498–1566) fol. 48^v Nr. 196, U 192 a (1608) fol. 93^v Nr. 99: Guett Obern Reithlechen; Notizenbl. 1853 Nr. CXIV; Reindel-Schedl, 1989, 323)

K O P P L (GB. Salzburg, alt: Neuhaus)

1. SCHLÖSSL, Guggenthal 24

Südlich der Grazer Bundesstraße steht etwa in halber Höhe zwischen dem Ortsteil Guggenthal mit der Filialkirche und dem Talboden des Alterbaches ein eleganter Bau, der an ein Schlößl erinnert.

Am 30. VI. 1272 belehnte der Erwählte Friedrich Elisabeth, Gattin des Vizedoms Gottschalk v. Neuhaus, u. a. mit Einkünften von einem Gut unterm Nockstein bei „Gukkental". Dann wissen wir erst, daß 1588 Andre und Maximilian Stainhauser das Gut Guggenthal besaßen. Nach dem Konkurs ihres Handelshauses erwarb 1627 Sebastian Stainperger, Salzburger Handelsmann, den Besitz. Seine Witwe Magdalena Taxin folgte ihm 1630, verkaufte aber schon 1633 an Catharina Gfn. Lodron, geb. Spaur. Am 14. VII. 1640 wurde das bis dahin hofurbare Gut von allen Abgaben befreit. Am 20. XII. 1642 ließ EB. Paris Gf. Lodron durch die Hofkammer „das Guett oder Hoff zu Guggenthall und Müll im Graben, nitweniger das neuerpaute Herrnhaus, Pach- und Sechtstatt, Stadl, Stallung, Wagenhütten und Mühl" von seiner Schwägerin

Die beiden Marmorwappen am „Schlößl" in Guggenthal, gegen Osten das Wappen des Chiemseer Bischofs Graf von Spaur (oben), das gegen Westen ist dzt. noch nicht bestimmt (Fotos BDA)

Catharina Gfn. Lodron als Administratorin der Lodron-Primogenitur ankaufen (= heute Lindenbichlhof Guggenthal Nr. 9). Die „alt geweste und unlengst zu einem Würthshaus gerichte Mayrbehausung" mit dem Obstgarten u. a., sowie dem ganzen Wald oberhalb des Wirtshauses verblieben der Lodron-Primogenitur (= heute Bräugasthof Guggenthal, Guggenthal Nr. 12).

Den Lindenbichlhof samt dem neuen Herrenhaus schenkte EB. Paris als freies Eigen an B. Johann Christoph v. Chiemsee mit der Auflage weiter, daß die Domherrn dafür das chiemseeische „Schlößl auf der Gmain" (= Weiherhof in Morzg) benützen dürfen.

Da im unmittelbar angrenzenden Wald der Hof- und Dombaumeister Santino Solari eine große Parzelle besaß, möge die Annahme gestattet sein, daß er das zwischen 1633 und 1642 erbaute Herrenhaus (1691: vor 60 Jahren) entworfen hat (heute: Guggenthal Nr. 24. Die alte Ko. Nr. 24 bezog sich *bis 1943* auf das Gut Wieslehen. Bp. 30, 31 in der KG Heuberg EZ 49). Die Wasserleitung vom Berg bis zum Weiher beim Herrenhaus mußte vom Besitzer des Lindenbichlhofes erhalten werden. Der neuangelegte Weg zum und durch den Hof verblieb aber im Eigentum Lodron (die Bundesstraße ist beim Ausbau n. des Herrenhauses verlegt worden).

Am Haus ist heute, sicher nicht am ursprünglichen Platz, an der O-Seite das Wappen von Franz Virgil Gf. Spaur, 1644–1670 Bischof von Chiemsee, angebracht. Sein Nachfolger Johann Franz Gf. Preysing verkaufte das Gut samt Mühle an den hf. Truchsess Franz Carl Polito und seine Gattin Maria Ursula Catharina v. Grimming am 1. VI. 1670 um 3.000 fl. zu Erbrecht. Bei seinem Besitzantritt begannen heftige Streitigkeiten mit den benachbarten Bauern, die zu Morddrohungen, vorallem des Wiesflekkers (Guggenthal Nr. 4), eskalierten. Der langjährige Hofgerichtsprozess hatte die Folge, daß die Hofkammer den Bau von 3 Häusern, die Polito plante, 1676/77 ablehnte. Dem von Polito geplanten Weg stimmten die Bauern mit der Auflage zu, daß er mit einem Schranken versperrt werden mußte. 1682 wurde die Allee zu einem Fürstenweg erklärt und der Verwaltung des Hofkastenamtes übergeben. 1678 bat er um das Fischrecht im „Albersee" (?) im Pfleggericht Thalgau-Wartenfels, 1680 wurde ihm nachträglich der Bau einer Almhütte auf dem „Wildmos" genehmigt.

Nach Politos Tod 1683 brach 1691 ein Jurisdiktionsstreit zwischen dem Pfleggericht Neuhaus und der chiemseeischen Hofmark Koppl aus. Es wurde festgestellt, daß das gesamte Gut Guggenthal zum Gericht Neuhaus gehörte. Erst 1933 wurde die Ortschaft Guggenthal mit der Gemeinde Koppl vereinigt. Das Gut wurde von den Bischöfen von Chiemsee fortan an Bauern ausgegeben: 10. II. 1742 Johann Mayer durch Übergabe, 12. VII. 1831 Josef und Magdalena Teufel (vom Gasthof Guggenthal), 25. VI. 1832 Magdalena Teufel und 31. X. 1832 ihr Ehemann Joseph Loider, 8.

VI. 1848 Josef Loider allein, 16. V. 1864 Georg Weikl durch Einantwortung, 22. X. 1870 Witwe Elise Weikl und 4. XII. 1875 Sigmund Hatschek durch Kauf, dessen Familie der Lindenbichlhof (Nr. 9) und das „Schlößl" (neu: Nr. 24) bis heute gehört (1915: Richard, 1966 Marie Margarethe Auguste Hatschek).

Das ebenfalls nachträglich angebrachte Wappen an der W-Seite kann dem Haus nicht zugeordnet werden, da es nicht das Wappen von Franz Carl Polito de Polity v. Höhenfelß ist. Es erinnert vielmehr an den sbg. HR Franz v. Kimpflern († 1703), wobei aber der Herzschild mit dem Wappen der Nürnberger Familie Rathel nicht erklärt werden kann.

Über nahezu quadratischem Grundriß erheben sich 2 Geschoße mit einem hohen Walmdach über breitem Hohlkehlengesimse. Südlich, also bergseitig, führte die alte Straßentrasse vorbei, hier ist in der Fassade eine kleine verglaste Nische mit einer Madonnenfigur eingelassen. Auf der gegenüberliegenden Seite, heute zur stark frequentierten Straße in das Salzkammergut hin, ist ein türmchenartiger Abortvorbau angefügt. In O-W-Richtung führt ein Mittelflur durch das Bauwerk, an den Fassaden beidseits durch ein rundbogiges Tor mit Putzpilasterrahmung abgeschlossen. Oberhalb der Tore sitzt in den Putz eingetieft je ein Marmorwappen, gegen W dzt. unbekannt, gegen O von Franz Virgil Gf. v. Spaur, 1644–1670 Bischof von Chiemsee.

Das Objekt dient privaten Wohnzwecken, es ist nicht zu besichtigen.

(KG. Heuberg EZ 16, Lindenbichlerhof, Guggenthal Nr. 9.
SLA, U 1448 fol. 8; U 828 = U 482 fol. 67; HR Neuhaus 1, 3; HK-Prot. 1676 fol. 524',
708'; HK Neuhaus 1649/50/A, 1663/64/N, 1674/A, 1676/77/W, 1681/M, 1683/B, 1686/L,
1696/N, 1726/C, 1743/4/F; HK Wartenfels 1678/N, 1680/B; Martin, Regg. 1 Nr. 617, 30. 6.
1272; Siebmacher, bgl. Wappen 9 T. 35; K. F. von Frank, Standeserhebungen 4, 1973, 93;
50 Jahre Guggenthal bei Koppl 1933–1983)

2. BURGSTALL POSCHENSTEIN (Hofmark Koppl)

Am 10. X. 1299 verpfändete EB. Konrad III. wegen großer Kriegsschulden mit Zustimmung des Bischofs von Chiemsee dessen Besitzungen „Nockstein". Ob ein erster Turm am O-Abfall des Nocksteins und eine zweite Anlage am Poschenstein gelegen ist, müßte trotz der Funde von 1931 noch genauer untersucht werden. Das Gut „Poschenstain" wurde spätestens seit 1336 von Eigenleuten der Bischöfe von Chiemsee bewirtschaftet. Die Hofmark Koppl, die aus dem Gericht „hinter dem Nockstein" hervorgegangen ist, gehörte den Bischöfen von Chiemsee, die Gerichtsrechte wurden am 14. XI. 1807 dem Pfleggericht Neuhaus einverleibt.

Martin Hell stellte fest, daß sich 150 Schritte ö. des Pfarrhofes von Koppl zwischen der Straße nach Hinterschroffenau (heute ein Wanderweg) und dem Weißbach (alt: Rettenbach) in einer Bachschlinge auf Gp. 831 KG. Koppl eine Burgstelle befindet. Nach einer Einsattelung fand er gegen O zwei durch einen Graben getrennte Wälle, die quer zum Höhenzug verlaufen. Die beiden Wälle waren ca. 40 m lang, der untere reichte 2 m, der obere 5 m über den Sattelboden, der letztere ist in der Bachschlinge noch um 10 m länger. Vom oberen Wall reicht das Burggelände ca. 40 m gegen O bis zu zwei 3 m tiefen Spitzgräben. Anläßlich eines Hausbaues 1931 wurde im W Mauerwerk 8 m lang und fast 2 m hoch freigelegt. Das Bruchsteinmauerwerk war in 20–30 cm starken Schichten verlegt. Hinter der Außenmauer befand sich Gußmauerwerk. Der Burgturm dürfte etwa 10 x 15 m Ausmaß gehabt haben und könnte ins 12. Jh. datiert werden. Heute steht leider ein Neubau an dieser Stelle, der die Fundstelle fast zur Gänze zerstört hat.

(SUB I 687, 722, 725; IV 211; SLA, U 1, 1336, fol. 17', U 358 d; August Winklhofer, Das

Gericht Koppl, in: Sbg. Int. Bl. 1808, 566 f.; ders., „Der Salzach-Kreis" 1813, 138; Pillwein 385 f.; Dürlinger 50; Martin Hell, Poschenstein oder Nockstein, in: Sbg. Chronik 275 vom 14. 12. 1931; Andreas Radauer, Die Ritter von Nockstein, in: Eugendorfer Heimatbuch 1987, 34 f.; Reindel-Schedl 1989, 375)

K Ö S T E N D O R F   (GB. Neumarkt, alt: Alt- und Lichtentann)

TURM IN WENG (abgekommen)

Der Weiler Weng am Wallersee ist schon in den Breves Notitiae um 790 als Schen-kung Adeliger an die Salzburger Kirche erwähnt. Südlich von St. Leonhard in Weng soll nach Josef Goiginger zwischen Wallerbach und Altbach auf einer Anhöhe ein Turm gestanden sein. Ob die Edelfreien v. Weng bzw. Chunigund v. Weng, die mit Witelo, einem Ministerialen der Grafen v. Kraiburg, verheiratet war, mit Weng am Wallersee in Verbindung zu bringen ist, muß offen bleiben. Am 26. V. 824 wurde ein Gut in Weng „bei der Mauer und die Mauer selbst" von Sundamar in Irrsdorf an das Kloster Mondsee geschenkt und erhielt dafür ein Pferd. Vielleicht ist unter dieser Mauer eine – vielleicht noch römische – Befestigungsanlage zu verstehen.

(Jakob Vogl, Köstendorfer Heimatbuch, 1928, Nachdruck 1985, 38 f.; Josef Goiginger, Auf den Spuren Pilgrims I. von Weng; ders., in: Festschrift anläßlich der 1200-Jahr-Feier der Gemeinde Köstendorf, 1984, 14 f.; Dehio 191; Reindel-Schedl 1989, 82; Das älteste Tradi-tionsbuch d. Klosters Mondsee, in: Forsch. z. Gesch. OÖ 16, 1989, Nr. 57; Fritz Lošek, Notitia Arnonis und Breves Notitiae, in: MGSLK 130, 1990, 124)

L A M P R E C H T S H A U S E N   (GB. Oberndorf, alt: Laufen)

NOPPING

Im 13. Jh. sind Herren von Nopping urk. belegt, über deren Ansitz jedoch nichts be-kannt ist. 1271 ist Hartneid v. Nopping im Gefolge des Bischofs von Chiemsee. Am 23. III. 1290 gelobte er seinem Herren Hzg. Albrecht v. Österreich (!) in Wien Treue. Siboto und Albero v. Nopping nahmen am 28. IX. 1322 an der Schlacht von Mühldorf im Deutschen Thronstreit zwischen Ludwig dem Bayern und Friedrich dem Schönen v. Österreich teil. Seybold, Konrad, Georg und Christian v. Nopping bauten 1473 die Kirche zu Perwang (beim Sitz). 1589 ist die Erbausfergenfamilie (= Salzachschiffer) zuletzt belegt (vgl. Kleßheim). Nach den Forschungen von Reindel-Schedl sind die Noppinger identisch mit den Herren von Nußdorf.

(KG. Arnsdorf, Weiler Nopping.
SLA, Hs. 32 fol. 263ᵛ Nr. 22; Martin, Reg. I 598, 1383; Pillwein 410; Dürlinger 258; Rein-del-Schedl 1989, 65, 388 f., 423, 425, 482, 531)

M A T T S E E   (GB. Salzburg, alt: Mattsee)

1. BURG, Schloßberg Nr. 1

Die Trumer Seenplatte, mit dem Obertrumer-, Graben- und Mattsee, eine der reiz-vollsten Gegenden des n. Flachgaues, wurde von der Burg Mattsee aus beherrscht. Sie liegt auf einer Halbinsel, die ö. des Kollegiatstiftes in den See hineinragt. Der Schloßberg erhebt sich 31 m über den Seespiegel des Mattsees. In prähistorischer Zeit war der Schloßberg eine Felseninsel. Grabungen anläßlich der Anlegung der Zufahrt-straße an der N-Rampe brachten 1950 reiches Fundmaterial, das eine kontinuierliche Besiedlung des Schloßberges vom Neolithikum an nachweist. Es konnte auch fest-gestellt werden, daß hier Kupfer aus dem sbg. Gebirgsland verarbeitet wurde. Eine römische Bronzemünze, bemalte Mauerreste und Tonscherben, die 1884 dem Salzburger Museum übergeben worden waren, dokumentieren die Präsenz römischer Siedler auf dem Schloßberg.

Der Überlandverkehr von Salzburg aus, entlang der Vöckla, Ager und Traun zur Donau bei Linz, bzw. entlang von Mattig und Inn zur Donau bei Passau förderte die Entwicklung Mattsees auch in frühgeschichtlicher Zeit. Zwei Tonscherben a. d. 2. H. d. 8. Jh. stellen den Zusammenhang mit der Gründung des Stiftes Mattsee her, das nach der Legende 777 von Hzg. Tassilo v. Bayern gestiftet wurde. Durch Gefäßfunde, die wegen ihrer Form ins 11./12. Jh. zu datieren sind, erfahren wir, daß die Anlegung der mittelalterlichen Befestigung auf dem Schloßberg in der Zeit um 1100 erfolgt sein muß.

907 war Mattsee von den Bayernherzogen an das Bistum Passau geschenkt worden. Es ist anzunehmen, daß die Bischöfe von Passau zur Sicherung ihres Besitzes im Mattiggau den Schloßberg von Mattsee befestigten. Der 1189 genannte Kastellan Marchvart v. Mattsee bzw. sein Bruder Hertnid führten dasselbe Wappen wie die Haunsperger (s. St. Pankraz/Nußdorf), was den Rückschluß auf die Identität der Familien Haunsperg-Mattsee zuläßt. Die um 1400 genannten Mattseer jedoch, die ein Jagdhorn als Wappenbild hatten, scheinen die Burg in Mattsee bereits als sbg. Beamte verwaltet zu haben.

Neben dem Burgpfleger war in Mattsee auch ein Kastner tätig, der für die Ein-sammlung der Getreidezehente und der übrigen Abgaben verantwortlich war. Dieses Amt hatten nach der Überlieferung einer Handschrift im Stiftsarchiv von Mattsee die Herren von Schleedorf (s. Tannberg) inne. Sie waren, vergleicht man die Vornamen des 11. bis 13. Jh., ebenfalls ein Zweig der Haunsperger bzw. der Tanner.

Auf dem Schloßberg stand ein Getreidespeicher und ein kleines steinernes Wohnhaus, das Fron- oder Herrenhaus, an der dem Stift zugewandten Seite des Schloßberges und wurde an der flacheren Seite durch die Anlage eines Palisadenzaunes gesichert. Die Burghut hatte offenbar Gerhoh v. Mattsee inne, der 1247 urkundlich genannt ist.

Um die M. d. 13. Jh. kam es zu kriegerischen Auseinandersetzungen zwischen den Bayernherzögen und dem Bistum Passau, in deren Folge Alram v. Uttendorf, der bayerische Vogt des Stiftes Mattsee, die Burg überfiel und eroberte. Da die Burg zu diesem Zeitpunkt weder durch Baulichkeiten noch durch eine ausreichende Besatzung besonders geschützt war, betraute Alram v. Uttendorf, der auf dem Sterbe-bett die Burg schließlich von den Passauer Bischöfen zu Lehen nahm, zwei seiner Dienstmannen, Heinrich Edelmann und Heinrich Stainer, mit der Burghut.

Gegen E. d. 13. Jh. ist ein Zeugnis für die Erbauung des Recktturmes auf der Spitze des Schloßberges erhalten. 1294 bestätigte Albrecht der Chlosner, daß er für seine Ausgaben „von dem Powe (= Bau), Zimber und Gemäuer" bei der Burg entschädigt worden sei. Um Differenzen zwischen den Burggrafen und dem Stift Mattsee zu ver-hindern, erhielt das Stift 1305 eine Immunitätsurkunde, wodurch dem Kastellan, Richter oder Offizial der Burg jede Einflußnahme auf das Stift untersagt wurde.

Zu Beg. d. 14. Jh. war der baierische Ministeriale Ludwig Grans v. Uttendorf, Pfleger und Richter zu Braunau im Landgericht Weilhart, Kastellan in Mattsee. Im Laufe des Deutschen Thronstreites zwischen Ludwig dem Bayern und Friedrich dem Schönen v. Habsburg überfiel 1319 der Burggraf v. Haunsperg (Haunsperg war inzwischen in den Besitz der Erzbischöfe von Salzburg übergegangen) Mattsee mit sbg. Truppen, plünderte den Ort und brannte ihn nieder.

In der Folge wurde – um solche Überfälle in Zukunft verhindern zu können – in der schmalen Landzunge zwischen der Pfarrkirche und dem jetzigen Gasthof Iglhauser ein tiefer Graben ausgehoben, in den man den See leitete. So wurde der Schloßberg zu einer Insel, die Burg zu einer Wasserburg.

Von der M. d. 14. Jh. an war das Bistum Passau schwer verschuldet. Um Geld zu

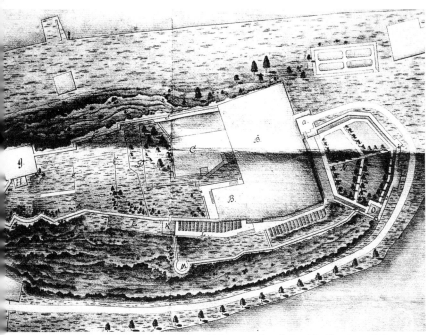

Burg Mattsee, Lageplan des Josef Mattseroider, 2. H. 18. Jh. (Foto F.Z.)

bekommen, verpfändeten die Bischöfe Burg und Herrschaft Mattsee von 1357 an dem Erzbistum Salzburg. 1364 versetzte EB. Ortolf die Burg an Konrad v. Kuchl, Hauptmann zu Salzburg, um 2.600 Pfund Pfennig, später dann den Ahaim und Alm, wobei die Burg aber „offens Haus und Gesloz" der Passauer Bischöfe blieb und der Burgpfleger auf ihren Vorschlag hin von den jeweiligen Pfandherren eingesetzt wurde. 1398 konnte die Herrschaft nicht mehr eingelöst werden und mußte endgültig an die Salzburger Erzbischöfe verkauft werden. 1414 verpfändete Hzg. Heinrich v. Bayern die Hohe Gerichtsbarkeit über die Herrschaft für mindestens 12 Jahre an die Erzbischöfe. Obwohl die Rechtssituation in den entsprechenden Urkunden klar dargelegt wurde, kam es ab 1509 – dem letzten Kauf auf Wiederkauf – immer wieder zu Kompetenzstreitigkeiten zwischen Salzburg und Bayern, was schließlich unter EB. Wolf Dietrich zu einem Prozeß vor dem Reichskammergericht in Speyer führte, dessen Urteil die Reibereien aber nicht beendete. Die Erwerbung des Innviertels und mit ihm des Landgerichts Weilhart 1779 durch Österreich veränderte die Partner in dem Dauergrenzstreit, der erst mit der endgültigen Einverleibung Salzburgs durch das Haus Österreich 1816 einen Abschluß fand.

Ein sehr wertvolles Produkt dieser Streitigkeiten ist das Salbuch von 1527, in dem die Herrschaft Mattsee einvernehmlich zwischen Bayern und Salzburg beschrieben wurde. Neben der Aufzählung aller Güter wird auch das Schloß und seine Einkünfte geschildert. In der Herrschaft und Burg Mattsee stand dem Erzbischof von Salzburg das Aufgebot, Musterung, Niederjagd, Steuer und Scharwerk zu, den Herzogen von Bayern blieb die Hohe Gerichtsbarkeit vorbehalten, die mit dem Landgericht Weilhart verbunden war. Die Rechtsbrecher, die eine Todesstrafe zu erwarten hatten, mußten bei Niedertrum ausgeliefert werden und wurden in der Schranne zu Astätt abgeurteilt. Zu den Einkünften der Herrschaft Mattsee gehörten außer den Getreideabgaben u. a. jährlich 200 Reinanken und 354 Hechte, die aus den Seen an den Pfleger bzw. zum eb. Hof nach Salzburg abgeliefert werden mußten.

1552–1558 entwickelte der Pfleger und Kastner Joachim Raumensatl eine große Bautätigkeit. In dem flacheren Teil gegen den See zu wurde das Neue Schloß aufgeführt, von dem ein bescheidener Rest heute noch steht. Zum Bau wurden 107.400 Mauer- und Gewölbeziegel in einem Kalkofen am Schloßberg gebrannt. Baumeister war Cristoff Reinschmidt, Steinmetze Hannsen Koberl, Peter Huetman und Peter Saltzlechner. Zugleich mit dem Schloß wurde am Burggraben die Hoftafern (heute Gasthof Iglhauser) gebaut, die der Pfleger Raumensatl vor seiner Übersiedlung in das Neue Schloß selbst bewirtschaftet hatte. Im Sommer 1558 war die Tafern soweit fertig, daß sie der Pfleger verpachten konnte.

Das Torhaus, das den Übergang über den Schloßgraben heute noch markiert und in den Quellen den Namen „Heimat, Hamat, Haimet" führt, trägt das Wappen des EB. Michael mit der Jahreszahl 1558, obwohl es 1685 nach Vorschlägen von Bärtlmä Opstal wegen Baufälligkeit praktisch neu errichtet wurde.

Da der Erzbischof um d. M. d. 16. Jh. infolge der Bauernkriege im ganzen Land Verteidigungsbauten erneuerte, blieb der Schloßbau in Mattsee gut zehn Jahre ohne Dach, was vor allem dem oberen Stockwerk schadete. Am 10. X. 1566 brach in der alten Burg bei einem hölzernen Erker, der auf der Schloßmauer an der Seite gegen das Dorf hin aufgebaut war, ein Brand aus. Das Feuer griff auf das Holzschindeldach der Wehrmauer über. Um den Brand einzudämmen, brach man die baufällige Wehrmauer vom Erker und vom alten Trakt des Frauen-Wohnzimmers aus samt der Hälfte des Daches ab. Die Erhebungen ergaben, daß ein 17jähriger Junge, der dem Pfleger als Schreiber diente, in der unbewohnten alten Burg vom Turm aus mit einer kleinen Büchse und Papier auf den Erker geschoßen und ihn damit in Brand gesteckt hatte. Der Bub war noch am selben Nachmittag für immer verschwunden.

Bereits 1577 stellte der Hofbaumeister Ruep Rettinger Baufälligkeiten beim Neuen Schloß fest. Das kaum zehn Jahre alte Schindeldach aus Tannenholz mußte mit Lärchenschindeln ersetzt, der Herd in der Küche und der Ofen in der Stube gepflastert werden und der Erker der Alten Burg sollte ein Schindeldach erhalten, da die Holzaufbauten für ein Ziegeldach zu schwach waren. Trotzdem geschah weitere zehn Jahre nichts. Erst 1588 hatte ein Gutachten des neuen Hofbaumeisters Stephan Schallmoser Erfolg. Der Pfleger hatte 1586 die einsturzgefährdeten Bauteile der Alten Burg abtragen lassen. Der Reckturm und das danebenstehende kleine Türml, die starke Witterungsschäden aufwiesen, wurden saniert. Ein 1592 geplanter Vorbau für den Torwärter des Neuen Schlosses wurde nicht ausgeführt.

Im August 1597 wütete in der Stadt Salzburg eine Seuche, die EB. Wolf Dietrich veranlaßte, sich in das Neue Schloß zu Mattsee zurückzuziehen. Der Pfleger erhielt den Befehl, das Schloß zu räumen, damit der Erzbischof mit seinem Hofstaat dort untergebracht werden konnte. Für die Räte, Hofjunker und Diener samt ihren Familien mußten Quartiere in Mattsee und Straßwalchen bereitgestellt werden. Da des Pflegers Frau im Kindbettfieber lag, außerdem Straßwalchen kurz zuvor niedergebrannt war, versuchte der Pfleger, den Aufenthalt des Hofes zu verhindern. Wolf Dietrich scheint seit 1592 Gefallen an Sommeraufenthalten im Neuen Schloß gefunden zu haben. Er verpflichtete den italienischen Baumeister Hans Nobilot, die Alte Burg mit dem Reckturm abzubrechen, nahm aber die Anweisung während seines Sommeraufenthaltes 1598 wieder zurück. Deshalb blieb der Reckturm, auch trotz der späteren Abbruchbefehle von 1647 und 1785, bis zur M. d. 19. Jh. erhalten, und wurde dann erst als Steinbruch abgetragen.

Im Frühjahr 1599 wurden die Gebäude saniert und ein Teil der alten Ringmauer abgebrochen. Im Bootshafen baute man Schiffe und Gondeln und ließ sie von Malern dekorieren. Im Juni 1599 weilte Wolf Dietrich ebenso in Mattsee wie im gleichen Monat des Jahres 1607. Anläßlich dieser Aufenthalte wurden stets Um- und Neubauten durchgeführt, wie z. B. die Gesindeküche vor dem Schloß repariert werden mußte, um Feuersgefahr zu vermindern.

Aber nicht nur Wolf Dietrich, auch sein Nachfolger EB. Markus Sittikus kam nach Mattsee, allerdings immer erst im Herbst, also wohl zur Jagd. Im September 1614 wurde die Tafelstube des Erzbischofs unterteilt und der Raum für den Kaplan neu eingerichtet. Das Schloß wird 1614 so beschrieben: „Das Schloß Mattsee ligt zunechst am herobern Orth des Undernsee, wohnt dieser Zeit niemandt darinen als ain Gämer (= Verwalter), ist der herunderthaill dessen aller gemauert, der ober aber, alda der abgebrochene Thurn gestandten, derzeit paufällig. Zunegst an solches Schloß zway mit Gemeuerwerckh eingefasste Gärttel, in dem ainen khlaine Äckherl zu Kuchl- Khreittelwerckh, in dem andern etliche Weinreben." Auf Anordnung des Erzbischofs waren nämlich an der Südseite, am See entlang, Weinspaliere aufgerichtet und Wein gepflanzt worden.

Die übrigen Baulichkeiten, die zum Schloß gehörten, waren

1. die „Hoftaffern, ligt herundter des Schloß innerhalb des Grabens, ist bis under das Tach gemauert, den obern Gaden (= Stock) bewohnt derzeit ain Pfleger, den undtern der Hofwürth bstandtsweise (= Pacht)
2. Zwen underschidliche Rossäll, der aine oben herundter des Schloßthores, der ander herundten zunegst bey der Hofftaffern, an den Schloßperg, sein beede allerseits Gadenhoch gemauert, das übrig mit Laden verschlagene Zimerhütten under ainem Tach.
3. Das Ambthaus under dem Schloß an den Schloßperg gelegen, allerseits Gadenhoch gemauert … wird derzeit durch den Mattseeischen Gerichtsdiener bewohnt."

1617 wurden für die bevorstehende Ankunft des Erzbischofs auf dem Getreideschüttboden unter dem Dach des Schlosses in aller Eile drei Kammern für die Musiker aus dem Gefolge hergerichtet.

EB. Paris Lodron weilte vom 13.–27. IX. 1620 in Mattsee. Die Rechnungen für die Hofhaltung sind erhalten. Bootsfahrten scheinen sehr beliebt gewesen zu sein, da die Hof-Ruderboote immer auf dem neuesten Stand gehalten wurden. Die Zeit für Jagdaufenthalte in Mattsee war damit jedoch vorbei. Die folgenden Jahre sind mit Reparaturen der Befestigungsanlagen angefüllt, die das Grenzgebiet vor dem drohenden Einfall der Schweden während des 30jährigen Krieges schützen sollten.

1621 wurde eine Schanze bei der Hoftafern errichtet, deren Holzteile bereits vier Jahre später und dann nochmals 1640 ausgewechselt werden mußten. Im Fasching 1635 brannte es im Schloß. Als das Feuer bereits zum Dach hinausloderte, hatte Thomas Steuber, Bierbräu am Untersee, unter persönlichem Einsatz das weitere Ausgreifen des Brandes verhütet. Als am 30. Jänner 1640 seine Brauerei abbrannte, bat er – als verdienter Mann – um Steine und Holz aus der alten Burg. Sein Gesuch wurde aber unter dem Hinweis auf die Fortifikationsbauten, zu denen das lagernde Baumaterial benötigt wurde, abgewiesen.

Wegen der Grenznähe und des andauernden Krieges mußte der Pfleger zwei bis vier Pferde halten. Deshalb ersuchte er 1641, im Schloßhof bei der Brunnstube einen Pferdestall bauen zu dürfen, da der Hofmarstall bei der Hoftafern vor feindlichen Überfällen zu wenig sicher sei. Santino Solari, der Dom- und Hofbaumeister, wurde um ein Gutachten für die Baunotwendigkeiten gebeten. Die Bastei oberhalb des Gehweges an der S-Seite der Insel aus dem Jahre 1644 war 1649 bereits wieder baufällig und sollte auf Vorschlag des Pflegers durch eine Mauerschanze ersetzt werden, was aber wegen der Geländeschwierigkeiten abgelehnt wurde.

„Der alt und große Thurn" gefährdete die am Fuß des Schloßbergs stehenden Gebäude wie die Hoftafern, die Ställe und den Mayerschaftsstadl durch ständigen Steinschlag. 1647 plante man erneut seine sukzessive Abtragung und den Umbau in eine Wachtstube für die Soldaten bzw. eine Brustwehr und Batterie, von der aus man die umliegenden Berge bestreichen hätte können. Es kam jedoch nicht zur Ausführung. Die Soldaten mußten weiterhin auf einer Holzschanze über der Hoftafern während der Nacht Schildwache stehen.

Hingegen wurden die Vorschläge des nachfolgenden Hofbaumeisters Johann Paul Wasner, beim Reckturm ein Rondell und im Schloßgarten an der S-Seite einen Rundturm zu errichten, durchgeführt, wie der Plan von Joseph Mattseeroider a. d. 2. H. d. 18. Jh. zeigt.

Die alte Burg mit dem Reckturm war seit d. M. d. 17. Jh. unbewohnt und damit dem langsamen Verfall preisgegeben, den auch verschiedene Sanierungspläne nicht mehr aufhalten konnten.

1650 wurde wegen der ständigen Klagen des Gerichtsschreibers über seine Wohnverhältnisse in der Hoftafern angeordnet, daß er in das Schloß zu übersiedeln habe. Da ihm der Pfleger aber anstelle der Wohnung im 2. Stock des Schlosses, bestehend aus zwei Stuben und drei Kammern, Küche und Keller eine im Erdgeschoß zuwies, weigerte sich der Schreiber zu übersiedeln. Auch der Vorschlag des Baumeisters Michael Spingruber von 1682, das Archiv in der Domherrenstube und den Gerichtsschreiber in den Fürstenzimmern unterzubringen, fand die Billigung der Beteiligten nicht.

Schließlich wurde 1684 der Neubau der Gerichtsschreiberei neben der Hoftafern beschlossen. Am 16. XI. vertrat der Hofbaumeister Bärtlmä Opstal bei einem Lokalaugenschein die Meinung, daß ein eigenes Stöckl für den Gerichtsschreiber vorteilhaft sei, weil damit die große Hochzeitsstube dem Hofwirt zurückgegeben werden könne, die bisher für alle feierlichen Anlässe geräumt hatte werden müssen. Über der Durchfahrt blieb der Eingang in die alte Stube der Taferne erhalten, weil von hier aus die Uhr von Mattsee eingestellt wurde. Beim Fundamentausheben stieß man auf viele „Todtenpainer", was vielleicht den Schluß auf Funde aus urgeschichtlicher Zeit zuläßt. Das Archiv wurde im Schloß im Domherrenzimmer in dem heute noch stehenden Trakt, der über einen Holzbalkon zugänglich ist, untergebracht.

1685 erreichte der ständige Streit zwischen der eb. Hofkammer und der für militärische Belange zuständigen Landschaft um die Erhaltung der öffentlichen Gebäude einen Höhepunkt. Daraufhin wurden die Kompetenzen neu verteilt. Burgen und Festungsbauten mußte die Landschaft sanieren, Gebäude der Finanzverwaltung unterstanden in Zukunft der Hofkammer. Die Kosten für die Anlagen auf dem Mattseer Schloßberg teilten sich die beiden Behörden, weil das landschaftliche Schloß vom Pfleger bewohnt wurde und als Gerichtssitz diente. Deshalb sind alle Akten und Pläne ab 1685 doppelt erhalten, freilich nach dem Gesichtspunkt der jeweiligen Behörde verschieden ausgeführt.

Während des Spanischen Erbfolgekrieges wurden ab 1700 zusätzlich Soldaten, darunter auch Dragoner, in Mattsee als Grenzschutz einquartiert. 1702 wurden die bayerischen und sbg. Untertanen in diesem Grenzgebiet von durchziehenden kaiserlichen Truppen geplündert. Anläßlich der darauffolgenden Kontrolle der Festungsbauten wurden in der Rüstkammer 1704 drei alte Folianten gefunden, die „zur bisweiligen Delectation" der Pfleger gedient hatten: drei schöne Ausgaben von Plinius, Strabo und Seneca – ein Hinweis auf das Bildungsniveau des 17. Jh. – mußten an die Hofkammer nach Salzburg abgeliefert werden.

Am 17. VI. 1709 schlug der Blitz beim Blechknopf auf dem Schloßdach ein und setzte das Dach über der Rüstkammer in Brand. Das Feuer konnte aber in einer Viertelstunde mit Milch gelöscht werden.

Die 1. H. d. 18. Jh. ist von ständigen Reparaturen an dem mächtigen Schloßbau gekennzeichnet, dessen Dach mit 7 Kaminen rund 35 m lang und 18 m hoch war, und Sanierungsarbeiten an allen Nebengebäuden. 1724 wurde der Schloßberg hinter den Stallungen skarpiert, da ständiger Steinschlag, vor allem während der häufigen Gewitter, die Gerichtsschreiberei, das Amtmannhaus und die Stallungen gefährdete.

Aus dem Jahre 1783 ist ein ausführliches Inventar der Mobilien in allen Räumen erhalten, von denen die kulturhistorisch interessanten Stücke aufgezählt werden sollen: im Mueshaus (= Vorhaus) des 1. Stockes hingen sechs „altgemahlene Landschaft-Tafeln mit niederländischer Jägerey", im Saal daneben vier Landschaften mit niederländischen Jagddarstellungen. Von diesen Bildern waren 1790 nur noch zwei im Vorhaus vorhanden, drei waren in die Waschstube abgestellt worden. Hingegen werden zusätzlich ein Altarkasten, ein „geschnitztes Frauenbild, die unbefleckte Empfängnis vorstellend, mit vier Engeln und Hl. Geist", sowie ein starkes eisernes Kapellengitter aufgezählt, die den einzigen Hinweis in der langen Geschichte des Schlosses auf das Vorhandensein einer bereits abgebrochenen Schloßkapelle bei der Gartenmauer bilden. Die holzgeschnitzte Darstellung der Maria Verkündigung war vermutlich unter dem Pfleger von Kammerlohr (1752–1783) zur Kapellenausstattung gewidmet worden.

Für die Rekonstruktion des Schlosses sind die genauen Bezeichnungen aller Räume von Bedeutung. Für die militärischen Zwecke befanden sich in der Rüstkammer und im Rectturm 1783 neun ganze und ein zersprungener Böller, acht Hellebarden, drei große und zwei kleine Ladestecken, vier große und 85 kleine Wischer, eine Lanze, sechs Pechpfannen, 123 Patronentaschen mit schmalen Riemen und daranhängenden hölzernen Pulverfläschchen, 30 Säbel, sechs Bajonette und 126 Musketen-Kugeln. Da die Bewaffnung eher dürftig war, erhob sich die Frage, ob und wie das Schloß in Zukunft für militärische Zwecke erhalten werden sollte.

1790 bat der Pfleger, die Gerichtskanzleien in das Schloß zu übersiedeln, weil er sie wegen der unruhigen Zeiten lieber in der Nähe hätte bzw. die Amtskassa und das Archiv im Schloß besser geschützt werden könnte. Der Baumeister der Landschaft, Hauptmann Louis Grenier und der Hofbauverwalter Wolfgang Hagenauer gaben dem Entwurf des Hofmaurermeisters Johann Georg Laschenzky ihre Zustimmung. Die Gerichtskanzlei wurde 1791 in den Fürstenzimmern etabliert und neu eingerichtet.

Mit der Konzentrierung der Amtsgeschäfte auf der O-Seite des Schloßberges sollte auch der Gerichtsdiener dorthin übersiedeln. Deshalb wurde der Abbruch des alten Gämer- oder Botenhäusls und die Versteigerung des Abbruchmaterials 1795 angeordnet. Die Bauleitung für den Neubau des Gerichtsdienerhauses (Mattsee Ko. Nr. 2) wurde Laschenzky übertragen. Das alte Gerichtsdienerhaus (Mattsee Ko. Nr. 5) mit den Gefängnissen war so baufällig, daß „man beynahe die Menschlichkeit, auf die auch der größte Übeltäter Anspruch hat, darin ganz vermisset". Das „Überbleibsel barbarischer Zeiten, wo der Arrestant alles Tageslichts beraubt, nebst der Nässe auch die Kälte fühlt und kaum die Liegerstatt hat", wurde nach Fertigstellung des Neubaus 1799 an den Gerichtsboten Mathias Untermayr versteigert. Bei der Wiedererrichtung des Pfleggerichtes 1819 wurde das alte Haus vom Aerar zurückgekauft und wieder in seine ursprüngliche Funktion gesetzt.

Für die Pflegerwohnung im Schloß, die durch die Unterbringung der Kanzleien auf das große Zimmer mit der Mittelsäule und einige kleine Nebenräume beschränkt war, wurde nach vielen Gesuchen der seit den 70er Jahren unbewohnte 2. Stock saniert. Aus der Zeit zwischen 1790 und 1800 sind zahlreiche Pläne erhalten, die uns erlauben, das Aussehen des Schlosses zu schildern. 1792 stellten die beiden Bauverwalter bei einem Lokalaugenschein fest, daß das Schloß von der Landschaft „als Überbleibsel einer alten Veste behandelt" worden war, nun aber für den Pfleger modernisiert werden müßte. Das Erdgeschoß bestand aus einer Einfahrt, einer gewölbten Holzlage, die früher ein Pferdestall war, dem Pferdestall für 3 Pferde, dem Kuhstall für 2 Kühe, einem Keller, Waschküche und Zeugkammer.

Im 1. Stock befand sich das Vorhaus, das große Zimmer mit der sechseckigen Mittelsäule, Dienstbotenzimmer, kleines Zimmer, Küche samt Speis, Toilette und daneben der Ausgang in den Schloßhof. Das Archiv war in dem gewölbten Anbau untergebracht, der heute noch steht, in dem aber die Feuchtigkeit die Akten gefährdete, von denen „der geringste und unbedeutenst scheinende bey so einem hfstl. Gränz-Pfleggericht zu wichtigen Beweisen dienen könne".

Der 2. Stock diente für die Amtsräume. Die Kanzlei, das Verhör- und das Kassazimmer wurden nach dem Vorschlag Laschenzkys in diesem lange unbewohnten Teil untergebracht. Zwei Jahre später sprach sich der Pfleger dagegen aus. Er war für die Verlegung der Amtsräume in den 1. Stock und wünschte den 2. Stock für seine Wohnung, die nach verschiedenen Umbauten über sieben heizbare Wohn- und Gastzimmer, ein Kabinett, eine Küche samt Speise und im Zubau über eine Kammer und Geflügelzimmer verfügte.

Bis 1799 waren die Umbauarbeiten soweit vollendet, daß 1801 die Abrechnung erfolgen konnte. Johann Georg Laschenzky fertigte aus diesem Anlaß einen Übersichtsplan für das Schloßberggelände an, dem die genaue Lage der einzelnen Baulichkeiten entnommen werden kann.

Dazu soll noch erwähnt werden, daß zur Ufersicherung rund um die Halbinsel seit 1785 das Abbruchmaterial des Reckturmes hätte dienen sollen, was aber nicht geschah, sodaß L. Hübner 1796 schreiben kann: „es raget ein aus Quadersteinen erbauter Schauthurm empor, von dem eine hohe Festungsmauer sich bis an den Fuß des Felsens abwärts zieht. Dieser Thurm beherrscht die ganze Gegend weit umher".

Am 1. V. 1811 wurden nach Aufhebung des Pfleggerichtes Mattsee durch Bayern sämtliche Mobilien im Schloß versteigert. Die Besitzer des Schlosses samt dem Felsen und dem dabei befindlichen Garten auf dem Felsen und dem Anger am Fuß des Schloßberges waren 1820–1836 Anton Weiß mit Gattin Katharina Axthamer, dann deren fünf Kinder, 1839 bzw. 1842 die Tochter Katharina Weiß und ihr Mann Georg Hechenberger, ab 1852 der „Schloß-Hansjörg" allein.

1837 gab es noch keinen Weg auf den Schloßberg. Die Mauer um den Berg war noch intakt, man konnte den Berg nur durch das Schloßtor betreten. Mehr als 15 Jahre lang verwendete Hechenberger die Schloßbauten als Steinbruch und verkaufte das Abbruchmaterial. Der Fußweg verläuft jetzt entlang der ehemaligen Mauer. Vor ihr entfernte Hechenberger auch die seit EB. Markus Sittikus Zeiten dort wachsenden Weinreben. Am 27. X. 1858 verkaufte er seinen Besitz im Vollrausch an den Bräuer Jakob Iglhauser. Der Vorgang wurde aber von der Behörde aufgehoben.

Am 7. XI. 1858 erwarb dann der Bräuer von Obertrum Josef Sigl den Schloßberg, der sofort mit der Bevölkerung in Konflikt geriet, weil er den Zugang sperrte. Zur Vermählungsfeier von K. Franz Josef und Elisabeth 1854 war nämlich ein Gedenkstein auf dem Gipfel des Schloßberges errichtet worden. Seither war es im Zeitalter des beginnenden Fremdenverkehrs üblich geworden, Wanderungen auf den Schloßberg zu unternehmen. Unter den Besuchern waren u. a. auch Kaiserin-Mutter Carolina Augusta und Exkg. Ludwig I. v. Bayern. Nach einem Prozeß mußte Sigl 1863 das eiserne Torgitter wieder entfernen und der Gemeinde Mattsee das Gehrecht auf den Schloßberg auf dem bestehenden Weg zugestehen.

1871 ließ er den Bierkeller an der N-Seite des Schloßberges bauen und vermietete ab

1874 das Schloß u. a. an den Wiener Dr. Traillon, der ständig über das verfallende Gebäude klagte. 1910 legte die Gemeinde die Seepromenade an, zu der Sigl Grund abtrat. 1937 verkaufte er den Schloßberg an den Dänen Scawenius, dem 1939 Anna Sophia Scawenius folgte, von der 1949 die Gemeinde Mattsee das Schloß erwarb. Sie richtete darin das Heimatmuseum ein, wodurch die Reste der einst mächtigen Anlage eine neue Widmung erfahren haben.

Von der vor allem aus den Bestands- und Umbauplänen aus der Zeit um 1800 bekannten Burganlage stehen heute nur noch bescheidene Reste.

Über den an der N-Flanke des Burghügels von der Seepromenade her ansteigenden Weg – 1950 durch die Gemeinde befahrbar umgestaltet – gelangt man von N her in den ebenen Teil des ehemaligen Burghofes. Der alte Torbau lag im O, an den N-S-gerichteten Hauptbau der Burg angebaut. Von dem etwa 35 m langen Hauptgebäude existiert nur noch die s. Hälfte mit dem schmalen Anbau gegen Westen. Dieser Gebäuderest dient heute dem Mattseer Heimatmuseum mit sehenswerten Sammlungsbeständen als Heimstätte.

Über dem heute noch klar durch die Böschungsränder abgegrenzten unteren Hofbereich erhebt sich gegen W ein Felskopf, auf dem ein Teil der Burg als eine Art Hochburg stand. Mächtige Steinquadern bis zur Größe von etwa 70 auf 100 cm, eingebunden in einen flach gerundeten Mauerverlauf um die s. Begrenzung der Felskuppe, zeugen von den Bauwerken an diesem Ort. Der an der nw. Kante stehende Bergfried ist aus den Mauerresten kaum mehr zu erkennen, erst ein Vergleich mit dem historischen Schloßgrundriß läßt seine Lage und Größe in den teils abgestürzten und damit seiner äußeren Quaderschale beraubten Mauern erahnen.

Am s. Berghang vor der ehemaligen Ringmauer stehen im schmalen, ehem. Basteibereich zwei Sandsteinsäulen aus der alten Burg, heute als Stützen für eine kleine Gartenpergola verwendet.

(KG. Mattsee EZ 368; Gp. 553, Bp. 56.
Martin, Reg. I 33; Pläne: SLA, K. u. R. D.4, 5, F.4; Geh. A. XXXII/12; HK Mattsee 1590–93/J, 1686/A, 1697/E, 1788/2/B, 1791/7/A, 1801/A; KA 59; Laa XIV/46 [alle hier zitierten Akten mit zahlreichen Plänen]; HK Mattsee 1525–36/B, 1555–57/H, 1565/B, 1577–79/L, 1587–89/C, 1587–88/E, 1594–97/H, J, 1598/O, 1599/C, J, 1601/A, 1606/F, 1607/K, 1625/F, 1633/D, 1639/J, 1640/G, 1641/E, 1649/G, 1650/C, K, 1665/F, 1667/H, 1676/C, 1686/A, 1687/B, 1704/D, 1709/2/D [1614–1709], 1712/2/K u. 3/E, 1722/2/G, 1723/E, 1724/2/D, 1728/2/F, 1732/B, 1737/3/G, 1745/B, 1764/2/G; SLA, OUrk. 5. 6. 1364; HR Mattsee 33 [1581]; Geh. A. VII/55; U 108 [1614], 2; Grundbuch Mattsee fol. 752; Bayer. HStA. Äußeres Archiv 1772 zu 1552; Hübner [1796], 253–262, 268–269; Pillwein 248 f.; K. bayer. Salzach-Kreisblatt 1811, Beilage zu 32; ÖKT X, 265 ff.; Zaisberger, in: Sbg. VBl. Gästeztg. Nr. 13–18 [1974]; Fuhrmann 1980, T. 24–26; Dehio 236; Ansichten/Pläne im SMCA: 5717/49, 9901/49)

2. PFLEGGERICHT, Mattsee Nr. 3

Am Fuß des Schloßberges, auf der schmalen Landzunge zwischen dem jetzigen Gasthof Iglhauser und dem Burgberg, wurde zwischen dem 16. III. und 28. XII. 1686 unter der Leitung des Hofbaumeisters Bärtlmä Opstal das Gerichtsschreiberstöckl erbaut. Der Baumeister der Landschaft, Michael Spingruber, warnte 1687 seine Vorgesetzten vor den Ausgaben des Pflegers Christoph Pauernfeindt, da „er das Bauen liebe". Dies wiederholte sich 80 Jahre später. 1762 beklagte sich der Kastner Franz Josef v. Grembs, der im Gerichtsschreiberhaus wohnte, über die „unordentlich und sehr eng gebauten Mattseeischen Wohnhäuser". Da damals der Hofbauverwalter Wolfgang Hagenauer mit dem Stadtbaumeister Franz Kendler die Bauaufsicht über den Neubau des Turmes der Stiftskirche Mattsee hatte, wurden die beiden um ein

Mattsee, ehem. Pfleggerichtsgebäude, Bau von 1770 (Foto F.Z.)

Gutachten gebeten. Ihr Vorschlag war, den Schloßberg als Steinbruch zu verwenden und dadurch Platz für den Erweiterungsbau der Gerichtsschreiberei zu gewinnen. Der Plan von Franz Kendler wurde dem Erzbischof mit dem Bemerken vorgelegt, daß wohl viele Kirchen das Wappen des EB. Sigismund v. Schrattenbach trügen, jedoch kaum ein öffentliches Gebäude. Daraufhin wurde der Plan genehmigt und der Bau 1768 begonnen. 1770 war das Gebäude bis zur „neu Mansardischen Dachung" fertig. Der Tod des Erzbischofs 1771 verhinderte die Ausführung des Hausportales mit seinem Wappen. Die Kostenüberschreitungen infolge der zu prunkvollen Ausstattung eines Amtsgebäudes forderten die scharfe Kritik des neuen EB. Hieronymus Colloredo heraus. Er beanstandete persönlich die nicht feuersichere Holzstiege im Aufgang zu den Kanzleiräumen im Gegensatz zu den kostbaren Stuckarbeiten, dem großen Kamin und dem eingemauerten Spiegel im Speisesaal. Er nahm das Argument, daß EB. Sigismund die Gerichtsschreiberei als Sommersitz so prunkvoll habe ausstatten lassen, nicht zur Kenntnis und ließ den Pfleger die Mehrkosten aus eigener Tasche bezahlen.

Als Folge der Napoleonischen Kriege kam Salzburg an Bayern. Die Rationalisierung der Verwaltung während der bayerischen Zeit brachte die Auflösung des Pfleggerichtes Mattsee und die Versteigerung der Staatsgüter. 1811 erwarb der Kapitelwirt Ignaz Rieder die Gerichtsschreiberei, erklärte sich aber 1819 bereit, zusammen mit dem Hoftaferner Iglhauser, der ihn finanziell entschädigte, das Gebäude zur Wiedererrichtung eines eigenen Pfleggerichtes in Mattsee für die Dauer des Bestehens eines solchen zur Verfügung zu stellen. Unter großem Engagement der Gemeinden des Bezirkes, die u. a. auch vorgeschlagen hatten, Lamprechtshausen, Nußdorf, Michaelbeuern und Anthering (diese Gemeinden waren seit der Abtrennung von Laufen ohne Gerichtssitz), dem Pfleggericht Mattsee zu unterstellen, wurde am 18. XII. 1819 durch kaiserliches Handschreiben die Wiedererrichtung des Gerichtes bewilligt. Seit der neuerlichen Aufhebung 1923 beherbergt die alte Gerichtsschreiberei nur mehr das Gendarmeriepostenkommando. 1987 konnte eine durchgreifende Sanierung, bei der auch die Rokoko-Stuckdecken restauriert worden waren, abgeschlossen werden.

Das über langrechteckigem Grundriß erbaute, zweigeschoßige Objekt mit hohem Mansarddach wirkt wie eingeklemmt zwischen Bräugasthof und Schloßbergfels. Hinter dem eher nüchtern wirkenden Äußeren mit einer rundbogigen Durchfahrt im Anschluß an den Bräugasthof verbirgt sich im 1. Obergeschoß neben einfachen Stuckspiegeln an der Decke eine reichst ausgestattete Rokoko-Stuckdecke im großen Hauptraum, die zu den schönsten ihrer Art außerhalb der Stadt Salzburg zählt. Die besondere Ausstattung dieses Raumes wird durch intarsierte Türflügel mit geschwungener Sturzausbildung im profilierten Rahmen ergänzt.

Im Dachgeschoß hat sich der aus der Bauzeit stammende Dachstuhl mit seinen Schmuckformen an Sparren und Kopfbändern erhalten, wobei der Dachraum durch den obersten Stiegenhausabschluß in Form eines reichen Holzgeländers mit kräftig gebauchten Säulchenbalustern eine besondere Aufwertung erfährt.

(KG. Mattsee, EZ 1.
Quellen wie Burg Mattsee und HK Mattsee 1788/2/B, 1801/A; Laa XIV/46; KA 59)

3. ZELLHOF, Mattsee Nr. 81

Im flachen Hügelgelände im Landbereich zwischen den drei Trumerseen nw. von Mattsee liegt die Gebäudegruppe des Gutshofes Zellhof, markant überragt von dem schlanken Dachreiter der Kapelle in Zellhof, der Filialkirche zur Hl. Mutter Gottes, früher zum hl. Georg.

Über die Frühgeschichte von Zell bei Mattsee gibt es keine gesicherten Aufzeichnungen. 1453 besiegelt „Hanns der Zeller zw Zell" eine Urkunde, in der mit anderen Katrey Weber, gesessen zu Zell, und bezeugt von Jorg Wirt zu Zell, eine Stiftung an die Bruderschaft um den Mattsee durchführt.

Am 25. IV. 1458 wird der Georgskapelle im Zellhof ein Ablaßrecht verliehen. Aufgrund des Patroziniums kann davon ausgegangen werden, daß es sich damals um eine Burgkapelle gehandelt hat. Ob der Ansitz den Noppingern gehörte, ist nicht nachweisbar. Ihre Besitznachfolger in Perwang hingegen, die Schettinger, werden im Salbuch von 1527 erwähnt: „Zell ain Hof, ist dem Moriz Schettinger und seinem Bruder zugehörig." Der zum Gut gehörige Wald reichte bis zum Tannberg (s. d.). Seine Tochter Rosina verzichtete auf alle Erbansprüche auf den Zellhof 1552 zugunsten von Sigmund Schettinger, ihrem Onkel. Sebastian Schettinger verkaufte 1602 den hofurbaren Sitz bestehend aus der „gemauerten Behausung, sambt Khellern, Casten, Stadl und Stallungen, auch 2 Söllnhäusln" u. a. um 500 fl. an EB. Wolf Dietrich, nannte sich aber noch bei seinem Tod „Herr von Zell". Der Hof war rundum von Wasser umgeben. EB. Wolf Dietrich verbrachte einige Sommer in Mattsee (s. d.), Aufenthalte in Zellhof sind aber nur 1602 nachgewiesen, als er den Befehl zur Verlegung einer Wasserleitung gab. Von 1616 an diente der Hof mit Unterbrechungen Salzburger Domherren als Sommersitz (1616 Dompropst Paris Gf. Lodron, 1619 Dompropst Johann Krafft v. Weittingen, 1636 Domherr Johann Dietrich v. Muggenthal), zählte aber zu den Hofmaierschaften und wurde vom Hofkastenamt verwaltet. 1639 heißt es: „Im neuen Stöckl, so drey Lustzimmer hat, im Zellhof oder alten Stockh." Es mußte also ein Neubau erfolgt sein. Angeführt werden alle Einrichtungsgegenstände samt Bildern und das Kircheninventar.

Dann erhielt den Hof Johann Ernst Gf. Thun, nachdem EB. Max Gandolf v. Kuenburg einen Fasangarten einrichten hatte lassen. Ihm folgten die Domherren Siegmund Karl

Gf. von Castro Barco 1691 und Georg Anton Jakob Gf. Thun 1698. 1714 erhielt ihn der damalige Bischof von Laibach, Siegmund Felix Gf. Schrattenbach, 1742 Virgil Maria Gf. Firmian. Dieser erwarb den Zellhof am 17. X. 1769 um 3.500 fl. zu Erbrecht, EB. Sigismund behielt sich aber das Vogteirecht über die Kapelle vor. Da Fürst (seit 1755) Firmian den Kaufpreis nicht erlegte, fiel das Gut bei seinem Tod 1788 an das Erzstift zurück, worauf am 17. VIII. 1789 das Stift Mattsee den Zellhof kaufte, in dessen Besitz er heute noch ist.

Die Bezeichnung „capella regia" für die „Capella Sancti Georgii martyris in Cella" wurde erst um die M. d. 18. Jh. üblich, weil die kleine Kirche nicht dem Konsistorium, sondern der Verwaltung durch die Hofkammer unterstand (= Kapelle des Landesfürsten). Hübner erwähnt den Reichtum dieser Kirche durch die Wallfahrt,

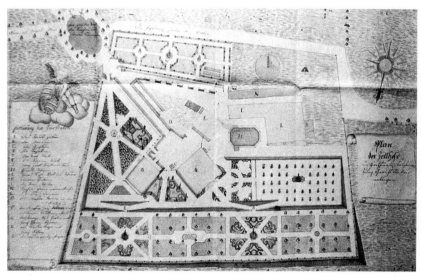

Plan der Gesamtanlage von Zellhof aus der 2. H. 18. Jh., gezeichnet von Christoph von Geyer, Oberlieutnant, mit Darstellung der historischen Gärten, von denen nur etliche Bäume erhalten blieben (Foto SLA)

die zu einem 1698 aufgestellten Marienbild einsetzte. Die „Capella regia im Zellhof" war im 18. Jh. ein stark frequentierter Geldverleiher. Sie gehörte, wie Mattsee, bis 1808 kirchlich zum Bistum Passau. Aus der Zeit des Fürsten Virgil Maria v. Firmian (1769–1788) ist ein von Oberlieutenant Christoph v. Geyer gezeichneter Plan der gesamten Anlage erhalten. Auf der kolorierten Federzeichnung sind im Zentrum das fast quadratische Hauptgebäude, ö. davon der Neubau, dazwischen ein Ziehbrunnen, im S die Kapelle und der Reitstall, anschließend der Schweinestall, die Pferdeschwemme, Pferde-, Kuhstall und Scheune, Laubhütte und Reitschule zu sehen. Umgeben sind die Baulichkeiten von einem ausgedehnten Ziergarten in mehreren Parterren, gruppiert um 6 Springbrunnen, sowie von einem Obstgarten und einem „Großen Saal von Buchen und Lindenbäumen".

Die Bierausschank für den Wirt im Zellhof wurde 1818 bestätigt. Seit etwa 1950 dient der Zellhof alljährlich als sommerliches Pfadfinderlager.

Ungeachtet aller Überlegungen über den historischen Hintergrund der Anlage – so stand lt. Tradition hier das erste Kloster von Mattsee (Zelle) – weist die heute sichtbare Bausubstanz in die Entstehungszeit um 1600. Die Frage, ob ältere, vielleicht sogar romanische Substanz im Kern der Objekte vorhanden sei, muß einer gründlichen Bauuntersuchung vorbehalten bleiben. Nördlich des barocken Kirchleins mit Giebelspitzhelm auf dem Türmchen steht als Mittelpunkt der gesamten Anlage in einer Art kleinem Anger eine mächtige Linde. Die W-Seite dieses Platzes wird vom ehem. Gutshof, dem großen, zweigeschoßigen Wohnhaus Nr. 81, Bp. 21/1, mit hohem Satteldach eingenommen. Fassadendekor sowie Fenster- und Torausbildung stammen aus der Zeit nach einem Brand im Jahr 1849. Im Inneren zeigen die Gewölbe des Erdgeschoßes die Formensprache des beginnenden 17. Jh. Die N-Seite der Anlage wird ebenfalls durch ein gemauertes, zweigeschoßiges Objekt, Bp. 20/1, abgeschlossen, ein einfacher, kubischer Barockbau mit hohem Zeltdach, der leider mehrfach umgebaut und modernisisert wurde und damit vieles von seinem Charakter eingebüßt hat.

Durch den Neubau des landwirtschaftlichen Gutshofes im NO der Anlage, einer zusätzlichen Pseudobarock-Villa im O der Kirche und einer Tischlerei im Sägespänesilo im S, hier mit der typischen Formensprache der 50er Jahre, hat die Baugruppe von Zellhof sehr gelitten.

(KG. Mattsee EZ 91, Ko. Nr. 81–83, Bp. 21/1 (Ansitz), Bp. 22 (Kirche). Martin, AB 1, Nr. 566, 215; SLA, U 107 [1527] fol. 13v; K. u. R. I 19; FLD 22 [1818]; HR Mattsee 191 [1692]; HK Mattsee passim, bes. 1552–1702, 1693–1768/B, 1705/G, 1715/2/A + 3/D, 1716/1/A + F, 1718/3/E, 1720/E, 1722/1/F, 1723/N, 1729/1/C, 1733/C, 1750/2/B, 1765/4/D, 1776/2/B, 1778, 1785/2/D, 1791/B; Hübner 1796, 267; Winklhofer 196; Pillwein 250; Dürlinger 272; Bibl. St. Peter, Hs. Ebner 11/250–269; ÖKT X, 356–360; Dehio 235; Meinhard Leitich, Der Zellhof, in: FS 1200 Jahre Mattsee, 1977, 104 f.)

4. FLIEHBURG ZELLHOF: „KELTENRING"

Etwa zehn Gehminuten nö. des Zellhofes (s. d.) und ca. fünf Minuten sw. des Gasthofes „Moorbad" liegt mitten im Wald ein ovaler Ringwall mit den Ausmaßen von etwa 110 m mal 60 m. Der im Gelände nicht zu übersehende Wall hat eine wechselnde Höhe von ca. 1,5 m bis 2,5 m.

Historische Nachrichten sind unbekannt, doch konnten bisher – dies ohne archäologische Untersuchung – Kleinfunde aus der Bronze- und Hallstattzeit sowie aus dem Mittelalter geborgen werden.

(KG. Mattsee Gp. 231 [Wald])

N E U M A R K T am Wallersee (GB. Neumarkt, alt: Alt- und Lichtentann)

1. BEZIRKSGERICHT, Hauptstraße 16

Als Teil der historischen Bebauung entlang der langen Hauszeile der Straßenmarktanlage von Neumarkt nahm das alte Pfleggerichtsgebäude, heute Bezirksgericht, eine bedeutende Stellung ein. Seit dem Marktbrand 1879 ist das Objekt ein schmuckloser, zweigeschoßiger Baukörper mit seiner Schmalseite an der Hauptstraße, wo am s. Eck ein schmaler, einachsiger Bauteil vorspringt. Dieser erker- oder türmchenartige Vorbau ist unter das einheitliche flache Walmdach miteinbezogen. Von hier zieht sich eine Hofmauer gegen S zu einer halbrunden Kapelle, dem hl. Johannes v. Nepomuk geweiht. An der n. Gassenfassade ist noch ein breiter, auch um die Ecke reichender Mauerzug erhalten.

Im Erdgeschoß fielen späteren Umbauten mehrere Gewölbe zum Opfer, nur der ehem. Pferdestall weist ein vierfeldriges Platzlgewölbe auf Mittelpfeiler auf; dieser

Raum dient heute dem Grundbuch. Im Obergeschoß haben sich im s. Bereich mehrere einfache Stuckspiegel an den Decken mit Rundwulstgesimsen unter den Hohlkehlen erhalten.

Das Objekt mit historischer Bausubstanz wurde mehrfachen Adaptierungen für Amtszwecke unterworfen. Die letzte Generalsanierung wurde 1988 abgeschlossen. Im Erdgeschoß sind mehrere gewölbte Räume erhalten. Das Obergeschoß weist in der NW-Ecke einen eleganten, großen Raum auf, Teil der ehemaligen Pflegerwohnung, die jetzt vom Bezirksrichter benützt wird. Im Garten steht ö. des Gerichtsgebäudes über einer Stützmauer am Rande einer steil abfallenden Terrasse ein kleiner, verglaster, achteckiger Gartenpavillon, auch dieser wurde im Zuge der Gesamtsanierung weitgehend erneuert.

Da die Burg Lichtentann wohl schon seit dem 14. Jh. Ruine war, hatte der Landrichter seinen Amtssitz seit mindestens 1485 in Neumarkt, wo es auch einen eigenen Marktrichter gab. Mit der Zusammenlegung der Gerichte Alt- und Lichtentann 1607 nach Schloß Altentann verblieb in Neumarkt ein Gerichtsschreiber. 1685 wurde ein Neubau für ein Amtshaus (= Gefängnis) neben der Gerichtsschreiberei geplant. Da aber das in der Nähe neugebaute Bürgerhaus preiswert zu kaufen war, wurde 1699 die „Winklersche Behausung" adaptiert.

In der Folge übersiedelte der Pflegsverwalter von Alt- und Lichtentann nach Neumarkt. Im Pfleghaus gab es 1718 zwei „wohnbare" Zimmer, ein kleines Stübel mit 7 Schritt im Quadrat, eine nicht „zu erheizende" große Stube 9 x 7 Schritt mit 6 Fenstern, ein kleines Kammerl 7 x 4 Schritt, gegen den Garten hinaus war die 8 x 8 Schritt große Kammer feucht und hatte nur 2 Fenster. Es bildete sich Schimmel „griener Barth". Der Pfleger wollte über der damals vorhandenen Dreschtenne und im Heuboden Zimmer einbauen, weil das Haus häufig als Absteigequartier für hohe Persönlichkeiten an der Poststation in Anspruch genommen wurde. So kam am 14. IV. 1574 Hzg. Alphons I. v. Ferrara mit einem Empfehlungsschreiben K. Maximilians II. für eine „saubere Herberig und Pettgewandt". Im Winter 1717/18 weilte der englische Thronprätendent Jakob III. Stuart auf seiner Reise nach Neapel 1 1/2 Tage im Haus (begraben im Petersdom in Rom 1766). Aber auch 1728 blieb anläßlich der Fassadenerneuerung und des Anbringens des Wappens des neuen EB. Leopold Anton v. Firmian dieselbe Bitte erfolglos. 1747 wurde die Schreibstube neu eingerichtet, 1754 erhielt das Archiv neue Kästen. 1761 wurden Türen und Fenster im Bürgerstübel repariert. 1781 stellte der Pfleger fest, daß die Kapelle an der Gartenmauer wohl zum Gerichtsgebäude gehörte und bat die Hofkammer um Übernahme der Reparaturkosten. 1796 schreibt Hübner, daß das Pfleggerichtsgebäude 1782 „beynahe ganz neu hergestellt" worden sei. Das zweigeschoßige Gebäude, das schon mit einem Blitzableiter gesichert war, beherbergte im Erdgeschoß die Kanzlei, Registratur (= Archiv) und „Behältnisse für die Landwirtschaft", im 1. Stock die Pflegerwohnung. Aus dem Besitz der eb. Hofkammer ging das Gebäude 1816 in das Eigentum des k. k. Kameralaerar und schließlich 1920 in den der Republik Österreich – Bundesgebäudeverwaltung über.

(KG. Neumarkt-Markt EZ 61, Ko. Nr. 62.
Martin, AB 1, Nr. 119; SLA, Alte Bauakten P II, 11; HK Alt-Lichtentann 1674/N [falsch zugeordnet. Das von K. Maximilian II. mp. unterfertigte Schreiben ist vom 27. III. 1574, Wien], 1685/K, 1706/E, 1718/5/B, 1719/G, 1728/C, 1747/K, 1754/F, 1761/A; Hübner 1796, 181; ÖKT X, 109; Jakob Vogl, Neumarkter Heimatbuch, 1930, 215–217; Dehio 271; Plan von 1833, in: OÖLA, Karten u. Pläne XIX/57)

2. SCHLOSS PFONGAU

Am nö. Dorfrand von Pfongau steht in ebenem Gelände das kleine Barockschlößchen von Pfongau, in dieser bis heute weitgehend unveränderten Form neu erbaut als Jagdschlößchen der gräflichen Familie von Uiberacker i. d. 1. H. d. 18. Jh.

Das Gut war Lehen des Erzherzogtumes Österreich ob der Enns. Wieweit ein Zusammenhang zu den Pfongauern in Kärnten hergestellt werden kann, ist derzeit noch ungeklärt. Am 3. X. 1267 wird bei Verhandlungen um die Türme in Reisberg, Griffen und Finkenstein (alle Kärnten) in der Zeugenreihe nach den Walchern und Otto v. Lichtenberg am Ende auch der „Phangowarius" genannt. Die Burgpfleger-Familie Pfongauer ist während des ganzen 15. Jh. im Raum Villach nachweisbar, neben den Khevenhüller in Federaun und als Lehen-

Siegel des Jörg Pfongauer, Pfleger zu Reiffenstein, auf einer Urkunde vom 18. Juni 1494 (Foto SLA)

sinhaber in Gödersdorf. Das prachtvolle Siegel des Jorig Pfanngawer, Pfleger zu Reiffenstein in Kärnten, vom 18. VI. 1494 zeigt jedenfalls zwei Adlerflügel. Aber schon im 8. Jh. ist der Ort Pfongau „Fangauuvae" im Raum Neumarkt urkundlich belegt.

Im Urbar von 1336 sind Neubrüche des Grundherren Chunr(adus) Phangaw(eri)us in Salzburg verzeichnet. 1413 und 1432 wird Cunrad Öder zu „Pfangaw", 1453 Pauls Aler zu Pfangä genannt, 1495 Conrad Wing(ler). Die letzten beiden sind aber wohl Bauern aus Pfongau. Am 28. II. 1522 belehnte Kg. Ferdinand I. die Brüder Wolfgang, Symon und Jakob Rainer mit dem „Sytz und Hof zu Phanngew", wie ihn bereits der Vater Wolfgang Rainer von K.

Maximilian I. erhalten hat. Am 1. X. 1545 wurde Jakob Rayner, der Pfleger von Golling, allein belehnt. Dann besaß Hanns Absalon Ridler v. Pfongau auf Obing, bayrischer Mautner zu Straßwalchen, den Sitz. Auf den Salzburger Landtafeln erscheinen Ridler 1569, 1583 und 1592. Sein Sohn Hans Christof Ridler wurde am 23. X. 1596 von K. Rudolf II. mit „Sitz, Hof und Tafern zu Pfongau" belehnt und erhielt am 24. V. 1601 die Verkaufserlaubnis. Am 29. III. 1610 wurde Pfongau dann an Abraham Gf. Uiberacker um 5.600 fl. verkauft. Es blieb im Besitz dieser Familie bis 25. I. 1873. Dann kauften Johann und Juliane Zauner das Gut. Am 30. VI. 1880 übernahm Juliane Zauner allein. Ihr folgte am 25. X. 1919 Georg Plainer durch Einantwortung, ebenso Georg und Anna Plainer am 26. VIII. 1930. Am 12. V. 1931 kauften Johann und Elisabeth Kistner, in deren Familie der Ansitz bis heute blieb.

Da der „kaiserlich lehenbare Sitz oder Schloß Pfangau" nach dem Erbfall 1717 an die drei minderjährigen Söhne einer Seitenlinie der Uiberacker 1727 sehr baufällig war, holten die Vormunde beim ebd. Hofrat in Salzburg die Abbruch- und Neubaugenehmigung ein, „zur Vermeidung der Strafe bei Verfall". Das Vorhaben wurde am 26. VIII. 1727 erlaubt. Schon zwischen 10.–15. V. war die alte Burg Pfongau bis auf die Fundamente abgebrochen worden. Daß es sich um eine ehemalige Wasserburg handelte, geht u. a. auch daraus hervor, daß 1679 der größere Weiher zu Pfongau geräumt und 1686 der kleinere Weiher ausgegraben wurde.

Obwohl in den erhaltenen Baurechnungen 1727–1742 jeder einzelne Robotpflichtige namentlich überliefert ist, fehlen die Namen der meisten Handwerker. Noch 1727 wurden 3.879 fl. 15 x verbaut. Zwischen 13.–16. II. 1730 wurden z. B. die Fensterrahmen zum Einglasen zur Glashütte gebracht. Vom 12.–15. IV. wurden die vom Altbau trotz Wiederverwendung übriggebliebenen behauenen Steine abtransportiert und der Garten angelegt. Der Hafnermeister Augustin Mayr aus Braunau lieferte zwei neue Kachelöfen. Ende Juli 1742 wütete ein Hagelwetter. Der Stuckatorer konnte aber seine Arbeit nach dem vorgelegten Entwurf fertigstellen. Er erhielt dafür 250 fl., die der Vikar von Neumarkt vorschoß.

1735 hatte man mit dem Neubau des Maierhauses und der Ställe begonnen. Nach einem Brand am 20. II. 1738 wurde der Bau aber fertiggestellt (Nr. 2 „Zipfwirt").

1841 plante man, im Schloß Pfongau „die Köstendorfer Filialschule in Sieghartstein" unterzubringen. Der am 27. VII. 1841 angefertigte Grundriß des 1. Stockes bestand aus einem Vorhaus, 2 heizbaren Zimmern (für 1 Schulklasse), 2 Zimmern (Wohnung für den Schullehrer), Küche und Speisekammer, „Privet" (= Klo), sowie 2 Räumen, die sich die „Herrschaft" (Freifrau von Malsen, vgl. Sieghartstein) vorbehielt.

Über rechteckigem Grundriß mit seichtem, nur angedeutetem Mittelrisalit erheben sich zwei Geschoße, abgeschlossen durch ein Hohlkehlengesimse und von einem Mansardwalmdach. Die Fassadengliederung besteht aus einfachen Eck- und Fensterfaschen im Erdgeschoß, hier sind die Fenster mit Schmiedeeisengitter in Rautenform vergittert. Die Fenster des Obergeschoßes zeigen mehrfach abgestufte Putzfaschen mit großen, in Mörtel aufgetragenen Schlußsteinen. Reicher ausgebildet ist der flache Mittelrisalit, er ist in der Breite von fünf Fensterachsen begrenzt durch gequaderte Lisenen. Hier sitzt in Mittelachse das in gequaderter Rechtecksform eingebundene Rundbogenportal. Der Schlußstein dieses Tores unter der Gesimseüberdachung trägt eine Fratzenmaske. Die Fenster des Obergeschoßes weisen hier eine symmetrische Wellung im Sturzbereich auf.

Das Innere ist im Erdgeschoß schmucklos – zu viele kleinere Adaptierungsarbeiten für Wohnzwecke haben den Bestand beeinträchtigt –, dagegen haben sich im Obergeschoß gekehlte Flachdecken mit geschwungenen Stuckfeldern erhalten, die zum Teil besonders gestaltet sind: Im ö. Teil trägt eine Stuckdecke das Wappen der Familie Uiberacker, eine andere ein Fresko mit der Darstellung der „Auffindung des Mosesknaben durch die Tochter des Pharao". Beide Stuckspiegel sind umgeben durch den für die Zeit von 1730/40 so typischen Bandlwerkstuck. Die Füllungstüren dieser beiden Räume zeigen Intarsienmalerei (ebenfalls in Bandlwerkform) und tragen noch die originalen Schlösser und Beschläge von ca. 1740. Das sö. Zimmer ist zusätzlich an den Wänden mit Malerei ausgestattet, in reichen Rocaillerahmen von etwa 1770 sind in drei Wandfeldern mythologische Szenen mit der Jagdgöttin Diana und Endymion dargestellt, eventuell von Josef Beer gemalt.

Das Schlößchen ist privat genutzt und daher nicht zu besichtigen.

Dem Schlößchen gegenüber steht der ehemals zum Schloß gehörige Bau der alten Schloßtaverne, urkundlich bereits 1596 genannt; ein zweigeschoßiger, einfacher Barockbau über Rechtecksgrundriß mit breiter Hohlkehle.

(KG. Neumarkt-Land EZ 192, Gp. 469 [seit 1971], alt Bp. 37 u. 38, Gp. 389 = Teich. Das älteste Traditionsbuch d. Klosters Mondsee, in: Forsch. z. Gesch. OÖ 16, 1989, Nr. 5, 51–54; Martin, Regg. 1 Nr. 504; Ktn. LA, Allg. Urk. 18. 6. 1494; SLA, BA VIII Nr. 11: Plan 27. 7. 1841; U 1 [1336] fol. 6v; U 1490 fol. 34; Uiberacker-Archiv Nr. 36; OÖ. LA Hs. 25 fol. 72v f., Hs. 38 fol. 265v f.; Bibl. St. Peter, Hs. Ebner 11/436; Martin, AB 1, Nr. 445, 447, 568; Franz Martin, Ueberacker, in: MGSLK 72, 1932, 50–64; Ernst Klebel, Die Grundherrschaften um die Stadt Villach, in: Archiv f. vat. Gesch. u. Top. 27, 1942, 25, 28, 50, 92; Hübner 1796, 196; Dürlinger 239; ÖKT X, 115 f.; Johann Sallaberger, in: Gästeztg. d. Sbg. Vbl. 7, 39, 1970 mit Abb.; Jakob Vogl, Köstendorfer Heimatbuch 497; Dehio 272)

3. SCHANZE UND TORHAUS, Kirchenstraße 5

An früher strategisch bedeutsamer Stelle, oberhalb der wichtigen Handelsstraße von Salzburg nach Österreich und deren Brücke über den Wallerbach, am n. Rand des Marktes, wurde der im Durchschnitt 2,5 bis 3 m hohe beidseits abgeschrägte Erdwall angelegt und mit insgesamt fünf vorspringenden Rondellen verstärkt.

Bemerkenswert ist, daß dieser Wall den Platz um die damalige Vikariatskirche umschloß, daß also die Kirche mit in den Verteidigungsbereich einbezogen wurde. Ein ähnlicher Fall ist aus dem benachbarten Straßwalchen (s. d.) bekannt.

An der SO-Seite der Anlage ist der Zugang durch einen im Grundriß leicht hakenförmigen Bau mit tonnengewölbtem Torbau ermöglicht,

Das Torhaus der Schanze in Neumarkt, erbaut 1638, ist zugleich Zugang zu Pfarrkirche und Friedhof

dem früheren „Wachthaus", bestehend aus zwei gemauerten Geschoßen und einem in Holzblockbau – dzt. eternitverschindelt – aufgesetzten Obergeschoß mit abgewalmtem Dach. Das rundbogige Tor hat eine rechteckige Quadereinfassung aus Konglomerat, im Schlußstein aus Marmor ist das Wappen des Erbauers, EB. Paris Lodron, eingearbeitet. Auf den Kämpfersteinen des Portales steht die Inschrift: „ARCHIEPS. PARIS. EX. COM. LODRONI. F. MDCXXXVIIII." Oberhalb des Torscheitels ist eine Tafel zur Erinnerung an den verheerenden Marktbrand von 1879 eingesetzt, dem die Kirche, das Wachthaus und 56 Wohnhäuser mit 24 Nebengebäuden zum Opfer fielen. Nach diesem Brand erhielt das Wachthaus den Aufbau in Holz in der heutigen Form. Erst durch spätere Phasen der Friedhofserweiterungen sowie den Neubau einer Aufbahrungshalle im S wurden geringfügig Veränderungen an der Wallanlage vorgenommen, so z. B. ein Tunnel, der den alten und neuen Friedhofsteil verbindet, die Gesamtanlage aber ist weitgehend unverändert erhalten geblieben.

Zum Bau der „Schanz am Kirchbichl" wurde 1626 Grund der Neumarkter Bürgerschaft enteignet. EB. Paris Lodron beauftragte seinen Obristleutnant Johann Sigmund v. Mabon und seinen Hofbaumeister Santino Solari mit Planung und Durchführung einer Verteidigungsanlage zum Schutz vor einem Übergreifen des oberösterreichischen Bauernaufstandes auf Salzburg. Das ursprüngliche Vorhaben, den ganzen Markt zu befestigen, wurde aufgegeben. Es blieb bei der Umwallung des Kirchhügels. Die heutige Friedhofsterrasse wurde mit Palisaden umgeben und als „Retirade" gegen den Markt zu von einem Torhaus abgeschlossen. Im hölzernen „Herberg-Stübl" über dem Tor, das 1639 fertiggestellt wurde, wohnte der kommandierende Offizier. Im Schanzenbereich befand sich die Rüstkammer mit 290 Musketen, 100 Karabinern, 100 Paar Pistolen und 86 Picken. Die Anlage verfügte über einen eigenen Brunnen. Nach dem Marktbrand von 1675 wurde das Torhaus als Wohngebäude an ausgediente Offiziere vermietet. Nach Reparaturen 1715, 1730, 1732 und 1741 wurde 1746 der Fortifikations-Charakter der Schanze durch die Landschaft aufgegeben und 1747 das

Waffenlager in das Pfleggerichtsgebäude gebracht. Es verblieben nur Pöller zum Paradieren.

(KG. Neumarkt EZ 48, Bp. 46, Alte Hs. Nr. 48.
Ansicht: Georg Pezolt, Die interessantesten Punkte von Salzburg, Tyrol und Salzkammergut 2. Jg., 1.–12. Heft, 1838 [Lithographie]; Plan: Bayer. HStA. München Pl. 9296, gezeichnet von Rupert Marith 1675; SLA, Geh. A. XXI/6/1; Alte Bauakten P II/11; Laa XIV/51; HK Alt-Lichtentann 1654/B; Hübner 182 f.; Pillwein 194; ÖKT X, 108; Jakob Vogl, Neumarkter Heimatbuch 1930, 254 f.; Fuhrmann 1980, Abb. 24; Dehio 269 mit Grundriß Gesamtanlage; Ingeborg Wallentin, Der Sbg. Hofbaumeister Santino Solari, Diss. Ms. Sbg. 1985, 331 f.)

4. SCHLOSS SIEGHARTSTEIN (Hofmark Sieghartstein)

Ungefähr einen Kilometer sö. von Neumarkt am Wallersee, wenige Meter ö. der 1988 fertiggestellten Umfahrungsstraße, erhebt sich auf einer nach W sanft, nach O steil abfallenden Felsnase, dem Sieghartstein, das gleichnamige Schloß. Der ö. Talboden war zudem versumpft und ist mit Weihern durchsetzt. Die O-Seite des Schlosses vermittelt daher auch noch den wehrhaften Eindruck einer mittelalterlichen Burg, während die W-Seite durch die strenge Fassadengliederung und das Mansardendach einem Bau des 18. Jh. entspricht.

EB. Friedrich IV. verlieh 1449 Virgil Uiberacker den Hof zu „Sigharting". Da die Uiberacker zu den „Befreundten" der Herren von Törring gehörten, die selbst wieder Erben der Tanner waren, erscheint die Annahme gerechtfertigt, daß schon die Tanner auf dem Sieghartstein ein befestigtes Haus besessen haben. Dafür spricht, daß Eckart v. Tann 1297 den Hof Sigharting bis 1340 dem Kloster Raitenhaslach übergab. In der 2. H. d. 15. Jh. gaben die Uiberacker die drei Güter „Mos, Mittenrewt et Pawngarten" hinter dem Paß Lueg an das Hofurbar und bekamen dafür den im Tanner Amt der Pfleg Wartenfels verwalteten Hof Sigharting im Tausch als Freies Eigen. Die Uiberacker sind jedenfalls seit dem 11. Jh. nachweisbar und stammen aus Überackern im Innviertel, aus „Über der (Salz-)Ache", gegenüber von Burghausen. Am 13. XII. 1281 wurden Wichard und Otto, gen. Vberekcher, mit Lehen der Salzburger Kirche belehnt. 1322 kämpften sie auf Salzburger Seite in der Schlacht von Mühldorf gegen Kg. Ludwig den Bayern, weshalb ihre Stammburg zerstört wurde. Als Pfleger von Altentann (s. d.) und Lichtentann (s. d.) wurden sie im Raum Neumarkt–Henndorf ansässig. Virgil Uiberacker hatte um 1450 „dy Veste gen dem Sigharczstain am Grunt des Hofs zu Sighartting von new gepawet". Am 29. VI. 1452 weihte Georg v. Uiberacker, Bischof von Seckau, die Schloßkapelle hl. Sigmund und Helena. Am 24. I. 1456 verlieh Kard. Nikolaus Cusanus der Kapelle Ablaßrechte. Bei größeren Festen, bei der die Volksmenge in der Burgkapelle („in castro Sighartzstein") nicht Platz fand, durfte im Freien über einem Tragaltar zelebriert werden. Der Grabstein des 1456 verstorbenen Virgil Uiberacker, 1425–1451 Hauptmann, und seiner Gattin Kunegund Aichpergerin v. Rab, iat in der Margarethenkapelle im Petersfriedhof erhalten. Am 31. V. 1541 erneuerte K. Karl V. in Regensburg die Hofmarksrechte (= Niedere Gerichtsbarkeit) und Freiheiten von Sieghartstein, wie sie EB. Friedrich IV. verliehen hatte. Das „Gatter" als Grenze ist im 15. Jh. mehrfach urkundlich belegt. Die Bestätigung durch K. Ferdinand III. 1647 war die Voraussetzung für die Freiherrnstandserhebung 1669 und den Grafenstand vom 20. IV. 1688.

Mit der Reichsfreiung war verbunden, daß der Inhaber der seit mindestens 1444 bestehenden Taverne in Sigharting (= Schloßwirt Sieghartstein Nr. 25) „in Österreich nach Wein fahren und denselben unter dem Reifen verkaufen" durfte, weshalb im Nachlaßinventar 1646 auch „24 Emer Österreicher (Wein) vom Hof Arnsdorf (in der Wachau)" aufgezählt wurden. EB. Sigismund Schrattenbach erneuerte die Hofmarks-

Neumarkt, Schloß Sieghartstein; im Gegensatz zur einheitlich gestalteten West-Fassade läßt die Ostseite noch die verschiedenen Bauphasen seit der mittelalterlichen Burganlage erkennen (Foto F.Z.)

rechte 1754, die 1820 von der Herrschaft aufgegeben und an das BG. Neumarkt übertragen wurden.

Beim Tod von Wolf Ehrenreich Uiberacker 1646 bestand der Besitz aus dem „adelichen Siz Sighartstain sambt Cassten, Stallung, Städl, Thorhaus (1495: „Meindl Torwartel zum Sighartstein"), Pädl und Gartten (1755 war Johann Michael Feichtner aus Burghausen Gärtner), 2 Vischweyer, das Würthshaus …, 1 Müll sambt Saag im Graben … und der adeliche Siz Pfängau sambt dessen Zuegehörungen" (an Wolff Gugg zum landwirtschaftlichen Nutzen ausgegeben). Das Nachlaß-Inventar enthält außer einem exakten Verzeichnis aller vorhandenen Urkunden, Akten und Gerichtsbücher auch eine Liste des Schmuckes, der Kleider und Stoffe, des Zinn- und Kupfergeschirrs, aber auch der in der Rüstkammer vorhandenen Waffen: „16 zogne und 6 glate Rohr (= Gewehre), 4 Par Pistollen, 1 Chorwüner (?), 1 Stachl, 1 Pallester, 3 vergolte Dögen, 1 Hürschfang, 1 Clains Säbel, 1 vergolten vnd 1 schwarzen Stillet, 3 Waidner mit Silber beschlagen, 1 Pulferflaschen, 1 Jägerhorn mit Silber beschlagen, 1 Waidtaschen, 1 Vbergulter Degen mit einem drackhen Khreiz." Da alle männlichen Uiberacker im Militärdienst für den Erzbischof Karriere machten, ist es nicht verwunderlich, daß eine der schönsten privaten Waffensammlungen des Landes in diesem Schloß zusammengetragen wurde. Aus der Zeit des Wolf Anton, Leutnant im kaiserl. Dragonerregiment Prinz Eugen, haben sich ein „Exercitium zu Fuß" für das Dragonerregiment des Obristen Gf. Filippi und eigenhändige Tagesbefehle des Prinzen Eugen v. Savoyen vor der Belagerung von Belgrad (im SLA) erhalten. Die Uiberacker gehörten auch zu den führenden Mitgliedern des 1701 gegründeten Ruperti-Ritter-Ordens. Zur Erinnerung an Gf. Maximilian Karl O'Donnell (die Großmutter des jetzigen Besitzers war Gfn. Maria Anna O'Donnell), der K. Franz Josef am 18. II. 1853 bei einem Attentat rettete, wofür als Dank in Wien die Votivkirche gebaut wurde, werden die blutbefleckten Handschuhe des Kaisers aufbewahrt. Ein Miniaturportrait des Grafen als Flügeladjutant besitzt das Schloßmuseum in Linz.

1646 gab es im Schloß außer der „Großen Stuben vber zwo Stiegen, der Zotten

Cammer" (an der rechten Seite der großen Stube, an der linken Seite lag die) „Stuben Cammer, die Camer daran, die Herrnstuben vnd Camer daran, der Gsindtstuben, im Schreibstübl daran, Gsündt Camer, Khürchenstübl vnd Camer daran, Gwölben". Aus dieser Zeit ist ein Kostenvoranschlag für einen Erweiterungsbau erhalten. Hübner erwähnt, daß Wolf Max Uiberacker, k. k. Generalfeldwachtmeister, das Schloß 1714 neugebaut habe. Aktenmäßig belegt sind Baumaßnahmen 1736/37 und 1792. 1762 lieferte Tischlermeister Bernhard Stadler 4 Fenster für den „Trompetersaal".

Das dreigeschoßige Schloß war auf einem Fußweg über eine Stiege durch die um das Schloß aufgeworfenen Schanzen erreichbar. Die Ringmauer war 1585 mit Plattensteinen gedeckt worden. Gleichzeitig war der Hof aufgeschüttet worden, um 1589 Kirche und Torhaus erbauen zu können. 1765 stiftete Anton Gf. Uiberacker ein Beneficium. Beim Ableben des Schloßkaplans Michelek wurde 1783 das Inventar der Schloßkapelle aufgenommen. Beeindruckend war aber die umfangreiche Bibliothek des Kaplans. 1896 besaß die Kapelle zwei Glocken von 1666 und 1869.

Das „herrschäftl. Gut Sieghartstein" ging nach dem Tod von Wolf Josef Gf. v. Überacker am 28. VII. 1823 zum 19. XI. 1828 an seine Witwe Therese, wiederverehelichte Freifrau von Malsen über. Nach dem Erbvergleich vom 17. X. 1826 erbte am 20. X. 1861 bzw. 30. VII. 1863 Otto Gf. Uiberacker. Ihm folgten 1881 Othmar und 1920 Josef Gf. Uiberacker. Am 24. II. 1964 übernahm Gabrielle Palffy, geb. Uiberacker, für den jetzigen Besitzer, ihren Sohn Martin Gf. Palffy.

Auf einem jetzt befahrbaren Weg erreicht man von SW den Schloßhügel. Am querstehenden, einstöckigen Wirtschaftsgebäude und der Kapelle vorbei, betritt man das Schloß über eine Brücke, die die ehemalige Zugbrücke ersetzt hat.

Weithin sichtbarer Bau über rechteckigem Grundriß, mit 4 Geschoßen und hohem, mansardartig abgestuftem Dach, gelegen auf einem N-S-gerichteten Geländerücken oberhalb des ehem. Gutshofes, heute Gastwirtschaft. Um die N- und W-Seite zieht eine großteils erneuerte Ringmauer, gegen S wurde ein künstlicher Graben mit ehem. Zugbrücke angelegt, um das Hauptschloß gegen den Vorhof mit Nebengebäuden und Kapelle abzutrennen.

Der Schloßbau, um die M. d. 15. Jh. neu errichtet, erfuhr um 1714 eine Erweiterung gegen S um etwa 1/3, womit auch das ehem. Torwärterhaus überbaut wurde. Weitere Bau- und Umbaumaßnahmen sind uns aus den Jahren 1720, 1736/37, 1762, 1765 und 1792 überliefert, die den spätmittelalterlichen Schloßbau weitgehend veränderten und überlagerten. Gegen E. d. 19. Jh. wurde schließlich gegen O eine schmale Raumtiefe bis über die bis dahin frei verlaufende Ringmauer eingefügt, die nach oben durch eine Terrasse abgeschlossen wird.

Die Fassaden des Baues sind schlicht gehalten: Über teils gequadertem Sockelgeschoß erhebt sich eine glatte Fassade mit einfachen rechteckigen Putzfaschen um die Fenster, eingefaßt durch Ecklisenen und ein kräftiges, profiliertes Hauptgesimse.

Man betritt das Schloß über die ehem. Zugbrücke durch einen s. angebauten Torrisalit, wo oberhalb des 2. Obergeschoßes das Doppelwappen Uiberacker-O'Donnell sitzt. Das Hauptportal ist durch eine schöne beschlagene Barocktüre hervorgehoben. Dahinter liegt das aus 1714 stammende Treppenhaus mit gutem Schmiedeeisengitter aus der Zeit. Östlich der Stiege befindet sich die mit Stichkappentonne gewölbte ehem. Torwärterstube. Die großteils tonnengewölbten Kellerräume weisen durch ihre Schalungsbretterabdrücke noch auf den mittelalterlichen Bau hin.

Die Wohnräume im Erdgeschoß und 1. Obergeschoß besitzen teils reiche Stuckdecken über weiten Hohlkehlen und sind vor allem im 1. Obergeschoß reich mit Laub- und Bandlwerkstuck um geschwungene, leere Rahmenfelder etwa um 1715/ 1720 geschmückt. Zur zeitgleichen Ausstattung zählen auch die reich ausgebildeten

Kamingewände aus Adneter Marmor. Zu erwähnen ist ein aus dem nahegelegenen Schloß Pfongau stammender Rokoko-Ofen. Zweiflügelige Füllungstüren in tief gekehlten Rahmen sowie zwei barocke Türstöcke mit Aufsatzgiebeln runden den hochwertigen Eindruck der Innenräume ab. In sämtlichen Räumen der beiden Hauptgeschoße sowie im Stiegenhaus ist die hervorragende Sammlung von teils noch aus dem späten Mittelalter stammenden Waffen und Rüstungen, Rüstungsteilen, aber auch Gemälden – hier ist vor allem auf die umfangreiche Portraitsammlung hinzuweisen – verteilt. Das oberste Geschoß, einst der Dienerschaft vorbehalten, ist schlicht gehalten.

Die am n. Ende der nur zweigeschoßigen Hofbauten stehende Schloßkapelle wurde um 1600 neu erbaut, die schon 1452 geweihte Kapelle innerhalb des Schlosses wurde profaniert. Nach der Weihe der Kapelle 1614 wurde die Kapelle im frühen 18. Jh. barockisiert und erhielt gegen den Hof einen trapezförmigen Vorbau, der später durch eine Zwischendecke für ein Emporengeschoß unterteilt wurde. Oberhalb der Nahtstelle zwischen Kapelle und Vorbau sitzt über dem abgewalmten Dach ein kleiner Dachreiter mit barocker Haube. Das Innere zeigt ein Kreuzgratgewölbe, welches in der Apsis in ein Stichkappengewölbe auf Pfeilervorlagen übergeht. Der qualitätvolle Hochaltar stammt von etwa 1747, er besitzt ein gutes Bild mit der Darstellung der Heiligen Sigmund (Patron) und Helena, darüber Muttergottes mit Kind, zeitgleich mit dem Altar. Zutaten aus der Rokokozeit stellen Tabernakel und Tabernakelunterbau mit Reliquienschrein dar. Der dem hl. Antonius von Padua geweihte Seitenaltar aus dem 1. V. d. 18. Jh. sowie die Orgel aus der Zeit um 1740 runden die wertvolle Ausstattung des Innenraumes ab.

Ein Brunnen im Vorhof mit der Statue des hl. Sighart stammt von 1893, eine Steinstatue des hl. Johannes Nepomuk am Schloßhügel stellt eine Arbeit des 18. Jh. dar.

Erwähnt soll noch die Kapelle der Ursula Benigna werden, die in Sichtweite zum Schloß inmitten der früher freien Wiesenflächen in Richtung Neumarkt steht. Sie wurde zur Erinnerung an die Rettung der Gräfin vor einem Räuber 1608 erbaut. Obwohl die zur Kapelle führende Allee unter Naturschutz stand, fiel sie dem Bau der Umfahrungsstraße zum Opfer. Das Schloß ist Privatbesitz und kann nicht besichtigt werden.

(KG. Neumarkt-Land EZ 103, Sieghartstein Ko. Nr. 1/2: Schloß und Maierei, 3: Hausmeisterstöckl, 4: Benefiziatenhaus [1785: Verwalterhaus], 29: Gartenhäusl, Nr. 30: Bräuhaus demoliert, Nr. 25: Wirtshaus, Nr. 27: Torhäusl, verkauft.
Martin, Regg. 1, 1031; Martin, AB 1, 69 und 402, 403, 395, 396, 398, 118, 120, 122; Dominikus Winkler [+ 1847], Familienchronik, SLA, Nachlaß Felner Nr. 13 (Orig.) u. Hs. 1117 (Kopie); SLA, Kop.buch V, 67; U 9 a fol. 77 Nr. 63 und fol. 82v Nr. 133–135; Archiv Uiberacker Nr. 5/2, 29, 32; U 1490 fol. 31 ff.; Hübner 1796, 195 f.; Pillwein 260 f.; Dürlinger 233; Bibl. St. Peter, Hs. Ebner 10/288–294, 11/441–443 mit Skizze der Schloßkapelle; ÖKT X, 148–163 mit Grundriß; Jakob Vogl, Neumarkter Heimatbuch 1930, 666–683; Franz Martin, Ueberacker, in: MGSLK 72, 1932, 50–64; Johann Sallaberger, in: Sbg. Vbl. Gästezeitung 36–38 aus 1970; Reindel-Schedl 1989, 320 f.; Dehio 272; Ölgemälde des 17. Jh. im Schloß, mit Grabendach)

N U S S D O R F am Haunsberg (GB. Oberndorf, alt: Laufen)

1. ERDWÄLLE AM HAUNSBERG

Auf dem Rücken des Haunsberges, s. des Gasthofes „Kaiserbuche", existieren um die beiden höchsten Punkte, die mit Trigonometer-Steinsäulen gekennzeichnet sind, sichtlich künstlich angelegte Wallanlagen. Da diese Anlagen urkundlich bisher nicht greifbar sind – lediglich geringe Zufallsfunde bronzezeitlichen Ursprungs sind bekannt – folgt hier nur eine kurze Beschreibung.

1. Nach etwa 15 Gehminuten auf dem Kammweg s. der Kaiserbuche fällt ein quer über den Rücken angelegter, etwa 3 m hoher Wall auf, dessen beidseitige Enden leicht gegen S gebogen sind. Hinter diesem Wall erhebt sich aus seichter Senke ein schmales, höheres Plateau, etwa 5 x 8 m, auf welchem die Steinsäule des Trigonometerpunktes mit der Inschrift „Österreichische Landesvermessung 1930" steht; dieser Punkt ist auf der Österreich-Karte 1 : 50.000 (Bundesmeldenetz Nr. 4810) mit der Höhe von 828 m kotiert.

2. Weitere 20 Gehminuten sw. dieser Höhe liegt der höchste Punkt des Haunsberges (835 m), ebenfalls gekennzeichnet durch eine viereckige Steinsäule, mit lateinischer und deutscher Inschrift: „Astr. geod. Operat für die europäische Gradmessung 1874." Von diesem Punkt zieht sich dem Kammverlauf folgend ein Wall gegen SW, dessen Ende steil in einer nahezu einen Dreiviertelkreis bildenden Umwallung endet, die den hier bereits tiefer liegenden Bergrücken umfaßt. Gegen N, etwa in 60 m Abstand zur Steinsäule, fällt eine hohe Abböschung quer zum Kammrücken auf, die mit dem dahinterliegenden Plateau ebenfalls künstlich geschaffen sein dürfte. Sollten diese beiden Wallanlagen zu einem einzigen System gezählt haben, so hätte diese südliche Anlage eine Länge von geschätzten 120 m erreicht.

Freundlicher Hinweis des Landesarchäologen Prof. Dr. Martin Hell (†).

2. BURGSTALL LAUTERBACH

Südwestlich vom Dorf Lauterbach liegt oberhalb des „Groß Schachern Gutes" in gerader Linie zum Pestkreuz auf dem Haunsbergrücken der sog. Burgstall. Eine leicht gegen das Oichtental geneigte Fläche (Höhenkote 574 auf der Österreichkarte 1:25.000) wird gegen O an der Grenze zwischen den KG. Pinswag und Großenegg (Gem. Berndorf) durch einen markanten Geländekopf, dahinter mit künstlich angelegtem Wall und Graben, abgeschlossen. Die Gesamtanlage erreicht auf diesem natürlichen Geländesporn eine Ausdehnung in W-O-Richtung von rund 50 Metern. Erst eine archäologische Untersuchung könnte hier klären, ob auf dieser heute dichtbewaldeten Höhe eine der Burgen der Herren von Haunsperg (s. d.) stand, auch, ob – wie aus der heute sichtbaren Geländeform zu vermuten ist – in der nahezu kreisförmigen ö. Erhebung sogar ein Turmbau steckt. Zufallsfunde (Martin Hell) belegen jedenfalls an dieser Stelle bereits eine Wohnschichte der Hallstattzeit, aber auch eine Nutzung etwa im 10. Jh. Es gab jedenfalls i. d. 2. H. d. 12. Jh. Ministeriale des Klosters Michaelbeuern, die sich nach Lauterbach nannten. Auch verlief hier die Grenze zwischen den Pfleggerichten Mattsee und Laufen.

(KG. Pinswag, Gp. 1158.
Martin Hell, Ein Burgstall im Tal der Oichten, in: SVZ 278, 30. 11./1. 12. 1957; Wichtige Funde auf dem Burgstall, in: Sbg. VBl. 278, 30. 11./1. 12. 1957; Illyrer-Siedlung im Flachgau entdeckt, in: Demokr. VBl. 278, 30. 11. 1957; Pillwein 245 f.; Reindel-Schedl 1989, 59; SLA, K. u. R. C. 2. 94. 95; D. 5.))

3. ST. PANKRAZ („SCHLÖSSL") = BURG HAUNSPERG

Oberhalb der Straße von Weitwörth nach Nußdorf liegt auf einem heute bewaldeten Felskegel am Abhang des Haunsberges das barocke Kirchlein St. Pankraz, das mitten im alten Areal der Burg der Haunsperger erbaut wurde. Die Edelfreien Haunsperger und ihre Burgmannen besaßen vom Haunsberg nach N zahlreiche Burgen, Burgtürme

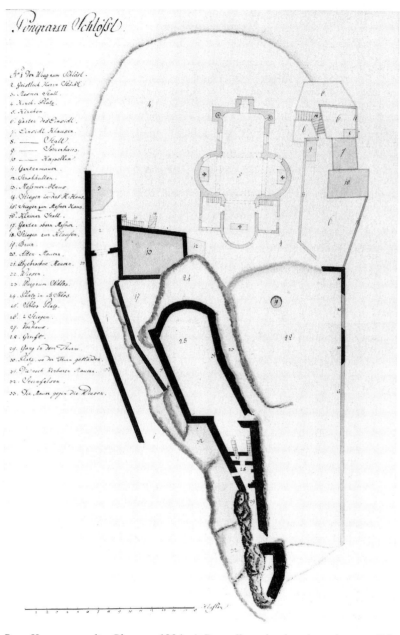

Burg Haunsperg, alter Plan von 1804 mit Darstellung der damals noch wesentlich besser erhaltenen Anlage (Foto SLA)

und Wehranlagen. Die Zuordnung zumeist später urkundlicher Nennungen einzelner Dienstmannen zu im Gelände vorhandenen oder erkennbaren Türmen ist schwer möglich. Die Burgen in St. Georgen und in der Prenzingerau scheinen anhand der später mit ihnen verbundenen gleichen Hofmarksrechte gleichwertig gewesen zu sein. Nach der mit Hochgerichtsrechten ausgestatteten Burg „Schlößl" griff der Erzbischof. Die 1. Erwähnung von Nußdorf am Haunsberg ist in den Breves Notitiae von 790 überliefert. („Nuzdorf iuxta montem, qui vocatur Hunsperch"). Die Burg Haunsperg ist um die M. d. 12. Jh. Ort einer Übergabe der Haunsperger an das Kloster St. Peter: „in castello Hunesperc". Bei dem Vorgang waren die Ritter des Gotscalc v. Haunsperg, Gerhart de Drum und sein Sohn Wolftrigil (s. Obertrum, Prenzingerau) Zeugen. Von den Hochfreien Haunspergern kennen wir Friedrich (ca. 1125–1147), Gottschalk (ca. 1147–1167), Ulrich und Mechtild (vor 1272). Nach dem Aussterben der Grafen von Lebenau 1229 mußten sie sich dem Erzbischof unterwerfen. Sie stifteten bei ihrer Talburg vor 1272 die Pfarrkirche St. Georgen (s. d.). Zuvor muß auch die Burg auf dem Haunsberg an das Erzstift übergegangen sein, da schon 1211 Hzg. Leopold V. von Österreich auf seine Lehenshoheit über die untere Burg zugunsten von EB. Eberhard II. verzichtet hatte (vgl. St. Georgen). 1211 wird auch festgelegt, daß auf der oberen Burg Haunsperg der Burgpfleger vom Edlen Gottschalk v. Haunsperg eingesezt wird, obwohl sie schon von seinen Vorfahren dem Erzstift übergeben worden war. Ob dieselbe Familie nun als Ministerialen sich weiter v. Haunsperg nannte oder ob eine ihrer zahlreichen Burgpfleger (v. Nopping = v. Nußdorf, v. Göming, Lauterbach, Oberndorf, v. Drum) den Namen weiterführt, kann kaum geklärt werden. 1260 sind jedenfalls Heinrich v. Haunsperg, Karl v. Göming, die Kalhamer und Tanner Zeugen in einer Urkunde der Bergheimer. 1272 mußte Ekhard v. Tann versprechen, den Turm in Lebenau jederzeit dem Erzbischof zurückzugeben, was die Praesenz dieser Familie an der Salzach aufzeigt und verständlich macht, daß der Besitz der Tanner vom Haunsberg bis St. Gilgen reichte. 1285 ist Hartnid v. Haunsperg, zweifelsohne bereits aus der Ministerialenfamilie, Zeuge im Schiedsgericht zwischen EB. Rudolf und Friedrich v. Pettau. Im 1290 in Wien geschlossenen Ausgleich zwischen Hzg. Albrecht v. Österreich und EB. Rudolf werden alle sbg. Ministerialen genannt, die dem Herzog gefolgt waren. Neben den Gutratern, Tannern, Goldeggern, Felbern, Jakob v. Thurn wird auch Hartnid v. Haunsperg genannt. Sie durften in Diensten des Herzogs bleiben, ohne aber die Rechte des Erzbischofs zu beeinträchtigen. 1307 gab EB. Konrad IV. Ulrich v. Haunsperg und seiner Frau Adelein, Tochter des Ortwein v. Bergheim, ein Geldgeschenk zur Morgengabe, „die er ir gab des tages, da er des morgens von ir aufstündt". 1306 war aber schon Seibot v. Nopping Burggraf auf Haunsperg. Die Haunsperger sind dann mit diesem Namen auf dem Ansitz in der Prenzinger Au, in Goldenstein und in Oberalm am Winklhof und im Ansitz Haunsperg nachweisbar.

Am 10. I. 1446 gab Hans v. Lampoting einen Revers über die ihm verliehene Pfleg und Veste Haunsperg als Entschädigung „von des enthawsens der Pfleg zu Liechtentann". 1464 ist der Salzburger Hofmarschall Christoph Trawner Pfleger auf Haunsperg. Von der Burg wissen wir, daß 1583 der Blitz einschlug, worauf sie 1589 repariert wurde. 1603 wurden die Pflegen Laufen und Haunsperg vereinigt und der Amtssitz in die Stadt verlegt. 1612 heißt es im Stockurbar „ist in lannger Zeit nit bewohnt oder vndterhalten worden, dahero die Tachungen vnd Pöden alle eingefault, die Gemeüer ausgewaschen vnd dermassen verdorben sein, das niemandt mehr daselbs (ausser einer Stuben auf dem Thor, so noch ain Thorwärtl oder Mösner alda bewohnt) hausen oder wohnen khündte. Sonnst ist in solchem Schloß ain Khirchl, darinen der Gottesdienst durch ainen Pfarrer zu Berndorf jährlich etlich mahlen verricht würdet, bishero vndterhalten worden. So hat es auch bei gemeltem Schloß khain Mayrhaus. Sonnder ist alles abganngen vnd die Hofstat ainem wie hernach vndter des Schloß aignen Grundtvndterthannen beschriben, darauf ain Heußl zesezen bewilligt worden." Alte Herrschaftsverhältnisse zeigt auf, daß Bayern 1600 noch um das Jagdrecht am Haunsberg prozessierte, das vom Erzbischof abgelöst wurde. Das Fischrecht war z. T. an Michaelbeuern übergegangen. 1613 wird ein Wald am Haunsberg erwähnt „von des Andreen Felberspergers Guett hinein gegen dem Schloss Haunsperg". (Der Holzbezug des Wirts zu Obertrum am Haunsbergwald wurde 1860 abgelöst.) 1615 und 1646 wurde die Burg noch einmal zur Verteidigung ausgerüstet, dann aber dem Verfall preisgegeben. 1727 wollte man sie ganz abtragen, was aber nicht genehmigt wurde. 1790 wurden Steine zum Neubau des Gestütstadels und Säulen für den Fasangarten in Weitwörth abtransportiert.

Die bestehende St. Pankraz-Kirche ist die Nachfolgerin der Burgkapelle von Haunsperg. Am 8. I. 1402 stiftete der Pfleger Stephan v. Lampoting eine ewige Messe „auf die vesst zu Haunsperch in der Kapelle datz sandt Pangratz". Anwesend waren der Burgkaplan Hans Prugelschriber und die Burgbewohner Ott und Jacob die Zechlinger u. v. a. m. Gleichzeitig mit dem Verfall der Burg wurde die Benützung der Kapelle gefährlich. 1693 plante man einen Neubau auf dem Felsen unterhalb der alten Kapelle. Der 1700 vorgelegte Riß wurde aber nicht ausgeführt. 1701 beschloß EB. Johann Ernst die Kirche auf eigene Kosten bauen zu lassen. Aber erst 1706 ging der Maurermeister Jacob Huber aus Salzburg ans Werk. Erzbischof-Koadjutor Franz Anton Fürst Harrach weihte sie am 18. IX. 1707. Trotzdem wurde 1733 auch die alte Kapelle instand gesetzt, weil dorthin eine Wallfahrt entstanden war. 1758 wurde das Mesnerhaus und etwas später das „geistliche Stöckl" gebaut. 1769 erklärte EB. Sigismund die St.-Pankraz-Kirche zur Capella regia und unterstellte sie somit der Verwaltung der Hofkammer.

Der Laufener Pfleger Andreas Seethaler verfaßte 1804 einen Plan des „Pongrazen Schlössl". Darauf sind eingetragen: Nr. 20: Alte Mauern, 23: Weg zum Schloß, 24: Platz in das Schloß, 25: Schloßplatz, 26: 2 Stiegen, 27: Vorhaus, 28: Gruft, 29: Gang in den Thurn, 30: Platz wo der Thurn stand, 31: kennbare Mauer, 33: Mauer gegen die Wiesen. Im Kataster von 1830 stehen auf der Bp. 45 das Schulhaus (Nr. 5), 46 die Kirche, 47 die Schullehrerwohnung (Mesnerhaus Nr. 6), 48 Schupfen (Stall). Dazu kommen noch die Gp. 596–601. Eigentümer ist bis heute „Die Kirche und Mesnerei St. Pangratz zu Schlößl". Anzufügen ist, daß im Bauerstättergraben nö. oberhalb St. Pankraz 1583 ein Bergbau auf Silber und Blei begonnen wurde, der mit Unterbrechungen noch 1804 in Betrieb war.

Hübner sah 1796 noch eine 3,5 m hohe Mauer und einen 170 m tiefen Ziehbrunnen. Der Zugang zur Burg erfolgte so wie heute von O her über die S-Flanke auf einem in den Sandsteinfelsen gehauenen Weg, der sich vom Torbau weg vermutlich spiralförmig zum höchsten Punkt der Burg auf der Kuppe des Felskegels emporschraubte. Genauere Daten über Verfall und Preisgabe der Burg fehlen, doch ist aus dem Baubestand folgender Schluß möglich: Für die auf einer erweiterten Terrasse (ehem. unterer Burghof[?]) 1701 bis 1707 erbaute Filialkirche St. Pankraz dürfte kaum eine intakte Burganlage geopfert worden sein, wohl aber – wie leider vielfach üblich – eine nicht mehr nutzbare Ruine. Noch 1790 wird vom Abbruch brauchbaren Baumateriales für Bauten in der Umgebung berichtet. Bei Verputzarbeiten an den Kirchenfassaden im Jahr 1962 wurden jedenfalls große Bereiche des Mauerwerkes, wo älteres Material wiederverwendet worden war, festgestellt.

Der heutige Torbau mit danebenstehendem Stöckl, dem ursprünglichen Mesnerhaus, heute Gasthaus „Schlößl", entstand erst im 18. Jh. – ein Unterzugtram des Torbaues trägt die verstümmelte Jahreszahl 17(..) – und dürfte anstelle des Torbaues der alten Burg stehen.

Nach Durchschreiten dieses Torbaues dominiert die 1707 fertiggestellte Kirche mit ihren drei Rundapsiden, dem an der W-Fassade sitzenden Glockentürmchen sowie dem übergiebelten Hauptportal mit dem Wappen des EB. Johann Ernst Thun, gearbeitet von Michael Bernhard Mandl 1707.

Nördlich der Kirche befinden sich zeitlich mit dem Kirchenbau zusammenhängende Stützmauern, die als Sockelmauern des ehem. eingeschoßigen Schulhauses anzusprechen sind. Teile der n. Außenwand sind der alten Ringmauer zuzuordnen, die im w. Eckbereich eine Höhe von ca. 3 m erreicht und gegen O, teils unterbrochen, im Gelände bis zum ö. Felsabsturz zu verfolgen ist. Innerhalb dieser Mauer dürfte der alte Steig zum oberen Burgbereich geführt haben. Etwa 15 bis 20 m oberhalb der Kirchenterrasse sind die Reste der oberen Burg zu sehen, gefügt aus variierenden, im Durchschnitt etwa 30 cm hohen Sandsteinquaderschichten, die besonders an der S-Seite in einer Stützmauer in Höhe von ca. 9 m sichtbar sind. Auf der engen Kuppe des Felskegels sind die Fundamente – teils an den Ecken sichtbar, teils als überwachsene Rücken – mit den Ausmaßen von ca. 8 x 12 m erkennbar, wobei im Bereich des heutigen Einstieges eine dem Gelände folgende gerundete Ausbuchtung feststellbar ist.

(KG. Weitwörth EZ 31.

SUB I, 429 Nr. 325; SUB III, 645a, 646; SUB IV, 55, 99, 355, 362, 417; Martin, Regg. 1, 346, 629, 740, 870, 993, 1144, 1370; Martin, AB 1, 84; SLA, HK Mattsee 1614/15/A; FU 2002 = BHStA. München, GL. Mühldorf 363; HR Laufen 3 [1600]; Kons. Akten 149; K. u. R. S 36, G 93; Andreas Seethaler, Laufen 1802 = Hs. 32, 36–40, 261 Nr. 13; Hübner 1796, 120; Winklhofer 151; Pillwein 411–414; Dürlinger 195–202; Notizenbl. d. Akad. 1853 Nr. CVII zum 10. 1. 1446; Bibl. St. Peter, Hs. Ebner 9/228–230, 235–243, 1018 f.; ÖKT X, 574–577; Hi. St. II. 2, 377 f.; Dehio 279, 281; Martin Hell, Höhensiedlung der Bronzezeit am Schloßberg von St. Pankraz in Sbg., in: MGSLK 106, 1966, 1–11; Olga Thun, in: Gästeztg. Sbg. VBl. 20/1/1968; Reindel-Schedl 1989, Haunsberg passim; Fritz Lošek, Notitia Arnonis und Breves Notitiae, in: MGSLK 130, 1990, 128; Ansichten/Pläne im SMCA: 5687/49; Plan der Stützmauer 1832, in: OÖLA, Karten u. Pläne XIX/63)

4. SCHLOSS WEITWÖRTH

Östlich der Abzweigung der Straße nach Nußdorf von der Lamprechtshausener Landesstraße im Ortsteil Weitwörth steht in welligem Park-Wiesengelände der breite Baukörper des Schlosses Weitwörth.

Am 12. II. 1665 wurde das hofurbare Gut Oberpichl im Pfleggericht Haunsperg zur hf. Hofmaierei Weitwörth gekauft. Die Kaufverhandlungen führte Michael Spingruber, u. a. Inspektor des Lustorts Hellbrunn und Baumeister der Landschaft mit dem Bauern Thoman Wartperger. Aus dem Kaufpreis von 1.148 fl. ist auf eine erhebliche Gutsgröße zu schließen. EB. Guidobald Thun kam aber nicht mehr dazu, den geplanten Bau auszuführen. EB. Max Gandolf Gf. v. Kuenburg errichtete das Jagdschloß 1671 und ließ einen weitläufigen Park anlegen. Der Ort sollte den Namen Gandolfswörth führen, der aber den alten Namen Weitwörth nicht verdrängen konnte. Auf einem Plan des 18. Jh. ist das Schlößl, wohl nicht naturgetreu, als sechseckiger, 2 Stockwerke hoher Bau mit 2 Dachgauben, 2 Blitzableitern (?) über kleinen Zwiebeln und umgeben von einer geschoßhohen Umfassungsmauer skizziert. Eine Skizze des 19. Jh. im SMCA zeigt links den schmalen, 2 Stock hohen Schloßbau – mit vorgesetztem Mittelturm -, der sich hufeisenförmig nach rechts fortsetzt und vorne mit einer Mauer abgeschlossen ist. Nach Baumaßnahmen in der Küche und im Stiegenhaus 1722/23 wurde 1726 auf Befehl des Obristjägermeisters ein neues, grün gestrichenes Sommerhaus erbaut. Nach ersten Sanierungsmaßnahmen 1772 wurde 1777 ein umfassender Umbau der alten Anlage begonnen. Der alte sog. Trompeter-

Die Nordseite des Schlosses Weitwörth zeigt den alten Bau des Jagdschlosses von 1671 mit dem erst 1863 angebauten Treppenhaus (Foto BDA)

Turm wurde abgetragen, Dach und Hohlkehle erneuert. Die gesamte Inneneinrichtung, Türen, Fenster, Stiegen, aber auch die Betten wurden ausgetauscht. Die Kachelöfen wurden aus Salzburg geliefert. Das Jagdschloß bestand nach Hübner in d. 2. H. d. 18. Jh. aus einem langen Viereck mit einer gegen Laufen gerichteten Fassade. Es war 3 Stock hoch. Im 2. Stock befanden sich die Zimmer für den Landesfürsten mit einer Kapelle. Den 3. Stock bildete der hohe Turm mit einer Art Gloriette über dem Dach. Zum Schloß gehörte das Försterhaus, die Gestüt-Maierei mit 3 großen Pferdeställen, sowie dem ausgedehnten Fasanen- und Hirschpark. Der letzte Pfleger von Laufen schrieb 1802, daß im Schloß 1 Speisesaal und 10 Zimmer seien. Die notwendige Ausstattung mußte vor jedem Besuch aus der Residenz in Laufen nach Weitwörth gebracht werden. Im Speisesaal hingen noch Hirschtrophäen, die EB. Johann Ernst erlegte. Die Revierförster hatten unter EB. Leopold Anton (1727–1744) in Weitwörth und unter EB. Hieronymus 1780 in Reitbach elegante Häuser erhalten. Während der Franzosenkriege wurde k. k. österr. Militär im Schloß einquartiert. Nach deren Abzug waren umfangreiche Reparaturen erforderlich. Nach dem Verlust der am linken Salzachufer gelegenen sbg. Landesteile an Bayern und dem Anschluß von Rest-Salzburg an Österreich mußte für die am rechten Salzachufer befindlichen Gebiete des Pfleggerichtes Laufen/Haunsperg ein neuer Gerichtsort gefunden werden. 1821 wurde deshalb das Pfleggericht Weitwörth mit Amtssitz im Schloß eingerichtet. 1849–1854 wurden erstmals Bezirksgerichte eingeführt, 1854–1867 wurden diese in Bezirksämter umgewandelt. Mit der endgültigen Gerichtsregelung 1867 wurde der Gerichtssitz nach Oberndorf verlegt. Auf dem Kataster von 1830 bestand die Anlage aus den Bp. 83 (Schloß), 80–82 (Maierei), 74–79 (77: Futtererhaus) und im SW dem großen Fasangarten auf den Gp. 787–792, von mehreren Alleen durchzogen und dem Park Gp. 764–771 auf dem Gelände der ehem. Gestütmaierei. Zum Bau des Gestütstadels 1711 wurden Steine, für die Fasanerie 1790 Säulen von der Burg Haunsperg (s. St. Pankraz/Schlößl) verwendet.
1863 wurde das Gut an Fürst Vinzenz Carl Auersperg verkauft, dessen Familie das

Schloß noch immer besitzt: 12. XII. 1873 Fürstin Wilhelmine Auersperg, geb. Colloredo-Mansfeld, 28. IV. 1900 Dr. Eduard Prinz Auersperg, 22. VIII. 1940 Prinz Eduard Karl Auersperg, 24. VII. 1954 Prinzessin Isabella Auersperg durch Heirat die Hälfte, 23. XII. 1980 Franz Josef Auersperg-Trautson.

In der 2. H. d. 19. Jh. wurde aufgestockt, an der W-Seite ein neues Stiegenhaus aufgeführt, im O der eingeschoßige Trakt angebaut, auf dem sich die Veranda befindet. Hier wurde die reiche Jagdtrophäensammlung untergebracht. 1892 wurde n. des Schlosses die neue Kapelle gebaut und durch Arkaden mit dem Schloß verbunden, über denen sich das fürstliche Oratorium befand. Die alte Kapelle befand sich im 2. Stock des alten Jagdschlosses.

Beim Jägerhaus in Weitwörth erinnert ein Granitstein an den Besuch von K. Franz Josef mit seinen Kindern Rudolf und Gisela am 22. VIII. 1868: „Zur Erinnerung an die höchsterfreuliche Anwesenheit Sr. k. k. apost. Majestät des Kaisers Franz Josef des I. nebst höchstdessen Kindern Ihrer k. k. Hoheiten Erzherzog Kronprinz Rudolf und Prinzessin Gisella am 22. August 1868 abends. Georg Meilinger, k. k. Bezirksförster." Weiters erinnert ein marmorner Gedenkstein der Gemeinde Nußdorf an das 60jährige Regierungsjubiläum von K. Franz Josef I. 1908.

Der sichtbare hakenförmige Grundriß spiegelt die Baugeschichte wider: Der n., gegen W vorspringende Teil war das ehem. eb. Jagdhaus, das 1777 durchgreifend saniert und wahrscheinlich auch gegen W verlängert, ab 1863 dann nach Jahren des Abwohnens und Verkommens saniert und erweitert wurde: Der hakenförmige Grundriß entstand durch einen mit dem Altbau gleichhohen Seitenflügel gegen S, wofür ein niedrigerer barocker Wirtschaftstrakt überbaut wurde. Gegen W wurden diesem neuen Wohntrakt eine Terrasse und eine begrenzende Hofmauer vorgelagert, wodurch vom Grundriß her gesehen eine Rechtecksform der Gesamtanlage entstand, an die gegen O eine Kapelle angesetzt wurde, verbunden durch eine mit einem Emporenzugang überbaute, bogenförmige Durchfahrt. Im N kam schließlich zur besseren Aufschließung sowie als komfortablerer Aufgang ein neues Stiegenhaus mit innerer ovaler Treppenanlage hinzu, mit dem Hauptbau nur durch ein schmales Bauelement verbunden. Im Zuge der Sanierungsarbeiten in den Jahren 1988/89 für die Schaffung von Startwohnungen für wohnungssuchende junge Ehepaare oder Familien wurden die desolaten sw. Terrassenvorbauten abgebrochen, wodurch die Hauptbaukörper – nunmehr neu eingedeckt und neu verputzt – wieder besser zur Geltung kommen.

Das alte Jagdschloß weist eine einfache, schmucklose Fassade auf, lediglich die w. Schmalseite, die ins Tal blickt, ist durch einen turmartigen Erker, auf Säulen im Erdgeschoß ruhend, betont. An der N-Seite ist zwischen den Fenstern der Obergeschoße der eb. Wappenstein von Max Gandolf v. Kuenburg mit einer Inschrifttafel eingemauert, datiert mit 1671. Über dem weitauskragenden, eher flachen Hohlgesimse sitzt ein Walmdach.

Im Bereich der Nahtstelle zum n. angebauten Stiegenhaus wird das Dach durch einen turmartigen Aufbau durchbrochen, der den First um ein halbes Geschoß überragt. Das n. angebaute Stiegenhaus wie auch die Kapelle im O sind im Sockelbereich horizontal gebändert und weisen darüber eine Eckpilasterdekoration auf, die beim Stiegenhaus über zwei Stockwerke reicht und ein verkröpftes Gesimse mit darüber Attikamauer trägt. Die Kapelle ist wegen mehrfacher Einbrüche sowie weiterhin zu befürchtender Diebstahlsgefährdung weitgehend entleert worden, Teile des Altares sind dzt. verliehen.

Der Flügelbau gegen S zeigte unter mehreren Mal- und Putzschichten noch Spuren von eingeritzter Eckquaderung und stockwerkstrennender Horizontalbänderung vom Vorgängerbau. Im Zuge der notwendigen Sanierung waren diese Reste aber nicht zu halten. Diese Fassaden stellen sich heute bis auf ein Rundmedaillon gegen W völlig schmucklos dar.

Im Inneren haben sich zwar die Gewölbeformen vor allem des Erdgeschoßes, teils durch Zwischenwände unterteilt, erhalten – hervorzuheben ist die zweischiffige Halle in der NO-Ecke des Altbaues mit ihren drei Mittelsäulen – von der seinerzeitigen Ausstattung aus der Zeit der Fürsten Auersperg oder gar des eb. Jagdschlosses blieb nicht viel erhalten. Durch jahrelanges Leerstehen, schadende Mietverträge, so z. B. an einen Stacheldrahterzeuger, der im Schloß seine Drahtrollen lagerte, hatte die Substanz sehr gelitten.

Das Objekt ist mit Privatwohnungen genutzt, es ist nicht zu besichtigen.

(KG. Weitwörth EZ 44, Bp. 83 (Schloß), 1982 zu EZ 222 übertragen.

SLA, Alte Bauakten L I 2, F II 5; Regg. XLII/22; K. u. R. H 1, 10, Q 28, 29 [1790], S 36; Hübner 1796, 119; Pillwein 415 f.; Andreas Seethaler, Laufen 1802 = SLA, Hs. 32, Abs. 49; Bibl. St. Peter, Hs. Ebner 10/1–7 mit Skizze von Schloß und Kapelle; ÖKT X, 584–589 [falscher Grundriß]; Dehio 280 [falscher Grundriß]; Olga Thun, in: Gästeztg. des Sbg. VBl. 21/1968 Nr. 2; Ansichten/Pläne im SMCA: 7779/49; Pläne der Gartenanlage im Hofkammerarchiv Wien, Plansammlung K 70/1–4)

O B E R N D O R F an der Salzach (GB. Oberndorf, alt: Laufen)

VIERECKSCHANZE AUF DER KASTELWIESE

An der Straße von Oberndorf nach Göming, unmittelbar nach dem steilen Straßenstück durch einen Wald nö. der Bahnhofsanlage von Oberndorf, steht s. der Straße das Kittlgut, hinter dessen Obstgarten sich eine größere Wiesenfläche gegen S ausdehnt. Diese Wiese, die Gp. 140/4, ist der Standort der sog. „Viereckschanze" von Oberndorf. Durch jahrzehntelange intensive landwirtschaftliche Nutzung sind leider die Konturen dieses reinen Erdwerkes nur noch sehr verschwommen im Gelände erkennbar, doch zeichnet sich durch heute flache Mulden eine Ausdehnung von etwa 80 auf 100 m ab.

Die noch von Pater Anselm Ebner im Jahr 1898 beschriebene Figuration der abgerundeten Ecken einer nahezu quadratischen Anlage mit kegelförmigen Erhöhungen bis zu 2,5 m über dem äußeren, umgebenden Wiesenniveau ist an Ort und Stelle nicht mehr nachzuvollziehen. Martin Hell berichtet anfangs der 30er Jahre von aufgelesenen Scherben aus der Latène- und Hallstattzeit.

(P. A. Ebner, Das verschanzte Lager bei Oberndorf-Laufen in Salzburg, in: MZK., NF. 24, 1898, 111, Nr. 38; Martin Hell, Vorgeschichtliches um den Haunsberg, 2. Die Viereckschanze bei Oberndorf, in: Das Salzfaß, 6. Jg., 3. F. 1927, 50; Fundber. 1, 1930/34, 70 [M. Hell]; Atlas der spätkelt. Viereckschanzen Bayerns [bearb. Klaus Schwarz], München 1959, Übersichtsplan Nr. 210)

O B E R T R U M (GB. Salzburg, alt: Mattsee)

ANSITZ IN DER PRENZINGERAU, Au Nr. 1

Westlich von Obertrum, an der alten Straße zum Haunsberg, stand in einem Weiher der Ansitz Au. Ob Gerhart de Drum und sein Sohn Wolftrigil mit diesem Ansitz oder der „curia Drum" im 12. Jh. zu verbinden sind, muß derzeit offen bleiben (s. Nußdorf/St. Pankraz).

Die erste sichere Erwähnung ist im Mattseer Salbuch von 1527 überliefert: „daselbs ist auch ain Edlmanssitz, genannt in der Prennzingeraw, Matheusen Haunsperger zuegehörig". Von den 3 Häusern im Weiler ist Thoman in der Au beim Kirchenbau in Obertrum schon 1499 erwähnt. Aus einem langjährigen Streit mit dem Wirt von

Obertrum um „die Tafern in der Aw" können die Hofmarksrechte des Edelmannssitzes und der zugehörigen Taferne erschlossen werden. Am 11. II. 1555 wurde Hartneid v. Haunsperg das „uralt Schenkrecht in der Prentzinger Au, auf der Tafern daselbs" bestätigt. Auf dem Edelmannssitz haben „redliche Totschlager und Thäter" Jahr und Tag fürstliche Freiheit, er ist von der Rechtsprechung des Pflegers ausgenommen. Der Wirt muß zu keiner Schranne im Gericht Mattsee gehen, den Rechtsprechern „kein Futter noch Geld" geben, hat das Fischrecht sowie das Recht auf Fuchs- und Hasenjagd. Beim Ansitz sind große und kleine Hochzeiten, „Rennen, Lauffen, Khuglstett (= Kegeln) und Pader" erlaubt.

Am 20. I. 1562 bat die Witwe Juliana v. Haunsperg, Tochter des Caspar von der Albm, den Erzbischof um Hilfe wegen der Tafernrechte gegen den Mattseer Pfleger, weil ihr ältester Sohn Wolf Adam v. Haunsperg nicht im Land war und die anderen Kinder noch minderjährig seien. Am 25. II. 1562 entschied EB. Johann Jakob zugunsten von Juliana v. Haunsperg. 1591 besaß Lienhardt Hämperger die Taferne. 1601 bestätigte Hans Ludwig Riz, daß der „Siz in der Aw und der Wirth am Mitterhof ... Frey aignes Guet und Edlmans-Siz" sind. Am 15. XI. 1644 hieß der Wirt in der Au Hans Simmerstatter. 1656 gehörten Sitz und Taferne den Grimming, über deren Tochter Maria Anna Theresia der Sitz 1679 an Dr. Franz Georg Grembs kam, dessen Familie er um 1708 noch gehörte. 1712 ist von Thomas Winkler, Wirt in der Prenzinger Au, die Rede. Im Kataster des EB. Hieronymus 1774 wird der Wirt auf der Au als Freieigenes Gut, vorher Grundherrschaft Sebastian v. Haunsperg erwähnt. Die Wirte sind vor 1725 Ruep Kraibacher, 1725 Peter Kraibacher, 5. V. 1756 Peter Kraibacher, 23. X. 1802 die Enkelin Maria Kraibacher, 21. I. 1809 Georg Gmachl durch Heirat. Seit 1874 befindet sich die Taferne im Eigentum der Familie Keil.

P. Anselm Ebner schreibt 1896, daß sö. unter dem Keilschen Gasthaus ein Weiher ist, an dessen O-Seite eine Art Landzunge hineinreicht. Der Weiher ist der Rest des Burggrabens. Um 1840 wurden die Grundmauern des alten Ansitzes entfernt.

1619 wurde im „Bayerischen Krieg" im Rahmen des 30jährigen Krieges Obertrum durch Hauptmann Hans Heinrich v. Reinach mit einer großen und „etlichen" kleinen Wachthütten befestigt und bayerische Soldaten auf 3 Wochen einquartiert. Die Mattseer Landfahne mußte zur Musterung und zum Exerzieren nach Neumarkt und Straßwalchen (s. d.).

(KG. Schönstraß EZ 40, Au Nr. 1.

SLA, U 107 fol. 61; Pfleg Mattsee Kest I, U 1591 fol. 192; HK Mattsee 1562–63/A, 1587–89/N, 1620/A, 1645/D, 1656/A, 1712/B, 1761/E; Hieron. Kat. Prot. I fol. 323, Prot. III fol. 1132; Bibl. St. Peter, Hs. Ebner 10/23 f., 11/277; Martin, AB 1 Nr. 368; Pillwein 251, Dürlinger 299; F. Zaisberger, Brauerei Obertrum, [Privatdruck] 1975, 12)

P L A I N F E L D (GB. Salzburg, alt: Wartenfels – Amt Tann und Neuhaus)

ANSITZ PABENSCHWANDT, Plainfeld Nr. 16

Nördlich der Ortschaft Plainfeld, unmittelbar an der Gerichtsgrenze von Neuhaus und Thalgau, liegt einsam der Hof Pabenschwandt.

Am 31. VIII. 1269 bürgte Konrad v. Pabenswant mit 30 Pfund für die Brüder Kuno und Konrad v. Kalham (s. d.). Am 26. XII. 1288 übergaben die genannten Brüder und Heinrich v. Kalham Hedwig, die Gattin des Gottfried v. Pabenswant, mit ihren 7 Kindern der Salzburger Kirche. 1336 werden die Pawenswa(n)t(er) als Grundherren erwähnt. Zwischen 1348 und 1566 hießen die Besitzer Chunradus, seine Erben Laurentius, Kaspar Pabnswant(er) und seine Erben, der Sohn Benedikt und Georg Pabenswannt(er), seine Tochter Margaretha und schließlich 1542 Herr Eustach von der Alm. Der vermögende Adelige hinterließ bei seinem Tod Pabenschwant seinem

Diener Sebastian Hartberger. Da dieser 1567 ohne Erben starb, verkauften seine Geschwisterkinder den Hof an den „Edl und Vest Hanns Heß und Anna Copeindlin", Tochter des Salzburger Silber- und Münzmeisters. Balthasar v. Raunach, seit 1551 Domherr und 1604/05 Dompropst, erwarb den Hof 1574 und ließ die Verwaltung nach Wartenfels übertragen. Nach dem Tod des dortigen Pflegers David Widmann-stetter, der seit 1606 das Gut im Schätzwert von 4.200 fl. besessen hatte, erbten Pabenschwandt (im Gericht Neuhaus) dessen Kinder aus 1. Ehe Albrecht und Euphrosina Widmannstetter am 1. VI. 1620. Sein Grabstein ist in Eugendorf erhalten. 1657 lieferte Sabina Endsingerin von ihrem Hof Holz an die Landschaft nach Salzburg. 1676 wird die Rüstgeldbefreiung diskutiert. 1678 kaufte Ferdinand Hueber, der 33 Jahre lang Verwalter der Trauner in Bayern gewesen war, Pabenschwandt um 4.400 fl. von Jakob Ronnacher. Hueber bat um Steuernachlaß, da er das Gut im Winter ohne Besichtigung zu teuer gekauft hatte. „Padstuben, Söldenhäusl, Mayrhaus, Stadl und Stallung" waren baufällig oder eingefallen.

Der 1688 als „adeliger freyer Süz" bezeichnete Hof wurde 1705 vom Abtenauer Pfleger Josef Pock v. Arnholz an das Kloster St. Peter verkauft. Eine Erinnerung an alte Herrschaftszusammenhänge stellt die 1712 noch geforderte Abgabe dar, daß von Pabenschwandt jährlich ein Marderbalg an das Urbaramt Mondsee abzuliefern war.

Im 18. Jh. bestand das Gut aus dem dreigeschoßigen, gemauerten Herrenhaus mit Erker und Oktogonanbau, einem Nebengebäude mit Kapelle und 2 großen Ställen. Im Jahr 1844 wurde das freieigene Schloß tiefgreifend umgebaut und in ein Bauernhaus umgewandelt; Erker, Oktogonanbau und Hauskapelle verschwanden. Lediglich einfache Inventarstücke der Kapelle blieben im Haus erhalten wie auch zwei Glocken, deren eine die Umschrift trägt: „Wolf Hieronymus Heroldt in Nurmberg a(nno) 1677 goss mich." 1927 wurde dieser Bau nochmals durchgreifend modernisiert. 1941 wurde der Hof von der Gestapo beschlagnahmt, 1947 aber uneingeschränkt an das Kloster St. Peter in Salzburg zurückgestellt.

Das Objekt mit seinen 3 Geschoßen und der Achsverteilung der Fenster von 4 : 5 stellt heute einen einfachen kubischen Baukörper mit mächtigem Walmdach dar. Als einziger Schmuck der Fassaden ist oberhalb des Eingangsportales ein qualitätsvolles Marmorrelief aus dem 17. Jh. angebracht, auf dem die sitzende Muttergottes mit dem Leichnam Jesu auf dem Schoß dargestellt ist, darunter in den Ecken zwei Wappen, das von St. Peter sowie eine leere Kartusche mit einer 5zackigen Krone darüber. Das Innere weist einen Mittelflurgrundriß auf, aus dessen Erdgeschoßhalle eine mit toskanischen Säulchen geschmückte Treppenanlage emporführt.

(KG. Plainfeld EZ 2, Ko. Nr. 16.

SLA, U 1 fol. 2, 9v, U 3 fol. 5 Nr. 125, U 4 fol. 6 Nr. 125 [in iudicio Radek], 9 a fol. 44 Nr. 125; U 1477 fol. 55; SUB IV, 65, 191, 205; Martin, Regg. 1, 575, 1329; St. Peter, Archiv: OUrk. 24. II. 1399, 16. II. 1408; SLA, AL Thalgau-Tann-Amt 1567; HK Neuhaus 1592-5/ G, 1678/D, 1688/F, 1696/H, 1705/H, 1706/L, 1712/J; HK Wartenfels 1565–67/S; LB 14 fol. 92' f.; LA 45 [Alm-Raunacher]; Cat. d. Verträg 1607–1630 fol. 146; Laa-Raittung 1657; HK-Prot. 1676; Winklhofer, Der Salzach-Kreis 1813, 138; Dürlinger 44; Bibl. St. Peter, Hs. Ebner 11/403 f.; Hs. A 309/58; ÖKT XI, 439; Andreas Radauer, Die Pabenschwandter, in: Eugendorfer Heimatbuch 1987, 35; St. Peter in Salzburg, Katalog zur 3. Landesausstellung 1982, Nr. 137: Franz Xaver König, um 1768, Ölbild „Pabenschwand-Hof")

S T. G E O R G E N an der Salzach (GB. Oberndorf, alt: Laufen)

BURG BEI DER DEKANATSKIRCHE (abgekommen)

In der Dekanatskirche von St. Georgen wurden bei Grabungen 1976 ein Steinbau angeblich um 800 und ein romanischer Saalbau um 1300 gefunden. Die Mutterkirche

Die Burg von St. Georgen an der Salzach in einer Darstellung von etwa 1600
(Foto SLA)

war aber trotz der Nennung einer „ecclesia Georgii" in der Notitia Arnonis 790 die Marienkirche in (Ober-)Eching. Entweder ist die Georgskirche der Salzburger Kirche entfremdet, die Eintragung bei der späteren Überlieferung eingefügt worden oder aber die Nennung bezieht sich auf eine andere Kirche (Nußdorf oder Bergheim). Sonst wäre es wohl kaum möglich, daß am 10. III. 1297 die Herzoge von Bayern auf die Vogtei über die Georgskirche verzichteten, die von den Edelfreien von Haunsperg mit ihrer Schwester Mechtild vor 1272 (1211) aus ihrem Gut als Pfarrkirche gestiftet worden war. Am 6. VII. 1211 kaufte EB. Eberhard II. vom Edelfreien Gottschalk die (untere) Burg Haunsperg. Abgesehen davon, daß 1750 beim Kirchenbau an der Sakristeiseite schon Reste einer Burg gefunden worden sind, spricht vor allem die reiche Dotation der Kirche und die Ausstattung mit Sonderrechten dafür, daß es sich bei dem Stiftungsgut um eine Burg der Haunsperger gehandelt hat. Sie ist auf einem Flußplan der Salzach aus der Zeit um 1600 noch abgebildet. Bis 1620 war die Pfarrkirche St. Georgen eine Hofmark, d. h. sie verfügte über die Niedere Gerichtsbarkeit, die Niederjagd u. a. m. als „freie Herrschaft". Dazu gehörte auch das Recht, eine Gastwirtschaft zu betreiben, was für den Pfarrhof von St. Georgen erst 1938 (!) aufgehoben wurde (vgl. St. Pankraz/Schlößl und Prenzingerau).

(KG. St. Georgen, EZ 34, Pfarrhof.
Wien, HHStA, OUrk. 10. 3. 1297; SUB III, 646, IV, 125 a, 192, 355; Martin, Regg. 1, 614, 633; SLA, Andreas Seethaler, Laufen 1802 = Hs. 32 fol. 264v–267; Winkelhofer 153; Pillwein 406; Dürlinger 139–147; Bibl. St. Peter, Hs. Ebner 9/177; ÖKT X, 440; Hi. St. II. 415; Dehio 340 f.; Hannes Miller, „ad Georgii ecclesiam", Heimatchronik von St. Georgen 1989, 50–52; Fritz Lošek, Notitia Arnonis und Breves Notitiae, in: MGSLK 130, 1990, 90; SLA, K. u. R. O 21. 2)

ST. GILGEN (GB. St. Gilgen, alt: Hüttenstein)

1. BEZIRKSGERICHT, Ischler Str. 15

In der Nähe des Wolfgang- oder Abersees steht am ehemaligen Ortsrand das Pfleg-bzw. Bezirksgerichtsgebäude Hüttenstein.
1603 war vom Baukommissär Egyd Riedl und vom „welschen" Baumeister Domenico Moltschen zusammen mit einem Thalgauer Zimmermeister ein „Amts-häusl" für den Pflegrichter gebaut worden. 1615 entstand das Amtmannshaus, das 1747/48 an der alten Stelle am See erneuert wurde.
Der heutige Bau wurde 1718–1720 von Sebastian Stumpfegger aufgeführt. Das Wappen über der Haustüre schuf Wolf Weissenkhürchner. Die Inschrift „aeDes Istas antehaC rVInosas fVnDItVs reaeDIfICat FRANC. ANT. A(rchiepiscopus) P(rinceps) S(alisburgensis) S(anctae) S(edis) A(postolicae) L(egatus) S(acri) R(omani) I(mperii) P(rinceps) ab Harrach" enthält ein Chronogramm auf das Jahr 1720. Zur Zeit des Neubaus war Wolfgang Niclas Pertl Pflegrichter, der Großvater von Wolfgang Amadeus Mozart. 1769 übernahm Johann B. Berchtold v. Sonnenburg dieses Amt. Er heiratete Maria Anna „Nannerl", Mozarts Schwester, die bis zu seinem Tod 1801 im Elternhaus ihrer Mutter lebte. Seit 1983 ist hier von der Internationalen Stiftung Mozarteum eine Mozart-Gedenkstätte eingerichtet.
Der einfache, einstöckige, rechteckige Bau weist eines der frühesten Mansarden-dächer in unserem Raum auf. An der S-Seite hat das Gebäude 9, im O 5 und im W 3 Fenster. Der dortige Anbau wurde 1759 angefügt. Innen wurde das Haus 1989, die Fassade 1991 renoviert.

(KG. St. Gilgen, EZ 1, Ko. Nr. 1.
SLA, Alte Bauakten P II 3; Pfleg Hüttenstein P 2 Nr. 22, 25, 30; HK Hüttenstein 1745/2/A; Hübner 1796, 281; Pillwein 222; ÖKT X, 1913, 20; Dehio 352; L. Ziller, Häuserchronik der Gemeinden St. Gilgen und Strobl 1990, 15–16)

2. FRANZOSENSCHANZE

Am S-Ufer des Aber- oder Wolfgangsees befinden sich zwischen dem Ortsteil Gschwand und dem alten Gasthof Lueg am alten „Hochweg", wo die moderne Straße über eine leichte Höhe, durch einen Felsrücken vom Seeufer landeinwärts gedrückt, verläuft, die Reste der sog. „Franzosenschanze", die im Jahr 1808 als Befestigung gegen den drohenden Anmarsch der Napoleonischen Armee und ihrer Verbündeten errichtet worden war. Bis in die Höhe der Berghänge in Richtung „Zwölferhorn" wurden Schanzen und Erdwerke aufgeworfen, doch kam es schließlich in diesem Bereich zu keinen Kampfhandlungen.
Auf dem Felskopf steht heute eine Privatvilla, das Gelände im Anschluß an den Berghang wurde durch den Straßenbau vollkommen verändert.

(Ernst v. Frisch, Kulturgeschichtliche Bilder vom Abersee, 1910, 82; Leopold Ziller, Vom Fischerdorf zum Fremdenverkehrsort, Geschichte von St. Gilgen, 2, 1973, 15)

3. RUINE BURG HÜTTENSTEIN

Westlich oberhalb der Scharflinghöhe, der Straßenverbindung zwischen Mondsee und St. Gilgen–Krottensee, steht auf einem gegen die Paßenge vorspringenden Felskopf die bescheidene Ruine der alten Burg Hüttenstein, erreichbar über den von der Straße gegen NW abzweigenden Güterweg mit der Wander-Markierung in Richtung „Mühlaueralm – Steingartenalm – Almkogel".
Im Streit um das Mondseeland, das von 831–1286 dem Bistum Regensburg, 1286–1506 Salzburg gehörte und von 1506–1565 an Salzburg verpfändet war, entstand

wohl i. d. 2. H. d. 13. Jh. nw. des Meindlreitbühels die Burg Hüttenstein. Bei einem Tausch um das Lehengut „in Aeug", gelegen „iuxta castrum nostrum Huetenstain" zwischen EB. Friedrich III. und dem Kloster St. Florian wird am 30. VII. 1323 die damals schon sbg. Burg „Huetenstain" erstmals urkundlich erwähnt. Am 23. VIII. 1329 bestätigte Albrecht der Zapffe, daß er für die 50 Pfund Pfennig, die er EB. Friedrich zum Ausbau der Veste Hüttenstein geliehen hatte, eine Sicherstellung erhalten habe. 1577 besichtigte Hofbauverwalter Ruep Rettinger die Burg. Das Mauerwerk war noch gut, nur die Holzaufbauten mußten erneuert werden, in denen alle Türen, Fenster, Öfen und „Eisenzeug" herausgerissen worden waren. Wegen der Steilheit des Daches empfahl er Lärchen-Scharschindel zur Neueindeckung. Im Stockurbar 1608 heißt es: „Das alte Schloß Hüettenstain, so ob des Mannsee vnd Prantlpergs gegen dem Khrottensee gelegen, aber diser Zeit alles paufellig auch bey Mannsgedenkhen nit bewohnt worden ist, darzue hat man vor Jarn aus dem Urbarambt St. Gilgen wegen Underhaltung aines Wachters alda järlich umb Cathrina Burckhuetgelt gedient 12 fl. zween Schilling Pfenning." 1614 wurde die Reparatur des Alten Schlosses mit der Klause um 398 fl. in Angriff genommen. Das aus Quadersteinen gewölbte Straßentor „ober dem Krottensee an der Reitt genannt zwischen dem Perge des Mannsee und Abersee" wurde im Mauerwerk und an den Holzaufbauten („Überzimmer") ausgebessert. Die Straße war unter Kard. Matthäus Lang (1519–1540) bis zum Pfandlbrunn neu angelegt worden, woran sein Marmorwappen auf halber Höhe erinnerte.

Den ständigen Grenzstreitigkeiten mit Wildenegg und Wartenfels verdanken wir Pläne aus dem 17. und 18. Jh., auf denen die Befestigungsanlagen eingezeichnet sind. Im Jänner 1747 verfaßte der Ingenieurleutnant Johann Elias Geyer einen Situationsplan, auf dem er alle damals existierenden Baulichkeiten eintrug: die eingefallenen Mauern der alten Burg Hüttenstein, die sog. Türkenschanz, bestehend aus doppelten Brustwehren, um die enge Paßstraße sperren zu können (auf Kosten Salzburgs und Österreichs erbaut), hölzerne Wacht- und Blockhäuser, z. T. in gutem Zustand, die „Tschartacke", unter der die Straße bei einer tiefen Schlucht durchführte; das reparaturbedürftige Schloß Hüttenstein (beim Krottensee), die jetzige Pflegerwohnung in St. Gilgen, die Schloß-Maierei, die Glashütte und die hf. Maut.

Mit dem kaiserlichen Obersalzamt Gmunden wurde die Erhaltung der Befestigungen in Hüttenstein und Wartenfels 1704 verhandelt. Das 1649 von der Landschaft gebaute Wachthäusl am Aigen war 1682 wegen einer Epidemie („Sterbswacht") zuletzt benützt worden, 1703 wurde es verpachtet und 1720 zu Erbrecht mit der Auflage ausgegeben, daß in Notzeiten die Stube rechts von der Tür kostenlos bereitgestellt werden mußte.

Die Wacht auf der Türkenschanz war vom 24. X. 1745 bis 13. VI. 1746 33 Wochen lang wegen der Kriegsgefahr im österreichischen Erbfolgekrieg besetzt worden. Das vordere Wachthaus in der Schanze bewohnte der Berchtesgadener Holzschnitzer Georg Lampert Neusel. Für die Aufsicht über die Schanzen erhielt er von der Landschaft wöchentlich 1 fl. 10 x und jährlich 5 Pfund Wachs sowie 8 Klafter Holz. Auf Anraten von Geyer wurde die Türkenschanz am 22. VI. 1748 abgebrochen. Weiters machte er auf die Einsturzgefahr der kaiserl.-österr. „Tschartake" aufmerksam, der man bei Gefahr nicht ausweichen konnte.

Hübner sah von der Burg bloß noch einige Ruinen zwischen den Bergen auf einem hohen Felsen gegen Mondsee, P. Anselm Ebner hingegen beschreibt und skizziert die Ruine, unter der damals – 1896 – die Ischlerbahn in einem Tunnel durchfuhr. Die Schilderung entspricht dem heutigen Bestand. Eine lavierte und aquarellierte Tuschzeichnung im SMCA zeigt den Zustand in der 1. H. d. 19. Jh.

Der an drei Seiten steil abfallende Felskopf wurde gegen N durch einen in den Fels gearbeiteten Halsgraben mit einer variierenden Tiefe von etwa 3–5 m zusätzlich gesichert. Die wenigen Mauerreste oder überwachsenen Mauerzüge lassen einen rechteckigen Grundriß mit etwa 7,5 x 13,5 m, Mauerstärke 1,2 m, erkennen, der die kleine Kuppe vollkommen bedeckt. Der Rechtecksgrundriß ist durch eine Mittelmauer geteilt, wie dies auch aus der einzig existierenden Grundrißskizze erkennbar ist; der n. Raum war etwas größer als der s.

Der größte Mauerrest dieses an der höchsten Stelle als Turm zu bezeichnenden Burgrestes findet sich an der S-Seite, hier ist ein etwa 1,8 m hoher Mauerteil mit ausgezwickeltem Quader- und Schichtenmauerwerk, deren Höhe zwischen 20 und 35 cm variiert, erhalten.

Von den auf der Darstellung von 1747 zusätzlich genannten Wachthäusern an der Paßstraße sowie von der „Türkenschanze" hat der moderne Straßenbau keine Reste übriggelassen.

(KG. Winkl, am N-Rand der Gp. 21 (Schloßmaier), gegen Gp. 17 [landesfürstl.].
OÖ. UB V Nr. CCCLXXIII [= 373]; Martin, Regg. 3 Nr. 376, 561, 564, 696; SLA, HK Hüttenstein 1577/D; U 88 (1608), fol. 2–4; Pfleg Hüttenstein, Pflegbauten P 1: 1592–1749 Nr. 6; HR Hüttenstein 5 [1612], 12 [1618]; K. u. R. C.2.117, 118, 127, 130; Laa XIV/42 mit Plan von I. E. Geyer; Zeichnung um 1800 im SMCA; Hübner 1796, 276, 283; Pillwein 222; Dürlinger 403; V. M. Süß, in: Jb. SMCA 1853, 75; Bibl. St. Peter, Hs. Ebner 10/327–329 mit Skizze; ÖKT X, 21 f.; Helmberger, Das alte Schloß Hüttenstein, in: Sbg. Ztg. 1907 Nr. 22 und 68; Ernst v. Frisch, Kulturgeschichtl. Bilder vom Abersee, 1910, 6 ff., 75 ff.; Leopold Ziller, Fuschl, 1981, 12; ders., Zur Geschichte von St. Gilgen am Aber[Wolfgang-]See 1, 1. Aufl. 1976, 28–52 mit Abb.; Dehio 351; Ansichten/Pläne im SMCA: 1130/49, 1131/49, 2840/49, 7951/ 49, 9569/49)

4. SCHLOSS HÜTTENSTEIN, Winkl Nr. 9

Östlich der Straße von St. Gilgen zum Mondsee steht unmittelbar s. des Krottensees auf einem künstlich abgeflachten Felsrücken etwa 15 m über dem flachen Talboden Schloß Hüttenstein. Die seit dem 14. Jh. bekannten (Burg-)Pfleger von Hüttenstein übten die Gerichtsrechte nicht aus, die sich Pfalzgraf Rapoto v. Ortenburg 1291 für das Aberseeland noch vorbehielt. Die sbg. Untertanen unterstanden nach 1326 dem Pfleggericht Wartenfels bzw. ihren besonderen Herrschaften, wie dem domkapitlischen Amt Schober (s. Strobl) oder dem Amt Tann (s. Altentann und Wartenfels). Erst im Verlaufe des 16. Jh. wurde ein eigenes Pfleggericht Hüttenstein eingerichtet und 1565 für den Pflegrichter ein Amtssitz gebaut. Am 1. V. 1577 besichtigte Hofbauverwalter Ruep Rettinger das neue Schloß. Obwohl Dach und „Vberzimer alles noch frisch" waren, hatten mangelhaft angebrachte Dachrafen Schäden verursacht, die das hohe, weite Dach bei Sturm gefährdeten.

Im Stockurbar von 1608 heißt es: „das neuerpaute Schloß zwischen der Perg ob des Khrottensees sambt ainer Stallung vnnd ainem clainen Wurz- oder Pflanzgärtl daselbst, ist gleichermassen derzeit unbewohnt ..., vnnderhalb des Schloß ... ain clains Holzheußl, darinen diser Zeit ain Gämer (= Verwalter) wohnt ..., Mayrhof Hüettenstein". 1614 wurde ein Kostenvoranschlag zu Baumaßnahmen beim „neuen Schloß" mit 184 fl. vorgelegt. Für die Bauten beim Schloß, Roßstall und Stadel wurde 1647 der Kostenvoranschlag um mehr als das Doppelte überschritten. Die Endabrechnung machte 782 fl. aus. Es wurden das Dach, alle Fenster, Türen und Öfen, der Kamin, die Keuchentür und der Brunnen repariert. Von da an wohnten bis 1703 die Pfleger hier. 1657 mußten die Schäden nach einem schweren Hochwasser beseitigt werden. 1672 wurde das Archiv eingerichtet. 1708 wurden die Erhaltungskosten

Die Schmalfront des Schlosses Hüttenstein spiegelt alle wesentlichen Merkmale des 1843 begonnenen Umbaues in romantischer, neugotischer Formensprache wider (Foto BDA)

zwischen Landschaft und Hofkammer geteilt, weil der Pfleger hier wohnte. 1747 beschrieb Johann Elias Geyer (s. Burg Hüttenstein) das Schloß Hüttenstein „so dermahlen einiger Ausbesserung bedarf und vorhero die Pflegwohnung gewesen ist". Es war ein vierseitig gemauertes Haus mit 4 Stuben, 2 Kammern, 1 Küche, 1 Keller und dem Gefängnis. Die umliegenden Felder hatte die Hofkammer verkauft und gab dem Pfleger für den Ertragsentang eine Gehaltserhöhung.

Das Schloß wurde von einem Holzarbeiter bewohnt, der dafür jährlich 1 fl. 30 x Miete zahlte. Da das auf einem kleinen Hügel gelegene Schloß keinerlei Verteidigungsanlagen besaß, konnte es nur als Mannschafts- und Munitionslager benutzt werden. Geyer schlug vor, das Schloß der Hofkammer zu überlassen, was der Hofkriegsrat am 28. I. 1747 genehmigte.

Am 14. VII. 1794 bat die Hofkammer „das alte, den Einsturz drohende Schloß Hüttenstein", an dem 1725 und 1730 die letzten Reparaturen durchgeführt worden waren, abbrechen und die Steine zum Bau des „neuen Hammerwerks im Abersee" verwenden zu dürfen. Nur ungern erteilte der landschaftliche Bauverwalter Franz Staiger seine Zustimmung. 1811 wurden die Reste um 45 fl. an den Holzmeister Johann Radauer versteigert. 1817 kaufte der bayrische Feldmarschall Carl Philipp Fürst Wrede, der die Herrschaft Mondsee als Dank für seine Verdienste während der Franzosenkriege auf Seiten Napoleons erhalten hatte, Hüttenstein um 50 fl. Ihn beerbte 1838 Carl Theodor Friedrich Fürst Wrede. Er begann 1843 mit dem Umbau von Hüttenstein. 1880 kauften Franziska Fürstin Liechtenstein, geb. Chalupetzky, und 1884 Demeter Ritter v. Frank, Generaldirektor der rumänischen Nationalbank, das Schloß. Ihm folgten 1908 sein Sohn Dr. Edmund v. Frank, 1917 Thea Urban-

Emmerich, geb. Morawitz, durch Kauf, 1937 Hugo Carl und Hans Edgar Urban-Emmerich, 1948 Hugo Carl Urban-Emmerich, 1951 Katharina Wünschek-Dreher und 1982 Robert Wimmer.

Den Kern des heutigen Schlosses bildet das in seiner Art sehr schlichte Landschloß der nachwirkenden Bautradition des Mittelalters: Über rechteckigem Grundriß, ohne Innenhof, erhob sich über drei Geschoße ein einfacher, kubischer Baukörper mit steilem Walmdach. Diese im Jahr 1843 bereits sehr ruinöse Substanz wurde im Zuge des in romantischer Einstellung erfolgten Wiederaufbaues in neugotischen Formen durch folgende Zubauten ergänzt: Anbau von vier achteckigen Ecktürmchen, die um ein Geschoß höher geführt wurden als der Hauptbau; an die nö. Eingangsseite wurde ein etwa 1,5 m breiter, an den Ecken abgeschrägter Risalit vorgebaut, wodurch in diesem Fassadenbereich bei Portal und darüberliegenden Fenstern eine ungewöhnliche Doppelschaligkeit entstand; an den beiden Schmalseiten des fünf mal drei Fensterachsen aufweisenden Baues wurde im zweiten Obergeschoß je ein auf drei geschwungenen Konsolen ruhender Polygonalerker errichtet.

Die Hauptgeschoße weisen breite Spitzbogenfenster auf, wovon nur der Bogenteil durch eine flache Quaderung als Dekor umrahmt ist. Zwischen Erd- und erstem Obergeschoß läuft ein mehrfach gekehltes Gesimse um den Bau, an den Schmalseiten unter den Erkern unterbrochen durch neugotische Umrahmungen für je ein großes Wappen der fürstlichen Familie Wrede. Das Hauptgesimse mit knapp daruntersitzendem Bogenfries sowie die Ecktürmchen tragen einen historisierenden, mehrfach gestuften Zinnenkranz. Die breite SW-Fassade weist in jedem der beiden oberen Stockwerke einen von Gußeisenkonstruktion getragenen Balkon auf.

Im Inneren hat sich die alte Mittelflureinteilung des Vorgängerbaues erhalten, hier blieb in Erd- und Obergeschoß auch das Stichkappengewölbe erhalten. Im Erdgeschoß sind auch zwei Räume im ö. Hausteil mit Gewölben versehen. Wenig dagegen blieb von der Ausstattung des neugotischen Wiederaufbaues aus der Zeit ab 1843 übrig. Lediglich das Mittelfenster oberhalb des spitzbogigen Eingangsportales besitzt noch neugotische Glasmalerei, umgeben von Blattornamentik das Wappen der Wrede. Einfache Stuckgesimse mit teils schablonenhafter, zartbunter Malerei an den Decken der Wohnräume erinnern an den einstigen Glanz.

Nördlich des Schloßbaues steht ein zweigeschoßiges Nebengebäude mit bescheidenem Fassadendekor a. d. M. d. 19. Jh., es diente früher als Wagenremise und darüber für Bedienstetenwohnungen. Im Hofbereich zwischen Schloß und Nebengebäude stehen an der Zufahrtsseite zwei Sandsteinlöwen auf Sockel, sowie im Zentrum der Anlage ein Gußeisenbrunnen.

An der W- und S-Seite des Schlosses wird die Terrasse von zwei je 5–6 m hohen Stützmauern mit schmalem Terrassenband dazwischen abgeschlossen, woran sich am unteren Ende der Zufahrt s. des Schlosses das reich geschmiedete Tor zwischen schlanken Mauerpfeilern lehnt. Die beiden zusammen spitzbogigen Torflügel sind durch die großen Initialen R W (Robert Wimmer) geschmückt. Das Objekt ist privat genutzt und daher nicht zu besichtigen.

(KG. Winkl EZ 3, Ko. Nr. 9.
SLA, U 88 (1608) fol. 2; Laa XIV/42 mit Lageplan; Grundriß im BG. St. Gilgen; K. u. R. I 27.1, 27.2 [Neues Schloß]; Hübner 1796, 284; Pillwein 222; Bibl. St. Peter, Hs. Ebner 10/327–330, 11/580; Ernst v. Frisch, Kulturgeschichtl. Bilder vom Abersee, 1910, 6 ff., 75 ff.; ÖKT X, 22; Leopold Ziller, Häuserchronik der Gemeinden St. Gilgen und Strobl, 1990, 160; Lithographie von L. Rottmann nach Georg Pezolt; zahlreiche histor. Photos; Dehio 351 f.)

S C H L E E D O R F (GB. Salzburg, alt: Mattsee)

BURGSTALL TANNBERG

Die erste Hangterrasse des Tannberges, etwa 10 Gehminuten n. von Köstendorf, erreichbar über jenen Weg, der von Kirche und Gemeindeamt gegen N zum Tannberg führt, weist an ihrer Talseite einen leicht abgesetzten Höhenrücken (schmales Plateau) parallel zum Tannberg auf. Das letzte w. Ende dieses Rückens wird vom Schreiberbach an der N-, W- und teilweise S-Seite in einer engen Bachschlucht etwa 40 m tief umflossen. Dieser natürliche Schutz wurde für die Anlage einer (frühmittelalterlichen [?]) Fliehburg genutzt, die gegen O zusätzlich durch einen Wall mit Graben abgesichert wurde, der den gesamten, hier noch etwa 20 m breiten Höhenrücken abschneidet. Wall und Graben sind in ihrer heutigen, abgeflachten Form noch je in einer Breite von rund 8 m erhalten, der Wall in einer unterschiedlichen Höhe von 0,6 bis 0,8 m, der Graben mit einer Tiefe von rund 1,8 m. Durch Wall und Halsgraben ist etwa eine gerundete Dreiecksform abgeteilt, am Wall etwa 20 m breit und vom Wall bis zur w. Geländekante ebenfalls ca. 20 m lang.

Eine genaue zeitliche Zuordnung wird erst durch eine archäologische Untersuchung dieses heute stark bewaldeten Burgstalles möglich sein. Der gesamte Höhenrücken ist als alter Kulturboden bekannt, so wurde bereits eine Reihe von hallstattzeitlichen Hügelgräbern sowie eine spätneolithische Wohngrube nachgewiesen.

Am 9. IV. 1251 vergab Gf. Heinrich v. Ortenburg in Prag die Vogteien über Mondsee, Gastein u. a. Unter den Zeugen war Eckart v. Schleedorf, nach dem Leitnamen wohl Angehöriger einer Seitenlinie der Tanner(vgl. Mattsee/Burg). Der Tannberg dominiert das Gebiet zwischen Mattsee und Straßwalchen, Neumarkt und Lochen und liegt an der Grenze des Pfleggerichtes Alt- und Liechtentann zu Mattsee.

(KG. Wallsberg, Ko. Nr. 24: Bauerngut Tannberg.
Hübner, 1796, 262; ÖKT XVII, 109 u. Fußnote 188; Jakob Vogl, Köstendorfer Heimatbuch, 1928, Nachdruck 1985, S. 4; Martin Hell, Eine spätneolith. Wohngrube auf dem Tannberg bei Köstendorf in Sbg., in: Archäologia Austriaca 17, 1955, 24, Abb. A.; Martin, Regg. I Nr. 111; Ansichten/Pläne im SMCA: 5395/49, 5850/49)

S E E K I R C H E N (GB. Neumarkt, alt: Alt- und Lichtentann)

1. TURM ZU FISCHTAGING (abgekommen)

1961 wurden 0,5 km s. von Fischtaging am Wallersee auf Gp. 1054 Reste eines röm. Hypokaust und zahlreiche Kleinfunde aus dem 2. Jh. n. Chr. gemacht. Damit wurden nur Spuren einer röm. Villa beim Hiesenbauer (Fischtaging Hs. Nr. 1) ergraben. Die Häuser Nr. 14 und 15 tragen die Namen Ober- und Unterthurn, womit sie auf einen ma. Turm verweisen. 987 ist „Taginga" belegt. 1268 ist Walchun de Tackking Zeuge in einem Vertrag zwischen dem Sbg. Domkapitel und dem Kloster Raitenhaslach wegen Salzabbaurechten in Hallein. 1305 stiften u. a. Echart v. Techking und seine Frau Diemud in die Oblai des Sbg. Domkapitels einen Garten in Reichenhall für Seelenmessen. Im 15. Jh. heißen die Besitzer Konrad bzw. Leonhard v. Thurn. Im Stockurbar von 1609 werden die beiden Güter zum Thurn (zu Takking) erwähnt. Die Ministerialen von Takking haben einer Sudpfanne in der Saline von Hallein ihren Namen gegeben.

(KG. Seekirchen-Land, zwischen Fischtaging Nr. 14 u. 15.
SLA, U 28 f. 362–366; SUB 4 Nr. 61; Martin, Reg. 1, 517; Martin Hell in PAR 11 (1961), 10 f.; Norbert Heger in SMCA, Jahresschrift 19, 1973 [1974], 55; Andreas Radauer, Hauschronik Seekirchen 1988, 254 f.; Reindel-Schedl 1989, 223, 362)

2. SCHLOSS SEEBURG, Seewalchen Nr. 1

Am NW-Ende des Wallersees erhebt sich auf einer kleinen Anhöhe weithin sichtbar die Seeburg. Sie stand bis zur Fischachregulierung und Tieferlegung des Sees 1890 f. direkt oberhalb des Seeufers.

Der erste sichere Nachweis für die Existenz der Seeburg ist eine Urkunde von 1491, die „Hainrich Dachsperger zu Seberg" besiegelt. Mit diesem Adelsprädikat scheint die Familie von 1492 an in der Landtafel auf. Die übrigen Nennungen von „Seeburg" müssen an anderen Orten lokalisiert werden. Wilhelm Tachsperger siegelt allerdings schon 1460 mit dem Prädikat „zu Seewalhen".

Bernhard Dachsperger wurde mit Kard. Matthäus Lang während des Bauernkrieges 1525 auf der Festung belagert. Sein langjähriger Streit um Jagdrechte mit Virgil

Schloß Seeburg in Seekirchen; die runden Ecktürmchen und der Kapellenbau werden hoch überragt durch den zentralen Hauptbau (Foto Toman)

Uiberacker v. Sieghartstein (s. d.) hat zu schauriger Legendenbildung geführt. Ein Ölbild zu diesem Thema blieb in Sieghartstein erhalten.

1535 erbten Heinrich, Margarethe und Dietrich Dachsperger. Da in der nächsten Generation Dietrich kinderlos blieb und Heinrich Domherr wurde, erbte alles die Schwester Elisabeth, die 1569 Wolf Adam v. Haunsperg heiratete.

Um 1580 folgten Neidhard und sein Sohn Christoph v. Haunsperg. Juliane v. Haunsperg heiratete den Gardehauptmann Levin v. Mortaigne, die ihr Sohn, der Kammerherr Johann Dietrich v. Mortaigne 1626 beerbte. 1647 kaufte Adam Gottlieb Frh. v. Pranckh die Seeburg und übergab sie 1680 Franz Wilhelm Gottlieb v. Pranckh und seiner Gattin Rosalie Freiin v. Löwenheim. 1724 folgten Adam Franz Xaver v. Paumann, Pfleger in Zell, und 1731 Johann Amand Ainkäs v. Ainkäshofen. Wegen hoher Schulden mußte er die Paumannischen Lehen 1738 wieder aufgeben.

Der Pfleger von Neuhaus, Ernst Maria Friedrich Gf. Lodron und seine Gattin Antonia Gfn. Arco gestalteten das Schloß im Stil des Rokoko um. Hübner beschreibt es als „beinahe vollkommenes Viereck von 3 Geschoßen, über dem ehemaligen, alten

Gebäude aufgebaut". Der Dachstuhl war im „italiänischen vortrefflichen Mansardischen Geschmacke" aufgesetzt. In einem Zimmer des 2. Geschoßes im NO wurde eine Kapelle eingerichtet. Die ganze Anlage ist mit einer Mauer umgeben, an 3 Ecken sind kleine niedere Rundtürmchen mit Quadern, an der 4. Ecke links vom Eingang steht die Rupert-Kapelle.

1779 kam Hieronymus Gf. Lodron, der Förderer von Wolfgang Amadeus Mozart und Michael Haydn, an den Besitz. Nach den grundlegenden Veränderungen im Staatsgefüge Salzburgs kam die Seeburg auf die Gant. Den Waldbesitz erhielt Konstantin Gf. Lodron-Laterano 1827. 1825 ersteigerte die Seeburg Dismas v. Wiederwald, ein Südfrüchtenhändler aus der Gottschee und Armeelieferant, der 1811 geadelt worden war. Ihn beerbten 1829 Raimund v. Wiederwald und seine Gattin Katharina Mungenast aus Linz. 1844 kaufte Matthias Bayrhamer das Gut. Er starb bereits 1845 kinderlos und hinterließ die „Bayrhamer-Armenstiftung", die 1849 eingerichtet wurde. 1850 wurde die Seeburg aufgestockt, um für 30 Pfründner Platz zu schaffen. Die Verwaltung übernahm bis 1919 der Lehrer, dann bis 1940 der Gemeindesekretär von Seekirchen. 1940–1945 war hier ein Heim für die Hitlerjugend eingerichtet. Seit 9. IX. 1943 sind Markt und Landgemeinde Seekirchen je zur Hälfte Eigentümer. Die 1974 erfolgte Zusammenlegung der Gemeinden wurde bücherlich nicht berücksichtigt. 1947–1977 wurde ein Hauptschülerheim für ca. 60 Buben geführt. Seit 1977 ist hier das Heimat- und Stiftsmuseum, bzw. seit 1982 auch ein Landkindergarten untergebracht.

Das Schloß steht inmitten eines durch eine von außen hohe Ringmauer aus mächtigen Konglomeratquadern umfaßten rechteckigen Hofraumes, der an allen vier Ecken mächtige, wenn auch nur mäßig hohe Rundtürme aufweist. Der SW-Eckturm wurde durch den barocken Kapellenbau angeschnitten, der von 1752 an zwischen Torbau und Eckturm eingeführt wurde. Rundherum, vor allem gegen den w. ansteigenden Hang, wurde künstlich ein breiter und tiefer Graben angelegt, der sich hangabwärts verlaufend hinzieht. Von S her führt darüber eine Steinbrücke anstelle der ehem. Zugbrücke über den Graben zum Haupttor mit seitlichem Gehtürl. Sämtliche Bauten der Seeburg, Ecktürme, Kapelle und Schloßbau, besitzen die für die Anlage charakteristischen geschwungenen Mansarddächer.

Von der breiten gewölbten Durchfahrt des Torbaues führt links eine barocke Türe in die Kapelle, rechts leitet eine Stiege in das enge Untergeschoß und in den Graben. Die Kapelle weist einen Rechtecksgrundriß mit angesetzter Rundapsis auf und besitzt über hohem Raum eine flache Stuckdecke über Hohlkehle. Architektur und Innenausstattung des Raumes stammen einheitlich aus den Erbauungsjahren 1752–1755; auf der geschwungenen Emporenbrüstung ist das Allianzwappen der Erbauer Lodron-Arco angebracht. Hervorzuheben ist die reiche Stuckausstattung sowie das Hochaltarbild und das Deckenbild in Stuckrahmen, beides Werke von Gennaro Basile von 1755. Die Kapelle wurde 1884 und 1953 restauriert, der auf dem Mansarddach aufgesetzte kleine Dachreiter stammt aus dem Jahr 1891. Oberhalb der Torhalle befindet sich das sog. „Lodron-" oder „Patronatszimmer der Bayrhammerstiftung". Von hier ist einerseits die Kapellenempore begehbar, andererseits führt von hier über einen breiten gemauerten Schwibbogen ein Verbindungsgang in das Schloß.

Der Schloßbau selbst weist über rechteckigem Grundriß vier Geschoße auf, deren oberstes erst 1850 aufgesetzt wurde. Der Bau selbst trägt keinerlei Schmuckelemente; sein Charakter ist gekennzeichnet durch einfachste Fassadenausbildung mit glatten Fensterfaschen, einem horizontalen Putzband über dem Erdgeschoß, einfacher, barock gekehlter Steinumrahmung des rechteckigen Portales sowie einer weitausladenden Hohlkehle unter dem Mansarddach. Das 1850 aufgesetzte oberste Geschoß wurde aus Baumaterial errichtet, das man durch Abtragen und Reduzieren der Ringmauer und der Ecktürme gewonnen hatte. Das Innere ist durch die lange Verwendung als Stiftungshaus für Pfründner nur noch schmucklos erhalten.

(KG. Seewalchen EZ 4, Ko. Nr. 1, EZ 5 = Maiergut zu Seewalchen Nr. 2, EZ 6= Gasthof zu Seewalchen Nr. 3.

SLA, U 1490 fol. 56; Martin, AB 1, Nr. 450, 610; Hübner 1796, 196 f.; Pillwein 266; Bibl. St. Peter, Hs. Ebner 10/263 und 11/371 [mit Skizze[; ÖKT X, 116–122; Dehio 401 f.; Johann Sallaberger, in: Gästeztg. Sbg. Vbl. 19–21/50–52/1970; Fuhrmann 1980, Abb. 28; Andreas Radauer, Hauschronik Seekirchen 1988, 396–398; Ansichten/Pläne im SMCA: 776/75)

3. WALDPRECHTING, Kirche und Bischofgut

1121 schenkten Ulrich, Heinrich und Konrad v. Waldprechting Güter an St. Peter, 1170 gaben der Burggraf Meingoz und seine Gattin Diemud das Gut Waldprechting dem Domkapitel.

Neben der aus dem 15. Jh. stammenden Nikolauskirche trägt das Haus Nr. 1 den Namen „Bischofgut". Es war ein auffallend mächtiges Steinhaus, möglicherweise im Kern der Wohnturm der Herren von Seekirchen. Kirche und Hof stehen auf einer kleinen Anhöhe w. von Seekirchen.

(KG. Waldprechting, Bp. 180, 179 = Ko. Nr. 1.

SUB I Nr. 157, S. 330; II 171, 230, 335, 1158; III, 674, 806; ÖKT X, 182; Dehio 400; Andreas Radauer, Hauschronik Seekirchen 1988, 413; Reindel-Schedl 1989, 125, 131 f.)

4. TURM ZU ZAISBERG (abgekommen)

Der namengebende Turm für die Herren von Bergheim – Itzling – Radegg – Fischach – Zaisberg muß im Bereich des Veitbauerngutes (Zaisberg Nr. 1) gestanden sein. Der zugehörige Wirtschaftshof war das Mayrgut (Zaisberg Nr. 3). Die auf einer kleinen Anhöhe n. von Seekirchen an der Straße nach Obertrum/Mattsee gelegenen Höfe waren noch 1830 von vier Teichen (Wassergräben) umgeben. Grundherren waren beim Veitbauer und beim Mayrgut St. Peter, Nr. 4 Leister: Dachsperg-Lodron auf Seeburg als Ritterlehen, Nr. 8 und 9 Langlecher: Überacker. Zaisberg Nr. 6/7 „Speckmoos" ist mit „speculum" = Ausguck oder mit „Knüppeldamm" in Zusammenhang zu bringen. Grundherr dieses Gutes war nach den Tannern die Pfarre Seekirchen.

(KG. Waldprechting Bp. 20, 23 und Gp. 246, 251, 342, 350.

LB 8 (1490) fol. 24; Heinrich Wallmann, Das Sbg. Ministerialengeschlecht von Bergheim, Fischach und Itzling, in: MGSLK 9, 1869, 294–300; Franz V. Zillner, Salzburger Geschlechterstudien: Itzling – Fischach – Bergheim – Radeck, in: MGSLK 19, 1879, 1–64; Franz Hörburger, Salzburger Ortsnamenbuch, in: 9. Erg.–Bd. der MGSLK 1982, 174; Andreas Radauer, Hauschronik Seekirchen 1988, 474–484)

5. ZELLER SCHLÖSSCHEN, Villa Sylvester, Baierham 11

Unmittelbar neben der kleinen spätgotischen Filialkirche von Zell am Wallersee steht gegenüber dem alten Gasthof eine unscheinbare Villa mit rundem, angebautem Treppenturm im N, einem niedrigen Eingangsvorbau und einem loggienartigen Terrassenbau gegen das Wallerseeufer hin. Bei genauerer Betrachtung entdeckt man hinter Fassadendekorresten des ausgehenden 19. Jh. sowie jüngeren Adaptierungsmaßnahmen einen kleinen, im Grundriß rechteckigen Hauptbaukörper, bedeckt von einem abgewalmten Satteldach mit beidseitigem Schopf. Dieses Stöckl entspricht etwa jenem Bauwerk, das auf einer Bleistiftzeichnung von A. Baumgartner von 1871 in der ÖKT X, S. 190, Fig. 190, dargestellt ist. Der Umbau zur Villa im Jahr 1893 hat nur wenig altes belassen. Neben dem Eingang im N sitzt am Anbau eine kleine Marmortafel mit der Jahreszahl 1523.

Vermutlich waren der alte Wohnturm s. der Kirche am Ufer des Wallersees, das Gasthaus „Zelnerwirt" und die Kirche zur hl. Magdalena eine Einheit in einem Herrschaftshof, der zu E. d. 12. Jh. im Besitz des Klosters St. Peter erstmals erwähnt wird. Am 7. IV. 1366 verzichtete Friedrich v. Seewalchen auf das Gut „Zell". Im 1523 errichteten Neubau war im 17. Jh. eine „Rohrschmiede" (= Waffenschmiede für Gewehre) untergebracht. Das Gasthaus wurde 1561 umgebaut. Der Turm wurde 1892 an Dr. Julius Sylvester verkauft, 1907 Reichstagspräsident Österreich-Ungarns. In seinem Haus wurde die Nachricht von der Ermordung des Thronfolgers Ehzg. Franz Ferdinand 1914 im Land Salzburg zuerst bekannt. 1919 wurde der Notar Oberster Präsident des Verfassungsgerichtshofes. 1932 erbten seine Töchter Hilde und Frieda, 1954 Hilde Keidel allein, 1960 Dr. Helmut Keidel, 1971 Barbara Thuma und Dr. Andreas Keidel.

Das Objekt ist privat genutzt, daher nicht zu besichtigen.

(KG. Seewalchen EZ 254. Bp. 87 = Kirche, 88 = Villa, 89 = Gasthaus.
St. Peter, Bibl. Hs. Ebner 11, 365–367; Archiv: OUrk. 7 IV. 1366; ÖKT X, 190 mit Fig. 190, 194; Andreas Radauer, Hauschronik Seekirchen 1988, 226 f.)

S T R A S S W A L C H E N   (GB. Neumarkt, alt: Straßwalchen – LG. Höchfeld)

SITZ ZU IRRSDORF

Von dem abgekommenen Ansitz nannte sich eine Ministerialenfamilie von Irrsdorf. Nachweislich wurde Sigmund Vrsdorffer 1466 mit dem „Sitz zu Vrstorff" von EB. Bernhard belehnt. Schon 1454 ist ein Sweygker Vrstorffer als Mitsiegler eines Kaufbriefes überliefert. 1417 ist Seyfried der Ursdorffer urkundlich belegt.

(SLA, LB 6 (1466) f. 16'; Martin, AB 1 Nr. 569; St. Peter, Archiv: OUrk. 30. IV. 1417)

S T R A S S W A L C H E N   (GB. Neumarkt, alt: Straßwalchen)

1. PFLEGHAUS

Nach der Lostrennung des Landgerichtes Höchfeld vom Pfleggericht Mattsee 1644 benötigte der Pflegrichter ein Haus in Straßwalchen, das Hübner „als klein und bequem, mit zwei niedrigen Geschoßen und einem ungewöhnlich großen Amtshaus" (= Gefängnis) daneben beschreibt. Es war 1721 abgebrannt und 1722 neugebaut worden, woran der heute am Gasthof Lebzelter noch erhaltene Marmorschild mit dem Wappen von EB. Franz Anton Fürst Harrach und die folgende Inschrift erinnern: „HASCE AEDES PRAETORIAS / EXORTO INOPINATO INCENDIO / REPENTINE DEVASTATAS 1721 / ITERUM AEDIFICARI ET ERIGI CVRAVIT 1722 / Francisc. Ant. Archieps. Pps. Salisburg. S. S. / Apost. Legat. S. R. I. Princeps ab Harrach etc. etc.." Im Pfleghaus befindet sich heute die Drogerie Goldner. Der Zwischentrakt mit dem Modegeschäft Goldner und der O-Teil der Raiffeisenkasse nehmen den Platz des ehemaligen Amtshauses ein. An eine Adelsfamilie, die sich nach Straßwalchen nannte, erinnert der Grabstein des 1380 verstorbenen Ulrich v. Straßwalchen im Kreuzgang von Raitenhaslach.

(KG. Straßwalchen-Markt, alte Hs. Nr. 61, Bp. 39 [die heutigen Kons. Nr. und Bp. Nr. sind falsch].
Hübner 1796, 211; Pillwein 195; ÖKT X, 181; Kunstdenkmäler des Königreiches Bayern, Altötting, 1903, 2615; Sepp Voithofer, Straßwalchen [1988], 70)

2. SCHANZE AM KIRCHHÜGEL

Südlich der Pfarrkirche, die am nw. Eckpunkt einer ausgedehnten Geländeterrasse steht und wo der Friedhofsbereich mit massiven Stützmauern gegen den darunterliegenden Markt Straßwalchen abgesichert ist, zieht sich, beginnend beim Stiegenaufgang zu Kirche und Pfarrhof, der Geländekante folgend, ein beidseits abgeböschter Wall nach SO bis zu einem verbreiterten Rondell, hier etwa 120 m von der Pfarrkirche entfernt. Im rechten Winkel dazu führt ein – zur besseren landwirtschaftlichen Nutzung leider teils eingeebneter – Wall etwa 40 m gegen O, wo ein zweites Rondell gegen S vorspringt. Von hier zieht sich wieder ein Wall gegen NW, der allerdings nach etwa 40 m abrupt endet; hier wurde er durch den Bau des Pfarrhofstadels zerstört. Auf beiden Rondellen steht heute eine uralte Linde mit dickem Stamm, beide zusammen stellen das geschützte Naturdenkmal „Linden auf der Schanze" dar. Die sw. Linde hatte schon 1900 einen Stammumfang von 5,60 m.

Es ist anzunehmen, daß die Schanzenanlage ursprünglich auch an ihrer NO-Ecke ein Rondell besaß, weil damit alle vier Ecken bestens gesichert waren; einerseits an drei Ecken die Rondelle als Erdwerke, andererseits die vierte Ecke gesichert durch die hohen Stützmauern im Bereich der Pfarrkirche. Die erhaltene Anlage von Straßwalchen ist zeitgleich mit jener von Neumarkt. In ihrer Anordnung ist sie weitgehend als analog zu Neumarkt (s. d.) anzusehen.

Straßwalchen war jedoch bereits vom Erwählten Philipp (1246–1256) stark befestigt worden („… munitionibus et valle …"). Abt Heinrich v. Mondsee mußte den Ort 1250 an Salzburg abtreten und erhielt dafür ein Schutzversprechen (gegen Bayern). Nach einem bayrischen Überfall auf Straßwalchen 1619 am Beginn des 30jährigen Krieges, der gegen die oberösterreichischen Stände gerichtet war, die sich gegen eine Verpfändung des Landes an Bayern wehrten, schien der oberösterreichische Bauernkrieg von 1625/26 den exponierten Markt zu gefährden. Am 19. VI. 1626 befahl EB. Paris Lodron, neben Neumarkt auch Straßwalchen zu befestigen. Für die Planung der Anlage waren in beiden Fällen Obristleutnant Mabon und der Hofbaumeister Santino Solari verantwortlich. In Straßwalchen wurde die Befestigung des ganzen Marktes durch einen Pallisadenzaun vollendet, wie die Ansicht von 1670 anschaulich zeigt. Am 2. V. 1628 wurde bei der Hofkammer in Salzburg angefragt, was mit dem „bei der Schanz zu Straßwalchen" gelagerten Brennholz geschehen solle. Während der ganzen Dauer des 30jährigen Krieges wurde an den Schanzen weitergearbeitet, wie aus einem Gesuch von 12 Bauern aus Mattsee hervorgeht, die 1632 um Befreiung von der Schanzarbeit in Straßwalchen auf ein Jahr ansuchten, weil ein Hagelwetter die Kornernte vernichtet hatte. Das Landgericht Straßwalchen/Höchfeld wurde bis 1644 vom Pfleger von Mattsee mitverwaltet, weshalb seine Bauern als Folge alter Herrschaftsverhältnisse auch hier roboten mußten. 1742 wurden die Schanzanlagen während des österr. Erbfolgekrieges erneuert. Hauptmann de Guardi und der Landschafts-Baumitverwalter Benedict Pertl ordneten den Bau einer „sicheren Retirade" im Friedhof, vier starke Gatter beim Pfarrhof und fünf Pallisaden beim Gartenhaus an. 1748 wurde nach Beendigung der Kämpfe die Rückgabe des noch guten Holzes an die Lieferanten als Schadenswiedergutmachung angeordnet.

(KG. Straßwalchen-Burgfried EZ 2, Gp. 176, 177; 1830: Pfarrhofgarten-Schanzen.
SUB IV, 8; SLA, HK Mattsee 1628/G, 1632/F; Ansicht des Marktes von 1670: K. u. R. D 27; Laa XIV/57; HR-Akten Straßwalchen 50; Bibl. St. Peter, Hs. Ebner 10/308 f. mit Grundriß; Hübner 1796, 211; Dürlinger 312 f.; ÖKT X, 179; Fuhrmann 1980, Abb. 25, 26; Ingeborg Wallentin, Der Sbg. Hofbaumeister Santino Solari, Diss. Ms. Sbg. 1985, 331 f.)

3. PASS STRASSWALCHEN

Im O-Teil des Marktes gab es noch den Paß Straßwalchen, ursprünglich ein Blockhaus, das seit der M. d. 15. Jh. dem bayrischen Mauteinheber zur Kontrolle des Handelsverkehrs zwischen Salzburg und dem bis 1779 zu Bayern gehörigen Innviertel diente. Die von Bayern eingehobene Maut in Straßwalchen „vmb di Vnrecht movt ze Strazwalhen" gehörte 1285 zu den Beschwerdepunkten Salzburgs gegen Hzg. Heinrich v. Niederbayern.

Das Paßhaus stand in der Mitte des sog. Bayrischen Platzls, ein kleines exterritoriales Gelände, das die Sonderstellung der bayrischen Gerichtsbarkeit innerhalb des Landgerichtes Höchfeld zum Ausdruck brachte. Der Mautner durfte während der Jahrmärkte die Stellgebühr von den Ständen auf dem Platzl kassieren. Anstelle des alten Mauthauses befindet sich seit 1972 das Marktgemeindeamt.

(KG. Straßwalchen-Markt, alte Hs. Nr. 24; 1830: Schule, Bp. 118.
SUB IV Nr. 125 a; HStA. München, Kurbayern, Geh. LA Nr. 826; SLA, HR-Akten 4, 115, 176, 182; KA 79; Hübner 1796, 211; Josef Voithofer, Straßwalchen 1988, 61 f.)

S T R O B L (GB. St. Gilgen, alt: Hüttenstein)

AMTSHAUS der „Herrschaft am Schober" (abgekommen)

Nach P. Anselm Ebner stand anstelle des Hauses Strobl Nr. 20 das Schloß der „Herrschaft am Schober", das K. Maximilian I. um 1500 als Jagdschloß benützt haben soll. Da er auf der n. davon gelegenen Halbinsel „Bürgl" seine Grabkirche errichten wollte (heute OÖ), ist der Gedanke erlaubt. Der Kammermaler Eduard Gurk sah 1838/39 noch die vollständig erhaltene Burg auf dem „Bürgl", wie sie auf einem Plan von 1597 wiedergegeben ist.

Das „Gut und Taferne am See", das auf einem Plan des 18. Jh. das Aussehen eines herrschaftlichen Ensembles hat, war das Verwaltungszentrum und die Eisenniederlage für das domkapitlische Amt „am Schober". 1533 bis 1620 hießen die Besitzer des Amtes und des Gutes „Strobl". Sie gaben der heutigen Gemeinde ihren Namen. Von 1629 an wurde auch das Amt des Klosters St. Peter von hier aus verwaltet. Um 1840 wurde die Gastgewerbekonzession auf den Platzlwirt übertragen. Seit 1968 gehört das ehemalige Hotel am See am O-Ufer des Wolfgang- oder Abersees der Oberösterr. Kraftwerke AG.

(Bibl. St. Peter, Hs. Ebner 10, 340; Walther Brauneis, Das Kaisergrab auf dem Bürglstein im Wolfgangland, in: Jb. d. OÖ. Musealvereines 121, 1976, 169–177; L. Ziller, Häuserchronik der Gemeinden St. Gilgen und Strobl 1990, 297 f.; SLA, K. u. R. J 26, 31; Eduard Gurk, Skizzenbuch in Privatbesitz; Fuhrmann 1980, Abb. 34)

T H A L G A U (GB. Thalgau, alt: Wartenfels)

1. BEZIRKSGERICHT

Ein eigenes Gebäude für den Pflegrichter entstand im Dorf erstmals i. d. 2. H. d. 16. Jh. Doch ist bereits 1282 ein Ulrich v. Thalgau genannt, der am 26. XII. 1288 als Richter zu Thalgau mit seinem Sohn Rudolf Zeuge der Übergabe der Hedwig v. Pabenschwandt (s. d.) an die Sbg. Kirche durch die Kalhamer ist. Sein Amtssitz kann nicht lokalisiert werden. 1563 war der Neubau bereits im Gange (11. IX. 1559: „das man ain New Gepew alhie angefangen"). Der Pfleger erbat 1564 beim hf. Baumeister Jörig Fischer im Namen des Zimmermeisters Hans Mammoser Nägel für das Schardach. 1576/77 wurde das Gerichtsdienerhaus samt Gefängnis gebaut. 1590 waren im Pfleghaus bereits Reparaturen nötig. Der Zimmermeister der Festung Hohensalzburg

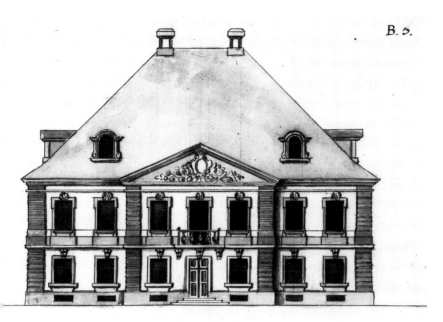

Bezirksgericht Thalgau, 1. Entwurfsplan von Kassian Singer, 1755 (Foto SLA)

Gilg Moßleitner berichtete am 20. IX. 1591, daß der „Riembling-Poden in des Pflegers Schlaf Camer" und unter dem Vorhaus vor dem Pfleger-Zimmer verfault sei. Er forderte 2 eiserne Fenstergitter vor dem ebenerdigen Pfleger-Zimmer wegen der Einsteiggefahr. Mauer und Ausgang des „haimblichen Gemachs" (= Klo) waren eingebrochen. Im Stockurbar von 1608 heißt es: „Das Pfleggerichtshaus im Dorf Talgew, sambt ainem Vich- unnd Heystadl, darbey ain claines Paumb- unnd Krautgärtl …" 1669 mußten umfangreiche Reparaturen durchgeführt werden. Am 12. VII. 1731 meldete Pfleger Franz Anton Moll, daß das Haus nicht mehr bewohnbar sei. Darauf stellte Hofbaumeister Tobias Kendler fest, daß die Reparaturen im Pfleghaus 587 fl., im Gerichtsdienerhaus 289 1/2 fl. erfordern werden. Notwendig waren Arbeiten im ebenerdigen „Hennen-Stübl", über 2 Stiegen ober dem Archivgewölbe, oberhalb des Kinderzimmers, im Dachstuhl u. a. Im alten Archiv-Raum drückte das zu schwere Gewölbe die Mauern auseinander. 1732 amtierte Moll während des Umbaues 8 Monate im Gasthaus. Er bat, Wappen und Inschrift von EB. Leopold Anton v. Firmian mit einem Chronogramm auf 1732 anbringen zu dürfen: LeopoLDVs ArChIepIsCopVs AeDes hasCe antehaC rVInosas ConstrVI aC repararI IVssIt. Am 6. IV. 1734 wurde die „Herab- Puz- und genzliche Ausbauung des Pfleghauses" bewilligt. Obwohl 1750 das Dach noch neu gedeckt wurde, beschloß man 1755 einen völligen Neubau an anderer Stelle. Das alte Haus, das nach Hübner im Dorf zwischen zwei reissenden Bächen, die es oft beschädigten, gestanden war, besaß an einer Ecke einen Rundturm. In dem schmalen Trakt mit starker Außenmauer befanden sich Küche und Gesindestube. Das Haupthaus, dessen Eingangsfront in einem spitzen Winkel zulief, verfügte neben dem großen Vorhaus über eine alte und neue Kanzlei (heizbar) und ein großes altes und ein neues Archiv. Den Rest der alten

Pfleg „ain Grund, Orth und gemauertes Stöckl von der nidergerissenen alten hf. Pfleg in Talgeu samt dem Anger-Fleckl auf und zwischen des Schlachtwerks (= Ufer-verbauung) des sog. Fisch- und Prunnpachs ..." kaufte am 15. III. 1756 der Schuster Leopold Strobl.

1755 legte der Kitzbüheler Maurermeister Kassian Singer einen Satz Pläne für den Neubau des Gerichtsgebäudes am heutigen Platz etwas abseits vor. Da er damals in Mondsee tätig war, wollte er für die Abbruch- und Maurerarbeiten seine eigenen Leute verwenden. Steinbrecher, Kalkbrenner, Zimmerer und Taglöhner für das 65 Schuh (= 18,85 m) lange und 52 Schuh (= 15,08 m) breite Gebäude sollten aus Thal-gau kommen. Die beiden vorgelegten Fassadenrisse unterschieden sich hauptsächlich darin, daß der barocke Entwurf ein hohes Walmdach mit 2 Dachgauben, einem vor-springenden Risalit und einer Attika über dem 1. Stock aufwies. Der 2., modernere Entwurf, mit Rokoko-Verzierungen trug ein ebenso hohes Mansardendach mit je 2 Fenstern unter Dreiecksgiebeln im Dachgeschoß und einem hohen, über 3 Geschoße reichenden Mittelrisalit mit 3 Fenstern und darüber einem Ochsenauge.

Im Innern waren rechts vom Eingang Kammer (Bedienten Stuben, deren Schlafzimer) und Archiv, links vom Eingang Kammer (= „Menscher-Schlafzimer") und Gesinde-stube vorgesehen. Gegenüber lagen Küche und Speis, Holzlage und Privet, Kanzlei und Verhörstübel. Über eine Stiege gelangte man in den 1. Stock mit 6 unter-schiedlich großen Stuben, dem „Taflzimmer" (= getäfelt), Kammer, Holzlage und Privet. Singer verlegte das Stiegenhaus rechts vom Eingang, ließ an der Schmalseite Küche und Speis folgen und gewann damit im Erdgeschoß 4 unterschiedlich große Räume für das Gericht und darüber eine abgeschlossene Pflegerwohnung. Auch der Entwurf für einen eleganten Rokoko-Kachelofen ist erhalten geblieben. Das ehemals über der Tür, heute im Hausflur angebrachte Marmorwappen des EB. Sigismund Gf. Schrattenbach weist in der Inschrift ein Chronogramm auf das Baujahr 1755 auf: SIgIsMVnDI III // ArChIepIsCopI IVVaVIensIs // eX nVtV strVebar.

Am 15. VII. 1755 erhielt Kassian Singer den Auftrag mit einem Kostenrahmen von 2.794 fl. 55 x. Trotzdem entwarf der Ingenieur-Capitain Johann Elias Geyer im August 1755 noch einen eigenen Bauplan mit Grundriß und Aufriß. Das einstöckige Gebäude unter einem hohen, tiefgezogenem Walmdach mit vielen Dachgauben hat den Eingang in Hausmitte und das Stiegenhaus gegenüber. Rechts vom Eingang waren Archiv und Verhörzimmer, links vom Eingang fremder Bedienten Stuben und Kammer, gegenüber Küche und Speis, Klo und Holzlage sowie die Gerichts-Stuben. Im 1. Stock war an der Vorderseite des Pflegers Wohnzimmer, Cabinet, Kammer, Kinds-Stuben und -Kammer, an der Rückseite Gesinds-Stuben und -Kammer, Klo und Holzlage sowie das Tafelzimmer vorgesehen.

Am 17. VI. 1757 war das Haus kurz vor der Fertigstellung. Am 28. IX. 1757 beanstandete der Obristbaukommissär Geyer, daß das Haus um 2 Schuh (= 58 cm) höher fundamentiert gehört hätte und das Dach „durchaus verpfuschet" sei. Da ein französisches Dach „à la mansarde" verlangt gewesen sei, verfertigte er einen Werk-satz zur Verbesserung des „Nidterländischen Tachstuells".

1736 wurde unmittelbar neben dem alten Pfleghaus das Amtshaus mit Gefängnis, Gerichtsdienerwohnung und Ställen neugebaut. Es soll um 1576 erstmals erbaut wor-den sein. 1608 lautete die Beschreibung: „ain Ambthaus im Dorf Talgey, alles von Holz erpaut, an den Vischpach ligent, darinen zween Gerichtsdiener wohnen". An-hand der erhaltenen Risse der 1. H. d. 18. Jh. ist zu sehen, daß das alte Haus rechts vom Eingang eine Wendeltreppe und 3 Gefängnisse aufwies, links davon war die heizbare Gerichtsdienerstuben und eine Kammer, die in die Küche umgebaut werden sollte. Mit Ausnahme der Stube waren alle Räume gewölbt. Im Obergeschoß waren 3 Bürgerstuben, 1 Raum für 2 Keuchen und die Kammern für den Gerichtsdiener und seinen Knecht. Hinten am Haus war ein geräumiger Speicher angebaut. Nach dem Neubau verfügte das Haus über 1 heizbare Kanzlei, 1 heizbare Verhörstube, das Archiv, einen „Privet"-Anbau, die „Hünnerstube" und ein „Behaltnus". Alle Räume, außer der Kanzlei und dem Archiv, waren gewölbt. 1831 wurde das Projekt für den Neubau des Gerichtsdienerhauses mit dem herrschaftlichen Schüttboden und Nebengebäuden dem Kreisingenieur zur Genehmigung vorgelegt. 1841 wurde aber das Haus Thalgau Nr. 41 verkauft.

Gleichzeitig mit der neuen Pfleg wurde ein neues Maierhaus mit Stall und Holzlage errichtet und 1756 zwei neue Altane, jede 15 x 7 Schuh (4,35 x 2,03 m) angebaut. Der damalige Pfleger war Gottfried v. Moll, ein hervorragender Naturwissenschaftler, verheiratet mit der Tochter des bekannten Hofkanzlers Hieronymus Cristani v. Rall. Seine Söhne Siegismund und Karl Ehrenbert v. Moll wurden in diesem Hause geboren. Karl Ehrenbert v. Moll war später Regierungspräsident von Salzburg, Vizepräsident der bayer. Akademie der Wissenschaften, Mitbegründer des Münchner Oktoberfestes und einer der gelehrtesten Sammler seiner Zeit. Seine Riesenbibliothek verkaufte er etwa zu gleichen Teilen an das British Museum in London und an die Universitätsbibliothek von Moskau. Zu seinen Ehren ließ die Gesellschaft für Salzburger Landeskunde 1984 eine Gedenktafel an der Fassade des Bezirksgerichtes anbringen.

Gleichzeitig mit dem Wiedererstehen des selbständigen Landes Salzburg 1850 wurde das Pfleggerichtsgebäude in Thalgau umgestaltet. Vom k. k. Kameral-Aerar ging das Haus 1919 an den Österr. Bundesschatz, 1940 an die Deutsche Reichs-Justizverwaltung und 1948 an die Republik Österreich über. 1984 wurde das Gebäude generalsaniert.

Der 1755 errichtete Bau des heutigen Bezirksgerichtes weist eine zweigeschoßige, einfachste kubische Form mit Walmdach auf. Es ist nicht nachvollziehbar, ob die geplanten Stuckumrahmungen der Fenster, wie sie auf alten Plänen dargestellt sind, jemals zur Ausführung gelangten. Im Inneren haben sich im Vorhaus und im dazu querliegenden Gang Stichkappentonnen erhalten; auch der jetzige Verhandlungsraum im nö. Teil des Erdgeschoßes besitzt eine Stichkappentonne, hier mit betonter Gratausführung. Am Antritt zur Stiege sitzt ein kräftiges Schmiedeeisengitter mit Lünette, bezeichnet mit 1832. Die Räume des Obergeschoßes sind bis auf wulstige Hohlkehlengesimse schmucklos.

Zum Bezirksgericht gehört auch eine kleine Wegkapelle an der Abzweigung von der Straße nach Thalgau-Egg: Der kleine Nischenbau mit geschwungenem Zeltdach beherbergt eine spätbarocke Figur des gegeißelten Heilands („Heiland in der Wies") und besitzt zwei mit den Heiligen Florian und Brigitta bemalte Türflügel. Die mit G. H. 1685 bezeichnete Kapelle wurde 1969 restauriert.

(KG. Thalgau EZ 1, Ko. Nr. 1.
Martin, Regg. 1, 1051, 1329; SLA, U 192 a [1608] fol. 3; U 956; US 81/1871; HK Wartenfels 1563/64/M, 1576–77/A, 1590–91/J, 1592/G, 1606–7/A, 1667/C, 1671/C, 1676/F, 1684/K, 1686/J, 1692/F, 1694/E, 1697/C, 1702/B, 1705/A, 1716/D [mit Plan], 1717/C, 1718/J, 1722/J, 1724/F [mit 4 Plänen] + 2/F, 1728/B, 1730/2/D + J, 1731/C + 3/B, 1750/F, 1758/4/A, 1762/3/B, 1765/G, 1767/B + D, 1769/2/D + E, 1770/4/G, 1774/B, 1775/3/C, 1777/4/A, 1780/D, 1781/5/B, 1782/4/B, 1784/B, 1786/J, 1789/C, 1792/F; Pfleg Wartenfels-Gebäusachen 1. Bund 1605–1762 zu 1669; 3. Bund: Pflegbauten zu 1758 mit zahlreichen Plänen und den Entwürfen von Kassian Singer; Linzer Akt Nr. 80; Hübner 1796, 221; Pillwein 394; Bibl. St. Peter, Hs. Ebner 11/554; ÖKT X, 246 f.; Leopold Ziller, Fuschl [1981], 11–14; Franz Pagitz, Häuserchronik, in: Karl Haas, Thalgauer Heimatbuch 1976, 194; Plan des Gerichtsdienerhauses 1832, in: OÖLA, Karten u. Pläne XIX/62)

2. SITZ AM PACH, Enzersberg Nr. 4

Das Ritterlehen „Sytz am Pach, das zway Güter sind" war vor 1491 an Wolfgang Vorstawer, 1492 an Hans Walh und Ursula Walh, verwitwete Vorstauer, vor 1541 an Barbara Tiusserin, Tochter des Konrad Walh, 1541 an Georg Vorstawer und dann von 1605 bis zur Grundentlastung an das Augustinereremitenkloster Mülln in Salzburg ausgegeben. Seit 1553 sind die Namen der bewirtschaftenden Bauern bekannt. Unter dem „Sitz" der Zehentner zu Thalgau im Dorf ist jedoch die „Forstauer modo Tanzberger Tafern im Dorf zu Thalgau am Bach liegend" zu verstehen. Im altsalzburgischen Sprachgebrauch ist Sitz auch gleichbedeutend mit Gasthof. Die Urk. vom 16. X. 1498, in der Cristoff und Hans Zechenttner, Söhne des + Benedikt, der Kirche Thalgau den Baumgarten „zunächst an Benedict Zechenttner Sitz, zwischen desselben Sitz und des Farstawer Behausung zunächst an den Bach stoßend, zu Talgaw im Dorf" verkauften, umschreibt den Obstgarten zwischen Thalgau Nr. 9 (GH: Kirche Thalgau, freieigen) und Nr. 10 „Tafern und Garten bei der Kirche (GH: DK-Oblai, Hofurbar).

(KG. Enzersberg EZ 141. Bachmanngut.
Martin, AB 1, Nr. 607–609; F. Zaisberger, Adelige Grundherrschaften in der Häuserchronik, in: Karl Haas, Thalgauer Heimatbuch, 1976, 260, 197; Martin, AB I Nr. 612)

3. RÜSTHAUS, Thalgau Nr. 39

„Das gemauerte Stöckl, das zum Lienprechtlgut gehörte", diente dem Mondseer Urbarrichter als Wohnung. 1675 wurde das halbverfallene, turmartige Gebäude von der Landschaft gekauft und als Waffendepot ausgebaut. Der Urbarrichter blieb aber im 2. Stock wohnen und zahlte der Landschaft Miete. 1715 mußten Dach- und Dachrinnen erneuert werden. Der landschaftliche Bauverwalter Franz Xaver Altmann übernahm die Bauaufsicht über das 35 x 55 Schuh (10,15 x 15,95 m) messende Gebäude. Der Maurermeister Michael Pichler und Zimmermeister Matthias Mäzinger legten Kostenvoranschläge vor. Am 20. II. 1728 erging der Befehl, das Rüsthaus in Thalgau zu verkaufen oder zu sanieren. Der Urbarrichter pachtete das Haus und reparierte es gegen den Willen des Pflegers. 1729 wurde es aber doch verkauft. Hübner schreibt 1796, daß das 3 Geschoße hohe, unregelmäßig gebaute Haus mit Gewölben versehen sei, und damals einem Metzger und einem Schuster gehörte. Da es als Waffenniederlage „zu den Zeiten der sog. Landfähnlein" diente, seien hier öfter Schützen aus den Gerichten Straßwalchen, Mattsee, Neumarkt und Wartenfels zusammengekommen, oft 300 Männer, weshalb es in Thalgau 10 Gasthäuser gäbe.

(KG. Thalgau EZ 50, Ko. Nr. 39.
SLA, Laa XIV/59, 56; HK Wartenfels 1730/D; Hübner 1796, 238; Pillwein 394; Bibl. St. Peter, Hs. Ebner 11/554; ÖKT X, 246; Karl Haas, Heimatbuch Thalgau 1974, 207; Dehio 445)

4. SPAUR-SCHLÖSSL, Thalgau Nr. 112

Diese Bezeichnung führt der Dehio für das Haus Nr. 27, das aber erst 1935 als Villa entstanden ist. Gemeint sein kann nur die „Behausung und Eisenhammerwerk" mit dem Herrenhaus, das um 1400 Vlrich Kirchpuchler, seit 1649 Tanzperger, von 1730 an den reichen Handelsherren Poschinger und schließlich 1829 Ludwig Gf. v. Dennhof mit Antonia Gfn. Thurn und Taxis, 1840 Antonia Gfn. Dönhof, Josef Zeller, 1855 Anna und Josef Zeller, 1871 Anna v. Imhof und bis 1879 Philipp Gf. v. Spauer gehörte. Er gab erst dem Haus seinen Namen.

(KG. Thalgau EZ 36, GH. HU.
Dehio 445; Franz Pagitz, Häuserchronik Thalgau, in: Karl Haas, Heimatbuch Thalgau 1976, 221)

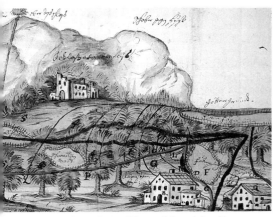

5. RUINE WARTENFELS

Am w. Ausläufer des markanten Bergrückens Drachenwand–Schober, dort wo der Felsaufbau des Bergrückens in die landwirtschaftlich nutzbare Gegend von Thalgauegg übergeht, steht auf einem deutlich abgesetzten Felskopf in 1.021 m Seehöhe die Ruine der Burg Wartenfels.

Die im Bauernkrieg 1525/26 niedergebrannte Burg Wartenfels wurde trotz Schadenersatzleistung der Gerichtsleute nicht mehr gänzlich instandgesetzt. 1552 wurden noch Innenausbauarbeiten abgerechnet.

Thalgau, Ruine Wartenfels; nicht allzu wahrheitsgetreue Darstellung der Burg auf einem Grenzplan von 1739 (Foto SLA)

1557 befahl der „alte Prunmaister“, daß Zimmermeister Strübl das Burgdach neudecken soll. 1578 wurde der dazugehörige Bauernhof erneuert. 1608 heißt es aber „Das Schloß Warttenfels, ist diser Zeit alles abeedt unnd eingefallen, auch in langer Zeit durch khainen Pfleger nit bewohnt worden“. Hübner schreibt 1796, daß die Burg „gegenwärtig so zerfallen, daß man durch das noch vorhandene Tor nur kümmerlich hineinkriechen kann“. Ebner verfaßte 1896 eine Skizze mit folgender Schilderung: „Die Burg steht auf einem hohen Kalkfelsen mit senkrecht abstürzenden Wänden gegen N und W vor den wilden Schoberwänden und mit ihnen nur durch einen schmalen Bergrücken verbunden, der gegen N auch steil abfällt. Der Zugang des Burgreviers ist sehr steil von der Teufels-Mühle im Thalgau aus, besser von Fuschl aus auf dem Almweg. Von einem unterm Burgraume, der noch von einer niederen Brustmauer umfriedet, ist ebenfalls ein steiler Aufstieg, besonders unmittelbar vor dem Eintritt zur eigentlichen Burg, von der sich zerbröckelnde hohe Mauern mit unregelmäßigen Durchbrüchen nur in der S-Ecke stehen, bedeutendere auch in der O- und NO-Ecke. In der NW-Ecke ist, teilweise niedrig umfriedet, eine hohe Terrasse, von welcher aus die Aussicht bes. gegen W wahrhaft entzückend ist, gegen SW ein bogenförmiger Mauerdurchbruch, durch welchen man auf einen Burgplatz gelangen kann. Von der Kapelle hat man keine Spur mehr.“

Konrad v. Steinkirchen, dessen Burg auf dem Kirchberg bei Eugendorf (s. d.) stand und der vielleicht ein Tanner war, baute Wartenfels um 1259 („municio“) gemeinsam mit seinem Schwiegersohn Konrad v. Kalham, der Margarethe v. Steinkirchen geheiratet hatte. Deren Bruder Konrad d. J. v. Steinkirchen hatte auf die mütterlichen Stöflinger-Lehengüter am Thalgaueck (Erbe der Grafen von Plain) zugunsten seiner Schwester verzichtet. Die Erlaubnis, eine 2. Burg bauen zu dürfen, falls der Platz in Wartenfels nicht geeignet sei, scheint den Krieg um die Burg Kalham (s. d.) ausgelöst zu haben. Konrad v. Wartenfels gehörte 1275 zu den Schiedsrichtern im Vertrag von Erharting und war 10 Tage später Zeuge der Stiftung des Ulrich v. Kalham während der Belagerung der Burg Kalham. 1301 verkaufte ein weiterer Konrad v. Kalham/ Wartenfels EB. Konrad IV. „daz purchstal ze Wartenuels“ um 50 Pfund Pfennige und erhielt es zu Lehen zurück. Andre der Sachs verzichtete für seine Frau Jente und seine

Kinder am 21. III. 1307 auf das Erbe „vor uz siu purge vnd purchstal", wie es der Wartenfelser vom Stainchiricher erhalten hat, sollte sein „Geswey" Konrad v. Wartenfels kinderlos sterben, was 1326 eintrat. Seine Schwester Dietmut starb 1344 als Äbtissin von Nonnberg, Agnes hatte Jacob v. Thurn geheiratet. Als Wappentier führte er den Steinbock. Die Burg wurde mit einem eb. Pfleger besetzt.

Um 1570 war der Pfleger nach Thalgau übersiedelt, 1600 verließen auch die Jäger und Wildhüter die verfallende Burg. Vor einem angesagten Besuch von EB. Wolf Dietrich im August 1593 – er weilte zur Jagd in Fuschl – haben 2 Frauen die Burg „geputzt vnd ausgekehrt". 1669 heißt es „daruon aniezo weiter nichts, weder allain thaills allts Gemeyerwerch zw ersehen … auf der Landtgränizen (gegen Wildenegg) … an einem grobpergigen und ungelegsamben wündterigen Orth …". Aufgrund der ständigen Grenzstreitigkeiten zwischen Wildenegg und Wartenfels sind aus dem 17. und 18. Jh. einige Grenzpläne mit der Ruine Wartenfels, so z. B. ein Aquarell von 1739 und eine Grenzkarte von Wolfgang Hagenauer von 1761 erhalten. Im folgenden Jahr entwarf Wolfgang Hagenauer den Bauplan für ein neues Jägerhaus.

Der „Bauhof" bzw. der Maierhof zur Burg Wartenfels ist das Gut „In Prichsen" (Thalgau-Egg Nr. 3), dessen erster nachweisbarer Besitzer im Hofurbar um 1336 Chunradus hieß. Heute gehört die Ruine zu diesem Bauerngut.

Vom ö. Bergeinschnitt her, wo auch das alte Burgtor gestanden haben muß, betritt man einen kleinen, unteren Hofbereich, in dem die Grundmauern eines kleinen Wirtschaftsgebäudes (Stalles [?]) zu sehen sind. Von hier zieht sich ein schmaler Zugangsbereich, links und rechts am Felsabsturz durch Wehrmauern, z. T. mit offenen Schießluken, gesichert, steil gegen W zur Hauptburg hinauf. Der Grundriß der ehem. Hochburg ist kaum mehr zu erahnen, doch schloß seine ö. Außenwand den eben durchschrittenen „Zwinger" quer zum Berg ab. Wo oder in welcher Höhe, ob mit neuerlicher Zugbrückenanlage, etc., der Zugang zur Hochburg lag, ist nicht nachweisbar. Wesentliche Mauerreste waren auch von der breiten W-Wand mit einer Höhe der einzelnen Mauerzähne von über 10 m mit der Andeutung von drei Fensteröffnungen erhalten, geringere Reste standen noch in den Zwischenmauerbereichen der Hochburg. Zeichnungen von E. Mayrhofer 1841, J. Engl 1886 und F. Kulstrunk um 1900 zeigen den Zustand der Burg im 19. Jh.

Die sich aus reiner Mauerwerksabsicherung der Ruine zu teilweisem Wiederaufbau von Mauerteilen entwickelnden Restaurierungsmaßnahmen zu Beginn der 80er Jahre haben vieles vom historischen und dokumentarischen Wert der Ruine verfälscht und überlagert. Nur bei genauem Betrachten des Mauergefüges gelingt es, das wenige Alt von dem zu vielen Neu zu unterscheiden.

(KG. Egg EZ 3, Gp. 807/4.
SUB IV, 58, 221; Martin, Regg. 1, 324, 325, 575, 735, 740; 2, 826; SLA, OUrk. 11. 2. 1528; U 192 a [1608] fol. 3; K. u. R. C 2.117, 118, 126, 129, 130; Pfleg Wartenfels/Gebäusachen 1. Bd. 1605–1762 zum 25. 2. 1669; HK Wartenfels 1542–1554/L, 1557–58/D, 1583–84/H, 1588/H, 1590–91/J, 1593/A, 1598–99/B, 1604/A, 1605/L, 1631–32/D, 1642/E, 1720/H, 1726/L; HR Wartenfels 14 [1586–1739]; „Versuch einer Beschreibung der sbg. Herrschaft Wartenfels" 1762 = Hs. 39; P. Johannes Gries, Wanderung nach Thalgau und zur Ruine Wartenfels, vor 1855 = Hs. 160; Bibl. St. Peter, Hs. Ebner 11/497, 554; Hübner 1796, 217 f., 237 f.; Winklhofer 202; Dürlinger 373; Siebmacher-Weitenhiller 72, T. 29; P. Stanislaus Gstir, Stift Mondsee u. Schloß Wartenfels, in: Sbg. Chronik 1882 Nr. 94–103; ÖKT X, 247 f., 589; Karl Haas, Thalgauer Heimatbuch 1976, 23–30, 33–38, 290; Fuhrmann 1980, Abb. 32; Dehio 444; Reindel-Schedl 1989, 152, 289, 468; Ansichten/Pläne im SMCA: 5229/49, 5263/49, 5264/49, 5265/49)

6. TURM IM WEIHER, Thalgau Nr. 23, 24

Anläßlich der Ausgrabungen in der Pfarrkirche stellte Gustav Melzer fest, daß etwa 100 m bachaufwärts von der Schwabenkapelle auf einem kleinen Plateau eine von Wall und Graben umgebene mittelalterliche Wasserburg erhalten ist. Der Fund konnte mit „ain Burgstall und Weyer im Tallgey, heute das Burgstall- oder Weierweberhäusl" identifiziert werden. P. Anselm Ebner beschrieb die rechteckige, O-W-ausgerichtete Anlage, die von einem 112 m langen, 4 m tiefen und 19 m breiten Wallgraben umschlossen war. Da von der Grundherrschaft Lasser nur wenige Aufzeichnungen erhalten sind, kann als frühester Besitzer erst 1693 Kaspar Schoßleithner angegeben werden.

Die danebenliegende „dimidia huba in Talgew prope turrim (= beim Turm), die Herrenhueb in Talgew" hingegen war zuerst hofurbar (= Grundherr ist der EB.), weshalb von 1350 an die Besitzer bekannt sind, die mit den Inhabern der Wasserburg sicher identisch sind: Chunradus de Turri (= vom Turm), Heinricus de Turri, Lienhard, Chunrad Aschacher 1/2, Hainrich Chierchpuechler, um 1400 Hertel Aschacher, Philipp, Sohn des Vitus Aschacher, Joannes Aschacher. 1482 dominus (!) Johannes Strasser (prope turrim), 1524 sein Sohn Cristoff Strasser, 1541 Rudbert Lasser, vor 1584 Symon Lasser. Seit 1561 wurde die Herrenhub bis zur Grundentlastung als Ritterlehen an die Lasser ausgegeben, die sie an Bauern weitervergaben. Seit 1919 bzw. 1955 sind Turm und Herrenhof im Besitz der Familie Schrofner.

Die Schwabenkapelle und die danebenliegende Grundparzelle 106/2 und 107 bedecken die Fläche einer frührömischen „villa rustica", eines Landgutes.

(KG. Thalgau EZ 32 und 33.

Bibl. St. Peter, Hs. Ebner 10, 312 f. mit Skizze; F. Zaisberger, Adelige Grundherrschaften in der Häuserchronik, in: Karl Haas, Heimatbuch Thalgau 1976, 202; Gustav Melzer, Archäolog. Untersuchungen in der Pfarrkirche St. Martin zu Thalgau, Sbg., in: Fundber. 23, 1984, Wien 1986, 37)

WALS-SIEZENHEIM (GB. Salzburg, alt: Stauffenegg)

1. GOIS, Filialkirche hl. Jakobus d. Ä.

1127 übergaben Altman v. Gois und sein Sohn Walchun, verarmte Ministerialen von St. Peter, diesem Kloster ihren Hügel Gois samt Zugehör, behielten sich jedoch den Nutzgenuß noch für eine Generation vor. Aber erst 1242/59 leisteten die Brüder Heinrich II., Otto II. und Portius Verzicht auf alle Ansprüche gegenüber St. Peter. 1242 wird die Kirche zu Gois erstmals urk. erwähnt.

Ob die späteren Golser, wie B. Georg Golser v. Brixen (1464–1489), mit dieser Familie verwandt sind, muß offen bleiben. Ihre Herkunft wird mit dem Golser Hügel bei Morzg (heute Montfort) in Zusammenhang gebracht.

Die Erzählung, daß der Agilolfinger Garibald 554 auf dem Walserfeld zum Herzog der Bayern ausgerufen und auf dem Goiser Hügel auf den Schild gehoben wurde, soll nur angeführt werden.

(Dürlinger 120; John B. Freed, Die Dienstmannschaft von St. Peter, in: Festschrift St. Peter zu Salzburg 582–1982, 72–73; Herbert Klein, Gols und Muntigl, zwei roman. Geländeformbezeichnungen, in: MGSLK 107, 1967, 49–55; Franz Müller, 3. Heimatbuch von Wals-Siezenheim, 1976, 137–142; Dehio 478–479; Reindel-Schedl 1989, 464)

2. SCHLOSS KLESSHEIM

Am w. Rand der breiten, ebenen Schotterterrasse, die sich zwischen Salzach und Saalach hinzieht, steht inmitten einer ausgedehnten, mit einer Mauer umfriedeten Parkanlage das barocke Schloß Kleßheim mit seinen zahlreichen Nebengebäuden. Ursprünglich erstreckte sich der Schloßbereich auch auf die w., untere Flußterrasse bis an die Auwälder der Saalach, ohne daß sich davon etwas erhalten hätte. Hier war ein kleinerer Bereich mit Gartengestaltung und Gartenhäuschen (Kaffeepavillon) angelegt.

Der nach SO ausgerichtete Schloßbau stellt eine Blickverbindung mit der Festung Hohensalzburg her, wobei die Hauptachse mit Gartenparterre und Haupttoranlage erst 1940 geschaffen wurde.

Anstelle des heutigen Schlosses befand sich ein Ansitz, der 1563 von Georg v. Nopping an den Seehamer Bauern Hans Stögmayr zu Freistift ausgegeben wurde. Die Noppinger waren, wie die Oberndorfer, zuerst Ministerialen der Grafen von Burghausen bzw. der Plainer Grafen, dann schließlich Ministerialen der Sbg. Erzbischöfe. Im 15. Jh. hatten sie ihren Hauptsitz in Perwang (OÖ), verfügten aber über verstreuten Grundbesitz im ganzen flachen Land.

Die schon 1813 unter Schutz gestellte Kleßheimer Allee folgt der römischen Reichsstraße Salzburg–Augsburg. Östlich des Schlosses wurde ein römischer Gutshof mit Umfassungsmauern 180 x 100 m, der vom 1.–5. Jh. besiedelt war, ergraben. Eine von mehreren Erklärungen des Ortsnamens wird auf den langobardischen Personennamen „Clef" zurückgeführt.

Am 20. VIII. 1589 verkaufte Margareta, die Witwe von Georg v. Nopping, den Ansitz an Dr. Gervas v. Fabrizi, Kanzler des Sbg. EB. Wolf Dietrich. Auch er gab das Gut zur landwirtschaftlichen Nutzung weiter, nannte sich aber nach Kleßheim, ebenso wie sein mit Felicitas Alt verheirateter Sohn.

Am 14. XII. 1690 kaufte EB. Johann Ernst Gf. Thun „Hof und Sitz zu Kleßheim" von Johann Franz Fabrizi zu Clesheim. Er plante den Bau eines Jagdschlosses mit Fasanerie und Tiergarten, wofür Johann Bernhard Fischer v. Erlach die Pläne entwarf. Baubeginn war am 9. III. 1700. Aus dem ganzen Land mußten dafür Roboten geleistet werden. Während des Spanischen Erbfolgekrieges baten z. B. am 22. VIII. 1707 die Bauern des Gerichtes Lofer (232 1/2 Häuser), wegen der Soldaten-Quartierlast auf den Durchmärschen von den Roboten „zur Fortführung des Clesshambischen Favoriten-Gepey wochentlich mit ainem Wagen und zwey Pferdten" befreit zu werden. Die Bitte wurde abgelehnt, das Hofbauamt forderte 1709 eine Geldleistung in Höhe von 57 fl. 30 x als Ersatz.

Während der Regierungszeit von Franz Anton Fürst Harrach 1709–1727 erfuhr der Bau eine Unterbrechung. Erst EB. Leopold Anton Frh. v. Firmian (1727–1744) vollendete das Schloß und bewohnte es selbst. Durch Grundtausch wurde der Park auf ca. 24 ha erweitert. Von den Anlagen sind zahlreiche Pläne erhalten geblieben, sowie ein Holzmodell im SMCA. Anhand der vorhandenen Inventare kann die Einrichtung und Ausstattung mit Bildern rekonstruiert werden.

Nach der wechselvollen politischen Geschichte Salzburgs in der Zeit der Napoleonischen Kriege kam Kleßheim an das Kaiserhaus Österreich. Am 2. IX. 1866 schenkte K. Franz Josef seinem Bruder Ehzg. Ludwig Viktor „das Lustschloß Klessheim mit den dazugehörigen Gartenanlagen, Nebengebäuden, Mahl- und Sägemühle, Försterhaus, Schloßmaierei, Fasanenmaierei, Fasanengartens-Umfangmauer, dem Kleßheimer Fürstenweg u. a.". Die Auflage für ein Vorkaufsrecht der Mitglieder des Kaiserhauses wurde intabuliert. Der in Salzburg sehr beliebte Ehzg. Ludwig Viktor bewohnte das pompös ausgestattete Schloß bis zu seinem Ableben. Von den Besuchern aus seiner Zeit möge nur erwähnt werden, daß beim Kaisertreffen

zwischen K. Napoleon III. und Eugénie mit K. Franz Joseph und Elisabeth am Abend des 18. VIII. 1867 die Herrscherpaare mit Exkönig Ludwig I. v. Bayern in Kleßheim eine Abendgesellschaft gaben.
Nach seinem Tod am 18. I. 1919 erwarb das Land Salzburg das Schloß zurück, die gesamte Einrichtung wurde im Wiener Dorotheum 1921 versteigert, die Kataloge dazu umfassen 7 Bände. 1925–1930 führte hier Isadora Duncan ihre berühmte „Schule für Rhytmik und Gymnastik". Die weltbekannte Tänzerin starb durch einen Verkehrsunfall vor dem Schloß 1927. Von 1938 an planten die Architekten Otto Strohmayr und Otto Reitter anhand der Ausbaupläne von Baumeister Valentin Ceconi

Schloß Kleßheim, ein Bau von J. B. Fischer von Erlach, Hauptfassade gegen Osten

aus dem Jahr 1879 den Umbau von Schloß Kleßheim in das „Gästehaus des Führers". Das Oktogon und 24 Bilder wurden von Anton Bachmayr restauriert.
Am 10. VII. 1941 wurde das Schloß nach § 14 Ostmarkgesetz dem Reichsgau Salzburg einverleibt und am 10. XI. 1941 um 1,500.000 RM an das Deutsche Reich verkauft. Schon am 1. VII. 1938 vermietete das Land das Winterschloß der NSDAP zur Unterbringung einer Reichsführerinnenschule des B. d. M. Dieser Vertrag wurde am 18. II. 1941 gelöst. Am 1. III. 1942 war das „Gästehaus" bezugsfertig. Es waren hier der italienische Diktator Benito Mussolini, der ungarische Reichsverweser Admiral Horthy, der rumänische Präsident Antonescu und Kg. Boris v. Bulgarien zu Gast. Nach der Beschlagnahme durch die US-Army 1945 wurde 1948 das Schloß an das Land zurückgegeben, Park und Nebengebäude behielten sich die US-Truppen zur Nutzung als Golfplatz bzw. als Volksschule bis 1955.
Die Reihe der Staatsbesuche, die Schloß Kleßheim nach 1945 besuchten, ist umfangreich, z. B. Schah Reza Pahlevi 1960, Kg. Olav V. 1966, Kgn. Elisabeth II. 1969, Baudoin und Fabiola 1971, Kg. Hussein 1976, Kgn. Margarethe II. 1979, Richard Nixon 1972, 1974, Henry Ford 1975, Präsident Sadat 1987. Bekannte Veranstaltungen sind die Tagung des Club of Rome 1982, das jährliche Diplomatenseminar im August, und die Mozart-Landesausstellung 1991.
Das breitgelagerte Schloß mit einem Sockelgeschoß aus Konglomeratquadern, einem

Erdgeschoß und dem „piano nobile" darüber, setzt sich aus mehreren Bauteilen zusammen:Der mächtige Mittelbau mit seinen fünf Fensterachsen mit den hohen rundbogigen Fenstern, wovon die mittleren drei als Risalit zusammengefaßt und durch dazwischengestellte Säulen hervorgehoben werden, während die außensitzenden Fenster durch Doppelpilaster eingebunden sind, hebt sich alleine durch seine größere Bauhöhe von den Seitenflügeln ab. Der mächtige Architrav des Mittelrisalites leitet über zum breiten Hauptgesimse, das durch eine umlaufende Steinbalustrade abgeschlossen und durch einen breiten, flachen Laternenaufbau mit liegenden Ovalfenstern bekrönt ist. Gegen den Garten hin ist dem Mittelbau eine zweiarmige Auffahrtsrampe vorgesetzt, deren Anlauf mit je zwei liegenden Hirschen in Marmor auf hohem Sockel, gearbeitet von Josef Anton Pfaffinger 1732, markiert ist. Die Auffahrtsrampe wurde in den drei mittleren Achsen durch einen Terrassenvorbau auf mächtigen Rundbogenstellungen in Konglomerat überdeckt.

Sitzende Genien bekrönen die drei hohen Terrassentüren des Hauptgeschoßes, in der Mittelachse halten sie das Stuckwappen des Vollenders des Schloßbaues, EB. Leopold Anton Frh. v. Firmian. Darüber sitzt an der Attika das große Dreifachwappen aus Marmor mit den Wappendarstellungen des Erzstiftes Salzburg und der Erzbischöfe Johann Ernst Gf. v. Thun (1687–1709) sowie Franz Anton Fürst v. Harrach (1709–1727), ein Werk von Michael Bernhard Mandl von 1707.

In streng symmetrischer Anlage ist dem Mittelbau beidseits ein etwas niedrigerer Seitenflügel, etwas gegen O vorgesetzt, ebenfalls mit zwei Geschoßen, hohen rechteckigen Fenstern mit gerader Verdachung und geschlossener Attikamauer, angefügt. Die gleiche Architekturgliederung setzt sich auch um die an den w. Gebäudeecken angesetzten Baukörper fort. Zwischen diese, im Grundriß wie angesetzte Türme wirkende Flügelbauten als äußerste Begrenzung des Schloßbaues wurde im Jahr 1940 entlang der W-Fassade ein erdgeschoßiger Terrassenvorbau mit Rundbogenöffnungen und Steinbalustrade eingefügt, der den Mittelbaukörper, hier siebenachsig, umschließt. In der Mittelachse sitzt im 2. Obergeschoß ein Marmorbalkon aus dem Jahr 1732.

Der Mittelbau dient in beiden Geschoßen ausschließlich dem Vestibül mit beidseitig quadratischen Sälen sowie der zweiarmigen, doppelläufigen Prunktreppe mit Marmorbalustrade von 1732. Die Seitenflügel waren insgesamt 4 Wohnbereichen vorbehalten, streng abgeteilt durch das zentrale Vestibül wie auch durch die Stockwerkstrennung. Beim Umbau von 1940 unter den Sbg. Architekten Otto Strohmayr und Otto Reitter wurde im Zuge der Umgestaltung des Schlosses in ein „Gästehaus des Führers" die Grundrißeinteilung weitgehend beibehalten; die Wohnräume dienen heute hohen Staatsbesuchen als Wohnappartements.

Im Inneren haben sich vor allem im Mittelsaal des piano nobile mit seiner durchbrochenen Decke und der aufgesetzten Laterne sowie im Stiegenhaus Stuckarbeiten von Paolo d'Allio und Diego Francesco Carlone von 1709 erhalten, die deutlich die Handschrift Johann Bernhard Fischers v. Erlach tragen. Ebenfalls von einem Entwurf Fischers stammt der einzige erhaltene Marmorkamin im nw. Eckbau des Hauptgeschoßes. Im ehemaligen Spiegeloval des Ofenaufsatzes sitzt seit 1940 ein Ovalrelief mit Faun und Nymphe. Im Nebenraum, seit 1940 als Bad in Verwendung, hat sich die einzige originale Deckenmalerei im Schloß erhalten, darstellend das Dankopfer Noahs, gemalt von Giulio Quaglio 1709. Auch in der ehemaligen Kapelle im s. Eckbau, später dann für Ehzg. Ludwig Viktor als Bibliothek umfunktioniert, hat sich Stuck nach Entwürfen Fischers erhalten.

Das Schloß ist mit erlesenem Mobiliar, Bildern wie auch Gobelins vor allem a. d. 18. Jh. ausgestattet; es ist nicht zu besichtigen, da es derzeit Repräsentationszwecken des Landes Salzburg dient. Im Sockelgeschoß ist in weiten Bereichen eine Schule, die

Söllheim, Hauptfassade zum Park, etwa 1974 (Foto F.Z.)

Gesamtanlage des Schlosses Gartenau von Norden mit vorgelagertem Brennofen für die um 1850 hier einsetzende Zementerzeugung (Foto SLA)

Oberalm, Schloß Haunsperg; der zweitürmige Ansitz mit seiner östlichen Arkadenfront ist durch einen schmalen späteren Zwischenbau mit der Kapelle verbunden (Foto F.Z.)

Schloß Urstein über dem Salzach-Stausee, etwa 1975 (Foto F.Z.)

„Salzburger Unterrichtsanstalten für Fremdenverkehrsberufe" untergebracht. Zum Bereich von Kleßheim zählen noch folgende Objekte und Anlagen:

Kavalierhaus: Früher Winterhaus genannt, im Jahr 1880 von Heinrich Ferstl im Stile der herrschaftlichen Gründerzeitvilla für Ehzg. Ludwig Viktor erbaut, damit dieser die kalte Jahreszeit in einem entsprechend heizbaren Haus (Winterhaus) verbringen konnte. Reicher historischer Neorenaissance-Fassadenschmuck sowie im Inneren getäfelte und bemalte Holzdecken charakterisierten diesen Bau. Im Zuge der Umbauarbeiten um 1940 wurde sämtlicher Dekor abgeräumt, die Hauptfronten erhielten einen Dreiecksgiebel über dem Mittelrisalit und wurden in der Breite bis über die früheren Risalite der Seitenfronten verlängert; beim n. Haupteingang wurde anstelle einer überdeckten Auffahrt eine Terrasse auf vier Rundsäulen angefügt. Das Innere wurde dem Stil der Zeit entsprechend modernisiert. Zuletzt war hier ein Hotel-Restaurant eingerichtet.

Torwarthaus: Erbaut in den Jahren 1731/32; ein langgestreckter, siebenachsiger, erdgeschoßiger Bau s. des Schlosses, über dem Mittelrisalit erhebt sich ein hoher Uhrturm mit geschwungenem Helm.

Hoyos-Schlößl: Im Jahr 1694 als erster Barockbau auf dem Gelände des alten Gutshofes und Fasangartens durch Johann Bernhard Fischer v. Erlach für EB. Johann Ernst Thun errichtet. Das Objekt ist zweigeschoßig über sternförmigem Grundriß, gebildet aus drei Ovalen mit eingezwickelten Quadraten, und stellt einen typischen Vertreter barocker Gartenhäuser dar. Die ursprüngliche Dachform wurde im Laufe der Zeit abgeändert. Es hat seinen Namen von Carl Gf. Hoyos-Sprinzenstein, 1897/98 Kämmerer bei Ehzg. Ludwig Viktor. Als Wiedergutmachung an seinem Vater für die Enteignung von Schloß Leopoldskron 1938–45 hatte Gottfried Reinhard, der Sohn von Max Reinhard, hier ein Wohnrecht.

Torbauten des heutigen Haupttores: In der Mittelachse des Schlosses gelegen, mit der Gartengestaltung des Ehrenhofes eine Zutat der Umbauten von 1940, wo eine streng symmetrische Toranlage mit schwerem Eisengitter, je einem pylonenhaften Wachthäuschen mit übergroßem Reichsadler als Bekrönung sowie beidseitigem Pförtnerhaus – jeweils ein erdgeschoßiger Bau mit Rundbogenvorhalle zur Hauptachse der Anlage ausgerichtet – erbaut wurde.

Brunnenmacherstöckl: Erbaut 1727, das einzige Objekt der Gesamtanlage außerhalb der umfriedenden Park- und Schloßmauer. Steht an der W-Seite, direkt oberhalb des hier vorbeifließenden Baches, mit der Schloßmauer durch eine Flügelmauer mit Tordurchfahrt verbunden; ein zweigeschoßiges, turmartiges Stöckl mit geschwungenem, laternenartig überhöhtem Zeltwalmdach.

Schloß- oder Parkmauer mit insgesamt sechs großen, zum Teil in Zweitverwendung versetzten, aber auch kopierten Gittertoren zwischen kugelbekrönten Torsäulen; die Originale davon stellen hervorragende Schmiedearbeiten aus der Zeit d. 1. V. d. 18. Jh. dar. Die hohe Parkmauer mit ihrer ursprünglichen Marmorplattenabdeckung ist durch insgesamt elf erhaltene, zweigeschoßige Türmchen mit jeweils geschwungenem Zeltdach unterbrochen. Wie der unterschiedliche Ansatz zwischen Mauer und Türmchen zeigt, dürften zuerst die Türmchen am Rande des Parks bestanden haben, erst später wurde die Mauer um Schloß und Park errichtet.

Der „Empfangsbahnhof Liefering" für das „Gästehaus des Führers" war am 14. XII. 1942 fertig. Der ursprünglich nur erdgeschoßige Bau mit seiner durch vier mächtige Konglomeratsäulen betonten Vorhalle steht heute inmitten eines Industriegebietes und wurde erst vor wenigen Jahren als Verwaltungsgebäude einer Speditionsfirma mit Obergeschoß und ausgebautem Dachgeschoß aufgestockt.

Ehemaliges Meiereigebäude im s. Bereich des Schloßareales, von Park und Bereich Kavalierhaus durch eine Mauer getrennt, ursprünglich erbaut 1731/32 unter EB.

Firmian. Von diesem Baubestand steht nur noch ein kleiner N-S-gerichteter, erdgeschoßiger Bau mit hohem, abgewalmtem Dach. 1940/41 und in der Nachkriegszeit wurde der Meiereibereich fast zur Gänze erneuert, hier ist heute die „Landes-Landwirtschaftsschule und Landesgut Kleßheim" untergebracht, wofür ein Teil des w. angrenzenden tieferliegenden Terrassengeländes verbaut wurde.

Gartenparterre und Parkanlage: Die Parkanlage in der Art eines englischen Parks in der nächsten Umgebung des Schlosses ist erst nach und nach entstanden. Die Gestaltung des Gartenparterres in barocker Manier mit dem Wasserbecken vor dem Schloß geht auf eine Planung im Zuge der Umbauarbeiten von 1940 zurück. Vorher bestand unmittelbar vor dem Schloß lediglich ein kleines, achsial zugeordnetes Wasserbecken mit der Tritonenfigur sowie zu beiden Seiten des Schlosses ein kleinerer Rasenbereich mit Kastanien, in deren Mitte je eine Steinfigur, ein musizierender Satyr, steht. Die übrigen Sandsteinfiguren, zwei Puttos mit Tieren und zwei Raptusgruppen, stammen aus dem Park des Schlosses Leopoldskron in Salzburg, sie wurden aus Schloß Thürnthal in Fels am Wagram (Niederösterreich) um 1930 nach Leopoldskron verkauft. Das ursprüngliche Gartenparterre gestaltete 1728 der Gartenarchitekt Franz Anton Danreiter, wovon ein Plan erhalten ist.

(KG. Siezenheim EZ 41, Kleßheim Nr. 1–12.

HHStA. OUrk. 1563; Martin, AB 1, Nr. 96; SLA, U 1481 fol. 152; Geh. A. XXV F 1; HK Lofer 1707/D; Geh. Hofkanzlei XXVI/4 a–c [Gartenparterre 1804], 7 d [Mobiliar], 8 u, aa, cc, dd; K. u. R. G 33 a, b, c, d [Gartenparterre von F. A. Danreiter 1728]; Plansammlung/ Hochbau VIII.1–52; Hs. 651; Reichsstatthalter Kleßheim Fasz. 1–26; Siebmacher-Weitenhiller S. 14, T. 6; Walz, Grabdenkmäler, in: MGSLK 14, 1874, 320 Nr. 269; Hübner 1, 493 ff.; Winklhofer 133; Pillwein 361 f.; Archiv-Akt 750/25/86 [Dr. Preiß]; Bibl. St. Peter, Hs. Ebner 8/358 f. mit Photo; F. Martin, Schloß Klesheim, in: Wiener Jb. f. Kunstgesch. IV, 1926, 175 ff.; Hans Sedlmayr, Johann Bernhard Fischer v. Erlach, Wien-München 1956, 178 f., 250; ders., Bemerkungen zu Schloß Kleßheim, in: MGSLK 109, 1969, 253 ff.; Hans Aurenhammer, Joh. Bernh. Fischer v. Erlach, Ausstellungskatalog 1956/57, 196 ff.; Max Merz, Elizabeth Duncan-Schule, Salzburg 1931; Gesamteinrichtung Schloß Kleßheim: Nachlaß Erzherzog Ludwig Viktor. 316. Kunstauktion des Dorotheums Wien 1921, 7 Bände mit Abb.; Hi. St. II, 383; Franz Müller, Heimatbuch Wals-Siezenheim 3, 1976, 105–112; Fuhrmann, 1963, T. 43, Abb. 20; Johann Ostermann, Schloß Kleßheim, in: Inventare d. Sbg. Burgen und Schlösser 1, 1988; Reindel-Schedl 1989, 474, 622; F. Zaisberger, Stadt und Land Sbg. im Leben von König Ludwig I. v. Bayern, in: ZS. f. Bayer. LG 49, 1986, 535 f.; Monika Oberhammer, Versuch einer Dokumentation des Baugeschehens in Sbg. 1938– 1945, in: FS. Franz Fuhrmann, Sbg., o. J., 207 ff.; Dehio 409; Holzmodell im SMCA)

3. SCHLÖSSL ZU VIEHHAUSEN, Viehhausen Hs. Nr. 18

Beim heutigen Gasthaus Laschensky erbaute der damalige Hofmaurermeister Johann Georg Laschensky ein elegantes Wohnhaus bei seinem seit 1803 zum Ziegelbrennen betriebenen Torfabbau. Im Grundbuch wurde das 1900 abgebrannte Haus als „Schlößl" geführt, wobei ohne Zweifel eine Bezeichnung aus dem Volksmund übernommen wurde.

(KG. Wals, EZ 56.

Franz Müller, 3. Heimatbuch von Wals-Siezenheim [1976], 454)

4. PASS AM WALSERBERG

1805 wurde der Paß Glanegg (s. d.) aufgehoben und die neue Grenzstelle beim Wirt am Walserberg errichtet, gegenüber der bayerischen Grenzmaut im Dorf Schwarzbach. Damit wurde der historische Grenzverlauf zwischen Reichenhall/Bayern und Salzburg an seinem nördlichsten Punkt fixiert. Am linken Ufer der Saalach reichte bis 1816 Salzburg im S ja bis zur Staufenbrücke. Nach 1337 wurde jedoch bereits verordnet, daß nur die Bewohner von Salzburghofen (heute Freilassing) für Waren, die über den Walserberg transportiert wurden, vom Zoll befreit waren. Der eigentliche Name für Walserberg ist Wartberg, was soviel wie Erhöhung für eine Wachtstation bedeutet.

Das Haus Berg Nr. 9 „Bacher" war dieses Mauthaus, das dann 1850 in Privatbesitz kam und 1973/74 abgerissen wurde (KG. Gois EZ 8). Das sog. „Neue Mauthaus" in Berg Nr. 11 wurde 1845 erbaut und ist seit 1965 ein Privathaus (KG. Gois EZ 124), Nr. 13 war von 1837 bis 1893 das Schrankenhäuschen, Nr. 28 ist das heutige Zollgebäude an der Bundesstraße, Nr. 25, 27 ist das an der Autobahn. Dazu kam noch in Grünau das Mauthaus an der Saalach bei der „Bichlbruck" (KG. Wals EZ 282, Ko. Nr. 66), das 1847 von Baumeister Laschensky erbaut wurde und das ebenfalls seit 1976 abgerissen ist.

(SLA, Kreis-Ing. Fasz. 370, 372; SUB IV, 365; HR Salzburg 151; Franz Müller, 3. Heimatbuch WalsSiezenheim, 1976, 321, 492–496; Pläne der neuen Maut 1824 und des neuen Zollamtes 1825, in: OÖLA, Karten u. Pläne XIX/64, 65)

5. SCHANZEN AM WALSERBERG

Die alte Straße von Salzburg über Gois nach Marzoll wurde seit der 2. H. 17. Jh. immer mehr zum Walserberg verlegt. Vor 1041 wird der „Uualbusariberc" in einer Schenkung erstmals genannt. Vor 1188 übergab der Ministeriale Otto v. Gois sein Gut Maerch am Walserberg dem Kloster St. Peter. Der Name des Gutes beinhaltet einen Hinweis auf eine Grenzziehung. Aus dem Witwengut der Irmgard v. Rott aus ihrer 1. Ehe mit einem Sieghardinger, dem Grafen im Salzburggau, schenkte ihr Sohn aus 2. Ehe, Gf. Berengar v. Sulzbach, 1125 den zur Burg Grafengaden (s. St. Leonhard, Paß Hangender Stein) gehörigen Wald dem Kloster Berchtesgaden. Die Grenzen verliefen vom Diespach im Pinzgau in der Mitte der Saalach bis nach Wals, zur Tanne am Friedhof, über das Moos weiter nach Anif, zum Göll und zur Fischunkel. Dieser Anspruch konnte von Berchtesgaden aber nicht behauptet werden. Nach längeren Streitigkeiten – über Wals verlief auch die Grenze zwischen den sbg. Gerichten Oberplain und An der Glan –, einigten sich EB. Pilgrim und Hzg. Friedrich v. Bayern am 6. XII. 1382 dahingehend, daß bei einer gemeinsamen Grenzbereitung die Differenzen beseitigt werden sollten. Aus den verschiedensten Gründen blieben die Grenzschwierigkeiten aber bis zum Ende des alten Erzstiftes bestehen. Erst 1818 erfolgte hier die endgültige Grenzregulierung zwischen Bayern und nunmehr Österreich.

Wie weit es sich bei den in den Häusern Berg Nr. 49 und 50 gefundenen römischen Bauresten um Reste eines Wachtturmes gehandelt hat, muß offen bleiben. Militärisch tritt der Walserberg mit dem Zug der Pinzgauer Bauern während des Bauernaufstandes 1525 ins Licht der Geschichte. Während des 30jährigen Krieges ließ EB. Paris Lodron erstmals ausgedehnte Schanzanlagen errichten. Der Übergang wurde 1635 wegen der Pest in Bayern und 1700 wegen des Spanischen Erbfolgekrieges gesperrt. Während des Österreichischen Erbfolgekrieges wurden von 1740 an neuerlich Schanzen und Laufgräben angelegt.

Am 10. XI. 1787 streikten die Sbg. Schustergesellen, weil sie anstelle der üblichen

Martinigans nur 45 x erhalten hatten. Sie zogen geschlossen nach Schwarzbach, von wo sie aber – mit Zustimmung Bayerns – von sbg. Militär gewaltsam zurückgeholt wurden. Die drei Anführer wurden unter die Soldaten gesteckt, 5 kamen ins Zuchthaus, die übrigen mußten zurück an die Arbeit.

Mit Beginn der Napoleonischen Kriege wurden von 1800 an Schanzen, Wälle und Gräben „im Kirchholz" und in der „Saalleiten", wo sich sogar der Flurname „die Schanz" erhalten hat, angelegt. Sie sind im Gelände noch gut erkennbar. 1805 arbeiteten rund 2.000 Mann an den Befestigungswerken, Franzosen und Bayern marschierten aber noch vor der Fertigstellung in Salzburg ein. Zwischen 1810–1816, als Salzburg zu Bayern gehörte, gab es hier keine Grenze, weshalb das Zollhaus versteigert wurde. Am 21. V. 1816 zog österreichische Grenzwache am Walserberg auf. Am 12. III. 1938 überschritten Gebirgsjäger der Reichenhaller Garnison den Walserberg, worauf hier bis zum 5. V. 1945 wieder einmal keine Grenze war. Am 7. IV. 1938 erfolgte der 1. Spatenstich für die Autobahn in Österreich. Seither gehört der Walserberg zu den am meisten frequentierten Grenzübergängen in Mitteleuropa.

(SUB 1, S. 224 Nr. 28; S. 464 Nr. 386; K. u. R. F 37 [Schlacht am Walserfeld]; Franz Müller, 3. Heimatbuch Wals-Siezenheim, 1976, 142–150; Dieter Messner, Schanzwerke aus der Geschichte. Eine Rarität an der Grenze. in: SVbl. Wochenmagazin 8./9. Juli 1978; Martin Hell, Ein Römerbau auf dem Walserberg, in: Demokrat. Volksblatt 174 vom 9. 7. 1949)

Bezirkshauptmannschaft Hallein

A B T E N A U (GB. Abtenau, alt: Abtenau)

Haübt Facciata.

1. BEZIRKS-GERICHT, Abtenau Nr. 1

1528 verkaufte Andreas, Sohn des verstorbenen Landrichters Pangraz Weibhauser, die „Behausung samt Hofstatt, Baumgarten und Krautgarten samt dem Weyer und Kasten" an den Nachfolger seines Vaters, den Landrichter Wilhelm Frankinger. Von dessen Erben erwarb 1564 EB. Johann Jakob v. Kuen-Belasy (1560–1586) die Liegenschaft und befreite sie von allen Abgaben. Von da an dient das Gebäude bis heute als Gerichtsgebäude. Die Beschreibung lautet 1604: „Ein Behausung im Markt gegen dem Pfarrhof über ... darbey auch Stallung, Stadl und Cassten sambt ainem Gartten, darinnen ain claines Visch-Teichtl." Daneben stand noch das „Ambthaus mit zwayen gemaurten Gefenkhnussen, darinnen

Abtenau, Bezirksgericht; die Gegenüberstellung des Bauplanes von 1773 und heutigem Objekt macht gewisse Planungsänderungen deutlich (Foto SLA)

133

ain Gerichtsdiener sein Wohnung hat" (Nr. 73). Im Pfleggerichtsgebäude war außerdem die Rüstkammer mit den Gewehren und anderen Waffen für die Landfahne des Gerichtsbezirkes eingerichtet. 1772 war das Gebäude durch den in der Nähe vorbeifließenden Bach bzw. den Weiher so feucht geworden, daß das Archiv, die Kellerräume, aber auch das Sommerhaus schweren Schaden erlitten hatten. Der Hofmaurermeister Jacob Pogensperger plante 1773 den Neubau. Während das alte Pfleggebäude in zweieinhalb Geschoßen gemauert, im Dachbodenbereich jedoch nochmals zweieinhalb Geschoße hoch aus Holz war, ist das neue Pfleggebäude ganz gemauert worden. Um 5.073 fl. 35 x entstand ein rechteckiges, zwei Stock hohes Gebäude. Der schwach vorspringende Mittelrisalit endet an der Nordseite in einem Giebel. Das ursprünglich leicht geschwungene Giebelfenster ist heute ein einfaches Ochsenauge. Die flachbogige Tür ist ebenso unverändert wie das Zeltdach über dem breiten Hohlkehlengesims. Das Haus wurde 1984–1989 generalsaniert.

(KG. Abtenau EZ 1.
SLA, U 27 fol. 3; HK Abtenau 1772/B, 1792/E Nr. 471 ad 4 mit je einem Plan der alten und der neuen Pfleg; Laa XIV/35; Frank-Institutionen; Pfleg Abtenau; ÖKT XX, 19; Fuhrmann 1980, Abb. 51; Hans Gfrerer, Abtenau 2, 1982, 12 f.; Dehio 4; Plan des Gerichtsdienerhauses 1832, in: OÖLA Karten u. Pläne XIX/22)

2. PASS KLAUSEGG, Seydegg Nr. 14 (abgekommen)

Am Weg von Abtenau über die Außer-Liembachalm zur Postalm und weiter zum Wallfahrtsort St. Wolfgang war im Bauernhaus Klausegg eine Wachtstation mit zwei Mann Besatzung eingerichtet. Durch die Brücke an der Einmündung des Riesenbaches in den Rigaus-Bach war eine gute Kontrollmöglichkeit über eventuellen Vieh- und Schmalzschmuggel gegeben. Die Besatzung war im Patrouillendienst bis zum vier Gehstunden entfernten Paß Gschütt im Einsatz.

(KG. Seydegg, 1830: Bp. 64.
SLA, Graphik XII.7.3: Ansicht von Eduard Gurk, um 1838; HK-Laa 1791–94/D)

A D N E T (GB. Hallein, alt: Golling)

SCHLOSSBAUER, Altendorffstraße 1

Das mächtige Gebäude am Adneter Riedl ist mit ziemlicher Sicherheit das Herkunftsgut von B. Georg Altdorfer v. Chiemsee. Er wurde 1477 Bischof. Am 8. XI. 1484 gab er jedenfalls dem Sbg. Domkapitel in die Dompropstei den chiemseeischen Hof Sperr in Bergheimer Pfarre und Radecker Gericht und erhielt dafür den „Hof genannt Ganspuhel, gelegen bei dem Hellein, in Kuchler Pfarr und Golinger Gericht". Damals bewirtschafteten den Hof Ulrich Antaler und seine Frau. Der Bischof behielt sich das Gut selbst vor und ließ es in der Folge nur von Pächtern bewirtschaften. Schon 1486 lautet die Eintragung im Chiemseer Urbar „Curia Altorf prope Salinam". „Castrum et Curia Altorff" (Burg und Hof) waren 1486–1496 an Gilg Aicher, Andreas Staber u. a. verpachtet. Erst am 27. VII. 1726 wurde „ain Hof genant Aldorf am Genspichl, Ridler Rott, Pfleggericht Golling, sambt darein gehörigen Gründten und dem Gütl Ainau" zu Erbrecht verkauft. Seither ist der Schloßbauer Erbhof. Mathias Reich hatte den Hof von der Grundherrschaft zu Erbrecht gekauft, nachdem er bereits 30 Jahre Pächter gewesen war. 1728 übernahmen sein Sohn Georg Reich und die Gattin Elisabeth Rämbslin. Nach seinem Tod erbten 1762 die drei Kinder Johann, Maria und Elisabeth. Die Mutter und die Schwestern verzichteten zugunsten von Johann Reich. Er übergab 1788 Mathias Reich und Maria Pernhauptin. 1793 folgte dessen Bruder Georg. 1831 übernahm der Sohn Johann, 1857 dessen gleichnamiger Sohn. 1892 kamen die minderjährigen Brüder Georg und Josef Reich durch Einantwortung an den

Besitz. 1898 übernahm Josef Reich allein das Anwesen, seit 1942 ist Johann Reich Alleinbesitzer.

Der Hof diente wohl als eine Art Sommersitz für die Bischöfe von Chiemsee. Da das Bistum in diesem Raum außer dem Schloßbauern kaum über nennenswerten Grundbesitz verfügte, scheint die Verbindung der Familie Altdorfer mit diesem Gut vertretbar. Damit könnte auch die These über den Zusammenhang des Malers Albrecht Altdorfer, eines der bedeutendsten Vertreter der Kunst der Donauschule, mit dem Schloßbauerngut bei Hallein neue Nahrung erhalten, eine gründliche Untersuchung steht jedenfalls noch aus. Die beiden 1991 in München vorgestellten Aquarelle mit Ansichten der Stadt Hallein von 1520 scheinen ein neuerlicher Beweis für diese Annahme zu sein.

Das markante Bauwerk besitzt vier Geschoße über langgestrecktem, rechteckigem Grundriß, bekrönt durch ein abgeschopftes Satteldach. In der Giebelmauer unter dem Schopf sitzt jeweils ein zusätzliches Fenster des Dachgeschoßes. Der frühere, alleinige Zugang ist durch ein spätgotisches Marmorportal hervorgehoben; auch einige Fenster, vor allem an der zum Tal gerichteten W-Fassade, weisen noch spätgotische, rotmarmorne Fenstergewände mit Sohlbändern auf. Teile des Inneren, in Erdgeschoß und 1. Obergeschoß, sind durch Tonnengewölbe mit Stichkappen überdeckt. Im 3. Stock haben sich Reste einer früher kompletten Raumausstattung durch Wandmalerei erhalten: Ein Saal zeigt bemalte Fensternischen, Pflaster, einen marmorierten Kamin, darüber zwei Heilige, Sixtus und Sebastian, in einer Inschriftkartusche bez. mit 1635 (Chronogramm).

Durch mehrfache Umbauten und Adaptierungen seit 1945 wurde die historische Substanz etwas überlagert, die O-Fassade ziert ein großflächiges Sgraffitto mit der Aufschrift „Gasthof Schloßbauer".

Eine aus dem beschriebenen Saal stammende Türe, die im Jahr 1913 an den Antiquar Schwarz in Salzburg verkauft worden war, befindet sich heute in der Burg Falkenstein in Obervellach/Kärnten.

Das in der Nachbarschaft liegende „Schloßgütl" hat seinen Namen wohl aus der Nähe zum Schloßbauern bezogen, archivalisch konnte jedenfalls kein Zusammenhang mit dem Schloßbauern festgestellt werden.

(KG. Adnet EZ 55, Bp. 88, 89.
SLA, OU. v. 1484; U 458 fol. 111; Notizenblatt, Beilage zum AfÖG. 8, Jg. 1858, 14; ÖKT XX, 45; F. Zaisberger, Burgen, Mauern, Ansitze, in: 750 Jahre Stadt Hallein [1980], Teil B, 95–96; Nora v. Watteck, Hallein und seine Umgebung auf Werken von Albrecht Altdorfer, in: Alte u. moderne Kunst, 18. Jg. [1973], H. 126, 1–9; Dehio 156; F. Zaisberger, Burgen in Hallein, in: Fritz Moosleitner, Hallein, Portrait einer Kleinstadt, 1989, 253; Erwerbungen 1982–1989, Katalog der Staatl. Graph. Sammlung München 1990, Kat. Nr. 22)

A N N A B E R G (GB. Abtenau, alt: Abtenau)

PASS HINTERBERG, Weiler Klocker Nr. 10 (1830)

Nordöstlich des Gutes Oberhinterberg wurde am Beginn des Steiges in Richtung Zwieselalm bzw. Gosaukamm 1767 mitten in einer Weggabelung das Blockhaus Paß Hinterberg errichtet. Die eb. Hofkammer beauftragte die Wachmannschaft damit, in erster Linie den Vieh- und Lebensmittelschmuggel in das österreichische Salzkammergut zu unterbinden. Das gut erhaltene Holzhaus wurde nach der Säkularisation verkauft und befand sich 1830 im Besitz von Anna Vockenberger.

(KG. Annaberg EZ 58, Bp. 72 und Gp. 470.
SLA, Graphik XII.7.6: Ansicht von Eduard Gurk, um 1838; HK-Laa 1791–94/D; Hans Gfrerer, Annaberg, 1989, 199)

G O L L I N G (GB. Hallein, alt: Golling)

1. BURG

Am s. Ende des ehem. als Straßendorf entstandenen Marktes Golling steht gegenüber der Pfarrkirche auf einem gegen W vorgeschobenen Felskegel die Burg Golling; die markante Lage wurde durch die Bebauung des 19. und 20. Jh. in der unmittelbaren Umgebung optisch weitgehend beeinträchtigt.

Der Ort Golling wird von 1241 an erwähnt. In den folgenden Jahren 1244 und 1245 stellte EB. Eberhard II. hier Urkunden aus. Daraus kann geschlossen werden, daß um diese Zeit mit dem Bau einer Burg begonnen worden war. Die erste sichere Nachricht ist aber erst vom 2. X. 1325 erhalten. EB. Friedrich übergab an diesem Tag der Witwe Margarete und ihren Söhnen Konrad und Hartneid v. Kuchl, den Inhabern des Burggrafenamtes auf Hohenwerfen, die Veste Golling für ihre Lebensdauer. Dazu erhielten sie 12 Pfund Salzburger Pfennig aus Hallein und gegen 300 Pfund Pfennig zwölf genannte Urbargüter. Sie sollten die Veste „mit Zimber und Paw innehaben" und dafür sorgen, daß sie nicht baufällig wird. Nach ihrem Ableben sollte die Veste an den Erzbischof zurückfallen. Dies trat 1375 ein. Infolge verschiedener Differenzen um die Fischrechte in der Grafschaft Kuchltal, um das Leibgedingsrecht auf die Veste und die Burghut zu Golling u. a. m., konnte EB. Pilgrim die Kuchler am E. d. 14. Jh. zu einem Verkauf ihrer Rechte an ihn zwingen. Einen Abschluß fand dieser Vorgang jedoch erst am 15. VI. 1438, als die Witwe des Hans v. Kuchl den Rückerhalt der Ablösesumme in Höhe von 300 Pfund Pfennig für die Urbargüter bestätigte. Damit besaß der Erzbischof den s. Teil der Grafschaft im Salzburggau bis zum Paß Lueg ohne Einschränkung. Das Landrichteramt im Kuchltal wurde von der Burggrafschaft auf Hohenwerfen getrennt. Das Landgericht wurde nunmehr gemeinsam mit der Burgpflege auf Hoch-Golling an beamtete Pflegrichter vergeben. Erhalten ist der Revers des Hans Moser vom 5. VI. 1406 für die Übergabe des Landgerichts und der Festung Golling an ihn.

Golling wurde am Beginn des Bauernkrieges 1525 zum Sammelplatz für die Aufständischen aus dem Gebirge bestimmt. Das vereinigte Bauernheer zog von hier aus am 22. V. nach Hallein und besetzte am 6. VI. die Stadt Salzburg. Nach dem unbefriedigenden Ergebnis des Landtages von 1526 brach im April dieses Jahres der Aufstand neuerlich aus. Die eb. Söldner schlugen am 10. IV. bei Golling ihr Lager auf, um „das Stifft vor dem Gebirg zu retten". Nach einem Kriegsrat auf der Burg Golling, die unter dem Kommando von Hauptmann Schabvelder stand, zogen sich die Söldner nach Kuchl zurück. Golling wurde vom Bauernheer überfallen und geplündert. Obwohl allen Pflegern schon am 19. IV. 1525 befohlen worden war, daß sie sich „von Stund an mit Pferden, auch Knechten, Spiessen, Hauptharnisch und ander Harnusch ... aufs starkhist rüstest und Unser Schloß, die Verwesung bey Tag und Nacht in guete und fleissige Huet innehaben und Unser Stifft, Land und Leutt, auch sie selbst vor Schaden und Nachteil verhüet bleiben", erlitt die Burg schweren Schaden. Nach der Niederlage des Bauernheeres mußte Schadenersatz geleistet werden. Aus den Kirchen von Golling, Kuchl und Adnet wurden Pretiosen und Prunkgefäße zur Bezahlung der Söldner eingezogen. EB. Matthäus Lang und die Landschaft bestätigten dies am 8. VII. 1527.

Zu Weihnachten 1531 besichtigte der Hofbaumeister Jörg Spacio die Burg. Er stellte fest, daß die Brücke in schlechtem Zustand war. Das Tor mußte samt dem Stock erneuert werden. Zwei Kalköfen wurden aufgesetzt, Mauersteine gebrochen und Holz angeliefert. Gewölbe- und Mauerziegel kamen aus Hallein. Der Landhauptmann und Christoff Hofer verhandelten wegen der Robot. Ein Baumeister sollte den Bau voraus finanzieren. Zur Auswahl standen die Maurermeister Veit und Streytfelder. Die

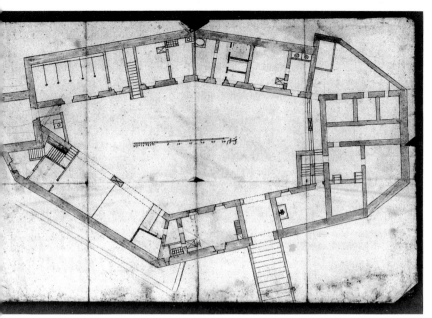

Grundriß der Burg Golling, Erdgeschoß, um 1670 gezeichnet (Foto SLA)

Bauaufsicht übernahm der Bauschreiber Hieronymus Mayrhofer. Im Laufe des Jahres 1532 wurden die Sanierungsarbeiten weitgehend abgeschlossen.

EB. Johann Jakob v. Kuen-Belasy weilte mehrmals in Golling, aß und nächtigte aber beim Augstrasser (= Postwirt), weil die Burg offensichtlich nicht entsprechend ausgestattet war.

Schließlich brach im Pongau der dritte Bauernaufstand aus Glaubensgründen los. Am 16. I. 1565 nächtigten die ersten Landsknechte auf dem Weg nach Werfen in der Burg Golling, am 19. I. folgten drei Rotten Kriegsknechte. Am 19. III. erhielt die Burg eine ständige Besatzung von 50 Mann. Bis August schliefen sie „im Kasten beim Baum" und hielten sich untertags im „Hennenstübl" auf. Der Aufstand wurde niedergeschlagen.

Nach dem Salzach-Hochwasser von 1573 mußten bei der Burg Reparaturarbeiten vorgenommen werden. Die Dächer waren durch die starken Regenfälle beschädigt worden. Hofbaumeister Ruedprecht Rettinger nahm die Schäden auf und Zimmermeister Ruedbrecht Rebhan deckte u. a. das kleine Dach über dem Bad der Burg neu. 1589 wurde mit dem grundlegenden Umbau der Burg begonnen. Alle Vorbereitungen zum Kalkbrennen wurden getroffen und ein neuer Brunnengranter aufgesetzt. Das nötige Zimmerholz schlug man zu „Pluentau" und Windingberg, lange Lärchen wurden in Artolf und Zwischlegg, das Sagholz oberhalb „Fallnstain" und in „des Retnpachers Albm" zu Imlau und „Pluentegg", alles im Gericht Werfen, gefällt. Der Pflegsverwalter Wolf Hasenperger erbat am 3. VIII. 1591 ein Baugutachten des „Obrist-Paumaister" Andrea Bertoletto, damit die Maurermeister Gabriel Präntl und Zimmermeister Hans Mayer in ihrer Arbeit fortfahren könnten.

1598 mußte die Schloßküche repariert werden. Im Jahr darauf fügte ein Gewitter am

27. VI. dem marktseitigen Schloßturm und dem darangebauten Pferdestall durch Blitzschlag schweren Schaden zu. 1605 lautete die Beschreibung der Burg so: „Die Vesst und Schloß ob des Markhts Golling gelegen, wierdet durch einen Pfleger alda bewohnt. Bey ermeltem Schloß aussen herumb ain Zwinger und ain claines Gärtl, darinen etliche Äkherl zw Khuchenkhreitlwerck, gegen der Schloßpruggen über auf der frl. Frey ain Stadl, so alles vor Holz erpauen, stost an das Ciembseer Gärtl, so ain Pfleger zu Hej und Strei gebraucht. Das Burkhveld ... Ain clains Ezl ... Ain wüsn der Parz genannt widerumgen fünf Mader Wuß. Ain claines Holzheusl im Markht Golling. Zwischen Christian Hebmstreit und Andreen Stainwendters Heisern ligent, welliches zu ainem Ambthaus gebraucht und durch den Gerichtsdiener alda bewohnt wierd. Ist diser Zeit gar schlecht und paufellig", u. ä. m. Das ganze 17. Jh. ist mit nahezu jährlichen Reparaturarbeiten in der Burg ausgefüllt, seien es nun die Dächer, Fenster, Öfen, die Brücke oder die Brunnstube. Während des verheerenden Marktbrandes 1619 wurden die Holzplanken um das Schloß niedergerissen, um ein Übergreifen des Feuers zu verhindern. In der Folge führte 1621 der Maurermeister Jakob Rasp die Schloßmauer rund um den Zwinger auf.

Das Fürstenzimmer in der Burg wurde 1633 vertäfelt und erhielt 1668 einen neuen Kachelofen. 1675 bekam der gewölbte Nebenraum wegen Brandgefahr eine eiserne Türe. Seit 1650 amtierte der Gerichtsschreiber im Schloß. Über dem Stall wurde 1651 eine dreifenstrige Gerichtsstube aufgebaut und das Bad in ein Gefängnis umgewandelt. 1672 gab es im Schloß „das Mueshaus vor der Capucinerstuben, die Pflegerwohnstuben, der Pulferthurn und Reckhstatt, Schreibstibl, Schloss-Capellen". Für die Reparaturarbeiten leistete die Gerichtsgemeinde den Robotdienst. Damals wurde das Archiv neben der Schreibstube nach den Vorschlägen des Hofbaumeisters Johann Paul Wasner neu eingerichtet und mit zwei feuersicheren Eisentüren ausgestattet. 1696 mußte ein neuer Aktenkasten aufgestellt werden. 1675 wurde ein Fischteich angelegt, der auch als Feuerlöschteich dienen sollte. Während der 2. Türkenbelagerung von Wien 1683 bestand die Bewaffnung der Burg aus 6 Doppelhaggen-, 4 Halbhaggenbüchsen, 2 Musketen mit Feuerschlössern, 300 Musketen, 300 Bandalier, 2 Trumblspiel, 3.150 Bleikugeln, 1/2 Zentner Pulver, 1 Hiebdegen und 32 Hellebarden. Der Glocktenturm des Schlosses erhielt damals auch eine Glocke aus dem Sbg. Zeughaus.

Die 1685 durchgeführte Teilung der Reparaturkosten für alle Burgen zwischen der für militärische Belange zuständigen Landschaft und der Finanzkammer (= Hofkammer) erlangte in Golling von 1699 an Bedeutung. Von diesem Jahr an mußten beide Ämter befragt werden und ihre Zustimmung für Umbauten geben. 1700 wurde der Ausbau einer Schreibstube sowie von zwei Wohnungen für den Amtsschreiber und den Gerichtsdiener beschlossen. Das alte Gerichtsdienerhaus war abgebrannt und das Amtsschreiberhaus sollte in ein Jägerhaus umgebaut werden. Am 26. II. 1700 berichtete Hofbaumeister Franz Rieger in der Hofkammer über die vorgelegten Baupläne von Hofmaurermeister Hans Grabmer und Hofzimmermeister Georg Hueber. Da gleichzeitig auch die Registratur neugeordnet und umfangreiche Aktenverzeichnisse angelegt wurden, schenkte man dem Ausbau des Archivs im Turm große Aufmerksamkeit. Je ein Fenster wurde ausgebrochen bzw. zugemauert, ebenso wie im Turmgewölbe neben der Stiege. Der Stiegenaufgang zur neuen Schreibstube wurde hergestellt. Für die Vertäfelung der Schreibstube und den Plafond der Stube und der zwei Kammern des Amtsschreibers wurde die alte Täfelung aus dem Turm wieder verwendet. Zwei grüne Kachelöfen wurden gesetzt. Die alte Schreibstube wurde für den Amtmann eingerichtet. Er erhielt eine Speisekammer und einen eigenen Herd. Zwischen der Amtsschreiber-Wohnung und der Schreibstube schuf man einen Gang und zwei Klosette. In der alten Küche wurde dagegen der Herd abgebrochen und der Rauchfang zugemauert. Die „Päblstuben" bekam ein neues Fenster. Drei Keuchen (= Gefängniszellen) wurden mit Lärchenholz verschlagen. Weil der Eingang zur Schreibstube im Schloßhof direkt neben dem Misthaufen des Roßstalles situiert war, wurde 1711 eine Mauer aufgerichtet und mit einem Schardach abgedeckt, um die Geruchsbelästigung zu verringern. Der Gollinger Hafnermeister Jacob Pacher lieferte 1712 einen neuen Kachelofen für die Schreibstube. Gleichzeitig wurden die Schardächer über den drei „Stuellfenstern" des Pflegers, über dem Zimmer des Amtsschreibers, über dem Bereich zwischen Getreidekasten und dem Reckturm (über der Pfleger-Wohnung) sowie über der „weiten Stiegen" im Hof erneuert. Zur Brunnstube und dem Granter kam noch ein Fischkalter aus Marmor.

Burg Golling, Bleistiftzeichnung von 1827 (Foto SLA)

1713 mußte die Brücke erneuert werden, die aus 3 Jochen bestand, über die je sechs Ennsbäume gelegt waren. Die Reparatur des Sommerhäusels wurde nicht mehr durchgeführt.
Das einschneidende Ereignis in der Baugeschichte der Burg fand am 5. XII. 1722 statt. Fürsterzbischof Franz Anton v. Harrach besichtigte an diesem Tag auf der Durchreise die Burg. Seit Menschengedenken hatte kein Erzbischof die Burg betreten. Er befahl, grundlegende Umbauten durchzuführen, damit er auf künftigen Reisen bequem in Golling übernachten könne. Nach einem Bauplan des Hofbauverwalters wurden die Änderungen vorgenommen. Die Zimmer im Palas wurden nur geringfügig erhöht, damit „die Dächer über den Fenstern und Wappen nicht neugemacht werden müssen". Zur Wohnstube und zum Schlafzimmer des Fürsten mit den „Stuellfenstern" wurden zwei kleine Nebenzimmer hergerichtet. Das fürstliche Schlafzimmer im Ausmaß von 23 x 21 $^1/_2$ Schuh (= 6,67 x 6,23 m) besaß drei Fenster, zwei Türen, einen Ofen und sehr „altväterische Türschlösser". Es war das „einzige saubere Gastzimmer". 1726 war auf dem Pulverturm das Schardach vermodert und mußte erneuert werden. Im Jahr darauf erfolgte die Meldung, daß durch die „Schuß-

Löcher" das Wasser in die Schreibstube und in das Vorzimmer zwischen den Fürstenzimmern und der Pfleger-Wohnung eindrang.

Nach kleineren Reparaturen beschäftigte man sich erst 1802 wieder mit der Burg Golling. Während einer Amtsuntersuchung wurde festgestellt, daß die Kanzlei „unreinlich und finster" sei. Schreiber, Akzessist und Gerichtsdiener mußten an einem Tisch arbeiten. Da kein eigenes Verhörzimmer vorhanden war, konnte jedermann bei allen Einvernahmen zuhören. Von den acht Gefängnissen waren nur zwei heizbar. Da sich der „humanere Geist unserer Regierung auch gegen den Arrestanten äußert", wurde dringend um Abhilfe gebeten. Zudem wurde die eine heizbare Stube zur Stiftzeit als Amtskasten für die Lagerung von Getreide und Hühnern verwendet. Das ovale Schloß, das rund um einen Felsen erbaut sei, verfüge nur über drei brauchbare Zimmer in der Pflegerwohnung und ein heizbares, sog. Fürstenzimmer.

1803 wurde das Gebäude vom Hofmaurermeister Joseph Schäffer aus Hallein geschätzt. Er beschrieb es so: „Das Pflegschloß ist ganz gemauert und hat mit dem Sousterain 4 Geschoße, die sich aber nicht über das ganze Gebäude erstrecken, und einen Thurn. In diesem wohnen der Pfleger, der Oberschreiber und der Amtmann." Zu ebener Erde oder im 1. Geschoß befindet sich die Kapelle zum hl. Florian und das Brunnenhaus. Dem Amtsbedarf dienten „1 Zimmerhütte, 1 Haberkasten, 3 heizbare und 6 unheizbare Gefängnisse, unbrauchbare Keuchen und 1 Pferdestall". Zur Pflegerwohnung gehörten 1 Wagenremise, 1 Keller, 1 Milchgewölb, 1 Einsatz, 1 Waschküche, die Hühnerstube, 1 Pferdestall, 1 Heubehältnis und das Sommerhaus. 1 Keller stand dem Gerichtsschreiber zur Verfügung. Die Wohnung des Amtmannes bestand aus 1 Zimmer, 2 Kammern, 1 Küche und der Speis.

Im 2. Geschoß lagen Kanzlei und Registratur, sowie die Wohnungen des Pflegers und des Gerichtsschreibers. Zur Pflegerwohnung gehörten 4 Zimmer, 1 Kammer, 1 Behältnis und 1 Küche, sowie im 3. Geschoß 2 Zimmer, 2 Kammern und 1 Getreidekasten. Dazu kamen im 4. Geschoß noch der Saal und 1 Zimmer.

Der Gerichtsschreiber benützte im 2. Geschoß 2 Zimmer, 2 Kammern, Küche und Speis. Der Amtmann konnte im Turm noch über 1 Zimmer verfügen. Insgesamt gab es in der Burg 21 Feuerstellen und 10 Kamine.

Von der Kanzleieinrichtung sind nur der Tisch aus Marmor, die kupferne Geldschaufel, die Goldwaage, die Kassatruhe und die Feuerlöschgeräte bemerkenswert. Das Kapellen-Inventar enthält hingegen außer dem Altar mit Seitenkasten, Statuen, Antependium, Kanon-Tafeln, Kreuzwegtafeln, Lampen, Bet- und Sitzstühle, Glocken, Kelch und Patene u. a. noch 7 verschiedenfärbige Meßkleider, unterschiedliche Tücher, einen Chorrock aus Leinwand, 1 Fasten- und Advent-Vorhang, 4 Messbücher und 1 Proprium u. v. a. m.

Dann endete das selbständige Fürsterzbistum Salzburg.

In der 1. österr. Zeit (1806–1808) wurde mit Zustimmung des Baudirektors Ignaz Hagenauer am 11. VII. 1808 mit Renovierungsarbeiten begonnen. Eine neue Brücke, 12 Schuh lang und 6 Schuh hoch, verband das Schloß mit der Straße. Die Gartenmauer wurde in einer Länge von 5 Klaftern erneuert. Böden und Kamine wurden ausgebessert und die Registratur erweitert.

Zwischen 1823 und 1832 plante der Maurermeister Jakob Mayr einige Verbesserungen, z. B. den Einbau einer Waschküche in das alte Gartenhaus. Alle diese Vorhaben, zu denen Pläne aus den Jahren 1821 und 1846 erhalten geblieben sind, wurden aber nicht durchgeführt. Nur der Geh- und Fahrweg neben dem Höllgraben wurde ausgebaut. Schließlich war ja in der Burg von 1810 bis 1816 das königl.-bayer. Rentamt Golling für die Landgerichte Hallein und Abtenau eingerichtet worden. Dann wurde Salzburg der 5. Kreis von Oberösterreich und Linz unterstellt. Das k. k. Rentamt Golling, das von 1816 bis 1820 bestand, wurde wieder in ein Pfleggericht umgewandelt, dem seit 1. I. 1824 auch das Kriminalgericht für Golling, Abtenau und Werfen angeschlossen war. Am 1. I. 1850 wurde das Bezirksamt Salzburg eingerichtet, zu dem die Gerichtsbezirke Hallein und Abtenau, sowie die Expositur Golling gehörten. Nach der Auflösung des Bezirksamtes und der Organisierung der Bezirkshauptmannschaft Salzburg 1854 dauerte es noch bis 1868, daß in Hallein, Golling und Abtenau anstelle der alten Pfleggerichte Bezirksgerichte installiert wurden. 1896 wurde die Bezirkshauptmannschaft Hallein gegründet, in deren Bereich drei Bezirksgerichte in Hallein, Golling und Abtenau tätig waren. Das Bezirksgericht Golling wurde 1923 aufgelöst. Damals wurde der schöne Aktenbestand des Pfleggerichtes, der bis dahin im Archivturm aufbewahrt worden war, dem Landesarchiv übergeben. Obwohl schon 1846 berechtigte Sorge um das nicht feuersicher untergebrachte Archiv bestanden hatte, hat es die Zeiten überdauert. Die beiden Türme der Burg, der Pulverturm an der O-Seite und der Reckturm über dem Palas an der W-Seite überragten nämlich sogar den Kirchturm und waren vom Blitzschlag gefährdet.

1871 wurde die Burg so umgebaut, wie wir sie heute sehen. Im Erdgeschoß wurde im S-Trakt die alte Pferdestallung in eine Wohnung mit Stiegenaufgang umgewandelt. Die Einbauten im kleinen Hof mit dem Verbindungsgang zum Palas verschwanden. Im 1. Stock verband im S der Gang zahlreiche kleine Räume. Der Palas blieb unverändert. In der anschließenden Pfleger-Wohnung, zu der nun die Fürstenzimmer gehörten, haben sich in den gewölbten Räumen die Rotmarmorböden, dann der Kasettenboden und in fünf Räumen Stuckdecken erhalten. In einem der drei Erkerfenster konnte das Sbg. Landeswappen wieder freigelegt werden. Als Eingang in den Turm ist die schöne Eisentür von 1672 erhalten geblieben. Im 2. Stock fallen im N-Trakt die 5 Schlüssellochschießscharten und die Pechnasen auf. Der S-Trakt wurde damals in diesem Stockwerk komplett ausgebaut. Im 3. Stock wurden der Archivturm und das Dachgeschoß des Palas benützbar gemacht.

Um einen O-W-gerichteten, polygonalen Innenhof gruppieren sich die ein- bis viergeschoßigen Gebäude, als deren Außenwand sich mit Ausnahme des mittleren s. Abschnittes die mittelalterliche Ringmauer – heute in keinem Bereich mehr freistehend – erhalten hat. Die einzelnen Bauten der ursprünglichen Anlage sind durch vielfache Zu- und Anbauten kaum mehr als Einzelbaukörper zu erkennen. Den ö. Abschluß der Anlage, an der strategisch schwächsten Stelle zum relativ seichten, künstlichen (?) Graben zum Markt hin, bildet der ehem. Bergfried, der die Dächer der angrenzenden Burgflügel heute kaum mehr überragt. Im W steht über steilem Felsabsturz des Burghügels der ehem. Palas, in dem seit der Verwendung des Baues als Sitz des Pflegers die Wohn- und Amtsräume der Pfleger untergebracht waren. Hier hat sich die mittelalterliche Bausubstanz mit den schweren Stichkappengewölben am besten erhalten. Der Grundriß des Palas läßt die alte Dreierteilung mit ursprünglichem Mittelgang vermuten. Die schmucklose Stiege in der NW-Ecke des Hofes stellt einen späteren, wahrscheinlich frühbarocken Zubau dar, der eine den Ansprüchen für ein Amtsgebäude nicht mehr entsprechende gotische Innenstiege ersetzte. In den Obergeschoßen haben sich durch die Umwandlung der Burg zu Wohnzwecken nur geringe Reste der früheren Raumausstattung erhalten; Bandelwerkstuck aus der Zeit um 1730 belegt neben Malereiresten aber doch eine höhere Wertigkeit der früheren Räume. Eine durchgreifende Untersuchung war bisher nur in dem zum Gollinger Heimatmuseum zählenden Kapellenraum möglich. So konnten in diesem Raum – die Lage der mittelalterlichen, bereits im Jahr 1380 genannten Kapelle ist bisher nicht geklärt – an den Wänden farbige Wappenmedaillons der Familien Pichl, Waltenhofen und Frölich von Frölichsburg mit einem Chronogramm von 1752 restauriert werden. Ein aus verschiedenen barocken Teilen zusammengefügter Altar stellt das Hauptstück des großteils zusammengetragenen Kapellen-

inventares dar. Der Raum weist eine für eine Kapelle völlig atypische Quertonne auf, er dürfte früher als Wirtschafts- oder Lagerraum verwendet worden sein.
Gegen O schließt an Palas und Kapelle der ehemals wahrscheinlich freistehende Torbau an, der über dem Rundbogenportal außen drei eng aneinanderstehende Flacherker über jeweils dreifach abgestuften Steinkonsolen aus der Zeit um 1500 besitzt. Vor dem Tor befand sich anstelle der heutigen Brücke über die Bundesstraße eine Zugbrücke, auch ein kleines Gartenhaus stand noch um 1800 auf der Geländeterrasse w. der Zugbrücke.
Die Flügeltrakte gegen O bis hin zum Bergfried waren die Wirtschafts- und Nebenobjekte, sie zeigen hofseitig im Erdgeschoß hohe Einfahrtstore für Wagen und Stallungen. Der s. Trakt wurde nach ruinösem Zustand im Jahr 1871 grundlegend saniert und gleichzeitig für Arrestzellen des Gerichtes adaptiert. An der s. und w. Hoffassade sind mehrere aus der Pfarrkirche Kuchl stammende, mittelalterliche Grabplatten (Abgüsse) eingemauert.
Seit den Jahren 1970/71 wurden für die Sammlung des „Gollinger Heimatmuseums" etappenweise mehrere Räume adaptiert. Das Museum besitzt eine sehenswerte Sammlung mit Darstellung der lokalen Geschichte, Kunst und Kultur mit Schwerpunkten in Ur- und Frühgeschichte der Umgebung, eine Dokumentation der gerade im Gebiet von Golling häufigen Felszeichnungen, eine reichhaltige Mineralienschau u. v. a. m. Durch die noch immer vorherrschende Wohnnutzung der im Eigentum der Republik Österreich, Bundesgebäudeverwaltung I, stehenden Burg kann diese nur in den museal eingerichteten Räumen und im Hof besichtigt werden.

(KG. Golling-Markt EZ 1, Nr. 1.
SLA, U 9 a fol. 22' ff. „redditus ad castrum Golling"; Pflegakten Golling [Pläne 19. Jh.]; U 53 [1605] fol. 10; HK Golling 1554/E, 1557/1/C, 1575/1/D, 1589/2/E, 1591/1/G, 1598/1/B, 2/A, 1599/K, 1610/M, 1614/H, 1621/B, 1624/G, 1627/D, 1629/B, 1636/B, 1646/A, 1650/3/ G + H + J, 1651/B + G, 1655/E, 1660/E, 1661/B, 1662/3/C, 1664/1/C, 1665/1/B, 1666/1/C, 1668/B, 1670/A–G, 1672/2/C + D, 1676/2/A + D, 1679/2/A, 1696/1/A + B + E, 1700/N mit Riß, 1706/1/A, 1712/2/F + K, 1713/1/E, 3/A, 1725/2/D, 1727/5/C, 1769/7/A, 1794/7/d, 1791/1/e; HK-HK 1511–99/C; Geh. A. XXVI/83; Laa XIV/40; Pläne in: K. u. R. F 50.1., F 50.2., F 51, G 61.1.–61.6., G 62.1.–62.2. [um 1670], M 1, U 16; Bauamt III/2.6.1.–2.6.6.; Ansicht von 1827, in: Graphik XII/42; Nachlaß Oberst Adolf Frank; Nachlaß Friedrich Pirckmayr; Nachlaß Pfarrer Heinrich Weidler; SMCA, Graphik, Grundriß des 1. Stockes um 1600 [?]; Dürlinger 580 ff.; Hi. St. II, Golling, 369 und Hallein, 371; Heimatbuch Kuchl, 600 Jahre Markt Kuchl 1380–1980; Martin Hell und Fritz Moosleitner, Zur urgeschichtlichen Besiedelung des Talraumes von Golling [Land Salzburg], in: MGSLK 120/21 [1980/81], 1 ff.; ÖKT XX, 83 f.; Erich Urbanek, Das Heimatmuseum in der Burg Golling, in: SBW 58, 1977, 26; Friederike Zaisberger-Erich Urbanek, Golling und seine Burg, Golling 1984; Fritz Zink, Carl Spitzweg in Golling an der Salzach, in: Alte u. moderne Kunst, 17. Jg., 1972, H. 122; Dehio 119 ff.; zahlreiche Abb. in Robert Hoffmann-Erich Urbanek [Hrsg.], Golling, 1991; OÖLA, Karten u. Pläne XIX/40 + 41)

2. PASS LUEG, Paßbefestigung
Südlich der eigentlichen Paßhöhe mit Einkehrgasthof, Denkmal für die Freiheitskämpfer gegen Napoleon im Jahr 1809 unter dem Kommando von Josef Struber, und der kleinen Wallfahrtskirche Maria Bruneck liegen oberhalb der engsten Stelle der Salzachschlucht die Reste der Paßbefestigung Paß Lueg; sie liegen oberhalb des kurzen, bergseitigen Straßentunnels der Kriechspur. An der w., linken Seite der Salzach existiert noch eine in die ursprüngliche Befestigung des Passes miteinbezogene Höhle mit Wehrmauer, die sog. „Kroatenhöhle".
Die urkundlichen Nennungen dieses Passes gehen bis i. d. 12. Jh. zurück. Diese nur

mühsam überwindbare Engstelle auf dem Weg in das salzburgische Gebiet „inner Gebirg" und weiter gegen S als wichtiger, bereits vorgeschichtlicher, dann römischer und mittelalterlicher Handelsweg wurde schon früh zur Errichtung einer Zoll- und Mautstelle (urk. 1160, „apud clusam iuxta Weruen") ausersehen. Mit den Einnahmen wurde teilweise auch die Erhaltung einer für damalige Möglichkeiten aufwendigen Brückenkonstruktion entlang der Salzachschlucht gewährleistet. Noch E. d. 12. Jh. aber wurde diese Mautstelle in den Markt Werfen zu Füßen der Burg Hohenwerfen verlegt. Ob zu dieser Zeit bereits eine Befestigung im Paßbereich existierte, erscheint mehr als fraglich; die Anfänge eines Wehrbaues sind wohl erst in die Zeit knapp vor 1300 zu setzen. Der Name „luoch" ist erstmals 1241 nachweisbar. 1258 und 1291 werden Befestigungen erwähnt.

Als Ort der Befestigung wurde aber schließlich nicht die Paßhöhe oberhalb der sog. „Salzachöfen", sondern die Engstelle mit dem schmalen Holzsteg s. der Paßkuppe gewählt. Heute nicht mehr an Ort und Stelle existierende Wappensteine und Hochwassermarken von 1598 und 1667 berichten zusätzlich zu den spärlichen Urkunden von Naturkatastrophen und Zerstörungen.

Paß Lueg, 1689; die kolorierte Zeichnung zeigt das längst abgebrochene Torgebäude der Paßsperre mit dem gedeckten Verbindungsgang zum ersten Blockhaus hinauf, welches zumindest als Ruine noch erhalten ist (Foto SLA)

Größere Baumaßnahmen jedenfalls setzte EB. Johann Jakob Kuen v. Belasi in der Zeit von 1560 bis 1575, der etwa zeitgleich auch die Burg Hohenwerfen verstärken ließ. Die daran erinnernde Marmortafel befindet sich im Heimatmuseum Golling. In den gefahrvollen Zeiten des 30jährigen Krieges kam es dann unter EB. Paris Lodron zu einer wesentlichen Verstärkung auch dieser Paßanlage. Er ließ nach den wehrtechnischen Vorstellungen seiner Zeit ab 1620 den Torbau verstärken und Stiegenanlagen mit Flügelmauern zum höher gelegenen Unteren Blockhaus mit Depot- und Lagerräumen um einen kleinen Hof errichten. Gegen N hin war auf das regelmäßig in Quadern gefügte Mauerwerk, wo sich die Gebäudeecke wie ein Keil gegen den Paß vorschiebt, eines der für die Zeit Paris Lodrons und seines Hofbaumeisters Santino Solari so typischen Eckwehrtürmchen aufgesetzt, wie wir diese von seinen zeitgleichen Wehranlagen, z. B. Wehrmauer am Kapuzinerberg, Stadt Salzburg, kennen. Der spitzwinkelig zulaufende

Teil einer Erdaufschüttung mit gemauerter Brustwehr wurde „der Cavalier" oder auch „Reiter" bzw. „Katze" genannt.

Nach wiederholten Beschädigungen durch Naturgewalten wie Steinschlag etc., welche die Holzbrücke und ihre Auflager zerstörten, wird 1701 schließlich eine „gerade" Brücke fertiggestellt. Die alte Brücke wies, in zwei Teilen auf einen Mittelpfeiler aufgelegt, einen Knick in der Gehrichtung auf. Der eine Teil war fest, der andere als Ziehbrücke angelegt. Von 1701 an konnte erstmals ein einspänniger Wagen passieren, bisher mußte im Bereich des Passes jeweils von den Fuhrwerken auf Saumpferde umgeladen werden. Stolz wird berichtet, daß das Tor gleichzeitig auf neue Maße erweitert wurde, wodurch es nun die gleiche Durchfahrtsbreite wie z. B. das Tor in Mandling oder die Stadttore von Salzburg (Äußeres Linzertor, Kajetanertor, Michaelertor etc.) und Radstadt aufweise. Von 1740 an konnten auch zweispännige Wagen die Brücke benützen. Die Brücke war rund 12 m lang, 8 m hoch und mit Eisenstangen verstärkt.

Aus dem Jahr 1751 wird der Abbruch des von Paris Lodron erbauten Blockhauses oberhalb der Toranlage berichtet; der Grund war nicht etwa Baufälligkeit, sondern weil der Bau nur noch als Unterstand für Herumtreiber diene. Die aus wirtschaftlichen Erwägungen immer wieder geforderte Erweiterung der Tore wurde von der Landschaft aus strategischen Gründen abgelehnt. Man verlangte eine sorgfältigere Beladung der Wägen im Stapelamt in Triest, wo die Maße des Paß Lueg genau bekannt seien. Nicht einmal die von den Kaufleuten in Moosburg/Kärnten angedrohte Umleitung über den Pötschenpaß half. Schließlich war seit 1689 allein die Landschaft und nicht mehr die Hofkammer für den Paß zuständig.

Die Wirren der Napoleonischen Kriege brachten vorerst Reparaturen und Verbesserungen, dazu endlich die Erweiterung der Brücke und des Tores, aber auch auswärtige Besatzungen; so z. B. im Jahr 1797 kaiserlich-österreichisches Militär, nach dessen Abzug der Paß leer und schwer verwüstet steht. Die Jahre 1800, 1805 und dann vor allem 1809 brachten erbitterte Kämpfe zwischen der bayrisch-französischen Übermacht und der weitgehend aus Sbg. Schützen unter dem Kommando des Schützenhauptmannes Josef Struber aus Stegenwald, Gemeinde Werfen, bestehenden Mannschaft in und um den Paß. Der heldenhafte Kampf war vergeblich. Nach dem Frieden von Schönbrunn zwischen Österreich und Frankreich/Bayern wurden 1809 Teile der Befestigung gesprengt.

Im Anschluß an einen Besuch des neuen Landesherren K. Franz I. 1832 wird aus den Jahren 1834 bis 1836 von einer durchgreifenden Instandsetzung berichtet, die wohl die Wiedererrichtung des unteren Blockhauses auf älteren Resten sowie den Neubau des oberen Blockhauses mit deren exaktem Quadermauerwerk bedeutete. Beim unteren Blockhaus wurden, wie aus dem Mauerwerksbefund abzulesen ist, Grundmauern Paris Lodrons mitverwendet; es ist anzunehmen, daß etwa die frühere Form vor dem Abbruch von 1751 weitgehend wiederhergestellt wurde. Unklar ist, ob gleichzeitig mit dieser Bauphase auch Maßnahmen an Brücken, Toren oder Straßenlauf verbunden waren. 1901 übergab das Militär den Paß dem k. k. Forstaerar.

Den Niedergang der Anlage besorgten jedenfalls die Erfordernisse für unseren modernen Straßenbau, wodurch etappenweise Stück für Stück abgebrochen wurde und den Maßnahmen für Straßenerweiterung und Felsverankerung weichen mußte. Festzuhalten ist, daß die beiden Blockhäuser bis 1945 noch ihre Walmdächer besaßen.

Seit der Straßenverbreiterung im Jahr 1939 ist von den beiden Torbauten auf Straßenniveau samt der ehemals dazwischenliegenden, in Gefahrenzeiten abwerfbaren Brücke – hier waren noch Teile der gemauerten Pfeiler erhalten – nichts mehr zu sehen. Immerhin führte noch die hinter einer gegen S gerichteten, gemauerten Brustwehr gelegene Steinstiege hinauf zum unteren Blockhaus. Erst der Straßenbau in den 60er Jahren mit dem Bau des kurzen Tunnels durch den Felskopf, auf welchem das untere Blockhaus steht, vernichtete auch diesen Zugang, wodurch sich die Befestigungsreste des Passes nur noch mit alpiner Bergerfahrung erklettern lassen.

Unteres Blockhaus: Die im Grundriß etwa trapezförmige Anlage besteht aus dem talseitigen Blockhaus, einem schmalen Hof und bergseitig dem Magazingebäude. Die Bauteile sind seit dem 2. Weltkrieg ohne Dächer, die aus Bruchsteinen gefügten Gewölbe der nur erdgeschoßigen Bauten sind eingestürzt. Die N-Front mit ihren teils schräg übereinandersitzenden Doppelschießscharten ist kräftig nach innen geknickt, hier sitzt relativ hoch der früher über eine Holztreppe erreichbare Hauptzugang. Der Hof war diesem Tor gegenüber auch von S her über die heute über einem Felsabbruch endende Steinstiege vom Torbau herauf erschlossen. Das Blockhaus beherbergte eine Küche und zwei Mannschaftszimmer, s. angebaut war ein dreieckiger Abort. In Friedenszeiten setzte sich die Mannschaft aus einem Leutnant und einigen Gemeinen zusammen. Das Magazingebäude besaß Räume für Proviant und das Pulvermagazin. Der mittlere der drei nebeneinanderliegenden Räume war zusätzlich etwa 4 m gegen O in den Felsen eingetieft.

Oberes Blockhaus: Der Bau über rechteckigem Grundriß auf einer kleinen, künstlich aufgebauten Terrasse beherbergte einen größeren Mannschaftsraum und daneben ursprünglich gewölbte Geschützkasematten; gegen N ist ein flacher Schießerker, erhöht auf Konsolen angesetzt.

Die „Kroatenhöhle" im gegenüberliegenden, steil gegen die Salzach abfallenden Felshang ist eine lange, steil ansteigende Naturhöhle unter einem weitausladenden, natürlichen Felsdach. Darin wurde (bereits 1269 [?]) eine Befestigung eingebaut, die aus einer mehrfach geknickten,

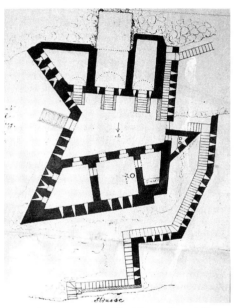

Paß Lueg, unteres Blockhaus, Grundriß, aufgenommen um 1890 von P. Anselm Ebner, Stift St. Peter (Foto BDA)

mehr als einen Meter dicken Wehrmauer mit rechteckigen Schießscharten besteht. Der Name dieser Höhle, die ursprünglich als „unsinnige" oder „heidnische" Kirche bezeichnet wurde, stammt aus dem Jahr 1742, als Feldmarschall-Leutnant Gf. Herberstein mit einer Kroatentruppe auf dem Durchzug hier längeren Halt machte. Unter dem Felsdach hängt ein lebensgroßes Kruzifix aus d. 1. H. d. 17. Jh. Der frühere Steig von den Salzachöfen zur Kroatenhöhle ist längst abgerutscht und damit nicht begehbar. Achtung: Keiner der Befestigungsteile ist begehbar!

(SLA, Reg. II/75, 76, 77, 84; SUB III, 516 Nr. 966 [1241: „locus qui dicitur Luck"]; II, 490 Nr. 350; IV, 161 f. „Castrum foraminis"; U 6 fol. 21 u. 22; HR Golling 9; Laa XIV/40 [1737, 1738, 1751, 1793–1802, davon mit 2 Plänen]; HK Golling 1562/R, 1571/R, 1572/G,

1638/E, 1656/L, 1659/S, 1660/N, 1667/O, 1668/R, 1671/2/J, 1693/3/C, 1713/3/J, 1726/3/E, 1732/6/J, 1743/6/E, 1747/2/K, 3/C, 1750/4/H, 1753/2/A, 1759/2/A, 1763, 1803/2/A; HK-Laa 1791/D; K. u. R. N 12 [1689], 13.1, 13.2 [1802]; Herbert Klein, Die ältesten urbarialen Aufzeichnungen des Erzstiftes Sbg., in: MGSLK 75/1935, 164 u. 167; Hübner 324; Pillwein 226; ÖKT XX, 214; Bibl. St. Peter, Hs. Ebner 13, 1 u. 27 ff. mit Grundrißskizzen; Anton v. Schallhammer, Die krieger. Ereignisse in Sbg. und Umgebung in den Jahren 1800, 1805 u. 1809, Salzburg 1853 [Neudruck Hallein 1979]; Gedeon Frh. Maretich v. Riv-Alpen, Josef Struber u. die Kämpfe in der Umgebung d. Passes Lueg im Jahre Jahre 1809, Salzburg 1897 [Neudruck Hallein 1980]; Werner Köfler, Die Kämpfe am Paß Lueg im Jahre 1809, in: Militärhistor. Schriftenreihe 41 [1980]; Fuhrmann 1980, Fig. 6, T. 44 a + b, 45, 46; Fritz Hörmann, Der Paß Lueg – seine Geschichte, seine Befestigungen, die Kämpfe von 1805 und 1809, in: R. Hoffmann-E. Urbanek [Hrsg.], Golling, 1991, 293–323, mit zeilenweisen wortgetreuen Zitaten aus Manuskript Zaisberger-Schlegel; zahlr. Abb.; Ansichten/Pläne im SMCA: 308/24, 178 a/40, 178 b/40, 736/49, 1183/49, 1639/49, 1845/49, 1847/49, 2264/49; 11 Pläne im Kriegsarchiv Wien, Plansammlung Inland CII/Enveloppe F, H/19 d; Aquarell von Toni Grubhofer, um 1890, in Privatbesitz)

3. ST. NIKOLAUS IN TORREN

Wie auf der Felseninsel des Georgenberges bei Kuchl ist auch auf dem isolierten Konglomeratfelsen am Eingang ins Weißenbachtal eine ur- bzw. frühgeschichtliche Siedlungsstelle nachgewiesen. Fundstücke von der Mittleren Steinzeit bis zur älteren römischen Kaiserzeit bestätigen dies. Wieweit eine Fliehburg der Völkerwanderungszeit möglich ist – was vom Gelände her als sicher anzusehen ist – kann derzeit nicht gesagt werden.

(KG. Torren, Gp. 44.
ÖKT XX, 253; Martin Hell-Fritz Moosleitner, Zur urgeschichtlichen Besiedlung des Talraumes von Golling, in: MGSLK 120/121, 1970/71, 10; Dehio 449 f.; Erich Urbanek, Wichtige ur- und frühgesch. Fundpunkte, in: Robert Hoffmann-Erich Urbanek [Hrsg.], Golling, 1991, 43–58)

4. STRASSHOF (Hackerhof), Obergäu Nr. 36

Westlich neben dem Einbindungsknoten Autobahnzubringer Golling-Salzachtal-Bundesstraße steht auf ebenem Talboden der Straßhof, der Typus eines einfachen, kleinen Ansitzes. Der Hof wird vom Verkehrsdreieck durch eine im Zuge der Straßenbauten um einige Meter zurückgesetzte Toranlage abgeschirmt; die dazugehörige Besitzeinfriedungsmauer ist längst verschwunden.
Der Hof wird am 29. XI. 1448 erstmals erwähnt, als Konrad Graf, Pfleger von Radstadt, sein bisheriges Gut „Aufstrass bei Golingen in der Kuchler Pfarr und Golinger Gericht" (Ertrag 6 ß 15 d) dem Erzbischof ins Hofurbar gibt und dafür das Gut „Holtzing in der St. Veiter Pfarr und Pongauer Gericht" erhält. 1524 ist es Besitz des Konrad Strasser, ihm folgen 1540 Wolfgang Strasser und dann Christoph Strasser, Marktrichter von Golling, nach. Mitglieder der Familie Strasser stellten eine Reihe von Pflegern und Burghütern in Golling, sie waren als Gewerken auch maßgeblich am Goldbergbau in den Tauern beteiligt. Zum Besitz der Strasser zählten auch die Schlösser Söllheim (s. d.) und Neudegg in Salzburg. Durch Tausch mit dem Gut Perg im Weng, das dem Erzbischof ins Hofurbar gegeben wurde, war 1559 der Strasshof von einem Urbargut in ein Ritterlehen umgewandelt worden. Er war damals bereits im Besitz des wohl bedeutendsten und reichsten Sbg. Gewerken, Christoph Weitmoser († 1558, s. Weitmoserschlößl in Hofgastein) gestanden, der das Objekt in die heutige Ansitzform brachte. Schon 1557 hatten die Vormunde seiner Söhne eine Gerichtsurkunde über den Strasshof verlangt. Seine Söhne Johann, Christoph II. und

Golling, Straßhof; Wappenstein der Gebrüder Johann, Christoph und Esaias
Weitmoser von 1565 auf dem Torbogen der Zufahrt (Foto F.Z.)

Esaias Weitmoser sorgten 1562 für die Wasserzufuhr und vollendeten laut Inschrift auf der Wappentafel auf dem Torbogen 1565 die Einfassungsmauern um den Besitz. Die Belehnung der Brüder Weitmoser konnte aber erst nach dem offiziellen Kaufbrief vom 13. I. 1572 der Schwestern des Christoph Strasser (Margareth Härderin und Ehrentraud Lindner) für die Weitmoser erfolgen. 1588 wurde Magdalena v. Haunsperg belehnt.

Am 18. IX. 1599 erwirbt Sebastian v. Haunsperg die Lehensgerechtigkeit der Weitmoser, nachdem er schon 1589 auf den Besitz Geld geliehen hatte. Seine Mutter war Gertraud Weitmoserin. 1609 übernimmt sein Sohn Ferdinand v. Haunsperg den Besitz, der anschließend über Maria Euphemia v. Maxlrain 1620 und 1623 Barbara Regina v. Rehlingen an ihren Gatten Hans Ludwig v. Ritz kommt. 1643 wurden die Kinder Haimeram Friedrich und Maria Helena belehnt. Über Esmerina Ritz fällt das Schlößl 1681 wieder an die Familie der Herren von Rehlingen. 1706 erbittet Johann Friedrich v. Rehlingen die Bewilligung, das Gut zu Erbrecht verkaufen zu dürfen. Er selbst bleibt aber Lehensträger. Joseph Göschl, bürgerlicher Gastgeb zu Golling, kauft 1707 den Straßhof und richtet dort ein Gasthaus ein. Durch die Heirat des Joseph Anton v. Rehlingen zu Haltenberg 1765 mit Therese v. Imhof geht die Grundherrschaft 1828 noch auf die Familie Imhof über. Anselm Frh. v. Imhof und seine Kinder Anna, Theresia, Maria und Rupert waren am 9. IV. 1838 im Besitz. Von Bedeutung sind aber auch schon vor der Allodifizierung 1846 nur noch die Wirte. Inhaber des „Bernhauptwirtes" waren 1829 Anton Egger, 1854 Mathias Hacker und seit 1898 die Familie Rettenbacher.

Ein Teil des Gutes war der sog. Pruelhof, der 1491 an den Sbg. Bürger Hans Knoll zu Lehen ausgegeben wurde. Er hatte den „Sytz, Haus und Hof genannt der Pruelhof" zuvor von Erhart Payss erkauft. Von Ludwig Alt erbte 1588 seine Tochter Magdalena, Gattin des Sebastian v. Haunsperg, den Pruelhof, sodaß von da an die Lehensnehmer für den Straßhof und den Pruelhof gleich waren. 1709 ist Gertraud

Pernhauptin als Besitzerin des „Herrenhauses" eingetragen. Die dazugehörigen Grundstücke, das „Herrenholz" und eine Peunt wurden 1706 und 1709 verkauft. 1830 heißt der Straßhof „Pernhauptwirt".

Die Toranlage besteht – heute gegen O zurückversetzt – aus einer gemauerten Torwand mit tiefem Trichterportal aus Konglomerat, segmentbogenförmig; die Mauerbekrönung ist seitlich zweifach abgestuft. Unter der horizontalen Abdeckung der Giebelfläche ist eine dreiteilige Marmorplatte eingemauert, in der Mitte das Wappen der Weitmoser, beidseits davon die Inschrift: „Die edlen und vest Herrn Herr Johan, Christoff und Esaias Geprueder die Weitmoser zu Winckel, Berckherr zu der Chastein und Rauris haben die Mauer und Gangsteig von Neuem gepaud und machen lassen Ano Domini Im 1565 Jar." Das Schlößl, dessen Kern noch in das 16. Jh., die Zeit der Weitmoser um 1550, zu datieren ist, weist über nahezu quadratischem Grundriß drei Geschoße mit abgeschopftem Satteldach auf. Einfache Fensterfaschen – in den letzten Jahren erfolgte der optisch nachteilige Austausch auf Einscheibenfenster – sowie Ecklisenen und die um Traufen- und Giebellinie umlaufende Hohlkehle bestimmen die barockisierte Erscheinungsform. Im Giebelfeld ist ein Fassadenbild in querovalem Stuckrahmen sichtbar, darstellend die Verklärung Christi, ursprünglich eine barocke Malerei, weitgehend übermalt; bezeichnet: Renoviert J. A. Eckl 1863, restauriert 1955.

Das Objekt dient heute als Wohnhaus eines Bauernhofes (Hackerhof).

(KG. Obergäu EZ 34, Bp. 63.

SLA, LA 4 fol. 74, 86, 170; LB 12 fol. 267, Pirckmayer, Cop.buch III, 193; Cop.buch VIII zum 8. VII. 1561; Notizenblatt 1853 Nr. CXXXV; Pfleg Werfen B XII/35; HK Glanegg 1557/E; U 205 fol. 17' Nr. 78; U 1490 fol. 123; LB 8 fol. 25, LB 25 fol. 204, 44 zum 14./18. 5. 1706; Geh. A. XXV/R 2; AL Glanegg 1560; U 27 fol. 78; ÖKT XX, 210–211; o. A., Der Straßhof bei Golling, in: Sbg. Bauernkalender 1937, 117 f.; Christiane Gärtner, Der Straßhof in Obergäu, in: Robert Hoffmann- Erich Urbanek [Hg.], Golling, 1991, 545–548, nach Manuskript Zaisberger-Schlegel)

5. WACHT AN DER LAMMERBRÜCKE (abgekommen)

Während der Protestanten-Vertreibung nach dem 31. X. 1731 wurden alle militärischen Anlagen mit Soldaten besetzt, weil das scharfe Vorgehen der Regierung reichsrechtlich nur mit einer drohenden Aufstandsgefahr zu begründen war. Nach Beendigung der Hauptvertreibung 1733 wurden Maßnahmen gegen die Rückkehr der Ausgewanderten und die Einschleusung von protestantischem Schriftgut getroffen. Deshalb wurde am 14. IX. 1736 auch ein Bauplatz für die Errichtung einer Wachtstation an der Lammerbrücke ausgewählt. Sie befand sich bei der Tuschenbrücke, wo die Lammer die Ebene des Salzachtales erreicht. Obwohl 1784 bereits der Abbruchbefehl erging, wurde das Wachthaus von der Hofkammer weiter benützt. Ein Mann war für die Mautaufsicht eingesetzt. Das Ende scheint mit den Napoleonischen Kriegen eingetreten zu sein.

(SLA, Emigration Nr. 11: Golling Nr. 337 mit Riss bei K. u. R. N 14; HK Golling 1752/II/ C, 1761/4/C, 1780/3/D, 1784/4/E; HR-Generale 33 zum 2. 12. 1783; HK-Laa 1791–94/D)

H A L L E I N (GB. Hallein, alt: Stadtgericht)

1. BENEDIKTSCHLÖSSL (alt: Kroissen- oder Bernegger-Schlößl, auch Lebzelterhaus), Krautgasse 1

Das Haus liegt etwas erhöht oberhalb des Kotbaches an der Kreuzung Spitalgasse-Krautgasse unterhalb des „St.-Georgs-Gotteshauses nechst neben dem Teufl-Schlössl an der Krautperg-Gassen". Ursprünglich bildete es einen Teil des Bauensembles am

Fußpunkt des Zuganges zum ehem. Augustiner-Kloster auf dem Georgenbergl. Zum Kloster hinauf führte, beginnend zwischen Benediktschlößl und gegenüberliegender Augustinuskapelle, von etwa 1700, eine heute nur noch im untersten Teil bestehende Treppenanlage, die durch den Neubau des Realgymnasiums anstelle des Klosters und die dazugehörigen Sportanlagen zerstört worden ist.

Der Bau lag außerhalb des durch Mauern umgebenen Stadtgebietes; es wäre möglich, daß die heutige Baugestalt des Objektes mit seiner abgerundeten W-Front zeitgleich mit dem Neubau des Augustinerklosters 1683/84 anzusetzen ist, wenn auch ein älterer Kern aus dem 16. Jh. darin enthalten ist. Mit dem Jahr 1662 setzen die urkundlichen Nennungen des von der Grundherrschaft des Stiftes St. Peter in Salzburg zu Erbrecht ausgegebenen Hauses und Garten ein: 1662 besitzen es Petrus Pachler, Amann von St. Peter, und seine Frau Maria Jakobe Faberin (= Schmied), 1664 Ruep Riedl, 1673 Michael Fuchslueger und seine Frau Anna Magdalena, 1692 wurden Haus und Garten von Georg Anngerer und Helena Wisenauer getrennt. Im Jahr 1700 erwirbt es der Lebzelter Georg Kreis, womit die lange, bis in das beginnende 19. Jh. reichende Reihe der Lebzelter und Wachszieher ansetzt: 1706 nach dem Tod der Marie Elisabeth Khreiss ihre Tochter und der Vater Georg, 1745 Johann Michael Rieder, 1773 Michael Rieder und seine Erben, 1822 Franz Wallner. Das Objekt wird „Lebzelterhaus" genannt, wozu eine Wachsbleiche und ein Sommerhaus im Garten gehört. Über Josef Breymauf 1877 und Maria Kobercz 1885 kommt das „Schlößl" 1886 an die Familie Benedikt, in deren Besitz es sich auch heute noch befindet.

Das Objekt gliedert sich in den zweigeschoßigen, gegen die Straßengabelung im NW abgerundeten Hauptbau sowie zwei gleich hohe Flügelbauten entlang der Krautgasse und der heute devastierten Klosterstiege, es umschließt in seiner Anlage einen gegen S offenen Hofraum. Das Erdgeschoß ist teilweise gewölbt, man findet hier Tonnengewölbe mit Stichkappen. Als Besonderheit inmitten der Wohnräume im Obergeschoß mit einfacheren, barocken Stuckdecken muß ein Raum mit Wandmalerei des 18. Jh. erwähnt werden. Die Wandflächen sind in hochformatige Felder unterteilt, abwechselnd marmoriert und mit Grisaillenmalerei in Sepiatönen ausgeschmückt, Landschaften und Schäferszenen darstellend. Diese Wandmalereien wurden in den Jahren 1820/30 teilweise übermalt und durch Efeuranken eingerahmt, vor wenigen Jahren aber über Initiative des Eigentümers restauriert.

Das Benediktschlößl ist Privatbesitz und daher nicht zu besichtigen.

(KG. Hallein EZ 148, Bp. 332, Ko. Nr. 161.
St. Peter, Archiv Hs. B 265 fol. 191 f., 266 fol. 272, 267 fol. 100v; Hieronymus-Kataster Hallein fol. 820, Nr. 524; F. Zaisberger, Hallein 1980, Teil B, 91–92)

2. CHORREGENTENSCHLÖSSL

Im Kataster des EB. Hieronymus Colloredo von 1774 wird ein Chorregenten-Schlößl erwähnt, das jedoch nicht identifiziert werden konnte. Die Besitzer waren 1769 Joseph Nechl, 1790 dessen gleichnamiger Sohn und 1805 die sechs Kinder durch Einantwortung.

(SLA, Hieronymus-Kataster [1774] Hallein fol. 215. GH: Freies Eigen)

3. EGGLAUER-SCHLÖSSL, Krautgasse 14

Das Egglauer- oder Wimmerschlößl bestand 1830 aus einem Wohngebäude samt Stall, Hof und einem Ziergarten. Den Namen Egglauer-Schlößl führt es möglicherweise nach Hieronymus Eglauer, der 1585–1591 Stadtkassier war und 1609 die Mautstelle auf der Brücke übernahm. 1662 führt es den Namen Teufl-Schlößl, wohl nach Hans Cristof Teufl zu Pichl, Pfleger von Abtenau. Magdalena Martha Teufl v. Pichl stiftete das Schlößl am 26. VII. 1689 dem Halleiner Augustinerkloster, das es aber schon kurze Zeit später wieder verkaufen mußte. Da das Haus Freieigen war, konnten die folgenden Besitzer erst von 1705 an festgestellt werden. Bürgermeister Georg v. Lohr kaufte es um 1.300 Gulden. 1744 verkaufte er das Schlößl an Georg Zeitler. Von ihm erwarb es 1747 Franz Anton Schwarzenberg, bürgerlicher Baumwollwarenhändler, mit seiner Gattin Maria. Leonhard Migitsch, der es 1793 gekauft hatte, mußte es 1797 nach einem Lizitationskauf an Michael Hanslmann und Cäcilia Migitsch abtreten. Markus Wimmer, der dem Haus seinen zweiten Namen gab, starb 1842. Ihm folgen Adam Wimmer und 1863 dessen minderjährige Kinder Sebastian, Maria, Georg und Adam, sowie Katharina und Barbara. Zwischen 1863 und 1876 kaufte Georg Wimmer die Anteile seiner Geschwister auf und wurde Alleinbesitzer. 1904 übernahm Katharina Wimmer durch Einantwortung. Auf die Anteile von Stefan und - Bertha Wimmer, die 1930 erbten, wurden 1949 Annemarie Margreiter bzw. Doppelmayr und Markus Wimmer eingetragen, die seit 1958 gemeinsame Besitzer sind.

Das Objekt brannte zwar im Jahr 1943, seine Erscheinungsform aber ist erhalten geblieben: Am Rande des Steilabfalles zum Kotbach erhebt sich, die Gebäudeecke gegen den Bach breit abgeschrägt, mit Sockelgeschoß und drei Vollgeschoßen ein höchst massiv wirkender Baukörper mit Schopfwalmdach, der an der SO-Fassade einen turmförmig vorgezogenen Mittelrisalit aufweist; das Innere ist weitgehend schmucklos.

(KG. Hallein EZ 149, 750. Bp. 333 = Zuhaus, Bp. 334 = Stallung, Bp. 336: Schlößl = Nr. 272, 273.

SLA, U 85 fol. 5; Hieron.-Kat. [1774] Hallein fol. 203; NB Hallein 1598 16. 7.; frdl. Hinweis von Dr. H. Sallaberger auf Halleiner Stadtratsprotokoll 1689 fol. 138 f.; ÖKT XX, 144; Zaisberger, Hallein, 1980, Teil B, 91; Dehio 149)

4. STADTBEFESTIGUNG

Mit der Aufnahme des Salinenbetriebes i. d. 2. H. 12. Jh. begann die Siedlung in Mühlbach zu wachsen und nahm den Namen Hallein an. Sie erhielt das Stadtrecht bereits zu Beg. d. 13. Jh. Zugleich muß auch die erste Befestigung der Anlage erfolgt sein. Im Bereich Wichtelhuberstraße/Wiesengasse-Kornsteinplatz-Rupertgasse/Postgasse dürfte die Stadt mit Wall und Graben, wohl gemeinsam mit Palisaden, umgeben worden sein. Im Mai 1262 soll Hzg. Heinrich XIII. v. Niederbayern oberhalb der Stadt Hallein eine Befestigungsanlage errichtet haben. Sie lag entweder auf dem Georgenberg oder in der Gegend der heutigen Ruine Thürndl. Die Burg war aus Holz gebaut, „ein festes Hus von holzwerc", worunter ein Blockhaus zu verstehen ist, das auf ein Steinfundament gesetzt wurde. Die eb. Ministerialen von Wispach befanden sich beim herzoglichen Heer und ergriffen gegen ihren Herren Partei. 1293 werden die Stadtmauern von Hallein erstmals urkundlich genannt. Zu ihrer Erhaltung waren nicht nur die Bürger, sondern auch die Grundherrschaften verpflichtet. In der M. d. 14. Jh. leistete jedenfalls das Stift St. Peter einen Beitrag zu Instandsetzungsarbeiten „zu dem Pau Schoczris, Sulczenek, Statmäuer". Der Verlauf der Mauern zu dieser Zeit ist im S noch erkennbar, entlang dem Kotbach, bis zum Beginn der alten Dürrnbergstraße. Im N führte vom Bannwald senkrecht zur Salzach ein Mauerzug, der beim Salzburger Tor endete.

Befestigt war auch die Brücke über die Salzach. Bezeugt ist oberhalb eine „Schießmauer". Nach L. Hübner gab es am E. d. 18. Jh. fünf Stadttore: das Salzburger Tor, das Fleischtor an der Straße nach Golling und Ebenau, das Griestor zum Holzrechen, das Gamper Tor und das Färbertor auf dem Weg zum Augustinerkloster und auf den Dürrnberg. Das Salzburger Tor (Ko. Nr. 1) war im 15. Jh. durch einen Stadtgraben verstärkt. Zu E. d. 18. Jh. wurde das im Besitz des Magistrates von Hallein befindliche Tor von zwei Familien bewohnt. Das angrenzende Torhaus (Ko. Nr. 2) war 1830 im Besitz der Kurfürstin-Witwe Maria Leopoldina v. Bayern. Das Griestor (Ko. Nr. 154) gehörte damals dem Salinenaerar. Es war zu einem Wohngebäude umfunktioniert worden und lag auf dem Griesrechen „in der Schanz". Auch das Gampertor (Ko. Nr. 184) stand im Eigentum des Salinenaerars. Durch dieses Tor führte der Weg vom Lausbichlplatz (= heute Edmund-Molnar-Platz) nach dem Süden. Vom Schrankenzieherhäusl (Ko. Nr. 280) aus konnte die Straße auf den Dürrnberg überwacht werden. An dieser Straße war auch das Mauthaus (Ko. Nr. 208), über das

Detail aus der Ansicht der Stadt Hallein von 1632, gezeichnet von Johann Faistenauer, nördlicher Teil mit (rechts am Bildrand) Salzburger Tor und Stadtmauer in den Bannwald hinauf (Orig. Stift St. Peter/Foto SLA)

der Salztransport aus Berchtesgaden kontrolliert wurde. Maut wurde außerdem vor dem Fleischtor, beim Salzburger Tor und an der Brücke nach Oberalm kassiert. Die Stadttore wurden täglich um 7.30 Uhr geöffnet und beim Vesperläuten wieder geschlossen. 1745 wollte die Saline längere Öffnungszeiten erwirken, um einen zügigeren Salztransport zu ermöglichen. Das Ansuchen blieb aber ohne Erledigung.
Die Stadtmauer zog sich einst von der Mündung des Kotbaches in die Salzach entlang der Linie unteres und oberes Griestor–Goldgasse–Hafnertor–Färbertor (bisher etwa entlang den Ufern des Kotbaches) – dann zum Reckturmfelsen und über Reckturm-Fuchsturm in Richtung Ruine Thürndl. Von diesem überhöhten Eckpunkt im N führte die Mauer steil hinunter zum Salzburger Tor, dem nördlichsten Punkt der Altstadt Halleins. Leider ist die Stadtbefestigung von Hallein nur noch an wenigen Stellen unmittelbar zu erkennen, zum Teil – so z. B. im Bereich der Goldgasse – dokumentiert nur noch eine zur Mauer parallel verlaufende Gasse die frühere Anlage der Stadtmauer. Sichtbar erhalten geblieben sind im wesentlichen folgende Teile:
Unteres Griestor, heute allgemein als „Griestor" bezeichnet, ein zum ersten Mauerring des 13. Jh. zählender Torbau im S der Stadt, der die Verbindung zum ausgedehnten Gelände des Holzrechens auf dem „Gries" und weiters die Straßenverbindung in Richtung S über Gamp herstellte. Zwei barockisierte Rundbogen-

öffnungen mit dazwischenliegendem Tonnengewölbe charakterisieren den Altbestand; an der Außenseite sitzt schräg oberhalb des Tores, heute schon zum Nachbarobjekt zählend, ein schmaler (ehem. Abort-[?])Erker auf zwei abgetreppten Steinkonsolen. Leider wurde das Griestor 1982 im Zuge von Umbauten des w. Nachbarobjektes um ein Geschoß aufgestockt.

Vom Griestor weg zum ehem. oberen Griestor, auch Gampertor genannt, hat sich ein längeres Stück der hier unterschiedlich etwa 6 bis 8 m hohen Mauer erhalten. Erwähnenswert ist ein später an die Maueraußenseite angefügtes, zweigeschoßiges barockes Gartenhäuschen mit geschweiftem Zeltdach, heute zum Garten der Österreichischen Bundesforste zählend. Dieses Objekt soll ursprünglich als Auslug für einen Kontrollbeamten der unmittelbar davor angrenzenden Holzrechenanlage gedient haben.

Zwischen dem 1843 abgebrochenen Gampertor und dem Ufer des Kotbaches existieren noch wenige Mauerteile, die immerhin aufgrund ihrer Mauerstärke imponieren, auch wenn sie ziemlich erneuert aussehen.

Ob die am n. Ufer des Kotbaches (Zone Augustinergasse) entlangführenden Mauern noch als Stadtmauern bezeichnet werden dürfen, muß bezweifelt werden; sie stellen sich eher als Einfriedungs- oder auch Stützmauern dar.

Als markanter Punkt oberhalb eines Felsabsturzes stand bis 1814 der Reckturm (s. d.), mit welchem oberhalb dieses Felsens mit seitlicher Klamm und Wasserfall die Linie der Stadtmauer wiederaufgenommen worden war und über den Fuchsturm (s. d.) hinauf zu den Felsen, auf denen die Ruine Thürndl (s. d.) steht, führte.

Von der steil bergab zum Salzburger Tor führenden Mauer sowie vom Tor selbst ist nichts mehr vorhanden. Nur n. des ehem. Salzburger Tores steht unten am Hallfahrtufer eine mit runden Schlüssellochscharten ausgestattete, im Grundriß mehrfach abgesetzte Mauer als Begleitung der alten Uferlinie.

Entlang der Salzach scheint keine eigene Stadtmauer existiert zu haben, hier genügten scheinbar die wuchtigen Sockelmauern der Objekte, welche großteils bis zur Salzach hinabreichten.

(SLA, HK-Hallein-Pfleg Nr. 100, 34, 1572, 1194; Hübner 1, 303 ff.; Fritz Koller, Hallein im frühen u. hohen Mittelalter, in: MGSLK 116, 1976, 62 ff.; F. Zaisberger, in: Hallein 1980, Teil B, 87–91; dies., in: Fritz Moosleitner, Hallein, Portrait einer Kleinstadt, 1989, 92–101; Fuhrmann, 1980, T. 33, 34, Abb. 42; Erwerbungen 1982–1989, Katalog der Staatl. graph. Sammlung München 1990, Kat. Nr. 22; Ansichten/Pläne im SMCA: 162/56)

H A L L E I N   (GB. Hallein, alt: Pfleg Hallein)

5. ANNAHOF ODER UNTERBÜRGERMEISTERHOF, Bürgermeisterstraße 15

Der Annahof, ehemals völlig freistehend, heute durch den nahen Neubau des Halleiner Spitales beeinträchtigt, zählt zu jenen eher bescheidenen Landschlößchen und Sommersitzen, die sich wohlhabende Halleiner Bürger im ebenen Talbereich zwischen Salzach und der ö. Hügelkette des Adneter Riedls erbauten.

Das in der frühen Barockzeit entstandene Schlößchen zeigt, trotz mancher Jahre des Abwohnens vor allem nach 1950, heute nach gründlicher und verständnisvoller Sanierung vor wenigen Jahren wieder sein ursprüngliches Erscheinungsbild. Der rechteckige Grundriß wird durch einen jüngeren, türmchenartigen Anbau zu einer kleinen Hakenform erweitert. Der dreigeschoßige Bau besitzt zahlreiche abgefaste Fenstergewände aus Adneter Marmor, welche in der Biedermeierzeit durch zarte Putzumrahmung eingefaßt waren. Leider waren die Reste dieser Bauphase so weit zerstört, daß an eine Rekonstruktion nicht zu denken war. Das Haustor in Rechtecksform weist ein Marmorportal aus dem 17. Jh. auf, bekrönt von einem kräftig ausladenden, horizontalem Gesimse. Der Flur im Erdgeschoß ist durch eine Tonne mit Stichkappen überwölbt.

Die Besitzer waren seit 1. II. 1855 Anna Auböck, 1. III. 1905 Max Elbs, 20. XII. 1917 Anna Konrad, Olga und Klara Elbs je 1/3, 17. XII. 1917 Franz Ostermaier 2/3 durch Kauf, 4. VII. 1918 Institut der Regelschwestern in Hallein, 2. IV. 1940 Reichsgau Salzburg durch Verfügung der Geheimen Staatspolizei, 17. VII. 1940 Isidor Schörghofer durch Kauf, 28. VIII. 1947 Kongregation der Halleiner Schulschwestern durch Vergleich.

(KG. Hallein-Burgfried EZ 62, Bp. 96 und Gp. 287/2, alt: Burgfried Nr. 75.ÖKT XX, 158, Nr. 75; Dehio 155)

6. GRÜBL-SCHLÖSSL, Bahnhofstraße 1

Nur im heutigen Grundbuch führt das Grübl-Schlößl diesen Namen. 1830 gehörte das Haus Burgfried Nr. 1 und 2 Johann Vorbichler, Bauer in Burgfried. Als Besitzer lösten einander ab: 1859 Georg Hayder, 1895 Georg Hayder und Katharina Gelinek durch Einantwortung, 1901 Dr. Karl Berger, 1932 Ernestine Berger, 1936 Franz Ritzberger und 1967 Karl und Helene Stefanitsch. Der Name steht im Zusammenhang mit der „Würths- und Bräubehausung das Griebl genannt", in der Stadt Hallein. Nach dem 2. Weltkrieg wurden die schon damals weitgehend veränderten Altbauten abgebrochen und durch Neubauten ersetzt.

(KG. Burgfried EZ 1, Bp. 20 = heute Wohngebäude und Ökonomie, Bp. 21 = Grüblschlößl Nr. 1, KG. Hallein EZ 388)

7. LEITNER-SCHLÖSSL, Bahnhofstraße 10

Leitner-Schlößl hieß ein Gebäude-Komplex an der alten Straße nach Golling. Schlößl, Lusthaus und Ökonomie gehörten Peter Leitner, Bauer in Burgfried. Nach Ludwig Baumann kauften alles 1879 Ferdinand und Maria Dietl, 1886 Anton und Katharina Bacher, 1912 Friedrich Bacher, 1913 Josef und Anna Kranzinger, 1919 - Katharina Kranzinger durch Übergabe die Hälfte, 1933 schließlich die Österreichische Brau AG. Seit 1957 steht hier der Neubau des Österreichischen Gewerkschaftsbundes.

(KG. Burgfried EZ 9, Bp. 27 = Wirtschaftsgebäude, 28 = Wohnhaus, 29 = Gartensalon – alles 1830. Ko. Nr. 10 = heute KG. Hallein EZ 412. F. Zaisberger, Hallein, 1980, Teil B, 93)

8. POINTNER- ODER WIDERHOF, Tschusi-Schmidthoffen-Str. 16

Bis etwa 1910 freistehend in landwirtschaftlich genutztem Gebiet liegend, heute unmittelbar n. des Autobahnzubringers Hallein inmitten einer unkontrolliert gewachsenen Siedlung gelegen, hebt sich der Pointnerhof nach seinem letzten Umbau kaum mehr von seiner Umgebung ab.

Der sog. Thallhamer- oder Widerhof unterstand grundherrschaftlich bis zur M. d. 18. Jh. dem Stift Rein in der Steiermark und wurde als „anderthalb Viertl Wiesmad und Krautgarten, dann einen Mayerhof und ein Wiesl" beschrieben. Nach dem ersten freieigenen Besitzer, Franz Schwarzenberger, hieß der Hof dann Schwarzberg. Im Besitz folgten nach Franz seine beiden Töchter Franziska und Kunigunde Schwarzenbergerin sowie die drei Töchter Kunigunde, Therese Cäcilia und Klara Migitsch. Diese Erbengemeinschaft verkaufte noch im selben Jahr an Josef Griesacker. 1803 folgte dessen Bruder Anton und seine Frau Theres Karlin. 1876 erwarb Anton Pointner das Anwesen, 1889 erhielt seine Witwe, 1899 sein Sohn Andreas Pointner den Hof. Im Jahr 1904 ersteigerte ihn Simon Wallmann, auf den 1917 seine Witwe Maria und

1919 deren zweiter Mann Franz Hubinger folgten. 1942 übernahm den Hof der Sohn Simon Wallmann und seit 1976 ist Peter Wallmann Besitzer.

Der langgestreckte, zweigeschoßige Baukörper ist durch einen Umbau von etwa 1910 aus einer bäuerlichen Einhof-Anlage hervorgegangen. Die s. fünf Fensterachsen zählten zum Wohnteil, die restlichen vier zum ehemaligen Stall-Scheunenbereich. An der S-Fassade hat sich ein Bogenfenster anstelle einer früheren Loggia erhalten. Im Erdgeschoß sitzt an der SW-Ecke eine Art Erker. Das durchgehende, lange Dach weist gegen S einen Krüppelwalm auf. In Mittelachse der W-Fassade sitzt über einem erst beim letzten Umbau um 1970 hierher versetzten Steingewände einer Rundbogentüre eine quadratische gelbe Marmorplatte mit der Jahreszahl 1614, der zentralen Wappenkartusche mit einem kräftig modellierten Widder als Wappentier sowie darunter die Inschrift Marthin Wider. Im SMCA ist der Grundriß des Hauses im 19. Jh. überliefert. Gegen W ist der Rest der besitzumfassenden Mauer mit einem Rundbogentor aus roten Marmorquadern erhalten, dessen Schlußstein auf kleiner Kartusche die Jahreszahl 1632 sowie die Hausmarke mit den Initialen des Martin Wider trägt. Seitlich wird der Torbogen durch gemauerte Pfeiler mit bekrönender Marmorkugel begrenzt, das Torgitter wurde um 1970 pseudobarock nachempfunden.

Erwähnenswert erscheint, daß in der Nähe der sog. Hühnerhof, bereits auf dem angrenzenden Gemeindegebiet von Oberalm liegend (Hs. Nr. 9), bis zu seiner Demolierung vor wenigen Jahren ebenfalls das Wider-Wappen trug; es wird derzeit im Keltenmuseum in Hallein aufbewahrt.

An dem Haus, alte Ko. Nr. 125 (heute Pfarrgasse 8), Stadt Hallein ist ein Epitaph für Maria Hafnerin, die erste Frau des Hofbräuers von Kaltenhausen, Martin Wider, aus dem Jahr 1625 angebracht (Martin Wider heiratete in 2. Ehe Sara Tragnspiessin).

(KG. Burgfried EZ 12, Bp. 91, Ko. Nr. 14.

Hieron. Kat. Hallein fol. 161, Nr. 500; Zaisberger, Hallein 1980, Teil B, 94 f.; Dehio 155; Ansichten/Pläne im SMCA: 9862/49)

9. PRUGGNAGL- ODER KLETZLHOF, Kletzlhofweg 2

Fälschlicherweise wird der Pruggnagl- oder Kletzlhof in der Literatur als Moldanhof bezeichnet. Obwohl dieses Haus nicht den Namen Schlößl trägt, so entspricht doch das Aussehen dem eines frühbarocken sbg. Ansitzes. Der Hof hat seinen Namen wohl nach dem Halleiner Bürger Heinrich Pruggnagl erhalten, der 1314 in einer Urkunde über den Schellenberger Salzausgang aussagt. Der Hof gehörte, solange er verfolgbar ist, zum Kammergut des Erzbischofs. Um 1531 gehörte er Johannes Priefer, der 1543 als Ältester des Priefer-Geschlechtes bezeichnet wird. Selbst Bürger von Salzburg, stiftete er für seinen Bruder Georg Priefer, Pfarrer in Hallein, eine ewige Messe in der Andreas-Pfarrkirche. Er blieb Patronatsinhaber und schlug noch 1543 die Inhaber der Kaplanei vor. Vor 1603 war der Hof im Besitz von Eustach Khern. Der Bürger und Gastgeb zu Laufen starb 1612. Die Vormunde seines Sohnes lösten den Anteil der Schwester Maria Magdalena Khernin ab und verkauften den Hof 1615 an Georg Lehrl. Schon 1616 zahlt Viktor Christalnigg die Anlait, d. h. die Kaufsabgabe. Dieser Mann, der zugleich auch Kalsperg und Urstein besessen hat, ist zweifelsohne der Bauherr des Ansitzes. Die Berchtesgaden-Karte von 1628 zeigt ein Gebäude mit einem steilen Satteldach und zwei Türmen an den gegenüberliegenden Ecken. Faistenauer nennt den Hof „Victor", nach dem Vornamen seines Besitzers. „Der edl und vesst Herrn Victor Cristallnegg und die edl Frauen Margaretha Mayrhofferin" prägten das Aussehen des Gebäudes bis heute. Nach dem Ableben der Margaretha kauften 1640 Konstantin Wasner, Umgeher zu Laufen und seit 1635 Pflegsverwalter in Hallein, und seine Gattin Magdalena Fädtingerin den Sitz. Nach dessen 1643 erfolgtem Tod erbten 1646 der Laufner Erbausferg Christoph Adam Guetradter und seine Frau Hester Wasnerin. 1655 ging der Besitz auf Ludwig Hochpichler, Ratsbürger in Hallein, über, der schließlich Stadtkämmerer und Bürgermeister wurde. 1723 folgte ihm Joseph Ernst Hochpichler, der jedoch 1732 an Johann Grill verkaufte. Diesen beerbte 1771 Benedict Grill. „Ein Hof, der Pruggnagl-Hof, so neun Tagwerk groß und mit Band und Stecken ordentlich umfangen ist" gehörte 1801 Franz Straubinger und Maria Straßgschwandtner, 1830 deren Sohn Josef und 1855 der minderjährigen Tochter Maria. 1855 bzw. 1856 kauften das Gut Josef und Helena Streitfellner, 1888 Dionis und Maria Streitfellner, 1909 Theresia Ostermayer, in deren Familie sich der Hof heute noch befindet: 1911 August und Anna, 1948 Anton und 1950 Anna Ostermayer je zur Hälfte. Das Gebäude führt heute – nicht ganz richtig – den Namen Kletzlhof,

Hallein, Kletzlhof; ansitzartiger Bau mit deutlich ersichtlichen späteren Anbauten, Nordseite vor Adaptierungsarbeiten (Foto F.Z.)

weil Franz Straubinger die Tochter des Kletzlwirtes in Hallein, Maria Straßgschwandtner, zur Frau gehabt hat.

Das dreigeschoßige Objekt über annähernd quadratischem Grundriß besitzt an der N- und S-Seite je einen turmartigen Anbau, der sich vom abgewalmten Hauptdach jeweils flach absetzt. Das Mauerwerk des Baues weist bis in die Zone zwischen 1. und 2. Obergeschoß einen deutlichen, schrägen Anzug auf. Im n. Turmvorbau sitzt ein rotmarmornes Rundbogenportal mit Rechtecksumrahmung, Gebälk und geradem Sprenggiebel. In den Zwickelfeldern ist beidseits eine doppelte Marmorrosette angebracht. Im Gebälk mittig sind schwach die Initialen A. O. (August Ostermayer 1911 [?]) sichtbar, darunter auf dem Schlußstein des Bogens die (alte Haus-) Nr. 13. Im Inneren ist die Eingangshalle und der 1. Stock gewölbt. Die gemauerten Wirtschaftsgebäude an der alten Straße nach Adnet auf Bp. 54 und 55 sind abgekommen, mit ihrem Bauschutt wurde der ehem. Weiher im S des Hofes auf Gp. 127 erst nach 1945 aufgefüllt. Der Autobahnzubringer und die um 1990 entstandenen Gewerbe-Neubauten haben den Gesamteindruck des Ansitzes zerstört.

(KG. Burgfried EZ 11, Bp. 56, Ko. Nr. 13.
SUB 4 Nr. 277; SLA, U 23 Nr. 26; U 24 fol. 4; U 24 c; Lehenhof 404 fol. 21, 23, 340–349; U 1217 fol. 64, 76; Hieron.-Kat. [1774] Hallein fol. 152; ÖKT XX, 157; F. Zaisberger, Hallein 1980, Teil B, 93 f.; Dehio 155)

10. RUINE THÜRNDL (alt: „Schozzries")

Auf dem s. Eckpunkt des schmalen Bergkammes, der sich von den Barmsteinen gegen S bis oberhalb der Stadt Hallein erstreckt, stehen Teile eines mittelalterlichen Turmes mit geringen Resten einer Umfassungsmauer. Vermutlich wurde diese Anlage als Eckpunkt der Stadtbefestigung von Hallein im 3. V. d. 13. Jh. erbaut, da vom n. Stadttor, dem „Salzburger Tor" eine Verbindungsmauer steil hinauf durch den Bannwald zur heutigen Ruine Thürndl geführt haben soll. 1271 überließ das Stift Berchtesgaden dem Sbg. Domkapitel eine Salzgrube bei dem Hof „Schozris". In d. M. d. 14. Jh. leistete St. Peter einen Beitrag „zu dem Pau Schozris". 1583 erhielt Andree Mitterlechner den Posten eines Wildhüters auf dem „Thurn an der Schosrissen". Er wurde gleichzeitig mit der Burghut betraut und bezog den Turm als Wohnung. Seine Aufgabe war, den Rotwildbestand rund um die Burg zu hegen. Auf der Berchtesgaden-Karte von 1628 ist die Burg, wenn auch sehr einfach, dargestellt. Am 21. II. 1879 ging der Turm in den Besitz der Stadtgemeinde Hallein über. Der Turm mit den Grundrißmaßen von etwa 9 x 10 m und seinen ehemals 4 Geschoßen ist vor allem an der N- und O-Seite durch etwa 15 Meter hohe Mauerreste mit teilweise noch Zinnenabschluß über Resten eines vorkragenden Gesimses erhalten.

Die Stadtansicht von Hallein von Johann Faistenauer aus dem Jahr 1632 zeigt neben dem Hauptbau auf dem Geländesporn etwas tiefer sitzend noch ein zweites, turmartiges Objekt mit Zinnenbekrönung. Es könnte sich dabei um einen heute nicht mehr existierenden Torbau mit kleinem Zwinger gehandelt haben.

Die Ruine Thürndl, hoch über Hallein gelegen, bedürfte dringend einer baulichen Absicherung des Bestandes (Foto F.Z.)

(KG. Hallein EZ 331, Gp. 1.
SUB 4 Nr. 72; SLA, HK Hallein-Pfleg Nr. 181; Bibl. St. Peter, Hs. Ebner 6, 49 mit Skizze; Fuhrmann, 1980, Abb. 42; F. Zaisberger, Hallein, 1980, Teil B, 87–89; Fritz Moosleitner, Hallein, 1989, 92–101; Ansichten/Pläne im SMCA: 3852/49, 5688/49)

HALLEIN-DÜRRNBERG

11. 2 BLOCKHÄUSER (abgekommen) und Zollamt, Fischpointleiten Nr. 45

Die alte Dürrnbergstraße wurde zusätzlich zu den beiden Türmen auch noch von zwei Blockhäusern geschützt, die der Landschaft gehörten. Die Landschaft war für die militärischen Belange im Erzstift Salzburg zuständig. Nach dem spanischen Erbfolgekrieg zerstörte im August 1713 ein Wolkenbruch das in den „Weickhäusern in Turnberg" stehende Blockhaus. Das Bergamt Dürrnberg schlug vor, das Gebäude abzubrechen. Es wurde jedoch am 7. V. 1714 an den Tuchscherer Andreas Fux verkauft. Er starb aber, bevor der Kauf durchgeführt werden konnte. Auf Wunsch des Pflegers sollte schon 1692 ein kleineres Tor am Aufgang zum Dürrnberg erbaut werden, um den Salzschmuggel unterbinden zu können. 1741 wurde schließlich linker Hand auf einer Anhöhe „ohnweit der Wegscheide nach Berchtesgaden" ein zweites Blockhaus errichtet. Beide Blockhäuser wurden während des österreichischen Erbfolgekrieges zwischen 1742 und 1744 mit Besatzung belegt. Hauptmann de Guardi begab sich nach Hallein und organisierte dort die Vorsichtsmaßnahmen während des Durchzuges der österreichischen Truppen. 25 Mann Feuerschützen wurden nach Salzburg geschickt, während die Verteidigung von Hallein neben der Bürgerschaft noch hundert Mann der Gollinger Landfahne unter einem Offizier übernahmen. Damals wurden auch die Dürrnberger Knappen zur Schanz-Robot herangezogen, obwohl sie sonst von derartigen Arbeiten befreit waren. Auf dem oberen Blockhaus wurden drei „geschickte" Halleiner Bürger und 50 Mann „taugliche" Dürrnberger Salzarbeiter stationiert. Sie erhielten dafür ein Taggeld! Die Barriere beim Salzburger Tor mußte von der Bürgerschaft unentgeltlich, als ihr Eigentum, verteidigt werden. Die Mannschaft wurde mit Flinten, Säbeln und pro Mann 12 scharfen Schuß vom Pfleggericht Golling versorgt. Die Brücken und Stege mußten provisorisch abgetragen werden. Gefahr war im Verzug, weil am 20. III. 1744 725 Mann Panduren Oberalm besetzten. Zum Schutz des Messinghammers schickte der Pfleger zehn Dürrnberger Feuerschützen dorthin, weil die Bürgergarde außerhalb der Stadt nicht eingesetzt werden durfte. Der Griesrechen erhielt eine besondere Wache, der Pflegersteg wurde abgetragen. Das ungarische Militär zog aber ohne jeden Zwischenfall am 22. III. ab. Am nächsten Tag rückten weitere 740 Mann nach, die bei Kaltenhausen die Salzach überschritten und Quartier in Niederalm und Grödig bezogen. Ein Korporal, ein Gefreiter und sechs Gemeine wurden deshalb zum Schutz nach Kaltenhausen abkommandiert. Nach Kriegsende bewohnte das untere Blockhaus Maria Dörnlin, die Witwe eines Bergknappen. Ihr folgte Johann Lepolder mit seinem blinden Sohn Lorenz. Der Blinde lebte vom Brotverkauf an die Wallfahrer, die zum Dürrnberg zogen. Philipp Egger, Bergknappe und Eisenwirker, wollte 1778 ein Stockwerk auf das Blockhaus aufsetzen. Er wurde aber abgewiesen, weil er des Schleichhandels verdächtigt wurde, und der Pfleger befürchtete, daß dadurch der Blinde allmählich aus seiner Wohnung verdrängt werden könnte. 1769 bat der Bergknapp Lorenz Angerer um die mietfreie Überlassung des oberen Blockhauses. Er verpflichtete sich zur Erhaltung und Räumung im Kriegsfall. Während damals seinem Wunsch entsprochen wurde, bedeutete seine Bitte, ihm das obere Blockhaus ganz zu schenken, das Ende der beiden Blockhäuser auf dem Dürrnberg. Das obere Blockhaus war „ganz von Holz gebaut, hat zwen Absätze, wovon der obere von allen vier Seiten" um einen halben Meter über den unteren hinausragte. Das Blockhaus war 1742 neugebaut worden, 1801 aber schon baufällig. Als der blinde Bewohner des unteren Blockhauses, das quer über den Adlersbach gebaut war, 1801 auszog, beantragte der Pfleger den Abbruch beider Gebäude, was am 14. XII. 1802 auch geschah. Der Grund wurde dem St. Petrischen Gut Windleinspeunt zurückgegeben.

Als Ersatz wurde 1838 beim Zill am Dürrnberg ein neues Hilfszollamt errichtet, das 1841 zu einer Grenzwachekaserne ausgebaut wurde. 1846 erhob das Kloster St. Peter den Anspruch auf Anlait und Weihsteuer von diesem Gebäude, weil es ein Ausbruch aus dem Wilhelmbichl- oder Weissengut war, das zur Grundherrschaft St. Peter gehörte. Am n. Eck des österreichischen Zollhauses stand der große Salinen-Conventions-Markstein und ein alter Grenzstein mit der bayerischen Mark X. Das Haus Fischpointleiten Nr. 45 ist bis heute Staatsbesitz. Nur zwischen 1942 und 1947 waren Eduard und Frieda Mikl als Private Besitzer, da das Grenzgebäude infolge des Wegfallens der Staatsgrenze nicht notwendig war.

(KG. Dürrnberg EZ 51, Bp. 13.1.
SLA, HK Hallein-Pfleg Nr. 994, 776, 1182; Laa XIV/41; Kreisamt 78; F. Zaisberger, Hallein 1980, Teil B, 89–91)

12. FUCHS- UND RECKTURM, Dürrnbergstr. 6

Die beiden Türme sperrten die Dürrnbergstraße. Der Reckturm stand auf einem markanten Felsenkopf, s. des Gasthauses „Zur Gemse", oberhalb von Hallein; früher wurde er auch „Bürgermeisterturm" genannt.

Der bis 1814 existierende Reckturm könnte ein Teil jener Befestigung oder Burg „Sulzenegg" gewesen sein, die Bestandteil der Stadtbefestigung von Hallein war. Aus alten Ansichten ergibt sich, daß über etwa quadratischem Grundriß ein hoher, gemauerter Turm bestanden hat, der als Bekrönung einen vorkragenden, hölzernen Wehrgang mit den üblichen Schießluken in der Art des 14./15. Jh. aufwies. Im Jahr 1814 wurde der Turm abgebrochen, doch 1816 wurde ein romantischer Ersatzturm aus Steinmaterial der abgebrochenen Stadtmauer neu errichtet (Dürrnbergstr. 9). Damit wird sich nur noch die Archäologie mit der Frage auseinandersetzen können, ob der Reckturm und damit auch die Burg Sulzenegg mit der Befestigungsanlage, die Hzg. Heinrich v. Bayern im Jahr 1262 oberhalb von Hallein errichten ließ, identisch sein könnte.

Durch den Torbau des Fuchsturmes führte hingegen, in jüngerer Zeit auch daneben vorbei, bis zur Neutrassierung, die alte Dürrnbergstraße. Das Objekt stand im Eigentum der Stadtgemeinde Hallein und wurde am 13. III. 1774 Adam Egger zu Erbrecht verkauft. Der jeweilige Besitzer der „Hörberg am Thurn unter dem Dürnberg" mußte sich aber verpflichten, wenigstens zwei Soldaten Quartier zu geben, wenn der Landesfürst Soldaten her verlegen oder ein Durchzug fremden Militärs erfolgen sollte. 1780 bat Adam Egger, Bergknapp und Besitzer des sog. „Wachtthurn am Dürnberg auf der Riesen", um einen Einfang für einen Hausgarten. Das Grundstück, das an der „Frey am Dürnberg zwischen der Halleinischen Stadtmauer und dem Baumbach" lag, wurde ihm mit der Erlaubnis zum Einzäunen bewilligt. Am 6. X. 1810 übernahm sein Sohn Martin Ecker die „in dem zur gemainen Stadt Hallein gehörigen Wachtthurn am Dürnberg erbaute Herberg und kleines Neben- oder Austrag-Zimmerl". Ihm folgte sein Stiefsohn Josef Eder am 28. III. 1827. Dessen Tochter Elisabeth Eder erbte am 17. VIII. 1872. Nach dem Tod ihres Mannes Josef Rasp wurde sie 1904 neuerlich Alleininhaberin. Der Sohn Josef Rasp, der 1907 den Besitz eingeantwortet erhielt, verkaufte 1910 an Mathias Döttl. Seine Frau Maria wurde 1930 auf die Hälfte gesetzt. Am 20. III. 1962 übernahmen Wilhelm Döttl und seine Frau Hermine Eibl.

Bescheidenste rundbogige Tordurchfahrten zieren dieses ehemals wichtige Stadttor von Hallein. Die heute vorhandene Bausubstanz, ohne Maueranschlüsse der ehem. Stadtmauer, deutet eher auf eine weitgehende Umgestaltung in der Barockzeit hin, wo zugleich auch das gegen N anschließende Objekt mit der neuen Herberge errichtet

worden sein dürfte. Wesentliche Funktion kam diesem Tor auch durch die Überwachung der Transporte in das und aus dem Salzabbaugebiet auf dem Dürrnberg zu.
(KG. Hallein EZ 126, Bp. 346, Ko. Nr. 138.
SLA, HK Hallein-Pfleg Nr. 1504; U 1223, Stadt Hallein fol. 11/47; Hieronymus-Kataster [1774] Hallein fol. 785; Fuhrmann 1980, T. 36 a; Lit. vgl. Stadtbefestigung; Ansichten/Pläne im SMCA: 3296/49, 5072/49)

H A L L E I N (GB. Hallein, alt: Golling)

13. SCHLOSS GARTENAU, Gutratbergweg Nr. 8

Die Gegend von Gartenau ist bei der ersten urk. Erwähnung im Besitz der Herren von Guetrat. Sie hatten die Nachfolge der Grafen von Plain angetreten. 1286 erlaubte Kuno v. Guetrat dem Sbg. Domkapitel und dem Kloster St. Peter, den Alm-Kanal durch die Kattenau zu führen. Dieses Waldgebiet gehörte sicher zur freieigenen Burg Grafengaden in St. Leonhard. Nach dem Aussterben der Guetrater fehlen die Auf-

Schloß Gartenau,
Fresko 1. H. 15. Jh.
(Foto SLA)

Schloß Gartenau, Wappen der Panichner
(Foto SLA)

zeichnungen. H. Klein stellte in seinem Artikel „Zur Geschichte des Schlosses Gartenau" anhand der Eintragungen in den Urbaren des Landesarchivs die Besitzerreihe des Bauernhofes Gartenau seit 1339 zusammen. In ritterliche Hand kam es unter Rudolf Trauner, der 1397 Pfleger von Glanegg war. Er ließ vermutlich auf dem freieigenen Gut einen Ansitz errichten, der vielleicht eine ältere, bereits abgekommene Burg der Burggrafen von Grafengaden ersetzte. Die während des 2. Weltkrieges bei Luftschutzarbeiten gemachten Funde beim Aushub eines zugeschütteten Kellerraumes konnten nicht ausgewertet werden. Erhalten blieben nur die 1908 im 2. Stock freigelegten Freskenfragmente, die in die Zeit um 1400 zu datieren sind.

Um 1430 erwarb der Laufener Schefherr Albrecht Scheller mit seiner Frau Wandula Valkenstainerin den Ansitz und führte dessen Namen als Adelsprädikat. Ihm folgten nacheinander seine Söhne Heinrich und Christof. Mit dessen Sohn Bernhard starb 1518 die Familie aus. Das Erbe fiel an die Familie Aham in Bayern, die den Ansitz jedoch bald weiterverkaufte. Vor 1532 erwarb ihn Hans Panichner v. Wolkersdorf, damals Pfleger in Golling. Seine Familie stammte ebenso wie die Trauner und Scheller aus dem sbg. flachen Land und besaß Laufener Schefherrnrechte (Schiffrechte). Ein marmornes Wappen der Panichner mit der Jahreszahl 1495 erinnert an diese Familie (s. Kuchl). Der Sohn Hans Panichner mußte 1565 als Protestant das Land verlassen. Am 9. V. 1568 verkaufte er seinen Besitz an Jakob Khuen v. Belasi, den Bruder des damals regierenden Erzbischofs. 1570 wurde das Schloß außen und innen erneuert, erhöht und erweitert, woran eine als Reim abgefaßte Inschrift unter dem Allianzwappen Khuen-Belasi und Thannhausen erinnert:" Herr Jacob Khuen von Belasi zu Lichtenberg geborn, des Erczstiffts Salczburg Rath und Landhaubtman erkorn, Pfleger zu Mittersill und Mvlldorf zwar, im MDLXX (tausendfünfhundertundsiebenzigsten) Jar sambt seinem gliebsten Gmachel geert Frawen Elisabeth Freyin von Thanhavsen, haben dis Schlos Gartnaw innen und aussen mit grossem Kosten erpaut von Grundt, geziert, erhochet, erweittert und Got geb inen und ir beider Stamen, auch uns allen seinen Segen. Amen."

Sein Sohn Ferdinand starb 1618. Auf ihn folgten die Ritz zu Ramseiden, Grub und Bürglstein. Nach einem Zwischenspiel, in dem Gartenau an Rudolf v. Raitenau verpfändet war, erhielt Hans Ludwig Ritz 1626 seinen Besitz zurück. Emmeram Friedrich Ritz erhielt 1665 von K. Leopold I. die Erlaubnis, sich von Gartenau nennen zu dürfen und sein Wappen mit den Schilden der ausgestorbenen Vorbesitzer des Sitzes, Scheller und Panichner, zu vermehren. Die einzige Tochter Esmerina heiratete Ferdinand Paris Fhrn. v. Rehlingen. Da die Ehe jedoch kinderlos blieb, fiel Gartenau an dessen Bruder Raimund Franz. Da sein Sohn Raimund Anton Menrad plante, in Rom in den Barfüßer-Karmeliterorden einzutreten, stiftete er 1704 ein Fideikommiss, zu dem außer Gartenau das Rehlingen-Stadtpalais (Mozartplatz 4), das Ritzerbogenhaus (Siegmund-Haffner-Gasse 10), der Ansitz Elsenheim (Pausingerstraße 2) und unter seinem Nachfolger Johann Friedrich v. Rehlingen 1713 auch noch Schloß und Hofmark Ursprung kamen. Wegen der hohen Erhaltungskosten wurde 1718 Gartenau mit Ökonomie und Fischwasser an den bisherigen Schloßmaier Christof Heidlauf zu Erbrecht verkauft. Die Grundherrschaft blieb dadurch den Rehlingen erhalten, ging 1828 an die Familie Imhof (Anselm v. Imhof und Walburga Freiin v. Auer) über und endete erst mit der Grundlastenbefreiung 1848. Über die Besitzer nach Heidlauf fehlen die Quellen. 1775 war jedenfalls Johann Ludwig Götz v. Hebenstreit Verwalter in Gartenau. Ihm folgten als Besitzer 1778 der Halleiner Hofholzobereinnehmer Johann Georg Geisler, 19. VIII. 1806 dessen Sohn, der Förster Sebastian Geißler, 5. III. 1840 Christian Hofer durch Gantkauf, fünf Monate später Ignaz Müller durch Kauf. Am 15. III. 1842 erhielt seine Frau Elisabeth die Hälfte. Deren Sohn Johann Müller verkaufte 1848 zwei Monate nach Übernahme Gartenau an Eveline Freiin v. Hammer-Purgstall, die Tochter des berühmten Orientalisten. Sie und ihr Gatte Adolf v. Berndt erneuerten ab 1848 die Gebäude und brachten sie in die heutige Form. Rittmeister Berndt begann mit der Zementgewinnung. Am 2. X. 1864 erwarb Dr. Gustav Leube aus Ulm Schloß und Steinbrüche. Seit dem 19. II. 1887 ist beides im Besitz der Firma Gebrüder Leube.

Das Schloß liegt am NW-Hang des Götschenberges oberhalb der Königseeache. Früher hat das Schloß vor allem die Funktion der Überwachung des für den Salztransport von Schellenberg–Berchtesgaden so wichtigen Verkehrsweges erfüllt; dazu besaß es in seiner äußeren Ummauerung gegen N und S je ein Tor, die alte Straße führte hier durch den befestigten Teil. Die Toranlage im N ist erhalten geblieben, flankiert von kurzen Mauerstücken und je einem niedrigen Rundturm; beides mit Schlüsselscharten versehen. Das s. Tor, weite Bereiche der ehem. Umfassungsmauer, sogar das ursprüngliche Gelände um das Schloß fielen der Zementgewinnung, Steinbrüchen und der Aufbereitung seit d. 2. H. d. 19. Jh. zum Opfer.

Der innere Bereich des Schlosses besteht aus dem w. Wohnteil, dem eigentlichen Schloßbau und dem – gegen O einen schmalen Hof umschließend – hufeisenförmigen zweigeschoßigen, ehem. Wirtschaftsgebäude mit früherem Gasthaus, Stallungen und Remisen. In diesen niedrigen Bau sind nordseitig Garagen eingebaut; über dem östlichsten Tor sitzt eine beim Umbau von 1908 hierher versetzte Marmorplatte mit dem Wappen der Panichner v. Wolkersdorf, bez. 1495. Die S-Fassade dieses Bauteiles weist im Obergeschoß einen in den 30er Jahren angefügten Breiterker auf Konsolen auf; das unter dem Fenster angebrachte Wappen von EB. Markus Sittikus stammt aus der Stadt Salzburg. In Mittelachse der breiten O-Front befindet sich das Eingangstor mit abgefastem rundbogigem Steingewände, darüber in einer Nische eine kleine barocke sitzende Madonna mit Kind. Den inneren Abschluß der gewölbten Durchfahrt bildet wieder ein Rundbogengewände, hier mit Schmiedeeisengitter, M. 17. Jh. Die heutige Form der ehem. Wirtschaftstrakte im Hof mit Freitreppe zu einem Laubengang stammt von den Umbauten von 1908, die Adaptierung für Wohnzwecke erfolgte vor dem 2. Weltkrieg.

Der alte Wohnteil des Schlosses mit seinen vier Geschoßen setzt sich aus dem älteren, s. und dem etwas breiteren, n. Trakt zusammen; beide unter einem Schopfdach vereint. An der SO-Ecke sitzt ein schlankes Aufsatztürmchen mit marmornem Kaffgesimse, darüber relativ breiten Bogenöffnungen und Zeltdach; dieses Türmchen dürfte das ehem. Kapellentürmchen sein, weil sich darunter im 2. Obergeschoß dieses Bauteiles der geostete, längst profanierte Kapellenraum befindet. An der Hofseite dieses ältesten Teiles sieht man im Dachgeschoß die Steinumrahmung einer Speicheröffnung. Am n. Ende der W-Fassade ist ein über alle Geschoße reichender Erkeranbau auf gemauerter Bogenstellung im Erdgeschoß, die sich noch um ein Feld in die N-Front hineinzieht, angefügt. Nur die beiden unteren Geschoße stammen aus der Barockzeit, die beiden oberen wurden 1908 aufgesetzt. Die mit runden Säulen eingefaßten Bogenöffnungen sind heute verglast.

Gegenüber der Hofeinfahrt führt ein flachbogiges Steingewände in den Schloßbau. Oberhalb dieser Türe sitzt jene oben schon beschriebene Marmorplatte von 1570, Wappen und Inschrift sind von Rollwerk umgeben. Das gesamte Erdgeschoß sowie der Keller sind gewölbt mit Tonnengewölben, z. T. mit Stichkappen, z. T. mit Konglomerat-Gurtbögen. Von der Eingangshalle führt eine übermauerte Treppe zum Keller. Während des 2. Weltkrieges wurde im s. Teil ein mit Schutt aufgefüllter Raum entdeckt, ausgeräumt und für Luftschutzzwecke adaptiert. Von der Erdgeschoßhalle führt eine gewendelte Treppe, der Lauf jeweils überwölbt, in die oberen Geschoße, wo sich zahlreiche gotische Steingewände bei Türen und Fenstern erhalten haben. Tonnengewölbe mit Stichkappen, daran die Putzgrate überhöht, die einst großen Räume z. T. später unterteilt, kennzeichnen das 1. Obergeschoß. Im Gang sind hinter Glas jene zwei 1908 freigelegten Freskofragmente eingebaut, die von einer wahrscheinlich großflächigen Wandmalerei aus der Zeit um 1400 aus dem n. großen Saal des 2. Obergeschoßes stammen: Ein Königskopf und eine weibliche Halbfigur (Dienerin[?]) haben sich erhalten. Von diesem Gang führt eine Verlängerung in das s. angrenzende Hofgebäude: Hier wurde ein mit Doppelbogen ausgestatteter Laubengang, der sog. Trompetergang, im Jahr 1908 eingefügt. Die Mittelstütze besteht aus einer Rundsäule mit Blattkapitel aus Adneter Marmor; das Tragwerk dieses Ganges wurde außen in der Art eines Erkerfußes gestaltet, aus der Ecke heraus getragen von einer weiblichen Halbfigur, in der Linken eine Taube, aus Zementguß von 1908. Das 2. Obergeschoß birgt im s. Teil den ehem. Kapellenraum mit gotischem Netzrippengewölbe und zeitgleichen zwei Fenstern gegen S und W mit Einrahmung und Maßwerk aus Adneter Marmor. Zu E. d. 19. Jh. besaß die Schloßkapelle eine von Franz Oberascher 1841 gegossene kleine Glocke. Der große Saal im N wurde 1886 unterteilt. Das Dachgeschoß wurde erst in jüngster Zeit für Wohnzwecke ausgebaut, wofür die vorher kleinen Dachbodenluken unter der Traufe zu Fenstern vergrößert wurden.

Nördlich der Toranlage steht am Berghang ein relativ gut erhaltener Schachtofen für die Zementgewinnung von 1880, als der Abbau in den Steinbrüchen sowie die Verarbeitung zu Zement noch in unmittelbarer Nähe des Schlosses erfolgte.

(KG. Taxach EZ 16, Bp. 63, alt: Gutratberg Nr. 1.

SLA U 3, f. 60; U 4 f. 93'; U 1490 fol. 84; Geh. A. XXV, R-19/2; OUrk. 9. V. 1568; Pfleg Werfen Lit. B. Kest. IV, 2. Bd. Nr. 9; K. u. R. Y 3; Martin, AB 1 Nr. 7 zum 25. 6. 1488; ÖKT XX, 68; Bibl. St. Peter, Hs. Ebner 6/41 ff, 8/251 mit Skizze der Burganlage und Grundriß der Kapelle; Pillwein 350 f.; Waenzler in: Sbg. Int. Bl. 1808 Sp. 673 f.; Dürlinger 91; Herbert Klein, Zur Geschichte des Schlosses Gartenau, in: MGSLK 94 [1954], 193 ff.; Johann Sallaberger, Das Schloß Gartenau, in: Gästezeitung des Sbg. VBl., Folge 42 u. 43/ 1970; F. Zaisberger, Hallein, 1980, Teil B, 81–83; Fuhrmann 1980, T. 9; Dehio 156 ff.)

14. RUINE GUETRAT

Nördlich der beiden die Landschaft beherrschenden Barmsteine stehen auf einem steilen, vom Hauptgeländerücken gegen O vorgeschobenem Felskegel die Reste der Burg der Herren von Guetrat.

Mit der Neuentdeckung des Salzbergbaues sowohl am Tuval wie auch am Dürrnberg im 12. Jh. kam es zu Konflikten der interessierten Anrainer. Der Erzbischof von Salzburg, sein Domkapitel, das Benediktinerstift St. Peter auf der einen Seite, die Propstei Berchtesgaden sowie Reichenhall andererseits und alle in ihrem Dienst stehenden adeligen Familien suchten ihre Position durch Wehrbauten zu verbessern. Der Bergbau am Tuval ist beim Wörtlgut zu lokalisieren. Dieser Bauernhof, der nach dem Aussterben der Guetrater 1304 dem eb. Hofurbar einverleibt wurde, hieß nachweislich Tuual oder Toual. Von 1587 an führt er den Namen „Trifall in der Aw samt dem dazue gehörigen Albrecht die Jocher Albm in der Toren, Gollinger Gerichts" bzw. 1612 „Drifolguett in der Au am Perg". 1628 hat Hans Faistenauer auf seiner Berchtesgaden-Karte im Winkel zwischen Rif und der Ruine Guetrat den Namen Trifal eingetragen und das Zeichen für ein Bergwerksmundloch beigegeben. Südlich davon nennt er das Gelände „Sulzenlendt". Bei der Aufnahme des Franziszäischen Katasters von 1830 wird derselbe Bauernhof als Dreifallgut bezeichnet.

Um 1198 scheint EB. Adalbert III. den Burggrafen seiner Burg Hohenwerfen beauftragt zu haben, beim Salzbergbau Tuval eine Burg zu errichten. 1209 wird Chuno v. Werfen jedenfalls als Chuno v. Guetrat genannt. Mit dem Bau dieser Burg wurde offenbar ein erster Versuch unternommen, die Grafen von Plain aus dem Salzachtal zu verdrängen. Sie mußten die Guetrater mit der Gerichtsbarkeit in Grafengaden (s. d.) und mit der Grafschaft im Kuchltal belehnen. Zur heute abgekommenen Burg Grafengaden, an deren Stelle jetzt die St. Leonharder Kirche steht, gehörte ein ausgedehntes Waldgebiet. Die Grenzen dieses Waldes bildeten der Dießbach im Pinzgau, die Mitte der Saalach, die Tanne im Friedhof von Wals, das Untersberger Moor, Anif, die Mitte des Flußbettes der Salzach bis zum Oberen Schränbach, das Freieck, der Schwalber, der Gipfel des Göll, die Quelle des Königsbaches, der Pochsruck und über die Fischunkel zurück zum Dießbach.

Er wurde aus dem Besitz des Grafen Engelbert, des Grafen im Salzburggau aus der Familie der Sieghardinger durch Heirat mit Irmgard v. Rott an diese übertragen. Auf ihren Wunsch hin gab ihr Sohn aus 3. Ehe, Berengar v. Sulzbach, das mütterliche Erbgut zur Dotation von Berchtesgaden.

Mit dem Beginn des Salzbergbaues am Tuval konnte der Erzbischof die von Berchtesgaden geforderten Grenzen bis zur Salzach nicht unwidersprochen zur Kenntnis nehmen. Also gab er den Auftrag zum Bau der Burg Guetrat. Sie ist heute eine auf einem Felsvorsprung weit über die Ebene sichtbare Ruine. Der Eingang lag wohl im SO. Dort sind noch die Fundamente eines quadratischen Turmes, im NW ist die Zwingermauer erhalten. Die NW-Wand ragt ca. 12 m auf. Dahinter verbirgt sich ein kleiner Palas. An der S-Seite ist der gewachsene Fels fast senkrecht skarpiert.

1250 erhielten Otto und Chuno v. Guetrat das Gut Rif und eine Schwaige am Tuval zu Lehen, womit ein Streit mit dem Salz-

Burgruine Guetrat von Süden gesehen; wenige Reste der Burganlage sind auf einem markanten Felssporn erhalten (Foto F.Z.)

burger Domkapitel beendet wurde, den schon ihr Großvater Chuno und ihr Vater Karl v. Guetrat geführt hatten. Im gleichen Jahr war Otto Bürge für den Erzbischof in dessen Streit mit den Grafen von Plain. 1269 bürgte Chuno für die Kalhamer Brüder. 1299 wurden die Guetrater – gleichzeitig mit den Herren von Kalham – entmachtet. Heinrich v. Guetrat mußte die bisher freieigene Burg Guetrat samt den dazugehörigen Burgställen und Gütern dem Erzbischof übergeben und erhielt sie daraufhin von diesem als Lehen zurück. Zugleich mußte er sich verpflichten, von seinen Burggrafen auf Guetrat beim Diensteid zu fordern, daß sie im Falle seines erbenlosen Todes die Burg ohne Widerstand dem Erzbischof einantworten müssen.

Der Lehenheimfall trat um 1304 ein. Im Lehenverzeichnis der Guetrater werden auch die damals noch freieigenen Güter aufgezählt: Aigen in Großarl, das Gut zu Dorf, Scharfett in Flachau, „Guter gelegen an dem Purchperg ze Guetrad", „zway under dem Haus zu Gutrad" und Rif. Unter den letzteren sind das Gut Tuval und das spätere Schloß Rif zu verstehen. In den Urkunden wird ausdrücklich von einer Mehrzahl von Burgen bzw. von einem Burgstall gesprochen. Vermutlich verfügte der Burggraf von Guetrat ebenso über eine eigene Burg wie die Plainer Burggrafen in Stauffenegg bzw. in Gartenau. Jedenfalls befindet sich rund 150 m nw. der Ruine Guetrat Mauerwerk zu einer zweiten befestigten Anlage. Während F. Koller diese Reste als ältesten Wehrbau und Vorgänger von Guetrat ansieht, machte Dechant i. R. Anton Hagenauer die Verf. aufmerksam, daß vor rund 50 Jahren beim Burgstall oder sog. „Roßstall", wie die Bezeichnung in der Bevölkerung lautete, noch ansehnliches Mauerwerk vorhanden gewesen ist. Der Aufgang zum „Roßstall" lag im W, wo auch Vorbauten zu sehen waren, im O stürzt eine fast senkrechte Felswand ab. Das Mauerwerk war streng horizontal geschichtet. Tür- und Fensteröffnungen waren nicht mehr erkennbar. Einem 9 m im Quadrat messenden, wohl turmartigen, Bau im O war im W ein 5,60 x 9 m langer Vorbau vorgesetzt, der 1938 noch 4,30 m hoch war. Die ganze Front gegen den sog. „Wutzlstein" maß 14,5 m. A. Reiffenstuhl und F. Kulstrunk hielten den Zustand des 19. Jh. auf Zeichnungen im SMCA fest.

Als Maierhof diente der Burg das Guetratguetl. Im Gegensatz zur Burg, die nach 1304 dem Verfall preisgegeben wurde, kam das Bauerngut in das eb. Hofurbar. Da der Besitzstand sehr klein war, wechselten die Besitzer sehr häufig. 1607 kaufte Lorenz Hohenauer von Taxach das Guetratgütl, 1624 erwarb sein Enkel das Oberreitgut dazu, mit dem die Burg Guetrat bis in unser Jahrhundert verbunden blieb. Seit 1869 schrieb sich dieselbe Familie dann Hagenauer. 1936 wurde die Gp. 406/2, auf der die Burg steht, vom Oberreitgut abgeschrieben und an Dr. Ing. Robert Oedl verkauft. Seit dem 13. III. 1973 sind Margaretha Barta und Erika Werl durch Schenkung im Besitz der Burgruine Guetrat.

Als kleines Detail soll noch angeführt werden, daß 1832 Johann und Josef Kurz, Bauern in Taxach, bei der Ruine in einem zerbrochenen Krug 52 „alte, kleine" Silbermünzen gefunden haben. Das Münzkabinett in Wien behielt sich davon 16 seltene Stücke und zahlte dafür 3 Gulden Ablöse. Die übrigen Münzen wurden im Wiener Dorotheum auf 18 Kreuzer geschätzt. Als Grundeigentümer galt damals das Kameralaerar, das 2 fl. 12 x beanspruchte, die Finder bekamen ein Drittel, nämlich 1 fl. 6 x sofort ausbezahlt. Ob die Versteigerung einen höheren Erlös als den Schätzwert erbracht hat, geht aus den Akten nicht hervor. Interessant ist, daß nachträglich noch der Deckel des Kruges gefunden wurde, in dem die Silbermünzen vergraben worden waren.

Über den steilen Zugang von SO gelangt man zu Mauerresten eines Torbaues, möglicherweise eines Turmes und betritt damit den Bereich eines kleinen Zwingers, den man als Hofraum der ehem. Burg ansprechen könnte. Von diesem Bereich sind laut mündlicher Tradition im Zuge eines Bergsturzes wesentliche Teile zusammen mit einer Ecke der höher gelegenen Wohnburg abgestürzt. Damit ist das Erkennen des ursprünglichen Baubestandes oder gar des früheren Grundrisses fast unmöglich gemacht. In den Hauptbau führte ein Rundbogenportal, wovon noch ein seitlicher Rest erhalten blieb. Die NW-Ecke mit breiteren Wandanschlüssen samt ausgebrochenen Fensterhöhlen ist noch bis in eine Höhe von ca. 12 m erhalten. Der auch vom Talboden aus auf der dicht bewaldeten Kuppe deutlich sichtbare, höchste Mauerrest der Ruine ist ein Teil der ö. Längsseite mit mehreren Reihen noch erkennbarer Balkenlöcher der früheren Geschoßunterteilung.

(KG. Taxach EZ 250, alt EZ 23, Gp. 406/2.

SLA, U 3 fol. 56; U 4 fol. 89' Nr. 6; U 9 a fol. 133' Nr. 6 fol. 141 „de prato Puchwis sub castro Gutrat"; K. u. R. C 1.3., U 4; SUB 3 Nr. 627, 681; 2 Nr. 1306; 4 Nr. 9, 165, 206, 209, 231; Martin, Regg. 1, 94, 575; AL Glanegg; Kreisamt Nr. 427; Bibl. St. Peter, Hs. Ebner 6/ 39 mit Grundriß und Ansicht, 8/250 f.; Pillwein 353 ff.; F. Koller, Hallein im frühen und hohen Mittelalter, in: MGSLK 116, 1976, 62 ff.; Wörtlgut = KG. Au EZ 13, Bp. 3, Hs. Nr. 24; F. Zaisberger, Hallein 1980, Teil B, 78–81; Dehio 156; Ansichten/Pläne im SMCA: 802/49, 1293/49, 7802/49 a, 7802/49 b, 3852/49, 3854/49, 5711/49, 9785/49, 9901/49, 10412/49, 12616/49; HSTA. München Pl. Nr. 1289)

15. SCHLOSS RIF, Taxach, Schloßallee 1

Südlich der Mündung der Königseeache in die Salzach liegt innerhalb eines weiten, durch eine heute schadhafte Mauer umgebenen Geländes, an der Kante einer Schotterterrasse der Salzach, Schloß Rif. Der Name Rif ist erst in jüngster Zeit wieder zu Bedeutung gelangt und ins Bewußtsein gerückt, einerseits durch das dem Schloß benachbarte Bildungshaus und Tagungsstätte „Rif", andererseits durch laufende Instandsetzungsmaßnahmen am Schloß, wodurch das Bauwerk aus nahezu ruinösem Zustand wieder einer Funktion zugeführt werden konnte.

In der Urkunde, in der vor 1125 Gf. Berengar v. Sulzbach das Erbgut seiner Mutter aus ihrer 1. Ehe in Grödig und Grafengaden dem Kloster Berchtesgaden übergab, tritt ein Fridericus de Rifaren auf. Obwohl Hauthaler – Martin diesen Ort mit Rifing, Gemeinde Graßau in Bayern, in Verbindung bringen, bleibt doch die Möglichkeit

Schloß Rif, um 1970, von Norden gesehen, vor Sanierungsarbeiten (Foto F.Z.)

offen, daß hier bereits die erste Nennung von Rif vorliegt. Die Nennung von Riue in der Bestätigungsurkunde K. Friedrich II. von 1212 ist ohne Zweifel später interpoliert. Der Name ist aus lateinisch „ripa" = Ufer entstanden. Eigentümer war das Sbg. Domkapitel. Am 3. II. 1250 wurden jedenfalls Otto und Kuno v. Guetrat zur Beendigung eines drei Generationen währenden Streites mit dem Domkapitel vom Erwählten Philipp im Tauschwege mit dem Gut Rif belehnt. Im Verzeichnis der Lehengüter von 1304 scheint das „Gut ze Rif" unter den Gütern auf, über die die Guetrater keine Lehenbriefe vorweisen konnten. Nach ihrem Aussterben vergab der Erzbischof das Gut in Form eines Beutellehens an Bauern. 1495 verkaufte es Leonhard Griesenawer an Cristannus Nuecht, der es seinem Sohn Steffan übergab. Von ihm erwarb es am 30. X. 1533 Cristoff Perner. Kardinal Matthäus Lang gab seinem Rat und Kammerschreiber 1539 „das Guet Ryff so in vier Gueth getailt gewesen sambt der Oberloch vnd Thiergarttenloch (!)" im Tausch gegen 6 Güter für das Hofurbar als Ritterlehen. Der unternehmende Gewerke begann mit dem Ausbau zu einem Edelsitz. 1557 weihte EB. Michael die Georgs-Kapelle im Schloß als „Capella Regia" (aufgehoben 1860). Nach seinem Konkurs mußte Christoph Perner seinen gesamten Besitz abgeben. Rif kaufte am 18. IX. 1560 EB. Johann Jakob v. Kuen-Belasi. Der Ansitz wurde zu einer Sommerresidenz mit Wasserspielen umgestaltet, wie es später in Hellbrunn der Fall war. 1571 mußten die Räume für den bevorstehenden Besuch des Erzbischofs gelüftet und geputzt werden. 1572 zerstörte ein großes Hochwasser die lange Mauer, die das Gut z. T. heute noch umgibt, zwischen dem Ziegelstadel und dem Galgenbichl. Der neue EB. Georg v. Kuenburg verlor das Interesse an dem Lustschloß und widmete es 1586 zu einem Gestüt um, das der eb. Pferdezucht diente. Auf der Berchtesgaden-Karte des Hans Faistenauer von 1628 ist das Schloß in Verbindung mit einem großen Ziergarten wiedergegeben. 1704 wurde im alten Schloß eine Gerstenmälzerei für die Hofbrauerei in Kaltenhausen untergebracht. Aus dieser Zeit ist eine Ansicht erhalten. Durch das heute noch stehende Tor in der langen Mauer betrat man ein abgeschlossenes Gelände, das bis zu den Salzachauen reichte. Darin stand ein im Viereck angelegter Komplex. Die W-Seite füllte das einstöckige Ökonomiegebäude, das im N und S von Stallungen flankiert wurde. Das Schloß erhob sich im O, mit der Fassade und der Kapelle in den Innenhof ausgerichtet. Ein steiles Pyramidendach umschloß das zweistöckige Gebäude. Der Zugang zur Allee, die zur Salzach führte, wurde von einem kleinen Torturm bewacht. Der Hofmaier wohnte im Ökonomiegebäude, der Jäger besaß ein eigenes Haus. Das zu Rif gehörige Jagdrevier war ausgedehnt und ist in Bezug auf die historische Entwicklung von Interesse. Es begann beim „Pambstain, hinauf die Götschenwand, von dannen der Schneid nach über den Guethrathberge, hinab auf die Albm, zu dem Hangeten Stain, und hinauf über den Blainzen auf das Geyöckh (= Geiereck), wider hinauf auf den Kienberg, von dannen dem Ridl nach auf die Stiegen", wo der Untersberger Forst anfängt.

Auf einem Aquarell aus der Zeit um 1800 in Privatbesitz hat das vier Stock hohe Schloß ein Grabendach. Im N stand außerhalb der Mauer das sog. alte Herrenhaus, das seit 1954 dem Verband österreichischer Volkshochschulen gehört. Gegen O war dem Schloß auf Grundparzelle 114 ein viereckiger Weiher vorgelagert, in dem vor allem Karpfen gezüchtet wurden. Bei der Anlegung des Franziszäischen Katasters von 1830 wurde das eigentliche Schloß bereits als Ruine bezeichnet. Auf Bauparzelle 10 stand die Georgskapelle. Das Schloß zusammen mit der Brauerei Kaltenhausen besaß damals die Kurfürstin-Witwe Maria Leopoldine v. Bayern. Ihr Erbe war 1849 Maximilian Gf. Arco-Zinneberg. Er erwarb die Gestütmaierei zurück, die am 28. X. 1800 Michael Fink, Privatier aus Linz, aus eb. Besitz angekauft hatte. Dessen Kinder Mathias und Karl Fink, bzw. Karoline Ellinger und Amalie Erl (s. Fuschl) erbten am 1. IV. 1875 und verkauften die Maierei am 15. VIII. 1876 an Gf. Arco. Diesem folgten 1887 Josef Gf. Arco-Zinneberg, der Rif 1898 an die Bayerische Filiale der Deutschen Bank abgeben mußte. 1899 sind Karl Colin und Erich Breustadt, 1901 die Brauerei Kaltenhausen im Grundbuch eingetragen. 1912 wurde für Hugo Gf. Boos-Waldeck die EZ 125 der KG. Taxach mit allen Liegenschaften des ehem. Schlosses und der Gestütmaierei, die noch übrig geblieben waren, abgeschrieben. Ihn beerbten am 17. VI. 1946 Philipp Gf. Boos-Waldeck und am 14. VII. 1970 Carlotta Gfn. Plettenberg. Inzwischen war 1942 die EZ 268 der KG. Taxach für das alte Schloß neu eröffnet worden. Walter und Elise Pleitner erwarben es. 1965 wurde Elisabeth Pleitner durch Einantwortung eingesetzt. Sie übergab 1972 Philipp und Renate Pleitner, von denen 1974 Elisabeth Hager den Ansitz ankaufte. Er wurde saniert und verfügt bereits wieder über eine Kapelle. Das alte Altarbild mit einer Kreuzabnahme ist 1860 nach St. Peter gekommen.

Auf halbem Weg zwischen Bundesstraße und Schloß betritt man durch ein einfaches, hohes Tor mit beidseits vorgeblendeten Pilastern den früheren, unmittelbaren Herrschaftsbereich, welcher durch eine umlaufende Mauer eingefaßt war. Neben dem Tor steht ein einfaches Pförtnerhaus, es dient heute noch Wohnzwecken. Eine alte Allee führt vom Tor auf das Schloßportal zu. Das Schloß stellt in seiner heutigen Bauform nur noch ein Relikt der historischen Anlage dar, weil nach dem Brand von 1831 der Hauptwohnbau im S, welcher die um einen rechteckigen Hof gruppierten Flügelbauten um mehr als ein Geschoß überragte, nicht mehr wieder aufgebaut wurde. Die beiden n. Ecken der verbliebenen Hufeisenform werden durch knapp vor die Fassadenfronten vorspringende, turmartige Eckrisalite gebildet, deren Bild durch jeweils vom Hauptdach abgesetzte, leicht geschweifte Zeltdächer noch betont wird. Man betritt das Schloß von der N-Seite her durch das in Fassadenachse sitzende Hauptportal, ein trichterförmiges, breites Steinportal in Segmentbogenform. Die Fenster besitzen großteils noch die Steinlaibungen der Erbauungszeit, z. T. auch noch die originalen Schmiedeeisengitter. An der Eingangsfassade befinden sich folgende eb. Wappensteine: Je ein Stück der Erzbischöfe Markus Sittikus v. Hohenems und Guidobald v. Thun sowie 2 Stück von Franz Anton v. Harrach. Ein Wappen Harrachs und jenes von Thun stammen aus Kaltenhausen, dem nahen Hofbräuhaus der Erzbischöfe.

Die gewölbte Tordurchfahrt führt in den heute gegen S offenen Innenhof. Der W-Trakt enthält im Erdgeschoß eine früher durchgehende Halle, den ehem. Stall des Gestütes, worin die Gewölbe des zweischiffigen Raumes auf einer Reihe schlanker Mittelsäulen aufliegen. Die Räumlichkeiten des Schlosses wurden nach langen Jahren desolaten Zustandes vorbildlich instandgesetzt und restauriert und beherbergen heute Wohnungen, Ateliers, eine Galerie und Veranstaltungsräume. Die neue Nutzung verbindet sich wohltuend mit den ersichtlich gemachten historischen Baudetails, wie Türgewände, Decken, etc.

Vom verschwundenen S-Trakt existiert nur noch die mit leicht schrägem Anzug gebaute Stützmauer zum ehem. Gartenparterre, gemauert aus mächtigen Quadern und nach oben durch einen kräftigen Rundwulst aus Konglomerat abgeschlossen. Ein aus dem gleichen Material gebauter, vorspringender, polygonaler Erkerfuß deutet noch auf den architektonisch betonten, ehem. Hauptbau des Schlosses hin.

Im Gelände unterhalb des Schlosses befand sich s. anschließend das Gartenparterre mit Wasserspielen, davon hat sich leider nur ein aus Steinquadern gefügter, rechteckiger Teich erhalten. Unterhalb des beschriebenen Erkerfußes befindet sich in der Sockelmauer ein schweres Tonnengewölbe mit Zugang nur vom Garten, eine interne Verbindung dieses Raumes mit dem darüberliegenden Schloß scheint nie existiert zu haben.

(Von KG. Au EZ 1 übertragen zu KG. Taxach EZ 125, Bp. 9. Das sog. alte Herrenhaus Bp. 12, Hs. Nr. 2 übertragen zu KG. Taxach EZ 268.

HHStA. Wien, OUrk. 1471–1560; SUB 2 Nr. 130; SLA, U 9 a fol. 134' Nr. 28, fol. 140'; LB 10 fol. 37, 12 fol. 148 Nr. 43; HK Glanegg 1530/G, 1568/A + B, 1570/a–D, 1571/A, 1572/I, 1574/B, 1577/A, 1579/J + L, 1580/A + F + G, 1581/C, 1582/B, 1662/C, 1704/2/B, 1751/5/A; K. u. R. C.1.3., G 34–38, O 14; U 1225 fol. 494; ÖKT XX, 229 f.; FLD 29 [1829]: Antheringer Gemeinde leistet Robot zur Gestütmaierei Rif; Koch-Sternfeld, Sbg. u. Berchtesgaden 2, 1810, 39 Nr. 21; Hübner, Stadt 544; Dürlinger 90; F. Zaisberger, Hallein 1980, Teil B, 83–85; Dehio 158; Ansichten/Pläne im SMCA: 2802/49, 2803/49, 2805/49, 2849/49, 5266/49, 9786/49)

H A L L E I N (GB. Hallein, alt: Glanegg)

16. SCHLOSS WIESPACH

Am rechten Salzachufer an der Gemeindegrenze zu Oberalm steht zwischen hohen, alten Bäumen das heute als Jugendherberge der Stadt Hallein dienende Schloß Wiespach, gegen O und S im ehem. Schloßpark durch das Gelände und die Anlagen des städtischen Freibades umgeben.

Die Lage in der Nähe einer Salzachfurt, die bis ins 19. Jh. mit einer Fähre genützt wurde, spricht ebenso für eine frühe Gründung wie der Alm- oder Wiesbach, der

Turm und Familie wohl den Namen gegeben hat. Wiespach ist ein Ritterlehen, d. h. die Bewohner waren Vasallen des Sbg. Erzbischofs. Die mundartliche Aussprache von Wiespach lautet Wiespeck. Diese Familie ist schon seit d. 2. H. d. 13. Jh. nachweisbar (Winkl in Oberalm). Hofmarschall Ulrich v. Wiespach erhielt 1270 die Hälfte der Burg Radegg verpfändet. Jans v. Wiespach mußte sich 1338 dem Erzbischof gefangen geben. Bei der ersten urkundlichen Nennung 1434 wird freilich Veit Aschacher mit dem „Sitz Wispach bey dem Hallein" belehnt. Die Witwe seines Sohnes Virgil, Eufemia, verkaufte 1475 an Wilhelm Schermer. 1476 erwarb der Pongauer Gewerke Georg Kölderer v. Höch und Urstein den Turm. Er wandelte ihn nach dem Stil des ausgehenden 15. Jh. in einen Ansitz mit je einem Turm an der O- und W-Seite um. Kauf und Neubau sind auf seinem Grabstein von 1510 in der Oberalmer Kirche erwähnt.

Bei der Erbteilung zwischen seinen drei Söhnen 1514 erhielt Achaz Kölderer „Wysspach mit aller Zugehörung und Freiheit". Von den Vormunden seiner Kinder kaufte der Leibarzt von EB. Michael v. Kuenburg, Dr. Paul Rettinger, den Ansitz und wurde am 18. VIII. 1555 belehnt. Am 7. II. 1558 und 1562 erhielten seine Kinder Paul, Otto, Heinrich, Egidi und Regina die Lehen. Sie verzichteten am 11. XII. 1569 zugunsten von Herkules Rettinger, der seit 1556 Bischof von Lavant war. Da er schon im Jahr darauf starb, gingen Sitz und Hof an Regina über, die mit Stephan Frankmann v. Ochsenfeld, Stadtrichter in Salzburg, verehelicht war. Er hatte 1573 die Lehen für seine Frau erhalten und ließ am 31. X. 1586 seinen Sohn Christoph Frankmann nachfolgen. Da dieser keine Kinder hatte, erbte am 3. X. 1601 sein Stiefsohn Marx v. Gils, eb. Kuchelmeister und Pfleger von Glanegg.

Aus seiner Ehe mit Elisabeth v. Grimming ging die Tochter Helena Barbara v. Gils hervor, die am 3. VIII. 1620 mit Wiespach belehnt wurde. Sie war die Mutter der späteren Besitzerin des Winklhofes Maria Clara, geb. Spindler, verehelichter Dückher. Nach der 1633 eingegangenen zweiten Ehe mußte Helena Barbara Sinzl auf Tieffenbach und Weittenöck, verwitwete Spindler, geb. Gils, den Ansitz ihren Gläubigern überlassen. Diese verkauften den gesamten Besitz unter dem Wert um 8.235 fl. an den kaiserlichen Obristen Johann Thomas v. Prisigell. Aus diesem Anlaß wurde 1636 der Wert der Liegenschaft geschätzt. Das Inventar gibt an, daß „bemelter Hof Wyßpach, welcher sich im Grundt auf die 24 Tagwerch Landts weith erstreckht und zum guetten Thaill mit Mauer umbfangen ist, samt dem schennen Paumbgartten darbey, so mit edl geschlachtem Obst gepelzt und erziglt, auch mit Mauer umbfangen" auf 2.400 fl. angeschlagen wurde. Das „wollgepaute Schlössl, ain Mayrheusl mit zwayen Wohnungen, item das Thorheusl und das newerpaute Heusl am Egg, auch mit zwayen Herbergen, so alles gemaurt, sambt Stadl, Stallungen und andern darzue gehörigen Wagnhütten" war 3.000 fl. wert. Bei der Aufzählung des lebenden und toten Inventars wurde Silber-Geschirr und „Capeln-Ornat", also Ausstattung der Kapelle, um 1.600 fl. erwähnt. Bettzeug und Leinwand, Flachs, Zinn-, Messing- und Kupfergeschirr, Tische, Betten und Kästen im Wert von 1.200 fl. war vor-

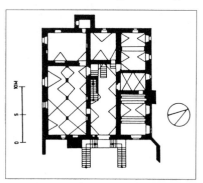

Hallein, Schloß Wiespach; Grundriß des Erdgeschoßes, links die gewölbte Halle, gegenüber die Hauskapelle (Plan Dehio 154)

Die zweischiffige, spätgotische Halle im Erdgeschoß von Schloß Wiespach (Foto W.S.)

handen. Unter dem Viehbestand wurde das wertvolle Schweizer Zuchtvieh besonders hervorgehoben. Zum Gut gehörte außerdem noch der Obermüllstain-Hof im Wiestal, der mit 1.000 fl. Schätzwert dem Kaufpreis eingerechnet wurde.

Oberst Prisigell wurde am 10. V. 1639 belehnt. Da er aber den Besitz nicht gewinnbringend verpachten konnte, verkaufte er ihn zehn Jahre später an Christoph Pauernfeind v. Eys, der am 22. I. 1648 belehnt wurde. Dieser gab Wiespach an die Brüder Staudacher weiter. Der eb. Hofrat Balthasar Staudacher erhielt die Lehen am 12. VI. 1660 für sich und seine Brüder Elias, herzoglicher Pfennigmeister zu Hall in Tirol und Franz, lodronischer Pfleger auf Piberstein und Himmelberg in Kärnten. Balthasars Sohn Veit Rupert Staudacher trat das Erbe nach einem Vergleich mit seinen Verwandten am 8. X. 1685 an. 1746 folgte dessen Vetter Paris Ignaz Gottlieb Staudacher. Der Feldoberst Leopold Gf. Prankh kaufte Wiespach 1760, um es schon acht Jahre später an Franz Friedrich v. Negri weiterzugeben. Sein Sohn Franz v. Negri, Pfleger von Hallein, übernahm 1782, dessen Sohn Raimund 1799.

1816 wurde die Versteigerung von „Schloß samt Mayrhaus, Stallung, Stadl, Wagenschupfe, Zimmer, Holz- und Zaunspelthütte, Brechlbad, Herbergshäuschen von drei Wohnungen, Küchen-, Obst- und Krautgarten, sowie 24 Tagbau Land" angeordnet. Nachdem das ehem. Ritterlehen am 26. IV. 1815 allodifiziert, d. h. Freies Eigen, geworden war, ersteigerten es am 28. VIII. 1816 Klement Perger und seine Frau Antonia Simböck. Deren Sohn Klement Perger, Wirt in Hallein, der den Besitz am 13. VII. 1848 übernahm, vermietete den 2. Stock, bestehend aus fünf mit allem Komfort möblierten Zimmern und Salon, sowie Küche und Keller. Am 11. IV. 1878 kaufte Daniel Gf. Esterhazy das Schloß. Sein Sohn Franz, der das Erbe am 8. XII. 1924 antrat, mußte aber 1926 entmündigt werden. Seine Kuratoren verkauften zehn Jahre später das Gut an das Ehepaar Franz und Johanna Steinbacher. Franz Steinbacher wurde 1954 Alleinbesitzer. 1958 fiel Schloß Wiespach mit allem Zugehör an die Stadtgemeinde Hallein, die dort eine Jugendherberge und ein großes Freischwimmbad eingerichtet hat.

Es ist bis heute nicht geklärt, ob im derzeitigen Bau noch Reste des wehrhaften Turmes der Herren von Wiespach aus der Zeit um 1300 stecken, oder ob Georg - Kölderer im 4. V. d. 15. Jh. einen völligen Neubau aufführen ließ. Die heutige, in den Details ihrer Außenerscheinung stark reduzierte und erneuerte Ansitzform mit Anklängen an eine frühere, barocke Fassadengestaltung stammt aus der Zeit um 1700. Über nahezu quadratischem Grundriß erheben sich über einem etwas im Terrain steckenden Sockelgeschoß drei Wohngeschoße, überragt von je einem angesetzten, schlanken, um ein Geschoß das Hauptgesimse übersteigenden Türmchen mit Zeltdach an der NW- und SO-Fassade, wobei hier atypisch im Vergleich zu anderen Beispielen dieses Typus zu vermerken ist, daß die Türmchen jeweils ausmittig in der Fassade sitzen.

Der Umbau zur Jugendherberge, vor allem aber der vorherige, schlechte Bauzustand, zog eine durchgreifende technische Sanierung nach sich, in deren Zuge zwar Hauptgesimse, Ecklisenen, barock verkröpfte Fensterfaschen und ähnliches wiederhergestellt wurden, den Fassaden ist aber die Erneuerung leider noch immer anzumerken. Die SO-Fassade stellt die Hauptfassade des Schlosses mit der in Mittelachse sitzenden Portallösung dar. Eine tiefe Rundbogennische mit dahinter sitzender Eingangstüre in das Sockelgeschoß wird durch eine abgewinkelte Freitreppe mit modernem, barockisierendem Geländer gerahmt. Darüber sitzt der eigentliche Zugang in das Schloß, mit hohem Rundbogenportal, eingerahmt durch glatte Seitenfaschen, die bis zu einem flachen Gesimsband in halber Höhe des Portalbogens reichen; in der Lünette sitzt ein gutes Schmiedeeisengitter von etwa 1700. Über dem Torscheitel ist seit dem letzten Umbau das Halleiner Stadtwappen, gearbeitet aus Untersberger Marmor, eingelassen. Diese Portalgestaltung gibt nur noch einen wesentlich reduzierten Zustand im Vergleich zu früher wieder. Das früher über dem Portal angebrachte Wappen der Familie von Esterhazy von 1878 wurde gegen O verschoben und sitzt heute schräg oberhalb des Einganges zur Kapelle, welche über zwei Geschoße reichend die O-Ecke von Sockel- und Erdgeschoß einnimmt. Gegen die s. Hausecke sitzt, weitgehend durch das vorspringende Türmchen abgeschirmt, ein breites Rundbogenfenster, früher wohl ein Tor, welches in den gewölbten, ehem. Stallraum führte. Drei freistehende, abgefaste Konglomeratsäulen unterteilen diesen Raum in eine zweischiffige Halle. Sämtliche Räume des Sockelgeschoßes sind ebenfalls gewölbt, großteils durch Tonnen mit Stichkappen.

Der Flur im Erdgeschoß weist ein spätgotisches Stichkappengewölbe, im Putz überlagert durch barocke Grate und profilierte, quadratische Mittelfelder im Gewölbescheitel. Außer Flurgewölben und Stuckresten im Bereich des s. Türmchens hat sich in den Obergeschoßen nach zweimaligem Umbau und Adaptierung für den Herbergsbetrieb in den Jahren 1957 und 1970/71 nichts mehr an baukünstlerischen Details erhalten. Das Objekt wird über ausladendem Hauptgesimse durch ein abgewalmtes Satteldach mit kurzem, gemeinsamem First bekrönt.

Die zweigeschoßige Kapelle in der SO-Ecke des Objektes zeigt barocke Raumgestalt mit Gewölbe, durch aus doppelten Wandpilastern hochgeführte Gewölbegurte unterteilt. Raum und Ausstattung mit Hochaltar, seitlich auf Postamenten angebrachten Heiligenfiguren, Empore, Gestühl, etc., stammen nicht ganz einheitlich aus der Zeit zwischen ca. 1720 und 1800; die letzte Restaurierung der Kapelle fand 1961 statt.

Der Hauptfassade vorgelegt ist eine erst durch eine Mauerverlegung in den Jahren 1970/71 entstandene, kleine „Ehrenhof"-Anlage. Von dem aus dem vorigen Jahrhundert stammenden, kleinen englischen Park um das Schloß existieren nur noch etliche, z. T. schon überaltete Bäume.

(KG. Oberalm II EZ 95, Bp. 119, Ko. Nr. 112, alt 103.
ÖKT XX, 163 f. [Grundriß 164]; LA 4 fol. 48, 146; Martin, Reg. 3, 1093; Hübner 297; Pillwein 241; SLA, FLD 28 [1829]: Almerbergwald zum Schloß Wispach; Franz. Kat. 1830; U 1224 fol. 3, 241; F. Zaisberger, Ansitze in Oberalm, in: Josef Brettenthaler [Hrsg.], Oberalm. Ein Salzburger Markt einst und jetzt, [1978], 94–96; dies., Hallein 1980, Teil B, 85–87; dies., in: Fritz Moosleitner, Hallein 1989, 251 f.; Dehio 154 f.; Helga Reindel-Schedl, Die Herren von Wispeck, in: MGSLK 122, 1982, 261 ff.; dies., 1989, Wiespeck passim)

K U C H L (GB. Hallein, alt: Golling)

1. GEORGENBERG

Inwieweit das um 470 n. Chr. in der Vita Severini genannte „castellum Cucullis" sich auf eine befestigte Siedlung auf dem Georgenberg bei Kuchl bezieht, kann trotz römerzeitlicher Funde noch nicht sicher gesagt werden. Eine frühchristliche Kirche des 5. Jh. wurde jedoch 1962/63 in der Georgskirche ergraben. Nach der Landnahme durch die Bayern schenkte Herzog Theodo um 700 den „Locum Cucullos" an die Sbg. Kirche. Der ottonische Kirchenbau auf dem Georgenberg aus der Zeit um 1000 (ergraben 1966), entspricht zeitlich der ersten Nennung der Grafschaft im Kuchtal (pagus Chuchala). Die Grafen von Plain als Inhaber der Grafschaft und des Landgerichtes müssen als Erbauer der mittelalterlichen Burg auf dem Georgenberg angesehen werden, von der Mauerzüge ebenfalls ergraben worden sind. Die Fundamente der Toranlage am Aufgang an der O-Seite sind noch zu sehen. Ihrem Burggrafen Wernher v. Lengenfeld bestätigte EB. Eberhard II. 1238, daß er seine Kirche bei seinem Turm „Vrimos" dem Stift St. Peter übergeben darf. Das Freimoos liegt n. des Georgenberges an der alten Römerstraße in Richtung Jadorf (s. Vigaun, Birg).

(KG. Georgenberg, Gp. 1–13, 138, 198, 688.
Hi. St. II., 385; Norbert Heger, in: Heimatbuch Kuchl, 1980, 14 ff., 23 f.; Martin Hell, Der Georgenberg bei Kuchl in vor- und frühgeschichtlicher Zeit, in: MGSLK 67, 1927, 135–154; ÖKT XX, 1927, 184; Johann Hönegger, in: Heimatbuch Kuchl, 76 ff.; Dehio 110 ff.)

2. PFARRHOF, TURM DER PANICHNER, Marktplatz Nr. 1

Um 1000 wurde im Tal der Markt planmäßig angelegt. Auf Eigengrund der Grafen von Plain wurde eine Kirche um 1180 als Chorturmkirche erbaut. Sie ist die einzige bisher bekannte romanische Wehrkirche im späteren Sbg. Kernland. Das mächtige, eindrucksvolle Portal trägt ornamentale Fresken aus der Zeit um 1200. In der Laibung ist die Wurzel Jesse dargestellt. Die mächtigen Quadersteine wurden von denselben Steinmetzen bearbeitet, die beim Sbg. Dombau mitwirkten. Das erste Patrozinium der Kirche war der hl. Magdalena anvertraut, ein Hinweis darauf, daß es sich ursprünglich um eine Burgkapelle gehandelt haben muß. Daraus entwickelte sich die Mutterpfarre für den ganzen Gau. Es gehörten Golling, Abtenau, Vigaun, Adnet, Krispl und St. Koloman dazu, die erst im Laufe der Jahrhunderte zu Filial- bzw. selbständigen Pfarrkirchen wurden.

Seit dem 12. Jh. ist die rittermäßige Familie der Kuchler urk. nachweisbar. Ihr Wappen „ein in Blau auf grünem Boden nach rechts springender Hirsch", wird heute als Gemeindewappen geführt. Nach einem sozialen Aufstieg, der den Kuchlern u. a. 1355 den Bau einer Burg auf der Insel im Abtsdorfer See (s. von Laufen) ermöglichte, wurden sie 1369 mit der Würde des Erbmarschalles von Salzburg betraut. Um 1380 erhielt das Dorf Kuchl von EB. Pilgrim II. das Marktrecht. Die Kuchler starben 1436 aus. Ihre Güter erhielten die Herren von der Alm, die Burg bei der Kirche in Kuchl ging in den Besitz der Panichner v. Volkersdorf (heute Wolkersdorf am Waginger See) über. Von den Kuchlern sind zwei rotmarmorne Grabsteine vor dem Hauseingang beim Doserbauern (Georgenberg Nr. 58) liegend mit nur schwer lesbaren Inschriften übriggeblieben, wovon der eine den Tod der Diemudis v. Kuchl 1299 meldet, der andere an einen Herren von Kuchl erinnert.

Die Pfarrkirche, die 1243 dem Sbg. Domkapitel inkorporiert und nun den hll. Maria und Pankraz geweiht wurde, erlebte unter Pfarrer Primus Panichner eine durchgehende Gotisierung. Der Pfarrer aus der ortsansässigen Adelsfamilie hatte sich 1471 gegen den Kandidaten der Kurie, den Sekretär des Kard. Francesco Piccolomini-Todeschini, des späteren Papstes Pius III., Rupert Storch aus der Passauer Diözese durchsetzen müssen. Die Familie, ursprünglich Ministerialen der Grafen von Kraiburg, stiftete schließlich nach dem Ableben des Wolfgang Panichner sogar die eigene Turmburg 1508 als neuen Pfarrhof. Im rechten Teil des heutigen Gebäudes lassen die mächtigen Mauern im Ausmaß von etwa 8 x 8 m mit dem eindrucksvollen Gewölbe im Erdgeschoß den ehem. Turm noch ahnen. Die Anbauten nach W stammen aus späterer Zeit. Die Fassade des dreigeschoßigen Gebäudes unter einem Walmdach wird seit der Fassadenrenovierung im Jahr 1980 mit zwei Fresken von Karl Weiser geziert: Maria und Kind, Christus mit den Wundmalen.

Von besonderer Schönheit sind die Grabsteine an der Kirche, allen voran die Gedenktafel für Wolfgang Panichner von 1507, die Hans Valkenauer zugeschrieben wird. Die Inschrift lautet: „Hie ligt begraben der Edl und vesst Wolfgang Panichner zu Volknstorff, diezeit Phleger zu Galing, der gestorben ist am Erchtag vor Sand Kathreintag 1507. Dem Got genad." Unter einer Kreuzigungsgruppe kniet ein betender Ritter in Harnisch und mit Tuchhaube. Dieses Kleidungsstück scheint für die Familie Panichner charakteristisch gewesen zu sein, weil rechts vom N-Portal außen ein großer, rotmarmorner Grabstein ebenfalls einen Mann mit Tuchhaube und der Jahreszahl 1473 wiedergibt.

Vor dem N-Portal liegt – leider als Trittstein – ein weiterer Panichner-Grabstein, von dem aber nur noch das Wappen erkennbar ist. 1927 war noch ein Kelch erhalten, sodaß anzunehmen ist, daß es sich um die Grabplatte des Pfarrers Primus Panichner handelt. Links vom Eingang ist eine Tafel mit Unzialschrift nicht mehr zu lesen. Ein ähnliches Schicksal steht dem schönen Panichnerstein bevor, der vor dem Doser-Gut in Georgenberg Nr. 58 mit vier anderen Marmortafeln am Boden liegt.

(KG. Kuchl EZ 1.
Franz Pagitz, Häuserchronik der Marktgemeinde Kuchl, in: Heimatbuch Kuchl, 1980, 205; Dehio 196 ff.; Reindel-Schedl 1989, 544 f.; F. Zaisberger, Wanderungen durch Kuchl, Manuskript 1983)

O B E R A L M   (GB. Hallein, alt: Glanegg)

1. SCHLOSS HAUNSPERG

Südöstlich der geschlossenen Siedlung von Oberalm steht nahe der Gemeindegrenze zu Hallein, nahe der vorbeiführenden Autobahn, in einem Parkgelände Schloß Haunsperg.

Über die strategische und verkehrstechnische Bedeutung des Wiestales in historischer Sicht als Verbindung zwischen dem Salzachtal und dem Raum der späteren Pfleggerichte Wartenfels = Thalgau und Hüttenstein = St. Gilgen, bzw. dem Salzkammergut, liegen noch keinerlei Untersuchungen vor. Haunsperg verdankt seine Entstehung sicherlich der Lage am Austritt des Almbaches aus dem Wiestal. Die erste urk. Erwähnung erfolgte allerdings erst 1365, als Ekhart Prennär v. Haus – vgl. den Brennhof in Werfen – und seine Frau Kunigunde, Witwe nach Berthold Ratgeb, das von letzterem geerbte „Gesäße, Haus und Hofstatt, Felder … gelegen bei der Alben, freies Burgrecht" an Larentz, Pfleger und Hällinger zu Takking in Hallein verkauften. 1388 erwarb Michael v. Haunsperg „Hof und Burgrecht zu Oberalm, Freies Eigen" von Hartel und Hans Specher und deren Schwestern Afra und Beatrix.

Die Herren von Haunsperg – wohl Burggrafen der edelfreien Haunsperger (vgl. St. Pankraz/Schlößl) – besaßen außerdem den Edelmannsitz „in der Au im Weier" (= Prenzingerau bei Obertrum), Goldenstein in Elsbethen und Vachenlueg bei Steinhögl (heute Oberbayern). Bei der Aufteilung des Haunsperger-Erbes unter die Brüder Martein, Hartwig und Hans fiel der Sitz zu Oberalm 1418 an Hartwig v. Haunsperg. 1430 vermehrte Hartneid v. Haunsperg seinen Besitz um „eine Hofstatt, da das Haus aufgestanden ist bei der Alben zunächst an seinen Hof". Die Familie wurde 1670 in den Grafenstand erhoben, starb aber dann 1691 im Mannesstamm und 1724 in der weiblichen Linie aus.

Den Ansitz hatte jedoch schon 1596 Juliana v. Haunsperg in ihre erste Ehe mit Georg Trauner v. Adelstetten mitgebracht. Sie übergab ihn 1638 ihrer Tochter Maria Katharina, verehelichten Prankh. Ihre Söhne aus der 2. Ehe mit Levin v. Mortaigne erbten dafür die Seeburg bei Seekirchen und wurden Lehenträger für ihre Stiefschwester. 1691 folgte Franz Adam Gottlieb v. Prankh, 1704 seine fünf Söhne und drei Töchter. 1710 übernahm seine Witwe Anna Felicitas Hegi v. Ursprung die Verwaltung der Güter. Ihr Sohn Franz Wilhelm Gottlieb v. Prankh verkaufte 1728 die Liegenschaften, die er seit 1713 besessen hatte, an Georg v. Lohr auf Haunsperg. Ihn löste 1731 Johann Adam Gerstner v. Gerstorff ab, der Leibarzt von EB. Leopold Anton v. Firmian. Von ihm erwarb 1746 Josef Rupert v. Pfeiffersperg „das Schloß zu Oberalpen mit einer Kapelle, besondere vier Wohnungen und ein Garten, samt dem bei solchem gelegenen Mayrhaus mit den nöthigen Pferd- und Hornviehstallungen und Thenn". Dazu gehörten außerdem 26 Tagbau Ackerland und Wiesen und die Benützung je eines Waldteiles am Oberalmerberg und beim Messinghammer.

Seine Familie war 1721 in den Adelsstand erhoben worden und besaß Haunsperg bis zur Versteigerung 1815. Im Inventar von 1798 wird das Schloß folgendermaßen beschrieben: Im drei Stock hohen Ansitz befand sich die herrschaftliche Wohnung, bestehend aus einem Saal und sieben Zimmern; Die Wohnung des Verwalters und des Gärtners umfaßte je ein Zimmer, eine Kammer, Küche und Keller. Im großen Saal war der „welsche Kamin" das Prunkstück. Die Einrichtung der Kapelle an der NO-Seite des Schloßareals setzte sich außer aus verschiedenen Paramenten und Ornaten noch aus wertvollen Kultgegenständen zusammen. Darunter waren zwei Tabernakel, wovon der eine aus Kristall war, mehrere Leuchter, vier Kristall-Pyramiden, ein Wachs-Christkindl, ein silberner Kelch samt Patene und zwei Meßbücher, ein bekleidetes Muttergottesbild in einer Kapsel, ein Kreuz, ein Tafelbild „mit einem halben Bruststück aus Silber", je eine Silber-Tafel mit einem Herz bzw. eine knieenden Frau aus Silber. Dann wurde eine Votivtafel aus dem Jahr 1761 aufgezählt, auf der zwei Personen vor dem hl. Antonius mit dem Jesukind auf einer Silberwolke knieten, sowie zwei silberne Figuren. Das weiträumige Schloß, das im 18. Jh. zumeist leer stand, wurde vorübergehend auch als Schule für Oberalm genützt.

Die Familie Pfeiffersberg, die außer Haunsperg auch die Ansitze Angerburg und Matzen in Tirol als Fideikommiss besaß, war zu Beg. d. 19. Jh. so stark verschuldet, daß die Versteigerung angeordnet wurde. Aus der Konkursmasse erwarb am 5. IX. 1815 Peter Paul Maffei, der Besitzer von Kalsperg, den mit zwei Türmen und Arkaden ausgestatteten Ansitz. Am 11. VI. 1856 erbte sein gleichnamiger Sohn, nach dessen 1881 erfolgten Tod seine Witwe Johanna. Mit der Einantwortung 1894 wurden acht Erben ins Grundbuch eingetragen, 1897 wurden noch drei weitere minderjährige Mitglieder der Familie Maffei dazugefügt. So ist es nicht weiter verwunderlich, daß das Gut am 1. VIII. 1899 an Adolf Mautner Ritter v. Markhof und seine Schwester Marie verkauft werden mußte.

1904 wurde Marie, Ehrenstiftsdame des adeligen Damenstiftes in Graz, Alleinbesitzerin. Mit ihrer Verehelichung wurde der Name 1912 auf Gfn. Thun-Hohenstein geändert. Seit 3. III. 1939 gehört Haunsperg Dr. Emmerich Gernerth-Mautner-Markhof und seinen Erben.

Im Kern weist das Schlößchen mittelalterliche Bausubstanz auf, ein mittelalterlicher Wohnturm wurde um 1600 in die heutige Ansitzform umgebaut. Über rechteckigem Grundriß mit der typischen Mittelflureinteilung erhebt sich ein viergeschoßiger Bau, im W und O je durch ein vorgesetztes, um ein Geschoß höheres, schlankes Türmchen mit barock geschweiftem Zeltdach überragt (Grundriß im SMCA). Die O-Fassade wird durch eine über drei Geschoße reichende, im Erdgeschoß auf runden Marmorsäulchen ruhende Arkadenfront zusätzlich betont. Die Fassaden zeigen mit geputzten Ecklisenen, Querbänderungen zwischen den unteren Geschoßen und am Hauptbau umlaufender Hohlkehle ein barockes Bild, wenn auch sämtliche Fenster E. d. 19. Jh. durch neue Konstruktionen ausgetauscht wurden und seither nur vereinfachte Fensterfaschen existieren. Die beiden Türmchen weisen im Dachgeschoß unter dem geschweiften Abschlußgesimse auf jeder Fassade ein rundes Blindfenster auf, der ö. Turm zusätzlich darunter eine rundbogige Aufzugsöffnung mit Holzbalken.

Durch den ö. Turm führt der Hauptzugang in das Schloß, das Portal ist mit breitem, profiliertem Stuckrahmen eingefaßt. Über einer in Kämpferhöhe sitzenden Volute erhebt sich eine schmale Gesimsüberdachung, welche den hochgezogenen Mittelteil mit geschweiftem Giebelabschluß niedrig umrahmt. Im Giebelfeld des Portales blieb eine Wappendarstellung der Familie von Gerstorff in Freskotechnik erhalten.

Östlich des Schloßbaues steht – durch einen zweigeschoßigen Zwischentrakt mit breitem Bogenfenster im Erdgeschoß, in der Steinlaibung datiert mit 1579, damit einen kleinen Hof einschließend, verbunden – die Schloßkapelle, geweiht dem hl. Antonius v. Padua. Der barocke Kapellenbau über rechteckigem Grundriß weist im N, der schloßabgewandten Eingangsseite, eine von drei Pfeilern getragene, offene Vorhalle auf, gegen S einen etwas niedrigeren Sakristeianbau, aus welchem die verputzte Holzkonstruktion des barocken Türmchens mit achteckigem Aufsatz und Pyramidendach aufragt. Diese Kapelle wird im Jahr 1675 erstmals genannt, die heutige Außenerscheinung sowie die einheitliche Innenausstattung mit reichem Stuck und Deckenbildern, Hochaltar, Empore, Gestühl, etc., stammt aus dem frühen 18. Jh. Im Türmchen hängt eine Glocke mit der Inschrift 1570 und den Wappen der Familien Kuen-Belasi und Thannhausen.

Schloß Haunsperg wird heute als Schloßhotel geführt.

(KG. Oberalm EZ 19, Bp. 175, Ko. Nr. 32.
Martin, AB 1, Nr. 829, 835; SLA, Frank-Beamtenkartei; LA. 159; Geh. A. XXV/P 17; U 851 [1762–1810] fol. 39 mit genauer Beschreibung; U 1224 fol. 246; HR Hallein 6 [1766]; Hübner 297; ÖKT XX, 158 f. [mit Grundriß 161]; L. Pezolt u. H. F. Wagner, Schloß Haunsperg bei Hallein, in: Bauernkalender, Sbg. 1907; F. Zaisberger, Ansitze in Oberalm, in: Josef Brettenthaler [Hrsg.], Oberalm. Ein Salzburger Markt einst und jetzt, Salzburg 1978, 91–93; Reindel-Schedl 1989, 457; Dehio 284 f.; Ansichten/Pläne im SMCA: 4958/49, 9862/49, 9905/49)

2. SCHLOSS KALSPERG

Etwa in der Mitte zwischen Oberalm und Puch liegt Schloß Kalsperg, unmittelbar w. der Bahnlinie Salzburg-Hallein, heute durch einen langgestreckten Neu- und Zubau der „Altenpension Kalsperg" optisch abgedeckt.

Kalsperg war ursprünglich wohl eine Wasserburg. Der ausgetrocknete Weiher ist im Grundbuch des 19. Jh. noch gesondert erwähnt. Der im S und W herumführende Wassergraben kann im Franziszäischen Kataster von 1830 deutlich abgelesen werden. Die Burg stand in engem Zusammenhang mit der Burg Moosham im Lungau. Als EB. Friedrich v. Walchen i. d. 2. H. d. 13. Jh. Moosham belagerte, hieß der Verteidiger Offo v. Saurau. Hinter dem Namen dieses einflußreichen steirischen Adeligen verbirgt sich niemand anderer als Ortolf v. Chalochsperge = Kalsperg. Er war Vogt des Sbg. Domkapitels und des Stiftes Admont gewesen. Wegen angeblicher Übergriffe in dieser Funktion zog der Erzbischof gegen ihn zu Felde. 1281 mußte er kapitulieren und wurde des Landes verwiesen. Ortolfs Verwandter, Otto v. Moosham, mußte 1285 dem neuen EB. Rudolf gegenüber noch einmal einen ewigen Verzicht auf Moosham ausstellen. Ortolfs Sohn Wulfing, der den Leitnamen der Goldegger trägt,

Schloß Kalsperg in Oberalm, nach Umbauten als Teil eines Altenheimes in Verwendung

läßt den Schluß zu, daß die Kalsperger mit den Herren von Goldegg verwandt oder identisch waren, die sich zur gleichen Zeit in einer heftigen Fehde mit dem Erzbischof befanden. In der 1. H. d. 14. Jh. waren die Kalsperger sicher in Oberalm ansäßig, weil Wulfing „von Obernalbm" (= Kalsperg) 1338 vom Pfarrer Eckhart v. Hallein das Widum-Gut „Rosenawe" verliehen erhielt. Dreißig Jahre später bestätigte B. Friedrich v. Chiemsee, daß Ulrich der Chalensperger seinen Töchtern ein Gut beim Nockstein übergeben hatte. Im selben Jahr tauschte Ulrich noch eine Hube in Oberalm ein. Die weiteren nachweisbaren Träger des Namens waren eb. Beamte, die wohl nur die Burghüter von Kalsperg gewesen waren. 1402 war Hans Kalersperger Beisitzer an der Schranne zu Straßwalchen, 1413 entschied er als Pfleger zu Liechtentann einen Streit zwischen den Wiespachern und den Kriechbaum zu Seekirchen.

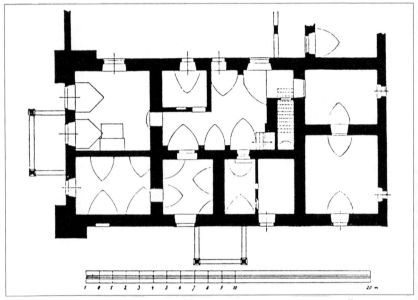

Grundriß Erdgeschoß des Schlosses Kalsperg vor den Umbauten (Plan ÖKT XX, 162)

Von der M. d. 15. Jh. an gehörte Kalsperg den Nußdorfern, die die Burg in ihre heutige Gestalt umwandelten, einen dreistöckigen Ansitz mit vier aufgesetzten Eck-türmen. Mit den Nebengebäuden entstand eine hufeisenförmige Anlage. Im NO war in einiger Entfernung der mächtige Wirtschaftshof, der dem Erweiterungsbau des Altersheimes zum Opfer gefallen ist. 1507 wohnte Leonhard Lantzing vorübergehend zu „Kalaschperg", 1532 verkaufte David v. Nußdorf, Erbmarschall und Pfleger zu Tittmoning, an Leonhard Harder, kaiserlicher Gegenhandler des Salz- und Einnehmeramtes Gmunden, dessen Erben 1570 Kalsperg Hans Panichner v. Wolkensdorf überließen. Auf Wolf Wilhelm Panichner folgten 1604 Viktor Christalnigg und 1612 Wolf Sigmund v. Haunsperg. Von seinem Erben Franz Rudolf v. Haunsperg erwarb 1637 Katharina v. Lodron den Ansitz. Im Jahr darauf erhielt sie die Erlaubnis, ihn mitsamt dem schönen Park und den ausgedehnten landwirtschaft-

lichen Gründen dem Lodron-Primogenitur-Fideikommiss einzuverleiben. Mit der Bewilligung der bayerischen Regierung wurde 1812 Kalsperg aus dem Fideikommiss ausgeschieden und an Johann B. Maffei verkauft.
Der freieigene Besitz umfaßte 63 3/4 Tagbau Ackerland, Wiesen und Gärten, wovon die große Wiese im Ausmaß von 23 Tagbau zweimal gemäht werden konnte. 1824 erbten seine fünf Kinder, von denen Peter Paul v. Maffei am 21. III. 1829 als Alleineigentümer ins Grundbuch kam. Am 12. IV. 1831 folgte Johanna Karl, geb. Maffei, von der am 4. II. 1836 Ernst Gf. Coreth das Schloß erwarb. Dann kauften das Gut der Reihe nach: am 19. V. 1846 Anton Gimpl und Katharina Pertinger, 1. IX. 1852 Kajetan und Elise Mayr v. Mayregg, 28. VII. 1860 Kajetan Schneeberger. Am 10. XII. 1861 erwarb Anton v. Walterskirchen den Besitz, den am 25. VII. 1872 seine Kinder Moritz, Flora und Johanna v. Walterskirchen erbten. Nicht einmal ein Jahr besaß Adolf Wolff Kalsperg. Am 24. XI. 1874 wurde der minderjährige Maurice Gf. Ressequier de Miremont ins Grundbuch eingetragen. Am 20. III. 1878 ersteigerte Natalie Schimpf den Besitz, auf die 1893 Otto Wilhelm Frh. v. Walterskirchen und seine Frau Karoline, geb. Gfn. Hunyady, folgten. Sie wurden am 18. IV. 1913 von Josef Wilhelm Gf. Walterskirchen Frh. v. Wolfsthal abgelöst. Er und Ladislaja v. Walterskirchen schenkten bzw. übergaben den gesamten Besitz gegen eine Leibrente am 6. VI. 1952 der Kongregation der Schulschwestern von Hallein, die dort eine Altenpension einrichteten und den Ansitz durch Zubauten veränderten und erweiterten.
Die heutige Erscheinungsform mit den vier aufgesetzten Ecktürmchen, die das hohe Zeltdach des Hauptbaues einrahmen, spiegelt den typischen spätgotischen Ansitz wider. Unklar ist, ob die heute bestehende Bausubstanz von einem Neubau der Herren von Nußdorf a. d. 2. H. d. 15. Jh. stammt, oder ob doch noch Teile des Mauerwerkes von dem a. d. 1. H. d. 14. Jh. stammenden, von einem Wassergraben umgebenen Wohnturm herrühren. Eine Klärung dieser Frage wird vom Bauwerk her kaum mehr möglich sein, weil die Altsubstanz, vor allem die innere Baustruktur bei der „Sanierung" in den Jahren 1966/68 völlig ruiniert wurde. Diese Maßnahmen erfolgten in Zusammenhang mit dem Neubau des großen, ö. vom Altbau situierten Blockes des Altenheimes, welches mit dem Schloß durch einen breiten erdgeschoßigen, verglasten Gang verbunden ist. Der ehem. Parkcharakter um das Schloß ist noch spürbar; an der W- und S-Seite des Parkes existiert je ein Tor mit gequaderten Pfeilern und Gittertoren aus der Zeit d. 2. H. d. 18. Jh.

(KG. Oberalm EZ 59 und 1107, Bp. 71, Ko. Nr. 75, alt 121.
St. Peter, Archiv: OUrk. 8. VII. 1460; SLA, LB 14 fol. 170v f.; U 1224 fol. 243; Geh. A. XXV/L 16; Frank-Beamte; vgl. Burgenbuch 1, 1978, 81 ff.; Martin, AB 1, Nr. 86, 445, 508, 516, 828, 841; SLA, Kopialbuch III/148; HR Glanegg 22; SMCA Archiv I/10 1547 Regina Harder, 1. Ehe Tunckhlin, I/72 1569 u. 1587 Regina, 2. Ehe Wuechrerrin; ÖKT XX, 162; F. Zaisberger, Ansitze in Oberalm, in: Oberalm. Ein Salzburger Markt einst und jetzt. [1978], 88–90; Dehio 285 f.; Ansichten/Pläne im SMCA: 9905/49, 10671/49)

3. KASTENHOF, Haus Nr. 130

An der Gemeindegrenze gegen Hallein–Neualm, an einer Terrassen-Abbruchskante zu einer früheren Salzachau liegt der sog. Kastenhof. Er gehörte im 18. Jh. zur Grundherrschaft der Familie Firmian, die EB. Leopold Anton (1727–1744) für seine Neffen ankaufte. Die Vorbesitzer waren die Fürsten Lamberg bzw. das Salzburger Domkapitel (Amt Glas). Am 7. V. 1723 hieß der Bauer Ruep Liederer. Er diente als Speicher für die Naturalienabgaben. Bis 1786 und dann wieder ab 1810 wurde er sogar nur als Zulehen bewirtschaftet. Er wurde allerdings i. d. 2. H. d. 18. Jh. von der Grundherrschaft freigekauft. Der Halleiner Wirt Joseph Pöst erwarb ihn um 5.000 Gulden. 1785 ersteigerte ihn Anna Maria Kranachin und verkaufte den Hof 1797 an Mathias Has und Barbara Seidlin. 1808 kam Joseph Straubinger in den Besitz, er war noch 1830 Eigentümer. Da die Eintragung im freieigenen Grundbuch Hallein verloren gegangen ist, kann der folgende Besitzwechsel nicht genau angegeben werden. 1848 verstuckte jedenfalls Franz Schwarz die Parzellen Nr. 456 und 749 von seinem Kastenhofgut. 1873 kauften Mathäus und Katharina Neureiter den Hof, in deren Familie er bis heute blieb: 1893 Mathias und Elisabeth, 1919 Mathäus und Julia, 1950 Alfred († 1983 als Landes-Schützenobrist) und Rosina.

Der Kastenhof besitzt über rechteckigem Grundriß 2 Wohngeschoße und darüber, unter steilem, an den Stirnseiten nur wenig vorkragendem Schopfdach, zwei ehem. Speichergeschoße im Dachraum, die durch zwei übereinanderliegende rundbogige Speicheröffnungen in der w. Giebelfront beliefert wurden. Der Baukörper weist durch seine Höhe im Vergleich zu den Ausmaßen der Fassaden-Schmalseite mit 2 Fensterachsen, Längsseite mit 3 – einen eher turmartigen Charakter auf. Der Haupteingang von W wird durch ein barockes Rundbogenportal aus Adneter Marmor mit abgesetztem Sockel, Kämpfer und Schlußstein, dieser bezeichnet 1791, R. S., betont. Die Fenster besitzen großteils noch frühbarocke, abgefaste Marmorgewände, in der Zone des Obergeschoßes haben sich einfache Korbgitter mit Rautenformen mit zentralen Herzmotiven erhalten. An der O-Seite ist ein zweigeschoßiger Aborterker angefügt. Im relativ schmucklosen Inneren ist das Erdgeschoß mit seinen weitgehend vorhandenen Gewölben hervorzuheben.

Östlich des Kastenhofes wurde vor wenigen Jahren eine hohe Stallscheune errichtet; im NW steht noch ein Wirtschaftsgebäude, an der s. Giebelfront in Ziegelzier bezeichnet mit 1928.

(KG. Oberalm EZ 107, Bp. 123.
ÖKT XX, 208; SLA, Kreisamt Nr. 698 vom 25. 11. 1848; Hieronymus-Kataster [1774], Glanegg II fol. 771 Nr. 516, Prot. V fol. 1355; U 1224 fol. 344 fehlt; DK-NB 251; F. Zaisberger, Burgen, Mauern, Ansitze, in: 750 Jahre Stadt Hallein, 1980, Teil B: öffentl. Einrichtungen, 95; Dehio 287)

4. SCHLOSS WINKL (Winklhof)

In ehemals freier Lage nw. der Pfarrkirche von Oberalm gelegen. Trotz der mehrfachen Um- und Neubauten der um einen etwa quadratischen Hof gruppierten Gebäude hat sich der Grundtypus dieser Hofanlage nicht verändert. An der W-Seite, in Richtung Geländekante eines Terrassenabbruches zur Salzach, heute zur Halleiner Landesstraße, stand ehemals noch ein gemauertes Vorgebäude, eventuell ein Relikt einer früheren Torturmanlage. Von den aus der Spätgotik stammenden Objekten der Anlage ist nur noch das eigentliche Schloßgebäude im O des Hofes, der spätgotische Ansitz mit seinen 3 Voll- und 2 ausgebauten Dachgeschoßen in alter Bausubstanz erhalten. Vom gotischen Keller aus soll ein unterirdischer Gang zur Oberalmer Kirche geführt haben, der mit ihrem wahrscheinlich früher freistehenden Turm so manches Rätsel aufgibt. Hier kann nur eine archäologische Untersuchung Hilfe und Sicherheit bringen. Der Anfang eines Fluchtweges wäre jedenfalls von einer heute vermauerten, flachbogigen Türe im Keller von Winkl gegeben.

Die ersten urkundlich nachweisbaren Besitzer von Winkl waren die Wispecken, wie die mundartliche Aussprache von „Wiespach" lautete. Sie haben ihr Familiengrab in der Oberalmer Kirche. Einige schöne Grabsteine von 1399, 1405 und 1481 sind erhalten. Der älteste aus dem Jahre 1341 wurde leider 1910 zerstört. Die Ministerialenfamilie der Wispecken hatte sich i. d. 2. H. d. 13. Jh. mit Hzg. Heinrich v. Bayern verbündet und sich am Kampf des Adels gegen EB. Friedrich v. Walchen beteiligt. Sie konnten sich aber im Gegensatz zu den Kalspergern in hohen Positionen in Salzburg behaupten und folgten sogar den Tannern in der Würde des Erbkämmerers am E. d. 14. Jh. nach. Hans Wispeck dichtete und komponierte 1457 das Lied von Kg. Ladislaus Tod und erlangte damit für etwa hundert Jahre große Popularität. Georg Wispeck diente 1504/05 Rupprecht v. der Pfalz im Landshuter Erbfolgekrieg als Feldhauptmann und ließ sich in der Oberpfalz nieder.

Nach dem Aussterben der Familie in männlicher Linie 1574 kam Winkl an Anna Wispeck und ihren Mann Heinrich Nothafft v. Wernburg, bayerischer Vizedom zu Landshut. Die Tochter von Georg Stephan Nothafft und Susanna v. Taufkirchen, Maria Anna, heiratete Alfons v. Lamberg. Diese verkauften den Besitz 1657 an Franz Dückher v. Hasslau und Urstein, den Verfasser der 1666 erschienenen „Saltzbur-

gischen Chronika". Er war damals Pfleger zu Glanegg und mit Maria Clara, geb. Spindler v. Hoffegg, verheiratet. Das Allianzwappen der beiden ist im SW über einem Rundbogentor erhalten. Der Sohn Johann Ernst Dückher überließ den Ansitz 1734 Leopold Gf. Salis. 1789 erbte Johann Simon Gf. Paravicini. Am 8. I. 1817 kauften Jakob Perger, seine Frau und deren Sohn Josef Perger den Winklhof. Am 13. IV. 1830 erwarb ihn Karl Frh. v. Dückher auf Urstein neuerlich für seine Familie, veräußerte ihn aber 1837 an Anselm Frh. v. Imhof, der ihn am 9. XII. 1845 an Franziska Egger weiterverkaufte. Auf den am 29. XII. 1854 ins Grundbuch eingetragenen minderjähri-

Schloß Winkl in Oberalm vor den Adaptierungsarbeiten für die Landes-Landwirtschaftsschule, vor 1908, Hofseite (Foto SLA)

gen Sohn Mathias Egger folgte am 1. X. 1861 Franz Egger durch Übergabe. Nach seinem Tod erbte am 13. VII. 1867 Katharina Itzlinger durch Einantwortung. Von ihr ging das Gut am 10. I. 1883 auf Gustav Kabas über, der es nach einem kurzen Intermezzo von Karl und Maria Schuster zwischen 1902 und 1904 am 16. IV. 1908 an den Sbg. Landesfond verkaufte. Die Sbg. Landwirtschafts-Gesellschaft ließ die Gebäude durch Architekt Paul Geppert renovieren und durch Zubauten vermehren. Dann wurde die Landes-Landwirtschaftsschule vom Buchholzhof in Kleingmain hierher verlegt, in welcher Funktion der alte Ansitz bis heute dem Land Salzburg dient.

Die Ansitzform aus der Zeit um 1500 hat sich bis heute erhalten; wesentliche Umbauten erfolgten erst in unserem Jahrhundert; 1908, 1958 und in Etappen 1973 bis 1975.

Die letzten Umbauten betrafen hauptsächlich die Nebengebäude, es wurde der n. Gesindetrakt sowie der w. Stall- und Scheunenteil abgebrochen und durch Neubauten für Zwecke der Landeslandwirtschaftsschule ersetzt. Der s. Hofabschluß wurde um 1920 durch eine Schule und das Direktorswohnhaus neu gestaltet. Das Schloß besitzt ein steiles Satteldach mit beidseitigem Krüppelwalm; das ehemals durchgehende Dachgeschoß (Speicherraum) ist heute zweigeschoßig für Wohnzwecke ausgebaut; gegen S erinnert in der Giebelwand noch eine Speicheröffnung an die frühere Verwendung. Keller, Erdgeschoß und Teile des ersten Obergeschoßes sind gewölbt, z. T. durch Tonnengewölbe, z. T. auf Mittelsäulen aufruhend. Die Fensterlaibungen weisen nahezu durchgehend Steingewände aus Adneter Marmor auf. Im N wurde 1955 ein Anbau an das Schloß erneuert, 1975 wurde dieser Anbau dann unter das verlängerte Hauptdach des Ansitzes miteinbezogen.

Der Zugang in den Hofbereich wurde im Zuge der Umbauten ebenfalls verändert: Die Tormauer wurde samt heutigem Tor erneuert, darin eingelassen ist eine marmorne Inschrifttafel mit Renovierungs- und Neubaudaten; als Aufsatz für diese neue Tafel dient ein hierher versetztes Wappen der Familie Dückher v. Haslau, welches vorher an der Fassade des Schlosses angebracht war. Den Hof ziert derzeit ein Brunnen mit Schmiedeeisenaufsatz in romantisierenden Formen, stammend aus dem Jahr 1975.

(KG. Oberalm EZ 54, Bp. 59, Ko. Nr. 69, alt 65.
SLA, Franz. Kat. 1830; U 1224 fol. 239, 1490 fol. 44; ÖKT XX, 208 ff.; J. Seemüller, Ottokars österr. Reimchronik, MG. Deutsche Chroniken 5, 1890–93, Vers. Nr. 8385; Hi St. II, 1966, 360; Alphons Lhotsky, Quellenkunde zur Gesch. Österreichs, in: MIÖG Erg. Band 19, 1961, 357; F. Zaisberger, Ansitze in Oberalm, in: Josef Brettenthaler [Hrsg.], Oberalm. Ein Salzburger Markt einst und jetzt [1978], 90–91; Reindel-Schedl, 1989, 383, vgl. Wiespach; Dehio 286; Ansichten/Pläne im SMCA: 2840/49)

P U C H   (GB. Hallein, alt: Glanegg)

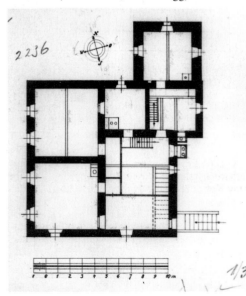

1. SCHLOSS PUCHSTEIN

Unscheinbar, in der zweiten Reihe hinter den dominierenden Häuserzeilen der als Straßendorf entstandenen Ortschaft Puch, steht der einfache, kubische Baukörper des Schlosses Puchstein.

Die traditionellen Nennungen des Turmes aus dem 10. Jh. als Besitz der Herren von Guetrat sind ohne jeden Nachweis; in den Bereich der Sage ist sicherlich die Nachricht zu verbannen, daß einst ein unterirdischer Gang von der Ruine Guetrat unter der Salzach hin-

Schloß Puchstein, Grundriß
2. OG (Plan BDA-Archiv)

180

durch bis nach Puchstein führte. Puchstein wird erstmals im Jahr 1473 als Besitz des Hans Strasser von Puchstein greifbar. 1507 wird Hans Kropf „sesshaft zu Puech" gemeinsam mit Leonhard Lantzing (s. Kalsperg) in einem Erbvergleich erwähnt. Im Jahr 1609 übergibt Hans Kronperger der Kirche in Puch den Bau, er wird künftighin an Untertanen zu Erbrecht verliehen. Im 18. Jh. wird das Gebäude auf insgesamt sieben physische Anteile verstuckt, etwa den damaligen Unterteilungen in die einzelnen Quartiere und „Böden" entsprechend. Noch heute ist der Besitz auf mehrere Eigentümer aufgesplittert.

Im wesentlichen hebt sich Puchstein durch seine kubische Gestalt mit Grabendach hinter allseits hochgezogenen Giebelmauern von den umliegenden dörflichen und bäuerlichen Bauten mit ihren Sattel- und Schopfwalmdächern ab. Die dreigeschoßigen Fassaden weisen teilweise noch rotmarmorne, spätgotische Fensterge-

Ansicht des Schlosses Puchstein von Westen, ca. 1975 (Foto F.Z.)

wände auf, nahe der Mauerkrone auch Schießscharten; an der S-Seite sind Spuren einer Sonnenuhr erkennbar. An der N-Seite befindet sich ein turmartiger, gleichhoher Anbau aus der Erbauungszeit, die SW-Ecke des Wohnturmes wurde erst in jüngster Zeit durch einen, wenn auch nur erdgeschoßigen Anbau anstelle eines abbruchreifen, älteren Bestandes verunziert.

(KG. Thurnberg EZ 13, Gp. 26, Puch Ko. Nr. 15.
Hieron. Kat. Glanegg, fol. 1031, 1035, 1036, 1040, 1042, 1043, 1044; Martin, AB 1 Nr. 73 [OUrk. vom 15. 6. 1481], Nr. 96 zum 14. 4. 1473, Nr. 841 zum 26. 2. 1507; Hübner 297, Pkt. 17; ÖKT XX, 227 [mit Grundriß]; K. u. R. O 14 [ca. 1705]; Bibl. St. Peter, Hs. Ebner 6/ 94 f. mit Grundriß; Dehio 306; Ansichten/Pläne im SMCA: 4807/49, 4808/49)

2. TURM, St. Jakob Nr. 1

Nördlich des kleinen Sees in St. Jakob am Thurn steht auf einem kleinen Felsplateau, welches sich gegen die Umgegend kaum abhebt, der Turm von St. Jakob.

Eine der bedeutendsten Sbg. Ministerialenfamilien nannte sich „von Thurn" und wird allgemein mit St. Jakob am Thurn in Verbindung gebracht. Sie hatten im 12. Jh. das Burggrafenamt in Salzburg inne. Als Inhaber der Brückenmaut in der Stadt Salzburg saßen sie wohl auf der Burg auf dem Imberg. Burggraf Liutwin († 8. XI. 1152) stiftete beim Dom die St. Jakobskapelle, die bis 1626 Erbbegräbnis der seit 1570 reichsfreiherrlichen Familie Thurn blieb. 1240 bzw. 1252 ist Dietmar de Turri urk. belegt. Am 20. VII. 1279 bürgt Jakob v. Thurn und Traun mit zahlreichen Adeligen „aus Verwandtschaft und Menschlichkeit" für Heinrich v. Bergheim und gibt als Beitrag für die Kaution an den Erzbischof 2 Pfund von den Mauteinnahmen der Brücke in Salzburg. 1290 gelobt Jakob d. J. v. Thurn seinem Herren Hzg. Albrecht v. Österreich Treue. Er war von Abt Heinrich v. Admont durch eine Ehe mit der Tochter Seibots v. Wasen (Wildon) im Krieg zwischen Salzburg/Bayern und Steiermark/Österreich abgeworben worden. Seit 1300 übten die Thurn das Amt der Erbschenken des Erzstiftes für den Herzog von Steier aus. Seit 1403 gehörte ihnen auch die mächtige

Turm in St. Jakob, aufgenommen etwa 1955
(Foto BDA)

Burg Neubeuern am Inn. 1538 ist Jörg Khnoll als Pfleger „zum Thurn" genannt. 1572 stirbt Andree Pleialter „zum Thurn in der Hofmark". Die in der gesamten Literatur übliche Zuordnung des Wernher v. Lengenfeld im Jahre 1238 nach St. Jakob am Thurn ist falsch (s. Vigaun, Birg).

Johann v. Plaz erhält 1647 die nach dem Tod von Alexander Hieronymus Frh. v. Thurn zu Neubeuern erledigten sbg. Lehen mit Schloß und Hofmark (St. Jakob am) Thurn. Er war sbg. Pfleger in Rosegg und Gmünd in Kärnten sowie von Hüttenstein gewesen und hatte 1645 den Zillertaler Aufstand unterdrückt. Am 10. IV. 1696 wurde die Familie in den Grafenstand erhoben. Aus der Plaz-Familienchronik erfahren wir, daß das Schloß zweimal abgebrannt ist und daher alle älteren Dokumente vernichtet worden sind. Sie ist die einzige heute noch im direkten Mannesstamm blühende altsalzburgische Adelsfamilie (s. Band 1, Schloß Höch). 1869 wurde das Ritterlehen allodifiziert. Am 3. IV. 1924 wurde die Herrschaft St. Jakob an die Dänin Charlotte v. Bornemann, dann verehelichte Wurmbrand-Stuppack, verkauft. Am 25. XI. 1939 wurde der Turm aufgrund einer Gestapo-Verfügung dem Reichsgau Salzburg einverleibt und am 29. V. 1947 an Frau Charlotte Wurmbrand-Stuppack zurückgestellt. Seit 12. V. 1953 ist Frau Prunella Corbould-Flatz Eigentümerin.

Der eigentliche Turm mit seinen 6 Geschoßen dürfte aus dem 12./13. Jh. stammen, er ist aus Quadern und Bruchsteinen errichtet, die Mauerstärke im Erdgeschoß beträgt durchschnittlich 1,90 m. Das Dach ist in Pyramidenform ausgebildet und mit Holzschindeln eingedeckt. Gegen NO wurde noch in mittelalterlicher Zeit ein dreigeschoßiger Anbau mit Satteldach angefügt. Beide Bauteile weisen hauptsächlich noch spätgotische Fenstergewände auf, beide besitzen einen eigenen Eingang von S, jweils als Steinportal in Rundbogenform ausgebildet, wobei das Portal in den älteren Turm barocke Formen aufweist. Zwischen den beiden Portalen hängt unter einem Schutzdach ein Wandkreuz aus dem 16. Jh. Der Kellerraum unter dem ö. Anbau, das gesamte Erdgeschoß sowie Teile des 1. und 2. Obergeschoßes sind gewölbt, meist durch Tonnen mit Stichkappen. Einfache Stucksspiegel an den Decken der Obergeschoße weisen auf eine Adaptierung zur Barockzeit hin. Der Dachstuhl des Turmes weist Merkmale des 16. Jh. auf. Das Gebäude ist bewohnt und nicht zu besichtigen.

(KG. Thurn EZ 1, Bp. 24: Turm, 23: Wirtschaftsgebäude und Hof.
SLA, U 1490 fol. 124; LA 4 fol. 128; AL Glanegg 1572; HR Glanegg 2 1/2 [1628–1789]; Familienarchiv Plaz B: Akten: Gebäusachen 1563–1787; Bibl. St. Peter, Hs. Ebner 6/97 f. mit Grundriß; Martin, Regg. 1/137, 918, 1286, 1384; Pillwein 242 f.; ÖKT XX, 238; Fuhrmann 1980, Abb. 38; Dehio 356; Susi Kermauner, St. Jakob am Thurn, 1990, 69–74; Robert Karl, Ritter, Grafen und Wallfahrer in St. Jakob am Thurn, in: Das Elsbethener Bergland 1, 1990, 16–23; Ansichten/Pläne im SMCA: 5689/49, 9582/49, 9905/49, 10654/49, 10682/49)

3. SCHLOSS URSTEIN

Nördlich der Ortschaft auf einer erhöhten, schon frühgeschichtlich besiedelten Felsterrasse, nahe deren nw. Felsabbruch zur Salzach hin, steht in künstlich angelegtem, aber längst der Natur wiedergegebenem Park mit zentralen Wiesenflächen das „neue" Schloß Urstein, ein einheitlicher Neubau von 1701, während ö. davon, unterhalb des Schloßberges auf ebenem Talboden das „alte" Schloß mit seinen Nebentrakten und Wirtschaftsgebäuden steht, heute als Meierei mit Gärtnerei in Verwendung. Der Eindruck der Gesamtanlage wurde durch die Verlegung der Bahngeleise 1991 stark verändert.

Nach dem 8. XI. 1151 übergab EB. Eberhard I. auf Bitten von Pabo v. Teisendorf dessen Lehen, nämlich eine Manse mit dem Namen Urstan, den Kanonikern des Sbg. Domkapitels zur eigenen Nutzung. In einer zweiten Ausfertigung dieser Traditionsnotiz heißt das Gut „Ursten". Aus anderen Urkunden erfahren wir, daß Pabo v. Teisendorf Geistlicher wurde und seine von den Eltern ererbten Lehengüter trotz Einspruch seiner Neffen Liutold, Sigiboto und Pabo der Sbg. Kirche übergab. Er gehörte wie sie zu den Ministerialen des Sbg. Erzbischofs und mußte auf dessen Rat hin seine Verwandten mit Geld abfinden. Der erste Besitzer, der Urstein als Adelsprädikat verwendete, war 1461 Leonhard Golser. Dann ist Urstein erst wieder in zwei Urkunden von 1477 und 1478 genannt. Damals verkaufte der Ritter Hans Strasser an Meister Jörg Pruefer, Pfarrer von Hallein, als Bevollmächtigter für die Erben nach dem + Hanns v. Waldegk, ein „Gut genat ze Püchel hinten an des Giligen Reinhard

Gut bey Urstain in Glanegger Gericht". Aus dem Besitz von Hans v. Waldegk scheint über einen Zwischenweg das Gut an Cristan Diether gekommen zu sein, der 1489 und 1498 urk. das Adelsprädikat „von Urstain" führt. Der ältere Bruder Konrad Diether war in 1. Ehe kinderlos mit Anna Waldekerin verheiratet. Cristan Diether heiratete in 1. Ehe Margareth Wülpenhofer (Sohn Sebastian) und in 2. Ehe Elspet Specher (Töchter Rosina und Regina). Möglicherweise hat auch eine der beiden Frauen den nunmehr freieigenen Sitz in die Familie gebracht. Vor allem die Specher waren in Hallein und Oberalm begütert. 1509 erhielt Clement Wülpenhofer Güter im Pinzgau vom Erzbischof zu Lehen, die er von Cristan Diether zu Urstain gekauft hatte. Die Vormunde der Rosina Diether, Paul und Melchior Specher, hatten dazu ihr Einverständnis geben müssen.

Ein Problem konnte bis jetzt noch nicht geklärt werden: auf dem Grabstein in der Kirche von Oberalm aus dem Jahr 1510 sind Jörg Költerer von Höch und Urstein

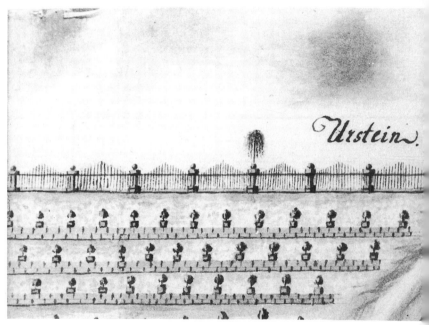

Schloß Urstein, gezeichnet im Jahr 1800

sowie seine Gattin Swedlin genannt. Die Frage bleibt offen, da Cristan Diether erst 1515 stirbt und sein Sohn Sebastian, der 1517 stirbt, ebenfalls das Prädikat „von Urstain" führt. Die Schwester Regina Franking war ausbezahlt worden. Deshalb erbte Urstein Rosina Diether, die um 1530 Paul Altmann heiratete. 1558 starb Paul Altmann. Ihm folgte sein Sohn Felix Altmann, der mit Anna Fröschlmoser verheiratet war. Nach seinem Tod 1584 kommt es zu einem Streit um die Uferverbauung und Nutzung der Au mit den umliegenden Bauern. Die Salzach und ihr Überschwemmungsgebiet stießen „oben an den Urstein an", die Naufahrt geht darunter vorbei (= Salztransport), unterhalb des Urstein grenzt die Au an. Dahinter lagen die „altmanni-

schen Gründe". Am 20. I. 1590 wurde ein Lokalaugenschein abgehalten. Dieselben Probleme mit der Uferverbauung unterhalb von Urstein führten 1793 zu einem neuen Termin, zu dem ein Lageplan gezeichnet wurde. Auf Felix Altmann folgten seine Kinder Paul und Rosina. Pauls Tochter Eva aus seiner Ehe mit Margaretha Maierhoferin (in 2. Ehe mit Viktor Christalnigg verheiratet) heiratete 1615 Veit Matthias Spindler v. Hofegg, der in 2. Ehe mit Elisabeth Gienger v. Wolfsegg vermählt war. Die Tochter aus dieser Verbindung, Maria Clara, heiratete schließlich 1633 Franz Dückher v. Haslau, in dessen Familie das Schloß bis ins 19. Jh. blieb. Von 1628 ist eine Darstellung von Schloß Urstein im Stil der sbg. Gewerkensitze mit vier Ecktürmen auf der Berchtesgaden-Karte von Johann Faistenauer erhalten. Der Verfasser der „Saltzburgischen Chronica (1666)" übersiedelte 1649 nach Urstein und baute es um („von seiner Baufälligkeit erhebt").
Sein Sohn Alfons baute Urstein 1689/91 völlig neu in der heutigen Gestalt auf. Aus

lbert Dückher, Schloßherr auf Urstein (Foto BDA)

dem Jahr 1707 ist ein reizendes Aquarell erhalten, auf dem die Wasserleitung zwischen dem Gut Höllperg und dem Schloß Urstein eingezeichnet ist. Der Ziergarten im S des Schlosses ist dabei besonders hervorgehoben. Aus dieser Zeit ist auch eine Flußkarte der Salzach überliefert, auf der Schloß, Maierei und Steilabfall zur Salzach genau eingezeichnet sind. Es folgen Johann Ernst Adeodat († 1751), Josef Franz († 1798), sein Vetter Gualbert († 1822) und 1822 Karl Dismas Dückher v. Haslau, Urstein und Winkl.
1837 wurden die Herrschaften Urstein und Winkl an Anselm Frh. v. Imhof verkauft, der 1852 durch die Allodialisierung eine Entschädigung für den Herrschaftsverlust

erhielt. An Liegenschaften gehörte zu Urstein: 1. Kraphenpeunt bei Urstain, 2. Prunpeunt zu Oberalm, 3. Ein Wiesen die Stainwiesen am Pichlerperg samt dem darinliegenden und anstoßenden Holz, aus dem Moyengütl zu Puch gebrochen, 4. das Röschl-Lehen bei Urstain, 5. Ein halber Holzteil am Perndlperg, 6. Ein Peunten auf drei Tagwerk Land aus dem Aicher-Gut zu Puch gebrochen und ein Einfang auf der hochfürstlichen Frei bei Urstain. Zu den ehem. hofurbaren Gütern (d. h. Grundherr war der Erzbischof) kamen noch freieigene und dem eb. Lehenhof angehörige Güter.

Das Areal von Schloß, Maierhof Urstein samt dem Ziergarten auf dem von Salzach und Almbach umflossenen Felsen ist im Kataster von 1830 wiedergegeben. Besitzer waren von 1869 an Filipp Gf. Boos Waldeck, 1883 Georg Kuhlmann, 1924 Lothar Kuhlmann und seit 1959 Paula Kuhlmann.

Das 1679 für Maria Clara Dückher geschaffene Oratorium erhielt am 29. VII. 1870 von Papst Pius IX. eine Meßlizenz.

Schloß Urstein weist über rechteckigem Grundriß drei Vollgeschoße auf, die N-Fassade zeigt kräftige Gliederungselemente der Barockzeit, Sprenggiebel über den Fenstern, in Resten Eckquaderung auf verkröpften Lisenen. Die N-Fassade stellt die Haupteingangsseite dar, hier sitzt mittig das Hauptportal mit verkröpftem Gesimse, darüber ein runder Sprenggiebel. Diese Hauptachse wird im 1. Obergeschoß zusätzlich durch ein Doppelfenster mit Rundgiebel betont. Von der O-Seite her existiert über einer kleinen Freitreppe ein Wirtschaftseingang. N- und S-Seite des Baues werden überragt durch je einen rundgiebeligen Ziergiebel mit seitlichen Voluten. Dahinter sitzt das steile Walmdach, das an den Enden des Hauptfirstes durch zierliche Kaminköpfe in Achtecksform überragt wird. Die Gestaltung der Außenerscheinung wirkt durch die Betonung der N-Fassade im Vergleich zu den einfacheren Zierelementen der übrigen Hausfronten uneinheitlich. Das Innere zeigt einen in der Längsrichtung durchgehenden Mittelflur, der sich nur im Erdgeschoß beim Haupteingang hallenartig erweitert. Das Erdgeschoß ist großteils gewölbt, an der SW-Ecke des Baues befindet sich in einem flachgedeckten Raum mit einfachem Stuckspiegel der profanierte, ehem. Kapellenraum. Die oberen Geschoße weisen z. T. prachtvolle Stuckdecken a. d. A. d. 18. Jh., auch originale Türen aus der Erbauungszeit sowie gute Kachelöfen auf. Unter den Öfen befindet sich einer aus der Sbg. Werkstätte Strobl aus der Steingasse 67, er dürfte aus dem alten Schloß hierher übertragen worden sein, da er in d. 1. H. d. 17. Jh. zu datieren ist. Der Dachstuhl stammt ebenfalls noch aus der Erbauungszeit um 1700. Im ehem. Gartenbereich s. des Schlosses steht eine Steinvase auf Sockel a. d. 18. Jh., ein Rest der früheren Garten- und Parkgestaltung.

Das alte Schloß, die heutige Meierei mit ihren Nebengebäuden, besteht aus dem Wohnbau sowie einem weitgehend geschlossenen Hof, einfassend eine teils erneuerte Stallscheune im N, w. steht ein Brunnenhaus und gegen S ein „Stöckl", ein Wohnbereich, der durch einen schmalen Verbindungsbau mit dem Haupthaus verbunden ist. Das Wohnhaus ist ein hoher, gemauerter Hausstock mit zwei Voll- und zwei Dachgeschoßen unter steilem Krüppelwalmdach, hofseitig trägt die Giebelfront eine Inschrift in einem Putzfeld mit dem Jahr 1461. Das segmentbogige Eingangsportal besitzt eine Steinlaibung aus Adneter Marmor, darüber sitzt eine kreisrunde Oberlichte.

Der Flur ist durchgehend gewölbt mit einer Tonne mit Stichkappen. Im rückwärtigen, ö. Bereich des Flures ist der Kellerabgang unter einer Falltüre, darüber sitzen in der Flurwand gotische Lichtnischen. Im Obergeschoß ist der Mittelflur als gewölbte Halle ausgebildet; ebenso gewölbt ist die ehem. Herrschaftsküche, ursprünglich eine Rauchküche, deren Rauchschürze noch vorhanden ist. Die Wohnräume besitzen teils Tramdecken, teils getäfelte Decken, zu datieren etwa i. d. 1. H. d. 17. Jh. Das erste

Dachgeschoß weist eine rotmarmorne eingerandete Speicher- und Aufzugsöffnung auf, im 2. Dachgeschoß sitzen ovale Luken.

Das zweigeschoßige Brunnenhaus als w. Hofabschluß hat gegen den Hof hin eine Rundbogenöffnung als Zugang, gegen W einen kapellenartigen 3/8-Schluß. Das Objekt wird überragt durch einen achteckigen Turmaufsatz für die Uhr, ein Werk Johann Benteles aus 1785. Vermauerte Türöffnungen im Obergeschoß weisen auf die früher bestandene Möglichkeit hin, von hier aus zu einer Art Wehrgang auf der Hofabschlußmauer zu gelangen.

Der kleine Wohnbau des „Stöckls" im S des Hofes ist im Kern noch frühbarock, wurde aber um 1900 weitgehend umgebaut und verändert. Zum alten Schloß Urstein gehören als wesentlicher historischer Bestandteil im Landschaftsbild die hohen, steingemauerten Einfriedungen, hinter denen sich heute die auf dem Gelände ö. der Meierei angesiedelte Gärtnerei verbirgt.

(KG. Thurnberg EZ 35, Ko. Nr. 38, 39.
SUB 1, 628 Nr. 88, 631 Nr. 92; Doppler, Nr. 440, 450, 532, 611; Martin, AB 1 Nr. 1; St. Peter, Archiv: OUrk. 13. IV. 1461; SLA, HK Glanegg 1591/G, 1707/1/C ad 3; Pfleg Hallein F, Tit. 24. Bd. Nr. 57, Beilage 2; U 1490 fol. 44; K. u. R. C. 1.3.; ÖKT XX, 228; 3 Ansichten: SLA, Dückher-Familienarchiv Nr. 64; Ansicht auf K. u. R. O 14 [ca. 1705]; Plan in Pfleg Hallein F/Tit. 24, Bd. Nr. 57, 1793; Reindel-Schedl, 1989, 487 ff., Dücker passim; Dehio 306 f.; Ansichten/Pläne im SMCA: 5186/49, 9786/49)

RUSSBACH AM PASS GSCHÜTT (GB. Abtenau, alt: Abtenau)

PASS GSCHÜTT, Weiler Schattau Nr. 12 (1830)

Die Paßanlage bezeichnet die Grenze zwischen dem hintersten Rußbachtal und dem österreichischen Salzkammergut bei Gosau. In den Jahren 1564–83 wurde ein Grenz-

Paß Gschütt, gezeichnet um 1838 von Eduard Gurk, Ansicht von der „keyserlichen" Seite, also von Osten; ganz rechts der noch erhaltene Grenzstein von 1567 (Foto SLA)

vertrag verhandelt, in dessen Verlauf 1567 der noch vorhandene Grenzstein mit dem salzburgischen und österreichischen Wappen aufgestellt wurde. Vor wenigen Jahren (1971) hat ihn die Landesstraßenverwaltung auf eine Verkehrsinsel versetzt.

Das Wachthaus beim Paß wurde 1685 in ein Bauernlehen im eb. Hofurbar umgewandelt. Der Besitzer mußte sich verpflichten, den Schrankbaum versperrt zu halten und die Transportlisten für Wein, Vieh und Schmalz zu führen. Bei militärischem Bedarf mußte er das Haus gegen eine Entschädigung verlassen. 1731 wurde das alte Bauernhaus abgebrochen und durch einen Neubau auf besserem Grund ersetzt. 1777 wurde die Besatzung verstärkt, weil der Schmuggel auf den Seitenwegen über Rußberg, Hochmoos, Gugitzer, Moselle und Hörndl überhand nahm. 1791 wurden Ein- und Ausgang mit zwei an Säulen befestigten Gattern versperrt. Das hölzerne, ziemlich große Wachthaus an der Straßenbrücke wurde von zwei Mann mit ihren Familien bewohnt. Im Erdgeschoß verfügte es über ein heizbares Zimmer, zwei Kammern und eine Küche. Das Obergeschoß benützte der Feldwebel mit einem heizbaren Zimmer, drei Kammern und einer Küche. Für den Kommandanten stand bei der Grenze noch ein Keller mit Garten und Anger zur Verfügung, sowie hinter dem Haus eine Holzhütte. Die Straße konnte wegen ihres schlechten Zustandes nur im Winter für Salzfuhren benützt werden. Die Bauern von Rußbach gingen aber am Sonntag zum Gottesdienst nach Gosau, waren also auch 1791 noch weitgehend evangelisch. Mit der Säkularisation ging das Paßgebäude in Privatbesitz über und gehörte 1830 Josef Erlbacher.

(KG. Rußbach, Bp. 83 bzw. Bp. 84 = Gschütthäusl Nr. 11.
SLA, HK Abtenau 1573/E; Laa XIV/35 mit Plan; HK-Laa 1791–94/D; HK Lofer 1728/2/D; Graphik XII.7.5: Ansicht von Eduard Gurk, um 1838)

S C H E F F A U   (GB. Hallein, alt: Golling)

1. BLOCKHAUS (abgekommen)

Während des österreichischen Erbfolgekrieges (1742–1745) wurde ein Blockhaus als Straßensperre errichtet. Am 29. X. 1746 genehmigte EB. Jakob Ernst Gf. Liechtenstein (1745–1747) den Abbruch. Das Baumaterial wurde der Pflege Golling übergeben.

(Die genaue Lage war nicht feststellbar.
SLA, Laa XIV/40)

2. PASS KARLSTEIG, Wallingwinkel Nr. 16 (1830)

An der Grenze zwischen den Pfleggerichten Golling und Abtenau wurde w. der Brücke bei der Einmündung des Weitenauer Baches in den Aubach 1771 eine Wachtstation eingerichtet. Die Aufgabe der zwei Mann starken Besatzung war in erster Linie die Überwachung der zahlreichen Bettler in den Hungerjahren nach 1771. Sie waren im Bauernhof Karlsteig einquartiert und übten Patrouillendienst. 1777 wurde die Aufhebung verfügt und kurz vor 1791 auch durchgeführt.

(KG. Weitenau, Bp. 113.
SLA, Laa XIV/35; HK-Laa 1791–94/D; Antonie Wartburg, Die große Getreideteuerung von 1770–1774 in Salzburg. Phil. Diss., o. O., o. J.)

V I G A U N   (GB. Hallein, alt: Golling)

1. BIRG

In einer Tauglschlinge zwischen Wieserlehen (Vigaun Nr. 57) und Bürgerbauer (Vigaun Nr. 60) ist ein Burghügel erhalten, der dem nahegelegenen Bauernhof den Namen gegeben hat.

Südöstlich des Gasthofes „Sandwirt" an der Straße von Vigaun nach St. Koloman erhebt sich aus dem ebenen Talboden ein etwa 20 m hoher, heute dichtbewaldeter Hügel, im S gegen die enge Schleife der Taugl durch einen felsigen Steilabfall geschützt. Auf dem nw. Ausläufer dieser beinahe ebenen Hügelkuppe hebt sich im Gelände ein ovaler, etwa 25 m langer Platz ab, der gegen den übrigen Hügel durch einen kaum mehr erkennbaren Graben (?) abgegrenzt ist.

Auf der Suche nach dem Namen der Befestigungsanlage in der Nähe der sog. Römer-oder Teufelsbrücke an der alten Römerstraße von Kuchl nach Vigaun fiel der Geländename „Freimoos" auf, das sich von Georgenberg (Kuchl) bis zur Taugl erstreckte. Tauglaufwärts erscheint in der KG Tauglboden am rechten Ufer mehrfach der Flurname Leng(en)feld(en), n. der Einmündung des Lengfeld Baches in die Taugl befindet sich das Gut Lengfeld (KG Rengerberg, Bp. 1, Ko. Nr. 1).

1238 gab Ritter Wernher v. Lengenvelt die Kirche, die er bei seinem Turm „Vrimos" für sein Seelenheil erbaute und die er mit dem Lehen Reut beim Jochberg mit Zustim-mung seiner Gattin Mechtild, der Tochter des Rudolf v. Steinach, dotierte, den Mönchen von St. Peter. Bedingung war, daß der jeweilige Pfarrer von Hallein wöchentlich in der neuen Kirche eine Messe lesen sollte, wofür er jährlich 100 Käse, die Mönche 200 Käse von dem genannten Gut erhalten sollte. Das Gut „Reut am Jochperg" ist im St. Petrischen Haupturbar von 1556 mit der Bemerkung versehen: „Wernherus Miles de Lenngveld hats anno 1238 zum Gotteshaus geben und EB. Eberhard bestätt" (GB. Mittersill, KG. Paßthurn EZ 39).

Für eine sichere Zuweisung des Wernher v. Lengenfeld zum Burg-Turm beim „Vrimoos" fehlte eine Kirche. Die seit Dürlinger übliche Zuweisung zu St. Jakob am Thurn ist zweifelsohne falsch, weil St. Peter niemals im Besitz von St. Jakob war. Vielmehr scheinen die in den MGSLK 1879 diskutierten Funde in der Faistelau bzw. im Tauglwald bei Vigaun auf die richtige Spur zu verweisen. P. A. Ebner überliefert eine Grundrißskizze, die das Vorhandensein einer kleinen Kirche vermuten läßt. Auch wenn er die von Georg Pezolt kopierte Zeichnung bezweifelt, scheint der im Volksmund übliche Flurname „die alte Kirche" auf eine abgekommene Kirche im Tauglwald zu verweisen. Grabungen auf Birg und Umgebung könnten das Problem klären.

(KG. Vigaun, Gp. 384; der Birgbauer Nr. 60 unterstand keiner Grundherrschaft, ebensowe-nig wie das Gut am freien Moos = Großmoos = KG. Jadorf EZ 72, Unterlangenberg Nr. 2. SUB III Nr. 936; SLA, U 458 aa fol. 194, U 1021 fol. 55; Hieron. Kat. Golling fol. 755, 872; A. Prinzinger, Die Faistelau und Kuchl-Georgenberg, in: MGSLK 19, 1879, 96–119; Bibl. St. Peter, Hs. Ebner 12, 23, 31–38 mit 4 Skizzen. Franz Pagitz, Kuchl 1980, 319; Heinrich Schwab, Häuserchronik, in: Vigaun 1990, 205; Mit der OUrk. in St. Peter vom 18. 3. 1358 übergibt Ulrich Schellhorn sein freieigenes Gut „Raeut an dem Jochperg" an die Oblay des Klosters St. Peter, mit Zustimmung seines Herrn von Velben.)

2. RUINE IM BRANDWALD

Nördlich des Dorfes St. Margarethen kam an der höchsten Stelle im Brandwald nach einem Windwurf 1855 gewölbtes Mauerwerk zum Vorschein. Die von F. Narobe 1934 durchgeführte Bodenuntersuchung ergab, daß das Gebäude 6 m² Fläche bedeck-te, bei einer Mauerstärke von 1 m. Hinter dem Haus konnte ein ovaler Platz 25 x 15 m festgestellt werden, der von Wall und Graben umgeben war. Butzenscheiben und Ofenkachelreste erlaubten eine Datierung in die Zeit um 1500. Die gelbglasierten Ka-cheln zeigten einen geharnischten nach rechts galoppierenden Reiter mit geschlosse-nem Visier, eingelegter Lanze und flatterndem Wimpel. Der Fußboden des quadratischen Baues war mit Adneter Marmorplatten ausgelegt. Narobe vermutete einen Vogelherd, kann ihn aber quellenmäßig nicht belegen. Deshalb bleibt die Möglichkeit offen, daß an der wichtigen mittelalterlichen Verkehrsverbindung von Hallein-Burgfried nach Kuchl über die sog. „Römerbrücke" eine Befestigungsanlage gestanden ist. 1131 und 1259 sind Ministeriale von Pabinhouin bzw. Pebenhoven genannt, dem alten Ortsnamen von St. Margarethen.

(KG. Vigaun Gp. 106.
ÖKT XX, 1927, 46; Franz Narobe, Die Ruine im Brandwald bei St. Margarethen, in: MGSLK 74, 1934, 182–184; SUB 1, 343 Nr. 179 u. 568 Nr. 667; Wimmer, Hallein 127; Bibl. St. Peter, Hs. Ebner 12/39; Vigaun. Red. Michael Neureiter u. a., 1990, 67)

Paß Gschütt, Grenzstein 1567
(Foto F.Z.)

ABKÜRZUNGEN
bei Quellen- und Literaturangaben

A., a.	=	Archiv
AB	=	Franz Martin, Salzburger Archivberichte, I, 1944
Adel. Hyp.buch	=	SLA, Adeliges Hypotheken Buch
Adler	=	Zeitschrift der heraldisch-genealogischen Gesellschaft „Adler",Wien
Adler Jb	=	Jahrbuch der heraldisch-genealogischen Gesellschaft „Adler"
AL	=	SLA, Anlait-Libell
Arch. Austr.	=	Archaeologia Austriaca, Wien
BDA	=	Bundesdenkmalamt, Salzburg
Bibl.St.Peter, Hs. Ebner	=	Bibliothek der Erzabtei St. Peter in Salzburg, Manuskript Pater Anselm Ebner, 24 Bde., ca. 1890–1900: Davon VI, VII, VIII, IX, X, XI, XII, XIII
Bl.	=	Blatt
Dehio	=	Dehio-Handbuch Salzburg (Die Kunstdenkmäler Österreichs), Neubearbeitung, Wien 1986
Doppler	=	Adam Doppler, Die ältesten Original-Urkunden des fe. Consistorial-Archivs zu Salzburg (1200–1500), Sonderabdruck aus MGSLK 10 (1870) – 16 (1876)
Doppler–Widmann	=	Doppler A.–Widmann H., Urkunden u. Regesten des Benedektinerinnen-Stiftes Nonnberg in Salzburg. Separatabdruck aus MGSLK 35 (1895) – 48 (1908)
Dückher	=	Franz Dückher von Haslau und Winkl. Saltzburgische Chronica, Salzburg 1666
Dürlinger	=	Josef Dürlinger, Historisch-statistisches Handbuch der Erzdiözese Salzburg, Bd. I, Ruraldecanate des Flachgaues, Salzburg 1862
FLD	=	Finanzlandesdirektion
F. Moosleitner, Hallein	=	Fritz Moosleitner, Hallein – Portrait einer Kleinstadt, Hallein 1989
Frank-Beamte	=	Frank-Beamtenkartei
Frank-Pfleg	=	Frankkartei, Pfleggerichte
Franz.Kat	=	Franziszäischer Kataster 1830
Fuhrmann	=	Franz Fuhrmann, Salzburg in alten Ansichten, Das Land, Salzburg–Wien 1980
Fundber.	=	Fundberichte aus Österreich, Hg. Bundesdenkmalamt, 1930 ff
F.Z.	=	Friederike Zaisberger
F. Zaisberger, Hallein, 1989	=	Friederike Zaisberger, Burgen und Schlösser in der Umgebung von Hallein, in: Fritz Moosleitner, Hallein – Portrait einer Kleinstadt, Hallein 1989, S. 247 f.
Gde.	=	Gemeinde
Geh.A.	=	SLA–Geheimes Archiv
GH.	=	Grundherrschaft
Grundb.	=	Grundbuch
HHSTA	=	Haus-, Hof- und Staatsarchiv, Wien
Hieron.Kat.	=	SLA, Kataster des Erzbischofes Hieronymus Colloredo, 1774 ff
HiSt II	=	Handbuch der Historischen Stätten Österreichs. Alpenländer mit Südtirol. Stuttgart 2. Aufl. 1978 (Kröners Taschenbuchausgabe, Bd. 279)
HK	=	SLA, Hofkammer
HR	=	SLA, Hofrat-Akten
HR-Generale	=	SLA, Hofrat-Generale

HR-Kat.	=	SLA, Hofrat-Katenichl
HR-Prot.	=	SLA, Hofrat-Protokolle
HR-Rel.	=	SLA, Hofrat-Relationspunkte
Hs.	=	Handschrift
HSTA	=	Bayerisches Hauptstaatsarchiv, München
Hübner 1796	=	Lorenz Hübner, Beschreibung des Erzstiftes und Reichsfürstenthums Salzburg in Hinsicht auf Topographie und Statistik, Bd. I, Das salzburgische flache Land, Salzburg 1796
Hübner, Stadt	=	Lorenz Hübner, Beschreibung der hochfürstlich-erzbischöflichen Haupt- und Residenzstadt und ihrer Gemeinden. Bd. 1, Topographie, Salzburg 1792, Bd. 2, Statistik, Salzburg 1793
JB.	=	Jahresbericht (Jahrbuch)
JB.SMCA	=	Jahresbericht (Jahrbuch) des vaterländischen Museums Carolino-Augusteum der Landes-Hauptstadt Salzburg, 1850 ff
KB	=	HHSTA, Salzburger Kammerbücher, 9 Bde.
K.bayer.Salzach-Kreisblatt	=	Königlich bayerisches Salzach-Kreisblatt 1810–1816
Koch-Sternfeld, Beitr.	=	Koch-Sternfeld J. E., Beyträge zur teutschen Länder-, Völker-, Sitten- u. Staatenkunde. 3 Bde.: Das Prädialprincip: Die Grundlage und Rettung der Ruralstaaten. München 1833
Kop.Buch	=	SLA, Urkunden-Kopialbuch
Kreis-Ing.	=	SLA. Kreis-Ingenieur 1816–1850
LA	=	SLA, Lehenakten
Laa	=	SLA, Landschaftsakten
LB	=	SLA, Lehenbuch
Martin, Reg I, II, III	=	Franz Martin, Die Regesten der Erzbischöfe und des Domkapitels von Salzburg, 1247–1343
		I. 1247–1290. Salzburg 1928
		II. 1290–1315. Salzburg 1931
		III. 1315–1343. Salzburg 1934
MGH	=	Monumenta Germaniae Historica, Scriptores. Hannover 1826 ff (Dipl = Diplomata, DChr = Deutsche Chroniken, Necr = Necrologia)
MGSLK	=	Mitteilungen der Gesellschaft für Salzburger Landeskunde, 1860 ff
MIÖG	=	Mitteilungen des Instituts für österreichische Geschichtsforschung, 1880 ff
MZK	=	Mitteilungen der k.k. Zentralkommission zur Erforschung der Kunst- und historischen Denkmalpflege, 1856 ff
NB	=	SLA, Notelbuch
OÖLA	=	Oberösterreichisches Landes-Archiv, Linz
OUrk.	=	Originalurkunde
ÖK	=	Österreichische Karte 1:25.000, hrsg. v. Bundesamt für Eich- und Vermessungswesen (Landesaufnahme), Wien
ÖKT	=	Österreichische Kunsttopographie – die Denkmale des politischen Bezirkes:
		Bd. X Salzburg (Flachgau), 1913
		Bd. XI Gerichtsbezirk Salzburg, 1916
		Bd. XVII Urgeschichte des Kronlandes Salzburg, 1918
		Bd. XX Hallein, 1927
ÖZKD	=	Österr. Zeitschrift für Kunst- und Denkmalpflege, 1947 ff
PAR	=	Pro Austria Romana, Wien 1950 ff
Pillwein	=	Benedikt Pillwein, Das Herzogthum Salzburg oder der Salzburgerkreis, Linz 1839
Piper	=	Otto Piper, Österreichische Burgen. 8 Bde. Wien 1902–1910
Pirckmayer, Cop.buch	=	SLA, Friedrich Pirckmayer, Urkunden Copialbuch

Reindel-Schedl	=	Helga Reindel-Schedl, Laufen an der Salzach, in: Historischer Atlas von Bayern, Teil Altbayern, Heft 55, München 1989
Sbg.Int.Bl.	=	Salzburger Intelligenz-Blatt. 1784 ff
Sbg.VBl.	=	Salzburger Volksblatt. 1870 ff
SBW	=	Schriftenreihe des Salzburger Bildungswerkes
Siebmacher-Weittenhiller	=	Moriz von Weittenhiller, Der Salzburgische Adel, in: J. Siebmachers großes Wappenbuch, Bd. 28, Nachdruck 1979
SLA	=	Salzburger Landesarchiv
SMCA	=	Salzburger Museum Carolino Augusteum
SN	=	Salzburger Nachrichten
SUB	=	Hauthaler W.–Martin F., Salzburger Urkundenbuch,
		1. Bd. Traditionscodices. Salzburg 1910.
		2. Bd. Urkunden 790–1199. Salzburg 1916.
		3. Bd. 1200–1246. Salzburg 1918.
		4. Bd. 1247–1343. Salzburg 1933
Taidinge	=	Österreichische Weistümer, 1. Bd.: Die Salzburgischen Taidinge. Hrsg. Siegel H.–Tomaschek K., Wien 1870
U	=	Urbar
Urk.	=	Urkunde
Unrest	=	Jakob Unrest, Österreichische Chronik, ed. v. K. Großmann in: MG, SS, N. S. XI, 1957
Walz, Grabdenkmäler	=	Walz M., Die Grabdenkmale von St. Peter und Nonnberg: Anhang zu MGSLK 7 (1867), 8 (1868), 11 (1871), 14 (1874), 15 (1875)
Winkelhofer	=	Alois Winkelhofer, Der Salzachkreis. 1813
Wr.Prähist.Zs.	=	Wiener Prähistorische Zeitschrift. Wien
WS	=	Walter Schlegel
WST	=	SLA, Weihsteuer-Libell
Zaisberger …	=	Friederike Zaisberger, in: Sbg. Volksbl., Gäste-Ztg. v. …
ZBLG	=	Zeitschrift für Bayerische Landesgeschichte
Zs.	=	Zeitschrift
Ztg.	=	Zeitung

Personen(verbands)-Register

(Original-Schreibung im Objektteil)

A

Adalbert III., EB. 162
Adalunc 60
Adelstetten, Georg
  Trauner v. 173
Admont, Stift 175,
  182
Aerar 68, 81
Ahaim 77
Aham 160
Aicher, Gilg 134
Aichpergerin v. Rab,
  Kunegund 92
Ainkäshofen, Johann
  Amand Ainkäs v.
  113
Albert, Gf. v. Görz-
  Tirol 52
Albm, Caspar von der
  104
Albrecht, Hzg. v.
  Österreich 52, 75,
  98, 182
Aler, Pauls 89
Alexander III., Papst
  52
Alm 77, 172
Alm, Eustach von der
  104
Alt 27
Alt, Felicitas 126
Alt, Katharina 36
Alt, Ludwig 36, 147
Altdorfer, Albrecht
  135
Altdorfer, Georg 134
Altengutrat 71
Altmann, Eva 185
Altmann, Felix 184
Altmann, Franz
  Xaver 122
Altmann, Paul 184
Altmann, Paul,
  Rosina 185
Aman, Franz v. 40
Andre der Sachs 123
Angerer, Lorenz 157
Anngerer, Georg 149
Antaler, Ulrich 134
Anthering, Hartwich v.
  27
Anthering, Ministerialen
  v. 27
Antonescu 127
Anzo 50
Arco 23

Arco, Antonia Gfn.
  113
Arco-Pallavicini 23
Arco-Stepperg, Alois
  Gf. 22, 24, 45
Arco-Stepperg, Sophie
  v. 22
Arco-Zinneberg, Josef
  Gf. 166
Arco-Zinneberg,
  Maximilian Gf. 166
Arnholz, Josef Pock v.
  105
Aschacher, Chunrad
  125
Aschacher, Eufemia
  168
Aschacher, Hertel 125
Aschacher, Joannes
  125
Aschacher, Lienhard
  125
Aschacher, Philipp 125
Aschacher, Veit 168
Aschacher, Virgil 168
Aschacher, Vitus 125
Attems, Johann Wilhelm
  v. 55
Au, Thoman in der 103
Auböck, Anna 153
Auer, Tobias 50
Auer, Walburga Freiin
  v. 160
Auersperg, Dr. Eduard
  Prinz 102
Auersperg, Fürst
  Vinzenz Carl 101
Auersperg, Fürstin
  Wilhelmine 102
Auersperg, Prinz Eduard
  Karl 102
Auersperg, Prinzessin
  Isabella 102
Auersperg-Trautson,
  Franz Josef 102
Augustiner Chorfrauen
  „De Notre Dame",
  Kongregatio 37
Augustinerkloster 149,
  150
Axthamer, Katharina
  82

B

Bacher, Anton,
  Katharina 153

Bacher, Friedrich 153
Bachmayr, Anton 127
Barta, Margaretha 164
Basile, Gennaro 114
Baudoin, Kg. 127
Baumann, Ludwig 153
Baumgartner, A. 115
Baumgartner, Franziska
  Baronin Deuering
  27
Baumgartner, Rudolf
  27
Bayern 82, 99, 125
Bayern, Exkg. Ludwig I.
  v. 82
Bayern, Herzog Ernst v.
  30
Bayern, Herzoge v.
  77, 106
Bayern, Hzg. Friedrich
  v. 60, 131
Bayern, Hzg. Heinrich
  v. 77, 118, 150, 158,
  178
Bayern, Hzg. Stephan v.
  64
Bayern, Hzg. Tassilo v.
  76
Bayern, Kg. Ludwig v.
  75, 92
Bayern, Kronprinz
  Ludwig v. 55
Bayern, Kurfürstin
  Maria Leopoldine
  v. 151, 166
Bayern, Prinzregent
  Luitpold 56
Bayrhamer, Matthias
  114
Bayrhamer-Armen-
  stiftung 114
Beer, Josef 90
Benedikt 149
Berchtesgaden, Kloster
  48, 131, 165
Berchtesgaden, Pröpste
  von 48
Berchtesgaden, Propstei
  162 f
Berchtesgaden, Stift
  156
Berchtold v. Sonnen-
  burg, Johann B. 107
Berger, Anton 45
Berger, Dr. Karl 153
Berger, Ernestine 153
Berger, Theres 45

Bergheim 28
Bergheim, Adelein v.
  98
Bergheim, Anna v. 28
Bergheim, Friedrich v.
  28
Bergheim, Gertrud v.
  41
Bergheim, Heinrich v.
  28, 182
Bergheim, Herren v.
  27, 28, 29, 115
Bergheim, Liebhart v.
  28
Bergheim, Marquard v.
  28
Bergheim, Marquart v.
  28
Bergheim, Ortwein v.
  98
Bergheim, Perhta v. 28
Bergheim, Rüdiger v.
  28, 41
Bergheim, Ulrich v. 28
Bergheimer 28, 98,
  115
Berlichingen, Adolf Frh.
  v. 45
Berndt, Adolf v. 160
Bernhard, EB. v.
  Rohr 65, 116
Bernhard, Hzg. v.
  Kärnten 28
Bernhard Stadler 94
Berti, Jakob de 55
Bertoletto, Andrea 137
Böhmen, Kg. Johann v.
  52
Böhmen, Kg. Ottokar v.
  52
Boos Waldeck, Filipp
  Gf. 186
Boos-Waldeck, Hugo Gf.
  166
Boos-Waldeck, Philipp
  Gf. 166, 186
Boris, Kg. v. Bulgarien
  127
Bornemann, Charlotte v.
  183
Bothmer, Anna Maria,
  Gfn. 27
Brandner, Franz v. Paula
  44
Bratzel, Hans 30
Breustadt, Erich 166
Breymauf, Josef 149

195

199

INHALTSVERZEICHNIS